KATHARINA PAWLOWNA

Detlef Jena

Katharina Pawlowna

Großfürstin von Russland –
Königin von Württemberg

Verlag Friedrich Pustet
Regensburg

Der Text folgt der neuen amtlichen Rechtschreibung. Eine Ausnahme
bilden die Gedichte.

Bibliografische Information der Deutschen Bibliothek
Die Deutsche Bibliothek verzeichnet diese Publikation in der Deutschen
Nationalbibliografie; detaillierte bibliografische Daten sind im Internet über
http://dnb.ddb.de abrufbar.

ISBN 3-7917-1804-5
© 2003 by Verlag Friedrich Pustet, Regensburg
Gesamtherstellung: Friedrich Pustet, Regensburg
Printed in Germany 2003

Inhalt

Anhang

Vorwort

Die russische Großfürstin Katharina Pawlowna, geboren 1788 im Schloss von Zarskoje Selo, lebte zwischen 1816 und 1819 an der Seite König Wilhelms I. von Württemberg. Bis auf den heutigen Tag genießt sie im Südwesten Deutschlands hohes Ansehen aufgrund der sozialen Einrichtungen, die sie initiiert und gegründet hat. Viele Menschen in Württemberg haben ihre Königin Katharina geradezu als Heilige verehrt. Katharinas karitatives Engagement bleibt unbestritten, die Motive ihres Handelns bedürfen allerdings weiterer Aufklärung. Diese Aufgabe schließt nicht nur die beiden Jahre ihres aktiven Lebens im Königreich Württemberg ein. Königin in Württemberg, das war für die Tochter des russischen Kaisers Paul I. in gewisser Weise bereits der Epilog zu ihren eigenen weit gesteckten Ansprüchen an das Leben. Soziale Wohltätigkeit im paternalistischen Sinne gehörte zu den traditionellen Aufgaben aufgeklärter Monarchinnen. Sie besaß im konkreten Falle einen politischen Sinn, der den gesamtdeutschen Wünschen nach der Reichskrone, dem akuten sozialen Elend und auch den russischen Reichsinteressen entsprach.

Der plötzliche Tod Katharinas im Januar 1819, die um dieses abrupte Ende gewobenen Rätsel, Legenden und Mythen erlauben erstaunlicherweise einen sinnvollen und rationalen Zugang zum gesamten Leben einer erblich mit gesundheitlichen Problemen belasteten und charakterlich außerordentlich komplizierten Frau, deren irdisches Dasein aus einer fatalen Verkettung von tragischen Vorgängen bestand, für die sie selbst, ihre Familie, der Geist der Zeit, die Kriege, der Zufall und die Winkelzüge kaltherziger Politiker und Diplomaten verantwortlich waren.

Der übermächtige Glanz Katharinas der Großen, das von Intrigen zerrissene russische Kaiserhaus, die Gutherzigkeit und der Machtinstinkt ihrer Mutter Maria Fjodorowna, die krankhaften Verfolgungssymptome beim Vater Paul sowie dessen brutale Ermordung prägten die Kindheit des wissbegierigen Mädchens. Zeitgenossen erkannten schon sehr früh die charakterliche Nähe Katharinas zu ihrem Vater. Mit der russischen Niederlage bei Austerlitz 1805 wurde Katharina erwachsen, drängte sie sich in kaum zu verstehender Intimität an den Bruder Alexander und strebte mit der Hilfe ihrer Mutter nach der Kaiserkrone Österreichs.

Doch Napoleon und Russlands Reichsinteressen standen diesem Ziel im Wege. Katharinas 1809 geschlossene Ehe mit dem Prinzen Georg von Holstein-Oldenburg gehörte zu Russlands Bemühungen, einen Ausweg aus dem 1807 in Tilsit vereinbarten russischen Beitritt zur Kontinentalsperre zu suchen. Katharina wurde mitten in den Strudel der innerrussischen Auseinandersetzungen um den Kampf gegen Napoleon gerissen. Sie scheute nicht vor peinlichen Intrigen zurück, um Druck auf ihren regierenden Bruder auszuüben. Der Russlandfeldzug Napoleons von 1812 endete im persönlichen Fiasko für Katharina: Georg von Holstein-Oldenburg starb im Dezember desselben Jahres. Zwei Söhne ließ er mit der Witwe zurück. Russland ging aus dem Stahlgewitter als Sieger hervor. Zar Alexander galt als der strahlende Retter Europas.

Unter seinem Schutz nahm Katharina, inzwischen deutlich gezeichnet vom psychischen Erbe ihres Vaters, wieder die 1808 unterbrochene Suche nach einer Kaiserkrone für sich selbst auf, nunmehr verbunden mit der Absicht, selbst eine politische Rolle in Europa zu spielen. Aber das politische System Metternichs ließ Russlands Blütenträume nach einer Herrschaft über Europa ebenso scheitern wie Katharinas nicht erlahmende Wünsche nach einer Kaiserkrone für sich selbst. Sie erblickte ihre letzte Chance – gestützt auf die Reichsideen des Freiherrn vom Stein – in einer Ehe mit dem Kronprinzen von Württemberg, den Zeitgenossen als den künftigen Kaiser eines einigen Deutschen Reichs betrachteten. Als auch diese Hoffnung zerstob, wirkte der frühe und dramatische Tod Katharinas wahrhaftig symbolhaft für ihr ganzes Leben.

Katharina Pawlowna besaß besonders enge persönliche Beziehungen zu ihrer Mutter Maria Fjodorowna, zu ihrem Bruder Alexander I. und zu ihrer im Jahre 1804 nach Weimar verheirateten Schwester Maria Pawlowna. Das waren die entscheidenden Bezugspersonen für ihre Meinungsbildung in allen persönlichen und politischen Fragen. Ihre Ehemänner, Prinz Georg von Holstein-Oldenburg und König Wilhelm I. von Württemberg, hat sie geliebt und gleichzeitig als politische Mittler zu nutzen gesucht. Ihre vier Kinder – zwei Söhne und zwei Töchter – hat Katharina mit mütterlicher Liebe umsorgt. Katharina kannte alle wichtigen politischen Persönlichkeiten Europas und pflegte mit vielen einen regen Meinungsaustausch. Ihr kurzes Leben glich einem Rausch und illustrierte so viele komplizierte Entwicklungen des von Kriegen geschüttelten Europa am Beginn des 19. Jahrhunderts. Niemals gelangte sie zur Ruhe, zur inneren Zufriedenheit. Ja sie zerbrach vielmehr an ihrem eigenen Ehrgeiz und an der Erblast des Vaters.

Gerade die zwiespältigen Individuen eignen sich hervorragend für einen tieferen Blick in die Geschichte. Sie folgt keinen geglätteten Konzepten politisch opportuner Lehrmeinungen. Katharina Pawlownas Lebensweg liefert dafür den schlagenden Beweis und bewahrt seine Aktualität in allen Zeiten. Die vorliegende Biografie will dem Labyrinth der Gedanken und Handlungen Katharina Pawlownas folgen und wird dabei ganz zwangsläufig zu Erkenntnissen kommen und Fragen aufwerfen, die in der umfangreichen Literatur über Katharina nur selten oder gar nicht zu finden sind.

Der Autor verdankt den Anstoß zu diesem Buch seinen Forschungen über das Leben Maria Pawlownas, der Schwester Katharina Pawlownas, Großherzogin von Sachsen-Weimar-Eisenach, und dem Zuspruch Württemberger Freunde, vor allem Eugen Ungerer aus Stuttgart. Er dankt dem Kollegen und Freund Alois Schumacher in Paris für dessen Hilfe, den Hauptstaatsarchiven in Stuttgart und Weimar und dem Niedersächsischen Staatsarchiv in Oldenburg. Sein besonderer Dank gilt Verleger Fritz Pustet und der Lektorin Heidi Krinner-Jancsik für die gute Zusammenarbeit.

Rockau im Frühjahr 2003   Detlef Jena

Kapitel I

Eine Kindheit zwischen Liebe, Angst und politischen Kabalen

Thronstreitigkeiten: Katharina II. gegen den Sohn Paul

Im Schloss von Pawlowsk, einer der einstigen Sommerresidenzen der russischen Kaiser, südlich von St. Petersburg gelegen, hängt im Familienkabinett ein großformatiges Bild, auf dem der Maler Gerhard von Kügelgen im Jahre 1800 die Familie des Kaisers Paul I. verewigt hat. Inmitten einer friedlich-romantischen Ideallandschaft sitzt der Kaiser, freundlich, rosig und aufmerksam: Ein wacher und edler Monarch, gestützt durch die unzertrennbaren Bande der heiligen Familie. Seine Gemahlin Maria Fjodorowna hat ihm zehn Kinder geboren und alle vereint das Bild unter dem wachsamen Ausdruck im Antlitz einer Büste Peters des Großen: den 1777 geborenen Thronfolger Alexander, dessen Bruder Konstantin (1799), die Großfürstinnen Alexandra (1783), Jelena (1784) und Anna (1795) sowie die Söhne Nikolaus (1796) und Michail (1798). Sogar die 1795 im dritten Lebensjahr verstorbene kleine Olga erscheint in einer Skulptur. Im lichten Zentrum des Bildes befinden sich, dem Motiv von den drei Grazien gleich, gruppiert um eine Harfe, die Gemahlin Maria Fjodorowna mit den beiden Töchtern Maria (1786) und Katharina (1788). Die drei Damen wirken in vollendeter Schönheit wie reine Engel in einer heilen und gesunden Welt.

Das ganze Bild atmet den Geist von idealer Harmonie und ausgeglichenem Familienglück – während draußen, in Europa, der Krieg gegen den korsischen Usurpator tobt. Der Künstler hat die ihm gestellte Aufgabe verstanden: Von dieser durch und durch intakten Herrscherfamilie durfte man in den Stürmen der Zeit imperiale Ruhe und Kraft erwarten. Nur ein winziges Detail stört den Frieden familiärer Eintracht: Zu Füßen der Kaiserin Maria Fjodorowna liegt, halb im Grase versteckt und ohne erkennbaren Bezug zur Komposition des Bildes, ein Gewehr. Der Lauf ist auf den Kaiser gerichtet, so, als kündigte er kommendes Unheil an.

Das Bild Gerhard von Kügelgens widersprach nicht erst im Jahre 1800 in jeder Hinsicht den innerfamiliären und politischen Realitäten im russischen Kaiserhaus. Paul Petrowitsch, der 1754 geborene Sohn Peters III.

und Katharinas II., hatte im Jahre 1776 in zweiter Ehe die württembergische Prinzessin Sophie Dorothea Auguste geheiratet. Sophie hatte
nach ihrem Übertritt zum orthodoxen Glauben den Namen einer Großfürstin Maria Fjodorowna erhalten. Ein Jahr nach ihrer Eheschließung,
anlässlich der Geburt des ersten Sohnes, hatte Kaiserin Katharina II.
dem jungen Paar etwa 400 ha Land in einer unbesiedelten Gegend
am Fluss Slawjanka geschenkt. Dort entstand in den folgenden Jahren
und Jahrzehnten das Schloss und der Park von Pawlowsk. Paul und
Maria liebten einander herzlich, obwohl ihre Ehe rein dynastischen
und politischen Zielen diente. Russland suchte Verbündete an Frankreichs Grenzen und Katharina II. verlangte endlich einen gesunden
männlichen Thronfolger, den sie nach ihrem Willen erziehen und
gegen den eigenen Sohn konkurrieren lassen konnte. Der erste Versuch
war gescheitert, Pauls erste Gemahlin Natalja Alexejewna aus der Land-
grafschaft Hessen-Darmstadt war nach dreijähriger Ehe gestorben. Trotz
des auf ihm lastenden Drucks konzentrierte das Thronfolgerpaar viel
Kraft und Zeit darauf, die so großzügige Schenkung in eine Gartenland-
schaft, in ein geistiges Zentrum ihrer eigenen Lebenskultur zu verwandeln.

Die großmütige Schenkung erfolgte seitens der Kaiserin mit einem
bösen Hintergedanken. Während sie sich intensiv um die Erziehung der
Kinder Pauls und Marias kümmerte, entfernte sie den eigenen, ungeliebten Sohn aus der Hauptstadt St. Petersburg und lenkte dessen Aufmerksamkeit auf architektonische und landschaftsgestalterische Neben-
aufgaben. So konnte Paul, dem sie seit Jahren die Krone widerrechtlich
vorenthielt und den sie aus allen reichspolitischen Konzepten und Entscheidungen ausschloss, nicht besonders gefährlich werden. Gänzlich
durfte sie den Thronfolger allerdings nicht aus der Politik entfernen. In
den strategischen Grundsatzfragen des Reichs musste sie Pauls Meinung
wohl oder übel anhören und berücksichtigen. Der Sohn hasste seine
Mutter ob ihrer gewollten und zielstrebigen Demütigungen. Maria Fjodorowna, eine schöne und kluge Frau, suchte den Ausgleich zwischen
Mutter und Sohn. Sie musste viel moralische Kraft aufbieten, um den
sich in geradezu zügellosen Wutanfällen vergessenden Gemahl vor unbedachten Handlungen zu schützen. Sie wollte ihm eine gute Ehefrau sein,
die eigenen Kinder behüten, qualitätvoll erziehen lassen und vielleicht
sogar eigene politische Wünsche verwirklichen. Das alles war schwer zu
bewältigen, zumal Maria Fjodorowna in ihrer Güte nicht ohne adels-
stolzes Selbstbewusstsein blieb. Maria Fjodorowna wusste sehr wohl,
welche Bedeutung dem Ausgleich zwischen der Kaiserin und dem

Thronfolger für die Zukunft ihrer Familie und besonders ihrer Kinder zukam. Das Reich Katharinas der Großen sollte sein Ansehen und seine Macht in Europa vergrößern. Wenn der eigene Gemahl nicht für dieses Ziel arbeiten durfte, dann mussten seine Kinder das Werk des „großen Mannes, den man Katharina nennt" – wie Voltaire es ausdrückte – weiterführen.

Maria Fjodorowna nahm manchen Nadelstich und manche Intrige seitens der Kaiserin äußerlich gelassen hin und versuchte stets, „das Beste daraus zu machen". Dass der feinsinnige und weichherzige Sohn Alexander und der ebenso mutwillige wie grobschlächtige Konstantin unter direkter Aufsicht der Kaiserin erzogen wurden und obendrein ihren individuellen Nutzen aus den Divergenzen zwischen Katharina und Paul zogen, gehörte für sie ebenso zum Alltag, wie die besondere Demütigung ihres Gemahls im Jahre 1783.

In jenem Jahr annektierte der Fürst Potemkin die Krim für Russland. Grigori Potemkin stieg seit zehn Jahren auf der steilen Karriereleiter des Favoriten und wichtigsten Mitarbeiters der Kaiserin empor. Sein staatsmännisches Genie hatte 1773 den Favoriten Katharinas, Grigori Orlow, verdrängt. Diesem Grigori Orlow hatte Katharina einst den Erfolg ihrer Thronusurpation verdankt. Eines der vielen Geschenke an Orlow war das Schloss Gatschina, das gleichfalls südlich von St. Petersburg lag. Orlow gehörte zu den erklärten persönlichen und politischen Widersachern Pauls. Zehn Jahre nach dem Sturz Orlows brachte Maria Fjodorowna ihr drittes Kind, die Tochter Alexandra, zur Welt. Die Kaiserin erwies dem Thronfolger die Gnade und übertrug ihm aus diesem Anlass das Schloss Gatschina zum ständigen Wohnsitz – in Pawlowsk wuchsen gerade die ersten Bauten empor. Die aufgeklärte Monarchin bewies ihren seltenen Erfindungsreichtum bei der Kränkung des Sohnes in mehrfacher Hinsicht. Für Paul war es unerträglich, in jenem Haus zu wohnen, das einst einem seiner ärgsten Feinde gehört hatte. Orlow hatte alles in seiner Macht stehende getan, den Thronfolger seiner legitimen Rechte zu berauben. Orlow hatte der eigene übersteigerte Ehrgeiz verschlungen, aber Großfürst Paul vergaß niemals, dass Grigori Orlow an seinem Unglück Mitschuld trug.

Paul Petrowitsch wurde mit der Ansiedlung in Gatschina noch weiter vom „großen Hof" der Kaiserin entfernt und politisch wie persönlich von der Gesellschaft isoliert. Das war kein räumliches Problem, sondern eine politische Entscheidung von hoher Symbolkraft: Die Großfürsten Alexander und Konstantin ließ die Kaiserin in Schloss Peterhof erziehen. Der Weg von Gatschina nach Petersburg führte über Peterhof und vor allem über Zarskoje Selo. Zwischen dem Thronfolger und der Kaiserin stand der künftige Kaiser Alexander.

Zarskoje Selo, die Sommerresidenz der Kaiserin, enthielt eine weitere Bosheit. Katharina wusste um die psychische Labilität ihres Sohnes. Sie kannte das ernste Streben Maria Fjodorownas nach einer gesunden Ehe und moralischer Sauberkeit ihrer Kinder. Beide Faktoren nutzte die Kaiserin schamlos aus. Das Schloss von Zarskoje Selo barg ein in höchstem Maße frivoles Geheimnis. Katharina ließ dort erotische Kabinette einrichten, die vor jedermanns Augen verborgen bleiben mussten, in der kaiserlichen Familie jedoch bekannt waren. Möbel, Dekorationen, Tapeten und Schmuckgegenstände waren so eindeutig auf das Ausleben sexueller Phantasien orientiert, dass sie für psychisch gefährdete Menschen und heranwachsende Kinder eine moralische Zumutung darstellen konnten. Die geheimen Kabinette enthielten keine geschmackvolle Sammlung künstlerisch bedeutsamer Erotica, geschaffen von namhaften Künstlern. Es handelte sich schlicht und einfach um ein Sammelsurium pornographischer, wenn auch handwerklich gut gemachter Gegenstände – und das in einer höfischen Welt, die sich äußerlich ebenso aufgeklärt wie gottesfürchtig und puritanisch gab. Das Geheimnis dieser Kabinette ist in der kaiserlichen Familie bis zum Sturz im Jahre 1917 und von der Sowjetregierung bis zum Zweiten Weltkrieg peinlichst gehütet worden. Während des Zweiten Weltkriegs ist die Einrichtung, nachdem man sie nach Gatschina gebracht hatte, von deutschen Besatzungssoldaten mitgenommen worden und bis auf den heutigen Tag spurlos verschwunden. Die Schlösser von Zarskoje Selo und Gatschina wurden zerstört und sind erst Jahre später in weiten Teilen wieder aufgebaut worden.

Maria Fjodorowna ist unter den obwaltenden Umständen mit den Provokationen relativ gut fertig geworden. Die Grundkonflikte zwischen der Kaiserin und dem Thronfolger konnte sie allerdings nicht lösen. Die Söhne Alexander und Konstantin wurden weiterhin im Schloss Peterhof unter der Aufsicht Katharinas erzogen und ihre Kinder brachte Maria in Zarskoje Selo unter der großmütterlichen Fürsorge Katharinas zur Welt. Dafür durften Paul und Maria in Gatschina ein von der Kaiserin zwar sorgfältig überwachtes, aber in den engen Grenzen von Schloss und Park recht ungestörtes Leben führen. Der äußere Schein einer harmonisch funktionierenden kaiserlichen Familie blieb zu jeder Zeit gewahrt. Sie gestalteten den Hof zum Treffpunkt für Literaten, Künstler und Wissenschaftler. Die Großfürstin pflegte ihre aufgeklärten Ansichten im Rahmen jenes gesellschaftlichen Selbstverständnisses, das sich bei den

Damen der russischen Aristokratie am Ende des 18. Jahrhunderts herausbildete. Man gab sich der Wissenschaft und den schönen Künsten hin, schwärmte für die Literatur, pflegte die Musik und schwelgte im Erlebnis der unberührten Natur.

Maria Fjodorowna initiierte Entdeckungsfahrten des Weltumseglers Adam Krusenstern oder des Forschungsreisenden Otto von Kotzebue. Sie wurde sogar von der russischen Akademie der Wissenschaften zum Ehrenmitglied ernannt. Ihre literarischen Interessen orientierten sich besonders an Frankreich und Deutschland. Maximilian von Klinger, der Freund Schillers, wirkte am Hof in Gatschina als Vorleser des Großfürsten Paul. Klinger sorgte dafür, dass 1787 Schillers „Don Carlos" im Theater in Gatschina aufgeführt wurde. Die Pflege deutscher Literatur erreichte in Gatschina ein Niveau, das der Petersburger Hof nicht kannte und nicht wollte. Als Katharina II. 1795 ein Bücherverzeichnis mit Titeln aufstellte, die für Gatschina finanziert und angeschafft werden sollten, befand sich keine einzige Arbeit Schillers darunter.

Die Welt des Schönen und der innerfamiliären Harmonie bildete jedoch nur die eine Seite der Lebensmedaille, die Maria Fjodorowna für ihre mit jedem Jahr anwachsende Kinderschar gestalten wollte: Nach Alexandra kamen 1784 und 1786 die Töchter Jelena und Maria hinzu. Maria Fjodorowna musste nicht nur die Feindseligkeiten der Kaiserin abwehren. Das Leben mit dem eigenen Gemahl wurde für sie von Jahr zu Jahr schwieriger. Maria musste mit Paul extrem resignative und depressive Phasen durchleben. Aber die Resignation mündete bei ihm nur vereinzelt in abstrakte Selbstzweifel. Aus Paul floss der Hass auf die Mutter, die Wut auf die Thronräuberin und der Wille, das in Gatschina errichtete kleine militär-konservative Regiment eines Tages auf ganz Russland auszudehnen. In dieser Hinsicht konnte Maria die Emotionen ihres Gemahls nicht dämpfen. Er steigerte sich in einen seelischen Zustand voller subjektiver Vorbehalte, in unkontrollierte Handlungen gegen die Mutter, obwohl er deren Politik durchaus nicht in jedem Punkt ablehnte. Als die Kaiserin ihm im Jahre 1787 die Teilnahme an ihrer großen Inspektionsfahrt nach Südrussland verwehrte, tobte Paul über diese tiefe persönliche Beleidigung nicht etwa, weil Katharina II. und Fürst Potemkin mit dieser Reise das Signal zu einem neuen Krieg gegen die Türkei gaben, der tatsächlich im selben Jahre ausbrach. Paul verstand, für wie wenig geeignet ihn die Kaiserin hielt, die Thronfolge anzutreten. Aber die Kaiserin hat ihren Sohn auch niemals eindeutig von der Thronfolge ausgeschlossen. Gerade dieser labile Zustand zerrte sichtbar an seinen Nerven. Er sollte nach dem Willen Katharinas ruhig in Gatschina seine Ehrengarde durch täglichen Drill malträtieren, sich von seiner Frau zu künstlerischen Interessen animieren lassen und Kinder zeugen. Die Zeit würde die notwendigen Entscheidungen mit sich bringen.

Am Beginn der achtziger Jahre tauchte ein weiteres Problem auf, das die Beziehungen zwischen Katharina II., ihrem Sohn und der Schwiegertochter erheblich belastete und die gegenseitigen Animositäten zwischen dem „großen" Hof in Petersburg und dem „kleinen" Hof in Gatschina verstärkte. Mit der Eheschließung im Jahre 1776 gingen die Häuser Romanow und Württemberg dynastische Beziehungen ein, die sich als dauerhaft erweisen sollten und sich personell keineswegs auf Paul und Maria beschränkten.

Maria Fjodorowna blieb in Russland ihrer Familie und Württemberg eng verbunden. Sie war sehr froh, als ihr Bruder Friedrich Wilhelm Karl – der spätere König Friedrich I. von Württemberg – im Jahre 1781 in russische Dienste trat. Der Prinz war seit 1780 mit der Tochter des Herzogs von Braunschweig-Wolfenbüttel, Auguste Karoline Friederike Luise, verheiratet. Diese Ehe verlief von Beginn an nicht glücklich. Friedrich Wilhelm Karl diente zunächst in der preußischen Armee, schied dort jedoch aus, weil er bei König Friedrich II. in Ungnade fiel. 1781 wollte sich Auguste bereits von ihrem Gemahl trennen. Ein Kind schob die Entscheidung auf. Sie brachte im September ihren ersten Sohn zur Welt – Prinz Friedrich Wilhelm Karl – den späteren König Wilhelm I. von Württemberg. Marias Bruder fuhr 1782 mit Auguste und dem kleinen Sohn nach Petersburg. Die Kaiserin nahm ihn dank der rührigen Vermittlung durch Maria Fjodorowna herzlich auf. Sie übertrug ihm die Aufgaben des Gouverneurs in Finnland. Sein Leben schien sich glücklich zu wenden, sogar das Verhältnis zur eigenen Gemahlin nahm freundlichere Züge an. Auguste brachte im Februar 1783 in Petersburg die Tochter Katharina zur Welt. Nach Ostern 1783 unternahm der Prinz seine erste Reise nach Finnland, machte sich mit Land und Leuten vertraut.

Aber Friedrich Wilhelm Karl sehnte sich nicht so sehr nach stiller Verwaltungsarbeit in den finnischen Wäldern. Der Prinz wollte mehr: Ruhm, Ansehen und Macht, möglichst bald und wirkungsvoll. Sein Selbstbewusstsein verlangte nach dem spektakulären Kriegseinsatz, den er in der preußischen Armee gelernt hatte. Die Gelegenheit kam noch im Jahre 1783. Als Fürst Potemkin zur Annexion der Krim in den Süden aufbrach, bat der Württemberger darum, den Feldherrn begleiten zu dürfen. Seine Gemahlin Auguste war von der erneut in Aussicht stehenden Trennung wenig begeistert. Auf Grund der ihr eigenen Kontaktarmut

lebte sie in Petersburg relativ isoliert. Daran konnte auch Maria Fjodorowna wenig ändern. Der Vater riet ihr zur Rückkehr nach Braunschweig, zumindest für die Zeit der Abwesenheit des Gemahls. Aber
Friedrich Wilhelm Karl wollte Auguste in der Obhut Maria Fjodorownas
belassen. Sofort entschied die Kaiserin entgegengesetzt und lud die junge
Frau nach Zarskoje Selo ein. Auguste folgte der kaiserlichen Offerte
ohne sichtbare Begeisterung. Sie fügte sich ganz einfach einem nicht ver-
meidbaren Übel.

Im Juni 1783 übernahm Friedrich Wilhelm Karl das Kommando über
ein Armeekorps in Cherson, das lediglich zu Grenzsicherungsaufgaben
eingesetzt wurde. Der Kriegseinsatz erweckte zwar den Neid seines
Schwagers Paul, der selbst gern an der Seite Potemkins ins Feld gezogen
wäre, entsprach aber keineswegs den gespannten Erwartungen des Prinzen aus Württemberg. Das persönliche Verhältnis zu Potemkin war –
wiederum im Gegensatz zum Thronfolger Paul – ausgezeichnet. Nach
der Annexion der Krim fuhr Prinz Friedrich Wilhelm Karl im Oktober
1783 nach Petersburg zurück. Die Kaiserin empfing ihn gnädig und
freundlich, obwohl er sich selbst größeren militärischen Ruhm erhofft
hatte. Die Kaiserin schenkte ihm zum Lohn reiche Güter in Finnland,
die ihm ein gutes Einkommen sicherten, aber nicht von seinen ständig
wachsenden Schulden befreiten.

Im Dezember 1783 wurde die Tochter Auguste Dorothea geboren, die
aber bald darauf starb. Im Januar 1785 kam der Sohn Paul zur Welt. Die
Familie lebte zurückgezogen und pflegte freundschaftliche Beziehungen
zum Hof in Gatschina. Man ging allgemein davon aus, dass die Kinder
ein Zeichen für die zunehmend stabilere Ehe waren. Der äußere Schein
trog allerdings. Während es der Kaiserin trotz des schwierigen Charakters ihres eigenen Sohnes nicht gelang, in dessen Ehe mit Maria Fjodorowna Zwietracht zu säen, konnte sie in der aufbrausenden Selbstsicherheit Friedrich Wilhelm Karls und in der Introvertiertheit Augustes
geeignete Ansatzpunkte finden, um keine Solidarität in der großen
Familie der Romanows wachsen zu lassen, die den Thronfolger begüns-
tigt hätten. Die isolierte Erziehung Alexanders und Konstantins tat ein
Übriges. Katharina II. hatte schon nach der Ankunft Augustes 1782 mit
wachem Instinkt an Potemkin geschrieben: „Die Prinzessin von Württemberg ist angekommen. Donnerstag in der Eremitage waren ihre
Augen so verschwollen und so verweint, dass es schrecklich war, sie
anzusehen, man sagt, sie leben wie Hund und Katze."[1] Die innerfamiliären Schwierigkeiten des jungen Paars wuchsen an, unübersehbar für
die vielen Höflinge.

Friedrich Wilhelm Karl liebte zwar seine Kinder und kümmerte sich um deren Erziehung, aber vor seiner Frau besaß er keine Achtung. Die Kaiserin hatte ihm zunächst mehr vertraut als seiner Gemahlin, aber in dem Maße, wie er sich enger an den Hof in Gatschina anschloss und dort Hilfe für die Lösung seiner Probleme erhoffte, favorisierte sie Auguste. Nach und nach zeigte sich, dass die Kaiserin ihre ablehnende Haltung gegenüber dem Thronfolger auch auf Friedrich Wilhelm Karl übertrug. Sie förderte ihn nicht länger, er geriet zusehends in Missstimmungen und darunter litt wiederum seine Ehe. Das Prinzenpaar wurde zum Spielball höfischer Intrigen, deren Ziel letztendlich immer wieder der „kleine" Hof in Gatschina war. Als es gar zu handgreiflichen Auseinandersetzungen zwischen den Eheleuten kam, schickte die Kaiserin den Prinzen nach Wyborg in Finnland und entfernte ihn damit aus der Hauptstadt – und aus Gatschina. Die „arme" Ehefrau aber nahm sie in Zarskoje Selo unter ihren eigenen Schutz. 1786 erreichte der Konflikt den Höhepunkt. Friedrich Wilhelm Karl verstieß seine Frau. Am 5. Mai schrieb er ein Testament, enterbte Auguste und schloss sie von jeglichem Einfluss auf die Kinder aus. Das Schauspiel war damit jedoch nicht zu Ende. Es strebte im Gegenteil einem dramatischen Schlussakkord entgegen.

Katharina II. bereitete sich 1786 auf eine Fahrt in den Süden vor. Ihrem Sohn verbot sie die Mitreise. Der Prinz von Württemberg lebte nach wie vor im Streit mit seiner Frau und verbündete sich mit der Schwester Maria Fjodorowna in Gatschina. Auguste musste befürchten, dass sich der ganze Ärger des Thronfolgers über ihrem Haupt entladen würde, wenn die Kaiserin erst einmal die Hauptstadt verlassen hatte. Katharina II. erkannte diese Möglichkeit und entzog Auguste dem Einfluss der Württemberger und Pauls. Sie stachelte damit deren Aufgeregtheit weiter an. Auf Bitten Augustes, die ihrem Vater verzweifelt schrieb, sie drohe das Opfer eines hinterhältigen höfischen Komplotts zu werden, brachte die Kaiserin die junge Frau schließlich in die Petersburger Eremitage und stellte sie unter ihren persönlichen Schutz. Dem Ehemann Friedrich Wilhelm Karl, der seine Gemahlin ohne Zweifel grobschlächtig behandelte, gewährte Katharina einen einjährigen Urlaub und empfahl ihm, Russland mit seinen drei Kindern unverzüglich zu verlassen. Sie verweigerte ihm eine Abschiedsaudienz und teilte mehr als kühl mit, wenn er die russischen Dienste verlassen wollte, brauchte er das nur mitzuteilen, damit sie ihm die Entlassungsurkunde per Post nachschicken lassen könnte.

Die Kaiserin griff überhart durch, aber nicht, um eine arme und gepeinigte kleine Frau aus rein menschlicher Barmherzigkeit vor der Willkür ihres tyrannischen Ehemanns zu retten. Katharina kalkulierte rein politisch: Maria Fjodorowna, die Februar 1786 die Tochter Maria zur Welt gebracht hatte, legte sich für ihren Bruder ins Zeug, musste aber erkennen, dass die Kaiserin Sympathien an dieser Stelle für unangebracht hielt. Paul, gerade von der Südfahrt ausgeschlossen, konnte seinen Konflikt mit der Mutter nur vergrößern, wenn er sich für den gemaßregelten Friedrich Wilhelm Karl verwendete. Er distanzierte sich vorsichtig von dem Schwager und demonstrierte grimmige Ruhe wegen der verpatzten Reise auf die Krim. Katharina hatte ihr Ziel erreicht: Eine württembergische Solidaritätsaktion fand in Gatschina nicht statt, der Thronfolger war wieder einmal zwangsweise befriedet und der nunmehr höchst überflüssige Friedrich Wilhelm Karl musste Russland auf schnellstem Wege verlassen.

Das ärmste Opfer der ganzen Affäre wurde Auguste, sieht man von den Dauerschäden im Verhältnis zwischen Katharina und ihrem Sohn ab. Die Kaiserin schickte sie auf das Schloss Lohde im Kirchspiel Goldenbeck in der Wieck in Estland. Generalleutnant Reinhold Wilhelm von Pohlmann, einstiger Oberverwalter von Zarskoje Selo, 60 Jahre alt, wurde zur Aufsicht über Auguste bestimmt.

Während die Kaiserin auf Reisen ging und ihr Sohn Paul in Gatschina seinen Groll konservierte, begann ein intensiver schriftlicher und mündlicher Verkehr zwischen Stuttgart, Braunschweig, Prinz Friedrich Wilhelm Karl, Gatschina und dem Petersburger Hof bzw. der Kaiserin persönlich. Es ging um die Bedingungen für die Ehescheidung und um das weitere Schicksal Augustes sowie deren Kinder. Kaiserin Katharina wollte Auguste zunächst in die Heimat entlassen, erklärte während der Verhandlungen aber auch, dass diese unter ihrem Schutz in Russland verbleiben könnte. Nach mehreren Verhandlungsrunden waren die notwendigen Vollmachten, Erklärungen und Vertragstexte für die Ehescheidung und die Versorgung der Partner fertig. Der Erzieher des ältesten Sohnes Friedrich Wilhelm Karls, Schroeder, wurde im Mai/Juni 1787 nach Estland in Marsch gesetzt, um Augustes Unterschriften und Einverständnisse zu den Scheidungs- und Abfindungsdokumenten einzuholen.

Am 21. Juni 1787 kam Schroeder in Lohde an. Er wurde weder zu der inkognito in Lohde lebenden Auguste vorgelassen noch durfte er ihr die zur Unterschrift reifen Dokumente übergeben. Pohlmann erklärte sich lediglich bereit, die Schriftstücke an die Prinzessin weiterzureichen. Schroeder musste ohne ein signifikantes Ergebnis abreisen. Er fuhr nach Petersburg und informierte am 3. Juli als erste Paul und Maria

Fjodorowna über die Tatbestände. Beide billigten Schroeders Vorgehen. Aber sie konnten ohne das positive Votum der Kaiserin keinen Zutritt zu Auguste bewirken. Katharina II. hatte die Dokumente gelesen und brachte noch Änderungswünsche vor. Prinz Friedrich Wilhelm Karl, gerade erst brüsk aus Russland hinausgeworfen, schrieb der Kaiserin am 15. September einen direkten Brief, bat um seine erneute Verwendung in Russland und riet der Kaiserin, Auguste nach Braunschweig zu entlassen. Vermutlich versetzte die Dreistigkeit dieses Briefs Katharina II. in Erregung und stärkte ihre Aversion gegen den Prinzen. Vielleicht hat sie in dem Schreiben auch eine neue Bosheit des Thronfolgers gesehen.

Da kam Katharina die Haltung Augustes gerade recht. Offensichtlich wollte „die kleine Frau" – wie die Kaiserin Auguste nannte – gar nicht wieder nach Braunschweig ausreisen. Sie fürchtete sich vor dem Druck der Verwandten, allen mit der Scheidung verbundenen Ärgernissen und wollte lediglich in Ruhe leben. So klingt es zumindest in einem Brief an, den die Kaiserin am 13. August 1787 an den General von Pohlmann richtete: „Die kleine Frau hat, wie es scheint, keine große Lust, von hier wegzugehen, und sie hat auch nicht groß Unrecht, sie will ruhig leben, von Mann, von Verwandten hat sie keine oder wenig Ruhe zu hoffen, es gefällt ihr in Lohde des Sommers, im Winter wärs ihr Wunsch, in Reval zu sein ... Warum sollte sie in Reval des Winters nicht Umgang haben mit Standes gemäßigte Leute ... Und da die kleine Frau sich so gut aufführet und ihr Vertrauen in mich gesetzt hat, wird sie es nicht zu bereuen haben."[2] Das waren ganz fadenscheinige Argumente, denn für die Kaiserin bedeutete die gefangene Auguste ein politisches Faustpfand in dem komplizierten Intrigenspiel gegen den Thronfolger und dessen Familie. Je länger der Schwebezustand im Verhältnis zwischen Friedrich Wilhelm Karl und dessen Gemahlin Auguste anhielt, umso besser konnte Katharina deren Affäre für ihren Druck auf den Thronfolger nutzen.

Das Spiel ähnelte 1787, in dem Jahr, in dem Katharina den zweiten Krieg gegen die Türkei führen ließ, in fataler Weise dem Umgang der Kaiserin mit der „Braunschweiger Familie" in den sechziger und siebziger Jahren. Sie hatte 1764 den nominellen Kaiser Iwan VI. in der Festung Schlüsselburg mit Hilfe eines durch den Grafen Nikita Panin inszenierten Mordkomplotts umbringen lassen. Iwans Vater, der Braunschweiger Prinz Anton Ulrich musste bis zu seinem Tode im Jahre 1776 in der Verbannung im nordrussischen Cholmogory leben. Dessen überlebende vier Kinder durften erst am Beginn der achtziger Jahre in ein anderes Gefängnis nach Horsens in Dänemark ausreisen. Die Kaiserin Russlands hatte die Verbannten als politisches Druckmittel zur Regulierung ihrer

Machtansprüche in den Anliegerstaaten der Ostsee genutzt – primär zur Lösung der „gottorfischen Frage". Sie hatte mit Hilfe der eingesperrten Familie aber auch den Druck auf den Thronfolger verstärkt, dem sie nach Recht und Gesetz im Jahre 1772 die Krone hätte übergeben müssen.

Katharina wollte ihren Sohn damals nicht an der Macht beteiligen und lehnte das im Jahre 1787 weiterhin ab. Die Stimmung in der Familie verdüsterte sich zusehends. Der Bruder Maria Fjodorownas wurde eines um das andere Mal von der Kaiserin abgewiesen und das Schicksal der Braunschweiger Schwägerin schien vollkommen ungewiss. Dabei hatte Katharina doch ganz zielbewusst dynastische Verbindungen nach Württemberg angeknüpft, um die russische Position in Zentraleuropa zu stärken. Wieder einmal verbanden sich politische und dynastische Interessen auf sehr gegensätzliche Weise miteinander. Maria Fjodorowna erwartete im zweiten Halbjahr 1787 erneut ein Kind, aber das Schicksal des Bruders und der Schwägerin Auguste beunruhigte sie nicht weniger als die nicht mehr zu bändigende Wut des Gemahls über seinen Ausschluss vom Türkenkrieg und von der gesamten Staatsführung.

Eine Annahme, dass Kaiserin Katharina keine Kenntnisse über die Vorgänge in Lohde besaß, wäre naiv. Deren Ablauf wird in den bekannt gewordenen Quellen so dargestellt: General Pohlmann wandelte sich nach und nach von einem Schlossverwalter in einen Kerkermeister. Im Februar 1788 – wenige Monate vor der erneuten Niederkunft Maria Fjodorownas – war man in Gatschina, Braunschweig und in Stuttgart noch immer ohne Nachrichten aus Lohde. Die Kaiserin hatte auf ein Schreiben Herzog Karls von Braunschweig-Wolfenbüttel nicht geantwortet. Das Scheidungsverfahren blieb offen. Die Nachrichten aus Lohde flossen ebenso spärlich wie unverbindlich. Danach wollte Auguste entweder überhaupt keine vertragliche Regelung mehr oder sie war nicht mehr Herrin ihrer Entschlüsse. Maria Fjodorowna, Paul und die Höfe in Braunschweig wie in Stuttgart tappten vollkommen im Dunkeln. Das war umso unverständlicher, als Separierungen von Mitgliedern der kaiserlichen Familie oder diesen besonders nahe stehenden Persönlichkeiten stets von einer besonderen Kanzlei der Kaiserin geführt und kontrolliert wurden. Es besteht kein Anlass zu der Vermutung, Katharina habe um das Schicksal Augustes und den davon ausgehenden Wirkungen nicht gewusst.

Während die Höfe in Gatschina, Braunschweig und Stuttgart weiter in Unkenntnis über das Schicksal Augustes verharrten, die russischen Truppen unter Führung Potemkins und Suworows einen für Russland erfolgreichen Krieg gegen das Osmanische Reich führten, Katharina darüber nachdachte, ob sie ihren Enkel Alexander zum Thronfolger bestimmen sollte und Paul Petrowitsch in tiefer Verzweiflung unkontrollierte Drohungen gegen die Kaiserin ausstieß, brachte Maria Fjodorowna ihr nächstes Kind zur Welt.

Dessen baldige Ankunft hatte der Kaiserin im Januar 1788 als Begründung für die Ablehnung der Wünsche Pauls nach einer Teilnahme am Türkenkrieg gedient. Überaus spitzfindig und sichtlich gekränkt, dass man sie angeblich bisher nicht über die Schwangerschaft Maria Fjodorownas unterrichtet hatte, schrieb sie Mitte Januar 1788 an Paul: „Ich setze voraus, lieber Sohn, dass ich eine Menge von Rechten habe, etwas darüber zu erfahren, dass die Großfürstin ein Kind erwartet, und zwar nicht erst auf Nachfragen hin, oder durch Stadtgespräche, und nicht erst zuletzt. Als ich Ihnen im vorigen Jahr aus Kiew die ‚Hamburger Zeitung' zusandte, antworteten Sie mir, dass, wenn es wirklich so wäre, ich vor allen andern davon benachrichtigt worden wäre. Im Anfang Dezember, als meine liebe Tochter das Fieber hatte, gestanden Sie selbst, dass Sie mir damals eine ableugnende Antwort gegeben hätten. – Seit wann denn erwartet die Großfürstin ein Kind? Ich bitte Sie, teilen Sie mir das mit. Um richtig über etwas urteilen zu können, muss man mit Überlegung die Gründe für und wider abwägen. Die Gründe zu Ihren Gunsten liegen in dem von Ihnen ausgesprochenen Wunsch, sich als Volontär zur Armee zu begeben, um die kriegerische Tätigkeit mitanzusehen; diesen Wunsch in der gegenwärtigen Zeit nennen Sie eine Verpflichtung, obwohl Ihnen in der Tat keinerlei Verpflichtung obliegt. Vom September an gerechnet, haben Sie mich zweimal gebeten, Ihnen diese Reise zu gestatten; das erste Mal riet ich Ihnen ab; das zweite Mal gab ich meine Einwilligung, weil ich keinerlei Hindernis sah. Jetzt liegen die Verhältnisse anders. Während ich dem Charakter der Großfürstin (die um die Erlaubnis gebeten hatte, ihren Gemahl in den Krieg begleiten zu dürfen – Anm. d. Autors) vollkommene Gerechtigkeit widerfahren lasse, bin ich nichtsdestoweniger überzeugt, dass die Anstrengungen, denen sie sich unterziehen müsste, ungünstig auf sie einwirken und das Leben einer dritten Person gefährden könnten, und das alles einer Laune wegen, ohne jede Notwendigkeit. Sobald ein solches Bedenken vorliegt, wäre es unmenschlich und grausam, es nicht zu beachten. Was nun mich betrifft, so bin ich verpflichtet, ja in die Notwendigkeit versetzt, Sie dringendst zu bitten, vorerst von dieser Reise abzustehen und sie auf einige Monate zu verschieben, d.h. bis zur Niederkunft meiner lieben Tochter."[3]

Die „liebe Tochter" Maria Fjodorowna brachte am 10. Mai 1788 wieder ein Mädchen zur Welt – die Großfürstin Katharina Pawlowna, das sechste Kind ihrer Ehe. Das Baby wurde trotz aller innerfamiliären Spannungen in der Sommerresidenz Katharinas, in Zarskoje Selo, geboren. Die Monarchin ließ sich in keinem Fall ihr Vorrecht bestreiten, alle Enkel unter ihre sofortige Aufsicht zu stellen. Ganz in diesem Sinne informierte sie bereits am folgenden Tag ihren engsten Vertrauten, den Fürsten Potemkin: „Lieber Freund, Fürst Gregor Alexandrowitsch! Am gestrigen Tage wurde die Großfürstin mit einer Tochter beschenkt, welcher mein Name gegeben wurde; demnach heißt sie Katharina." Die Kaiserin, geschwätzig und naiv-wichtig wie in vielen Briefen an Potemkin, versäumte nicht, ihre eigenen Verdienste um das freudige Ereignis in den Mittelpunkt zu stellen: „Mutter und Tochter sind jetzt gesund; aber gestern hing das Leben der Mutter an einem sehr dünnen Fädchen. Als ich die äußerste Gefahr sah, entschloss ich mich, dem Arzte zu befehlen, ihr das Leben zu retten, wofür mir jetzt Mann und Frau danken."[4] So wollte es die Kaiserin: Der Thronfolger musste seiner Mutter dankbar sein, die Schwiegertochter verdankte ihr sogar das Leben! Wozu benötigte er da noch den Thron? Das Familienglück war doch ein viel wertvolleres Gut – zumindest für ihren Sohn hielt die Kaiserin auf die Wahrung dieser Überzeugung!

Die offizielle Nachricht über das freudige Ereignis erschien am 16. Mai in der „St. Petersburger Zeitung": „Am 10./21. Mai, gegen Ende der vierten Nachmittagsstunde, wurde Ihre Kaiserliche Hoheit die rechtgläubige Frau Großfürstin Maria Feodorowna glücklich von einer Großfürstin entbunden, welcher der Name Katharina gegeben wurde. An demselben Tage wurde abends der hiesigen Stadt dieses so freudige Ereignis durch eine Kanonensalve von beiden Festungen verkündigt, und am zweiten und dritten Tage wurden in allen hiesigen Kirchen nach der Messe Dankgebete mit Kniebeugung verrichtet." Die Mitteilung reflektierte keine außergewöhnliche Würdigung. Sie entsprach dem allgemein üblichen Ritual bei Hofnachrichten. Russland und die kaiserliche Familie besaßen eine neue Großfürstin. Das war nicht unbedingt ein staatspolitisch bedeutsames Ereignis, sondern lediglich eine Nachricht aus der höchsten Gesellschaft, die keine unmittelbaren Konsequenzen nach sich zog. Das Mädchen würde sehr bald wieder in der Privatsphäre der Familie versinken und frühestens in der Öffentlichkeit erscheinen, wenn es erwachsen war und einen respektablen Aristokraten heiraten sollte – es sei denn, außergewöhnliche Umstände verlangten nach einer anderen Handlungsweise. Aber Katharina wurde ja nicht für die Thronfolge auserkoren, also erübrigte sich ein exorbitanter Aufwand bereits bei der Geburt.

Für die Öffentlichkeit konnte nur noch ein Detail wichtig sein: die Taufe. Tatsächlich veröffentlichte die „St. Petersburger Zeitung" am 23. Mai 1788 die brandfrische Meldung: „Am 21. Mai/1. Juni, am Namensfest Ihrer Kaiserlichen Hoheiten des Großfürsten Constantin Pawlowitsch und der Großfürstin Helena Pawlowna, wurde die Handlung der heiligen Taufe Ihrer Kaiserlichen Hoheit der Großfürstin Katharina Pawlowna in Zarskoje Selo vollzogen, nach einem Zeremoniell, aus welchem zu ersehen ist, dass die hohe Neugeborene von der Staatsdame Fürstin Katharina Romanowna Daschkow auf einem goldenen Kissen von Glace getragen wurde, zu dessen rechter Seite der Oberschenk Narischkin, zur linken aber der General Solzikoff gingen, welche das Kissen und den Schleier hielten. Die Patin war die Kaiserin selbst, welcher nach beendigtem Te Deum von der Geistlichkeit Glückwünsche dargebracht wurden, wobei der hochwürdige Metropolit Gabriel eine Rede an Ihre Kaiserliche Majestät hielt und mit der übrigen Geistlichkeit zum Handkusse zugelassen wurde. Hierauf begann die Messe, während welcher die Kaiserin selbst die Großfürstin Katharina Pawlowna zum Empfang des heiligen Abendmahls herantrug und hierauf Ihrer Kaiserlichen Hoheit den Orden der heil. Katharina anlegte. Am Mittag war Tafel mit 156 Gedecken. Über Tische trank Ihre Majestät auf die Gesundheit der hohen Neugeborenen, wobei 31 Kanonenschüsse abgefeuert wurden. Der Thronfolger Zarewitsch brachte einen Toast auf die Gesundheit der Kaiserin aus, worauf 51 Salutschüsse folgten. Darauf trank die Kaiserin auf die Gesundheit Ihrer Hoheiten, begleitet von 31 Schüssen. Abends waren Petersburg und Zarskoje Selo illuminiert."

Die Pressemitteilung machte es deutlich: Die wichtigste Person bei dem Taufakt war die Kaiserin selbst und nicht die kleine Katharina. Die Familie demonstrierte Eintracht und unterstrich ihre europäische Bedeutung, indem sie Kaiser Leopold II. von Habsburg und König Georg III. von England zu Taufpaten Katharinas erhob.

Inzwischen hatte sich auch Potemkin bei der Kaiserin vom Kriegsschauplatz im Süden gemeldet. Er ignorierte zwar oft genug die ausschweifenden Episteln seiner Dienstherrin, aber bei diesem Anlass reagierte er, weil ihm im Interesse der Reichspolitik und der aktuellen Kriegslage ein öffentlich erkennbares Zerwürfnis zwischen der Kaiserin und der Familie des Thronfolgers nicht zweckmäßig erschien. Potemkin wollte auch persönlich ein sachliches Verhältnis zum Thronfolger bewahren. Das hatte er in der Vergangenheit stets versucht, wohl wissend, dass Paul Petrowitsch von dem Favoriten seiner Mutter nichts hielt. Also ging er zustimmend auf Katharinas Mitteilungen ein und gab dieser eine Gelegenheit, erneut ihre eigenen Verdienste um das Glück der Familie des Thronfolgers zu betonen. Am 27. Mai antwortete sie Potemkin: „Aus deinem Briefe ... ersehe ich, dass du meine Nachricht von der Geburt meiner Enkelin Katharina erhalten hast. Bei dieser Gelegenheit zeigten sich die Eltern derselben mir gegenüber viel freundlicher als früher; sie schätzen es auch gewissermaßen, dass ich der Mutter das Leben rettete, denn ihr Leben schwebte 2½ Stunden lang in keiner geringen Gefahr, einzig wegen der Schmeichelei und Feigheit der sie umgebenden Ärzte. Als ich dies sah, gelang es mir, zur rechten Zeit einen guten Rat zu geben, womit die Sache glücklich endigte, und jetzt ist sie gesund, und er (Paul – Anm. d. Autors) macht sich auf den Weg zu euch in die Armee, wozu ich meine Einwilligung gegeben habe; er gedenkt am 20. Juni/1. Juli von hier abzureisen."[5]

Im Vergleich zum vorausgegangenen Verhältnis zwischen Katharina II. und Paul schien der Brief wahrlich eine Sensation anzukündigen: Paul Petrowitsch, geduckt und gedemütigt, sollte doch noch zu Potemkin auf den Kriegsschauplatz im Süden reisen dürfen. Wenn die Kaiserin die Genehmigung tatsächlich erteilte, dann gab sie Potemkin in dem Brief einen unmissverständlichen Wink. Generalfeldmarschall Grigori Potemkin sollte das neue Spiel einer bislang nicht gekannten Familienharmonie, das die Kaiserin mit der Geburt Katharinas verknüpfte, aktiv unterstützen. Zahlreiche ausländische Militärs und Fürsten, auch aus Württemberg, nahmen an dem Feldzug teil. Potemkin konnte in der ihm eigenen überzeugenden Art, mit gewinnendem Lächeln, vielen Geschenken und prächtigen Empfängen selbst unter Kriegsbedingungen für die Eintracht der Romanows agitieren. Ein Erfolg seiner Mission würde auch die kritischen Nachfragen über den Verbleib der Braunschweiger Prinzessin Auguste irgendwo im Baltikum dämpfen.

Aber der kluge Potemkin musste sich auf die eigene Überzeugungskraft verlassen. Der Thronfolger fuhr natürlich nicht in den Süden. Abermals betrog und demütigte ihn die Kaiserin. Während die kleine Katharina als rundes Baby von ihrer Mutter wohlbehütet in Gatschina in die Sommersonne und den grünen Park blinzelte, geriet diese Episode relativ schnell in Vergessenheit. Neues Unheil wog weit schwerer. In der zweiten Oktoberhälfte 1788 traf plötzlich die überraschende Nachricht in Stuttgart und Braunschweig ein, Auguste wäre am 27. September 1788 in Lohde verstorben. Diese Nachricht übermittelte nicht etwa die Kaiserin aus Petersburg, verbunden mit dem Ausdruck tiefsten Bedauerns. Maria Fjodorowna informierte die Verwandten in Deutschland von Gatschina aus. Auguste, so teilte Maria mit, wäre einem Blutsturz erlegen. Die Meldung kam zu überraschend, als dass sie ohne Folgen bleiben konnte. Alle Beteiligten zeigten sich tief erschüttert über das Schicksal der unglücklichen jungen Frau – und schoben einander gegenseitig die Schuld an deren frühem Ende zu. Die Fürstenhäuser Mittel- und Westeuropas, besonders aber Deutschlands, horchten erschreckt auf. Das Schicksal Peters III., Iwans VI. und der Braunschweiger Familie war noch in frischer Erinnerung. Stets war ein Makel auf Katharina II. gefallen und öffentlich diskutiert worden. Sagte man nicht auch, dass sogar Pauls erste Gemahlin Natalja Alexejewna, die Prinzessin Auguste-Wilhelmine von Hessen-Darmstadt im April 1776 sterben musste, weil man ihr bei der Geburt des ersten Kindes bewusst die notwendige medizinische Hilfe verweigerte?

Der Tod Augustes führte sofort zu allerlei neuen Spekulationen. Maria Fjodorowna, ihr Bruder Friedrich Wilhelm Karl und die Höfe in Stuttgart und Braunschweig wollten den Ursachen für den Tod Augustes energisch auf den Grund gehen. Es mussten schließlich konkrete Erbansprüche befriedigt werden. Prinz Friedrich Wilhelm Karl wandte sich allem Anschein nach im November 1788 mit der Bitte um eine präzise Auskunft an Katharina II. Er bekam keine Antwort. Die Kaiserin äußerte sich weder über das Schicksal Augustes noch zu den Angeboten des Prinzen, in russische Dienste zurückzukehren. Die fehlende Aufklärung ließ weiteren Gerüchten freien Lauf. Nach den Angaben der Gräfin Caroline Friederike von Görtz, einer Bekannten des Prinzen, war es auf Lohde nicht mit rechten Dingen zugegangen, Auguste hätte, so die Gräfin, immer nach Braunschweig gewollt und die Rückreise wäre für das Frühjahr 1789 vorgesehen gewesen. Das war indes eine reine Vermutung.

Die Umstände des Todes der Prinzessin Auguste sind damals nicht aufgeklärt worden. Solange Katharina II. lebte, herrschte Schweigen in dieser Angelegenheit. Die Kaiserin bemühte sich um keinerlei Rechtfertigung. Das Thema existierte für sie nicht. Gerade darum belastete es das Verhältnis zum Hof in Gatschina ebenso wie zu den Höfen in Stuttgart und Braunschweig. Die Kaiserin mochte im Zusammenhang mit der

Geburt der kleinen Katharina noch so mütterlich oder gar einsichtig gehandelt haben – die Konflikte mit dem Thronfolger legte sie dadurch nicht bei. Das beharrliche Schweigen über das Schicksal Augustes vertiefte die Konflikte.

Als später, im 19. Jahrhundert, ernste Untersuchungen zum Tod Augustes angestellt wurden, kam auch noch nicht die ganze Wahrheit ans Licht. Nach den offiziellen Berichten hat der General Pohlmann Auguste wie eine Gefangene gehalten, die wahren Zustände in Lohde vor der Kaiserin verheimlicht, die Prinzessin sexuell genötigt, vielleicht sogar vergewaltigt. Sie wurde jedenfalls schwanger. Bei der Geburt verweigerte ihr Pohlmann jegliche medizinische Hilfe und sie starb. Letzterer Tatbestand ist durch die Obduktion belegt worden. Obwohl es keine eindeutigen Beweise gab, widersprachen die Indizien der Version, die Kaiserin hätte nichts von den Vorgängen gewusst. Katharinas Staats-Sekretär für besondere Angelegenheiten, Alexander Chrapowitzki, notierte am 5. Juli 1788 in sein Tagebuch: „Man hat an Pohlmann und an die Prinzessin geschrieben und französische Bücher geschickt. Sie liebt die Lektüre und verbringt die Zeit mit Pohlmann und seiner Familie. Wenn er nicht 60 Jahre zählte, so könnte man ihn für ihren Liebhaber halten. Spricht man nicht davon? Ich habe nichts gehört."[6] Er hatte nichts gehört? Wenn der Staats-Sekretär Katharinas II. bereits Verdacht schöpfte, wusste auch die Kaiserin um die Vorgänge in Lohde und hat diese untersuchen lassen. Denn stets ist die Kaiserin den kleinsten Hinweisen über Unregelmäßigkeiten im Ablauf der von ihr selbst vorgeschriebenen Ordnung nachgegangen, hat Untersuchungskommissionen entsandt und Berichte anfertigen lassen. Es gab keinen logischen Grund, im Falle Augustes davon abzuweichen – es sei denn, Katharina wollte tatsächlich nicht wissen, wie Pohlmann mit Auguste konkret umging, um am Ende ihre Hände in Unschuld waschen zu können.

Für diese Vermutung sprach, dass sofort nach dem Tode Augustes aus Petersburg präzise Instruktionen in Lohde eingingen, wie mit den sterblichen Überresten der Frau verfahren werden sollte. Sie wurde in der Kirche von Goldenbeck aufgebahrt und ohne jegliche kirchliche Zeremonie sofort beigesetzt. Der Ortsgeistliche, Pastor Dahl, durfte den Sarg unter keinen Umständen öffnen. Die Beteiligten und Zeugen, von den Pohlmanns bis zur Kaiserin, schwiegen beharrlich. Der am Tode Augustes schuldige General Pohlmann blieb bis zu seinem Ableben im Jahre 1796 unbehelligt in kaiserlichen Diensten.

Unabhängig von den negativen Auswirkungen der Affäre auf das Spannungsverhältnis zwischen der Kaiserin und der Familie des Thronfolgers, zu der die kleine Katharina seit Mai 1788 zählte, verdienen die Ereignisse eine vorausschauende Bemerkung: Als sich Augustes ältester Sohn Friedrich Wilhelm Karl im Jahre 1819 als König Wilhelm I. von Württemberg, der im Jahre 1816 die russische Großfürstin Katharina Pawlowna geheiratet hatte, mit seinem Vetter und Schwager Kaiser Alexander I. von Russland in Warschau traf, weil er die russische Rückendeckung für die württembergische Verfassung benötigte, vereinbarten die beiden Monarchen, dass Auguste mit einer kirchlichen Zeremonie in Goldenbeck bestattet werden sollte. Dabei wurde der Sarg geöffnet und das Verbrechen entdeckt. Zu diesem Zeitpunkt lebte Katharina Pawlowna, die Schwiegertochter der toten Prinzessin Auguste, bereits selbst nicht mehr. Es gibt merkwürdige Zufälle im Leben: Die Affäre um die Braunschweiger Prinzessin überschattete das politische und dynastische Verhältnis zwischen Russland und Württemberg gerade in dem Moment, als Katharina Pawlowna geboren wurde. Der lange Schatten Augustes überragte das Leben Katharinas. Deren Wirken in Württemberg und ihr plötzlicher Tod führten die Monarchen 1819 in Warschau zusammen: Wieder bestimmten Auguste und Katharina einen Teil der Gespräche auf höchster Ebene. Politik und menschliche Tragik waren in beiden Ereignissen fest miteinander verbunden. Das Drama von Lohde stand nicht nur symbolisch, sondern ganz realistisch am Beginn und am Ende des Lebenswegs Katharinas. Eine Symbolik erwuchs höchstens daraus, dass Katharinas eigener Lebensweg von Tragödien begleitet werden sollte, deren Verursacher in jedem Falle um die Macht eifernde Menschen mit den unterschiedlichsten politischen und persönlichen Interessen waren.

Die Großfürstin wächst und lernt

Über die ersten Lebensjahre der kleinen Prinzessin ist, soweit es ihre Individualität betrifft, wenig zu sagen. Sie lebte im Schoße der Familie. Bis zum Ende der Herrschaftszeit Katharinas II. im Jahre 1796 wuchs das Mädchen mit ihren Geschwistern in den herrlichen Landschaftsparks von Zarskoje Selo, Gatschina, aber auch Peterhof und Pawlowsk heran. Die bereits bestehenden glänzenden Paläste in ihren wunderschönen blauen, gelben oder cremefarbenen Pastelltönen, die reich verzierten Zimmer mit Gemälden und kunstvollen Möbeln, darunter auch das weltberühmte Bernsteinzimmer in Zarskoje Selo, die weitläufigen Parks, phantastischen Fontänen, verspielten Brücken oder schnurgeraden Kanäle hin zum blauen Meer gehörten ebenso zu den ersten selbstverständlichen Lebenserfahrungen wie die Souveränität der großen Brüder Alexander und Konstantin, die sich der besonderen Gunst der Kaiserin erfreuten und darum von den kleineren Schwestern neidvoll verehrt und bestaunt wurden. Zu Katharinas ersten Lebenserfahrungen zählten die hingebungsvolle Liebe, der Kunstverstand und die Konsequenz der Mutter Maria Fjodorowna wie die vor dem sprunghaften, polternden und nur schwer berechenbaren Vater paradierenden Soldaten. Selbst die Bruchstücke, welche die Kinder über die Spannungen zwischen dem „großen" und dem „kleinen" Hof in sich aufnahmen, gehörten zum Alltag.

Außerdem besaßen Katharina und ihre Geschwister eine Erzieherin, die sich mit der ihr eigenen verständnisvollen Strenge größte Mühe gab, die höfischen Querelen von den Kindern fern zu halten. Das war die Gräfin Charlotte von Lieven. Sie wurde 1743 als Baronin von Posse geboren. 1781 starb ihr Gemahl, der General von Lieven. Sie hatte mehrere eigene Kinder. 1783 wurde sie an den Hof Katharinas II. berufen. Die Kaiserin übertrug ihr die Aufsicht über die Kinder des großfürstlichen Paars. 1794 wurde die Baronin von Lieven zur Staatsdame ernannt. Kaiser Paul I. erhob sie 1799 mit ihren Nachkommen in den Grafenstand des russischen Reichs. 1826 wurde sie als Fürstin und mit dem Titel Durchlaucht ausgezeichnet. Sie starb am 24. Februar 1828 – hochgeehrt und liebevoll von den Kindern Kaiser Pauls I verehrt. Nicht nur Katharinas Leben blieb eng mit dem Wirken Charlottes von Lieven verbunden. Auch die 1804 nach Weimar verheiratete Schwester Maria Pawlowna blieb mit der ebenso ernsten wie gütigen und konsequenten Erzieherin in engem persönlichen Kontakt. Allerdings bestand zwischen der Familie Lieven und der kaiserlichen Familie auch eine – wie wir sehen werden – komplizierte Abhängigkeit und ein gegenseitiges Misstrauen, die zu manchen politischen und persönlichen Turbulenzen führten.

Die kleine Katharina wurde von Beginn an in den Alltag des Hofs einbezogen. Sie wuchs in der ihr eigenen Welt als ein normales und gesundes Kind auf, das sich keiner besonderen Aufmerksamkeit seitens der Erwachsenen erfreute. Die Kaiserin schrieb im September 1790 über die zweijährige Enkelin an ihren Korrespondenzfreund Melchior Grimm: „Von ihr ist noch nichts zu sagen; sie ist zu klein und weit nicht das, was ihre Brüder und Schwestern in ihrem Alter waren. Sie ist dick, weiß und hat hübsche Augen; sie sitzt den ganzen Tag in einer Ecke mit ihren Spielsachen, schwatzt ohne Aufhören, sagt aber nichts Bemerkenswertes."[7] Der Kaiserin schien das magere Resultat ihrer Zuneigung zu dem kleinen Mädchen peinlich, hatte sie Grimm doch 1788 ausdrücklich mitgeteilt, welch großen Wert sie darauf legte, dass das Kind den Namen

Katharina tragen durfte. Die von höflichen Zeitgenossen, Memoiristen oder enthusiastischen Biografen üblicherweise bereits im Kindesalter entdeckten herausragenden Eigenschaften politischen Sachverstandes oder weiblichen Liebreizes ließen jedenfalls vorerst auf sich warten.

Im September 1791, Katharina war bereits drei und ein halbes Jahr alt, schrieb Maria Fjodorowna ihren Eltern in Württemberg, dass das Mädchen eine liebe kleine Puppe wäre, drollig in ihrer Kindlichkeit, richtig zum knuddeln und lieb haben, wie das eben bei den jüngsten Kindern meist der Fall ist. Da Maria Fjodorowna erst im Jahre 1792 das nächste Kind (Olga) gebar, hatte sie hinreichend Zeit und Muße, sich der Kleinen zu widmen. Im Laufe der nächsten Jahre verließ Katharina Schritt für Schritt die mütterliche Babystube. Den ersten wirklichen und bewusst empfundenen Einschnitt in ihrem Leben erfuhr sie im Jahre 1796.

Ein Jahr davor, mit sieben Jahren, erhielt Katharina eine persönliche Erzieherin, Hofdame, Lehrerin und Gouvernante – das Fräulein von Aledinsky, dem sie bis an ihr Lebensende freundschaftlich verbunden blieb. Frau von Aledinsky wurde 1817 sogar in Katharinas Testament mit wertvollem Erbe bedacht: mit Ohrringen, einer Uhr und bunten Steinen. Katharina erreichte ein Alter, in dem sie langsam der glücklichen Zeit sorglosen Spielens entwuchs. Zu ihrem siebten Geburtstag frisierte man sie kunstvoll und zog ihr ein Kleid in russischer Volkstracht an. Mit ihren Schwestern führte sie vor der Kaiserin einen russischen Tanz auf. Die Zeremonie bedeutete für die Kinder einen großen Spaß, wies aber zugleich mit sanftem Nachdruck darauf hin, dass Katharina nunmehr den ersten Schritt in das öffentliche Leben der Hofgesellschaft gehen sollte. Neben das unbeschwerte Glück des Kindes traten die ersten Pflichten. Sie wurde in das wohldurchdachte und qualitätvolle Ausbildungsprogramm der Kinder des Thronfolgers einbezogen, ohne dabei in irgendeiner Weise eine Sonderrolle zu spielen.

Zu den exzellenten Lehrern zählte der Württembergische Staatsrat von Krafft. Er lehrte die Großfürstinnen und Großfürsten Mathematik. Der Schriftsteller und Staatsrat von Storch unterrichtete Staatswirtschaft. Der Schweizer de Puygé unterwies sie in Geschichte, Geographie und französischer Sprache. Die Lehrer besaßen die Pflicht zur genauen Beobachtung und Bewertung der ihnen anvertrauten Kinder. Bei Katharina stellten sie in Ansätzen gewisse musische Talente fest. Das Mädchen zeichnete und malte gar nicht so übel. Wie es sich für eine heranwachsende Großfürstin schickte, erhielt sie daraufhin bei dem Maler Jegorow eine vorzügliche Spezialausbildung. Ob sich das Talent zu wahrer Kunstfertigkeit mausern konnte, ob Katharina selbst ein Interesse an den schönen Künsten in sich trug, das konnte freilich erst die Zukunft erweisen. Dass die Lehrer bei der kleinen Katharina eine schnelle Auffassungsgabe, geistige Beweglichkeit und den Sinn für rationale Zeiteinteilung erkannten, entsprach den normalen Erwartungen an den geistig und körperlich gesunden Nachwuchs der kaiserlichen Familie und wurde bei dem Mädchen vielleicht nur deshalb besonders herausgehoben, weil der ältere Bruder Konstantin in diesen charakterlichen Merkmalen eben gerade nicht brillierte und weil selbst der Bruder Alexander eher zum Träumen und zu disziplinierter Hinnahme vorgegebener Richtlinien neigte.

Während das Jahr 1795 den organischen Übergang in die Phase der schulischen und höfischen Erziehung mit sich brachte, führte das zu Ende gehende Jahr 1796 zu einem scharfen Schnitt in Katharinas Leben. Im November 1796 starb Kaiserin Katharina II. Trotz aller belastenden innerfamiliären Querelen: Die höchste Staatsautorität und die um ihre Enkel besorgte Großmutter war nicht mehr. In Russland starb nicht nur eine Kaiserin, für Russland ging eine Epoche zu Ende. Katharina II. hatte den Thron unter dubiosen Umständen erobert. Sie hatte ihre wirkliche Größe vor allem durch kriegerische Eroberungen erreicht. In Europa hielt man sie für eine aufgeklärte Monarchin. Katharina war in der Tat eine Ausnahmeerscheinung auf dem russischen Kaiserthron. Ohne Probleme, von niemandem behindert, auch nicht vom Sohn Alexander – dem Liebling der Kaiserin –, bestieg der so sehr geschmähte und fehlentwickelte Paul Petrowitsch als Kaiser Paul I. den Thron. Es war erstaunlich, dass Katharina II. letztlich an ihm als Thronerben festhielt, als ob alle Auseinandersetzungen der vergangenen Jahrzehnte nicht stattgefunden hätten. Manche konnten es nicht fassen, manche hielten die Entscheidung für einen Fehler, andere passten sich sofort an. Aber niemand setzte der Thronerhebung Pauls Widerstand entgegen.

Für die inzwischen achtjährige Katharina brachte die neue Situation zunächst eine Fülle subjektiver Eindrücke von Ereignissen, deren Zusammenhänge, Ursachen und Wirkungen sie noch nicht überschauen konnte. Mit ihrem zweifelsohne bereits erwachenden Verstand musste sie den Tod der Großmutter verarbeiten. Die Trauerfeierlichkeiten, an denen die Kinder des neuen Kaisers selbstverständlich teilnahmen, riefen auch bei Katharina die Erkenntnis hervor, dass ihr Vater das Bild und das Erbe der entschlafenen Monarchin brutal, hasserfüllt und in unberechenbaren Konsequenzen zerstören wollte. Das Begräbnis geriet gar zu einer mehr als peinlichen Posse. Die Gebeine des 1762 ermordeten Kaisers Peter III. wurden ausgegraben und im Trauerzug neben dem Sarg

Katharinas II. mitgeführt. Die Krone Peters musste Alexei Orlow hinter dem Sarg hertragen, jener Mann, der den Kaiser Peter III. ermordet hatte. Alle Paläste und Räume, in denen die Kaiserin und deren Favoriten gewohnt hatten, wurden – zumindest vorübergehend – verschlossen. Das alles erschien unwirklich und von mittelalterlichem Geist der Hexenverfolgung durchdrungen. Aber kein Aristokrat, kein Politiker oder Höfling, kein einziges Mitglied der kaiserlichen Familie leistete dem Selbstherrscher aller Reussen in dessen sinnlosem Tun Widerstand. Die große Katharina hatte Paul zum Thronerben bestimmt. Das Gesetz hatte gesprochen, allein der neue Kaiser entschied, wer gut und wer böse war. Die Kinder Pauls wurden nicht dazu erzogen, die Tradition und das Gesetz in Frage zu stellen.

Die kleine Katharina bemerkte aber auch: Der mürrische und schwer zugängliche Vater und die Mutter traten aus dem Schatten von Gatschina hinaus. Sie regierten als Kaiserpaar in Petersburg und besaßen die Chance, die oft in der Einöde von Gatschina geschmiedeten Zukunftspläne zur Reichspolitik erheben zu können. Alexander, der ältere und liebe Bruder, wurde zum Thronfolger des regierenden Kaisers proklamiert und stand fortan in der Rangfolge über den Geschwistern. Die kleine Katharina begriff sehr schnell die neue Stellung der ganzen Familie, vor allem die des Bruders. Der Vater war für die Teufeleien einer kleinen, aufgeweckten, bisweilen sogar schon etwas exaltierten Dame unerreichbar. Aber den Bruder, den Thronfolger, den konnte man um den Finger wickeln, wenn man die von der Natur gegebene weibliche List nur geschickt einsetzte! Konstantin blieb ein Dummkopf und Grobian. Alexander war weich und biegsam. Außerdem erschien er seiner Schwester im Unterschied zu Konstantin als ein schöner junger Mann, in den sich die kapriziöse kleine Katharina schon einmal vergucken konnte. Sie teilte den schwärmerischen Blick auf den „Engel" allerdings mit zahlreichen Geschlechtsgenossinnen ihrer Altersklasse. Das spornte ihren Ehrgeiz an. Der Apoll zählte erst 19 Lenze und befand sich durchaus noch in der Sichtweite heranwachsender großfürstlicher Backfische.

Nach dem Thronwechsel nahm die schulische Ausbildung in den Staatswissenschaften wie in allen anderen Lehrdisziplinen ihren vorgeschriebenen Fortgang. Katharina ließ in ihrem Eifer nicht nach, geniale oder zumindest Erstaunen hervorrufende Resultate zeitigte sie nicht. Nur das Leben selbst drohte mit fortlaufender Zeit ernster und auch komplizierter zu werden. Auf die Trauerfeierlichkeiten für die verstorbene Kaiserin, bei denen die Töchter Pauls viele Tränen vergossen, folgte nicht der bislang gewohnte Alltag. Maria Fjodorowna sammelte ihre Kinder enger um sich, weil sie sah, dass der Gemahl, einmal im Besitz der Herrschaft, das Land, den Hof und die eigene Familie mit einer Flut kleinlichster Vorschriften überschwemmte, die selbst simple Gewohnheiten in absurde Formen presste. Er schrieb vor, welche Art von Anzügen, Hüten oder Westen getragen werden mussten, wie man sich zu verbeugen hatte, wer wann welche Kutsche benutzen durfte, wie das Tafelgeschirr anzuordnen war, wie die Knöpfe an Uniformen sitzen mussten und vieles mehr. Zuwiderhandlungen, Nachlässigkeiten oder gar bewusste Obstruktion bedachte der Kaiser mit schweren Strafen. Dorothea von Lieven, die Schwiegertochter der Gräfin Charlotte von Lieven berichtete, dass Petersburgs Straßen zwischen 12 und 13 Uhr wie leergefegt schienen: Der Kaiser ging spazieren und ließ jeden Menschen bestrafen, der sich sehen ließ und gegen irgendeine der unzähligen sinnlosen Vorschriften verstieß. Diesem kleinlichen Druck wollte die Kaiserin ihre Kinder unbedingt nicht aussetzen, aber Paul bezog die eigene Familie unerbittlich in seinen Reformeifer ein.

Dabei besaß der neue Kaiser durchaus Phasen, in denen er einen gütigen und charmanten Umgang mit seiner Familie und auch mit Höflingen, Diplomaten und Militärs pflegte. Seine politischen Interessen standen denen der Mutter grundsätzlich nicht entgegen. Katharina II. hatte in ihren letzten Regierungsjahren längst allen liberalen Reformen valet gesagt und einen konservativen Regierungsstil gepflegt, an den Paul trotz aller subjektiven Feindschaft ohne Skrupel anknüpfen konnte. Außerdem hatte sich Europa nach dem Beginn der großen Revolution in Frankreich in einen unruhigen und schwer berechenbaren Kontinent gewandelt, in dem sich ein russischer Kaiser, den man als Thronfolger von der Politik ferngehalten hatte, nur mühsam zurecht finden konnte.

Die unberechenbare Sprunghaftigkeit und der impulsive Jähzorn des Kaisers bedeuteten für Politik und Familie stets eine Gefahr. Maria Fjodorowna beruhigte die Kinder. Mit ihrer festen Selbstsicherheit glich sie manche Spannung aus. Allerdings beobachtete sie mit Sorge, dass unter ihren Kindern nicht nur der bei Kritikern als hässliches Ebenbild seines Vaters geltende Konstantin zu übertriebenen Reaktionen neigte. Unter den 1796 lebenden Kindern spielten Alexandra, Jelena und die 1795 geborene Anna keine besonders auffallende Rolle. Alexander und Maria wurden mit dem Odium des Schönen, Guten und Sympathischen umhüllt. Katharina dagegen geriet charakterlich eher nach ihrem Vater und dem Bruder Konstantin. Sie war mit ihren acht Jahren zweifellos eine kleine Schönheit, aber sanftmütig wie Maria war sie nie. Eher spontan und etwas mutwillig. Voller Energie und starker Willenskraft. Das alles waren Ansätze, die nach aufmerksamer Beobachtung und sinnvoller Lenkung verlangten, zunächst jedoch noch keinen Grund zur Besorgnis erweckten. Energische Menschen setzen sich im Leben durch.

Im April 1797 fuhr die Familie nach Moskau. Dort wurden Paul und Maria offiziell gekrönt und Alexander nun auch formal in den Rang des Thronfolgers und ersten Großfürsten erhoben. Es ging ernst, fromm und sittsam zu. Niemand traute sich, von Herzen fröhlich zu sein. Der quirligen Katharina mag das wenig gefallen haben. Aber sie konnte sich gemeinsam mit den Schwestern in der Öffentlichkeit präsentieren und dynastische Disziplin gehörte zu den Grundübungen ihres Daseins. Mit der Kaiserkrönung wandelte sich das Leben in der Familie ganz entscheidend. Nicht nur die Repräsentationspflichten wuchsen. Der Kaiser übertrug Maria Fjodorowna die persönliche Verantwortung für den gesamten Bereich der öffentlichen Wohlfahrt. Die Erfüllung der damit verbundenen Pflichten, die sie außerordentlich ernst nahm, verschlang viel Zeit, die ihr bei der Erziehung der Töchter fehlte. Die Kaiserin fand eine ebenso nützliche wie pädagogische Lösung für das Problem: Sie bezog die Mädchen von Anfang an in die Lösung der wohltätigen Aufgaben ein.

Maria Fjodorowna übernahm die Schirmherrschaft und finanzielle Unterstützung für Hospitäler, Waisenhäuser, Kinderbewahranstalten, Bildungseinrichtungen, Armenküchen, Nachtasyle und vielfältigste Institutionen, in denen über wohltätige Spenden aus dem reichen Besitz der kaiserlichen Familie die erbärmliche Lebenssituation der Ärmsten ein wenig gelindert werden konnte. Paul I. stellte ihr dafür jährlich eine Million Rubel zur Verfügung, die u.a. in der Findelhaus-Bank und in Witwenkassen zur Kapitalvermehrung angelegt wurden. Die Kaiserin hat in diesem sozialen Bereich ihr ganzes Leben lang ernsthaft gearbeitet, bestehende Traditionen erweitert und ihre Töchter im strengen Sinne religiös und autokratisch motivierter Verantwortung für die sozial Leidenden erzogen. Ihr besonderes Augenmerk galt den Kindern, für deren Gesundheit und Bildung die meisten der zur Verfügung stehenden Mittel ausgegeben wurden. Die Wohltätigkeit der Kaiserin bedeutete, gemessen an den gravierenden sozialen Problemen des ganzen Reichs, immer nur einen Tropfen auf den heißen Stein und konzentrierte sich vor allem auf die machtpolitischen Zentren Petersburg und Moskau.

Maria Fjodorownas umfangreicher Arbeitstag wurde nicht nur mit der Besänftigung ihres Gemahls, mit der Wohltätigkeit oder mit der Aufsicht über die anwachsende Kinderschar ausgefüllt. Sie sollte auch ein

Vorbild bei der Pflege höfischer Kunst und Kultur außerhalb der Mauern von Gatschina oder Pawlowsk sein und – es begann die Zeit, die heranwachsenden Mädchen unter die Haube zu bringen. In dieser Hinsicht ließ ihr der Kaiser freie Hand. Maria Fjodorowna entwarf, dem Zwang der politischen Ereignisse folgend, ein neues Konzept für die Heiratspolitik des Hauses Romanow. Während bis zu Katharina II. die territoriale Vorfeldsicherung Russlands gegenüber Westeuropa nach dynastischen Verbindungen in den norddeutschen Raum verlangt hatte, gebot die nunmehr von Frankreich ausgehende Gefahr stärkere Verbindungen zu den süddeutschen Fürstenhäusern. Europa und Deutschland befanden sich nicht mehr in der Situation des 18. Jahrhunderts, da die absolutistischen Höfe in wechselnden Allianzen gegeneinander gekämpft hatten. Das revolutionäre Frankreich bedrohte alle europäischen Monarchien. Dynastische Eheschließungen erhielten eine neue Bedeutung. Sie sollten künftig nicht mehr fürstliche Interessengruppen gegeneinander stärken, sondern mithelfen, die Standfestigkeit der europäischen Monarchien gegen den von Frankreich ausgehenden Republikanismus zu erhalten.

Maria Fjodorowna war eine politisch denkende Frau. Sie erkannte das Problem im Strudel der Ereignisse. Ihre geschichtliche Bedeutung ging über das Erkennen hinaus: Selbst unter komplizierten innerrussischen Bedingungen hat sie dieses Prinzip konsequent verfolgt – mit Höhen und Tiefen. Für die kleine Katharina und deren Schwestern war damit der weitere Lebensweg vorgezeichnet. Sie mussten bei einigem Glück nicht befürchten, das Leben in einem russischen Nonnenkloster zu beschließen. Welche persönlichen Folgen Eheschließungen mit westlichen Prinzen unter den damaligen militärpolitischen Bedingungen in Europa nach sich ziehen würden, blieb natürlich noch ungewiss. Die Kaiserin ging zielstrebig vor: Der Thronfolger Alexander heiratete 1793 Louise Maria Augusta (Elisabeth Alexejewna) von Baden-Baden. Großfürst Konstantin wurde 1796 mit Juliane (Anna Fjodorowna) von Sachsen-Coburg verheiratet. Die Ehe scheiterte allerdings. Großfürstin Alexandra Pawlowna ehelichte 1799 Joseph Erzherzog und Palatinus von Österreich-Ungarn. Großfürstin Jelena Pawlowna heiratete 1799 den Erbherzog Friedrich Ludwig von Mecklenburg-Schwerin. Ebenfalls noch zu Lebzeiten Pauls I. wurde die Ehe der Großfürstin Maria Pawlowna mit dem Erbherzog Carl Friedrich von Sachsen-Weimar-Eisenach vereinbart.

Selbst die kleine Katharina, mit elf Jahren wahrlich für eine Ehe zu jung, fand in den mütterlichen Überlegungen ihren Platz. 1799 erlangte Maximilian Joseph von Pfalz-Zweibrücken die bayrische Kurwürde. Er schickte sofort den Herzog Wilhelm und den Reichstagsgesandten Graf von Rechberg nach Petersburg, um Bedingungen für einen Heiratsvertrag zwischen dem Kurprinzen Ludwig, seinem ältesten Sohn aus der ersten Ehe, und der Großfürstin Katharina auszuhandeln. Im Oktober 1799 waren sich beide Seiten angeblich über den Vertrag einig. Aber Maria Fjodorowna ließ das Projekt mit dem Hinweis fallen, Katharina sei eben erst 11 Jahre alt. Die Kaiserin ging bei ihren Heiratsplänen für die Kinder zwar zielstrebig vor. Aber bei den aus dem Ausland einlaufenden Anträgen taktierte sie gewöhnlich vorsichtig und zurückhaltend. Sie fragte lieber zehnmal nach den Motiven, dem Sinn und dem Nutzen für Russland. Maria Fjodorowna liebte ihre Kinder. Zuneigung und politische Absicht mussten nicht per se gegeneinander stehen. Die Zurückweisung des bayerischen Antrags hatte in Wirklichkeit wenig mit dem zarten Alter Katharinas zu tun.

Das Jahr 1798 hatte zu starken politischen und atmosphärischen Veränderungen in Russland und in der kaiserlichen Familie geführt. Paul I. fühlte sich in seinen Bemühungen um eine enge politische Verbindung mit England mehr und mehr enttäuscht. Er wollte die Monarchen vor der Revolution retten, aber in Europa misstraute man seinen politischen Fähigkeiten. Er beging tatsächlich den verhängnisvollen Fehler, sein Heil in einer Annäherung an Napoleon zu suchen. Bonaparte werde, so hoffte Paul, über kurz oder lang zu den monarchischen Traditionen zurückkehren und die heilige Ordnung der absoluten Herrscher nicht ernsthaft antasten. Pauls Annäherung an Frankreich – verbunden mit der Abkehr von England – schuf ihm in Russland weitere scharfe Gegner. Selbst Maria Fjodorowna trug diesen politischen Wandel nicht mit. Aus ihrer ablehnenden Haltung gegen das republikanische Frankreich erwuchs eine Gedankenkette, die das Schicksal des bayerischen Antrags beeinflusste.

Der Thronfolger Alexander hatte eine badische Prinzessin geheiratet. Die Markgrafschaft Baden gehörte damit zum direkten Einflussbereich der Romanows. Aber Karl Friedrich von Baden hatte ohne Rücksprache in Petersburg einen Frieden mit Frankreich geschlossen. Maria Fjodorowna vermutete dahinter eine böswillige Aktion Napoleons, der sich über diesen Vertrag Einfluss auf die Politik Russlands oder zumindest genauere Informationen über die russischen politischen Absichten erhoffte. Vielleicht beruhte diese Kombination der Kaiserin auf unrichtigen Voraussetzungen. Aber es war vielleicht doch besser, zunächst keine dynastische Ehe mit einem weiteren süddeutschen Anrainer Frankreichs zu planen. Katharina war ja noch viel zu klein! Dennoch, sie geriet durch den Vorgang zum ersten Mal in das Blickfeld Napoleons und der europäischen Politik. Es war nicht auszuschließen, dass der kleinen Dame das Werben um ihre Person gar nicht so unangenehm erschien – falls sie davon erfahren hat. Das Interesse schärfte ihre Eigenliebe und das ohnehin nicht geringe Selbstbewusstsein.

Maria Fjodorowna erschien es politisch sinnvoller, sich zunächst wieder den aus Mittel- und Norddeutschland sowie aus Österreich vorliegenden Heiratsangeboten zuzuwenden. Die in der Familie Romanow selbst für Außenstehende erkennbaren Turbulenzen um den Vater konnte die Kaiserin nicht überspielen. Je tiefer sich Paul in die Idee des europäischen Heilsbringers verrannte und je unberechenbarer seine politischen Handlungen gerieten, umso größerer Widerstand tat sich im Lande und in der Familie auf. Paul I. überprüfte nicht die sachlichen Argumente gegen die Annäherung an Frankreich. Kritik am Selbstherrscher steigerte dessen Misstrauen. Zeitgenossen haben zahlreiche Belege für die geistigen und politischen Merkwürdigkeiten des Kaisers gesammelt.

Eine kritische Sicht muss einschränken, dass bei diesen Zeugnissen häufig Gerüchte oder Vermutungen aus zweiter und dritter Hand wiedergegeben wurden. Signifikante Tatsachen tauchten in dem Gewirr der Annahmen zu selten auf. Einzelne Nachrichten sprachen davon, dass Paul seine Gemahlin und den Thronfolger wie auch den Sohn Konstantin arretieren und einsperren lassen wollte. Den Prinzen Eugen von Württemberg wollte er adoptieren, zum Thronfolger bestimmen und mit der kleinen Katharina verheiraten. Als Informationsquelle nannte man in den Petersburger Salons den Paul nahe stehenden General Diebitsch. Wo lag da die Logik? Maria Fjodorowna sollte verbannt und ihr in russischen Diensten stehender leiblicher Bruder Eugen mit Katharina verheiratet werden? Das Mädchen sollte ihren um dreißig Jahre älteren Onkel heiraten? So etwas konnte sich nicht einmal Kaiser Paul ausdenken. Paul soll seiner Gemahlin im Zorn vorgeworfen haben: „Sie haben die Absicht, Madame, sich Freunde zu verschaffen und bereiten sich vor, die Rolle einer Katharina II. zu spielen, doch sollen Sie wissen, dass Sie in mir keinen Peter III. finden."[8]

Derartige Ausbrüche passten eher in die allgemeine Gerüchteküche als in das reale Denken Maria Fjodorownas. Peter III. hatte seine eigene Gemahlin auf diese Weise öffentlich desavouiert. Paul wird kaum einen Gedanken aufgegriffen haben, der seine von ihm gehasste Mutter gedemütigt hatte. Katharina II. hatte ihrem Gemahl tatsächlich mit dessen Sturz geantwortet. Bereits 1797 kursierten die ersten Putschgerüchte gegen Paul durch die Petersburger Gesellschaft. Maria Fjodo-rowna bemühte sich, die Familie zusammenzuhalten und Gefahren abzuwenden. Die Gefahren kamen aus der Politik und dem subjektiven Verhalten ihres Gemahls. Aber es gab auch die Disziplin der kaiserlichen Familie. Maria Fjodorowna holte die ehemalige Mätresse Pauls, Katharina Nelidowa, das „kleine Monster", an den Hof zurück, damit sie auf Paul einen positiven Einfluss ausübe. Maria Fjodorowna gebar ihrem Mann mit den Großfürsten Nikolaus und Michael zwei weitere Söhne – mit vier männlichen Erben stand die Dynastie auf ehernen Füßen. Sie stimmte 1798 sogar den Plänen Pauls zu, mitten in Petersburg eine Festung zu errichten, in der die Familie geschützt und abgeschirmt vor drohenden Attentaten leben konnte.

So bleiben die historisch feststellbaren Tatsachen: Pauls politische Handlungen wurden mit den Jahren unberechenbarer. Die Spannungen in der Familie wuchsen, konzentrierten sich jedoch auf das Verhältnis zwischen den Ehepartnern, zum Thronfolger Alexander und auf dritte Personen des Hofs und der Staatsverwaltung. Die übrigen Kinder Pauls spielten dabei keine erkennbare Rolle. Als der Weimarer Minister Wilhelm von Wolzogen 1799 nach Petersburg kam und für den Erbprinzen Carl Friedrich von Sachsen-Weimar-Eisenach um die Hand der Groß-fürstin Maria Pawlowna warb, begegnete er einem Kaiserpaar, das hinsichtlich dieser dynastischen Verbindung abgestimmte Harmonie ausstrahlte. Ähnliche Erfahrungen sammelten die Mecklenburger und Österreicher bei ihrem Werben um die Großfürstinnen Alexandra und Jelena. Andererseits entzog der Kaiser seiner Gemahlin 1798 für einige Zeit die Aufsicht über das umfangreiche Wohltätigkeitswerk.

Betrachtet man die wahren und vermeintlichen Entgleisungen Pauls, fällt auf, dass er die Tochter Katharina nicht mit Strafen bedrohte. Katharina zählte, als die Dinge sich in Petersburg dramatisch zuspitzten, ganze elf Jahre. Das Mädchen genoss offensichtlich bereits damals einige kleine Freiheiten, die ihre Geschwister nicht besaßen. Zeitgenossen und spätere Betrachter haben daraus geschlossen, sie sei der „Liebling" der Mutter, des Vaters und selbst des großen Bruders Alexander gewesen. Ebenso hat es Zeitzeugen gegeben, die behaupteten, von allen Kindern sei Katharina ihrem Vater im Wesen und Charakter besonders ähnlich gewesen. Im Aussehen geriet sie wohl eher nach der hübschen Mutter. Die Wahrheit, gestützt durch die folgenden Lebensjahre Katharinas, hat wohl eher darin gelegen, dass sie die Auseinandersetzungen in der Fami-lie instinktiv zum eigenen Vorteil genutzt hat.

Katharina konnte sich schon als Kind, wenn sie es wollte, bei jedem

Menschen beliebt machen. Sie galt als wendig, flexibel und fähig, in Streitfällen die lachende Dritte zu sein. Katharina verstand es in späteren Jahren hervorragend, Intrigen zu spinnen. Diese Fähigkeit dürfte sie damals bereits erprobt haben. Es ging in jenen Jahren freilich nur um kleine Dinge des Alltags. Eine eigenständige Persönlichkeit trat noch nicht hervor. Katharina musste wie die anderen Geschwister am Beginn des Jahres 1801 mit den Eltern in die schreckliche Michaels-Festung ziehen – mitten in dem modernen Petersburg, auf eine finstere mittelalterliche Burganlage mit Gräben, eisernen Toren, vergitterten Fenstern und einem Wachregime, das jedem Angriff standhalten sollte.

Der Vater wird ermordet

Zu diesem Zeitpunkt sprach man auf den Straßen, in den Palästen und Salons von Petersburg bereits ganz offen und ungeniert von einer bevorstehenden Verschwörung gegen Kaiser Paul I. Die genusssüchtige Petersburger Gesellschaft wartete auf das Ereignis wie auf einen Karneval. Zunächst brachte man den Grafen Nikita Panin und den Admiral de Ribas mit der Verschwörung in Verbindung. Panin ließ seinen Plan fallen, zu unklar blieb die Frage, wie mit dem abgesetzten Kaiser verfahren werden sollte. Nach Panin trat der Graf Peter Pahlen in den Vordergrund aller Vermutungen über eine Verschwörung. An seiner Seite standen der General Bennigsen und der Fürst Nikolai Subow. Pahlen besaß keine Skrupel. Er weihte den Thronfolger Alexander ein, erhielt dessen Einwilligung zum Sturz des Vaters und am 11. März 1801 drangen die Verschwörer in den so sicher geglaubten Michaelspalast ein. Kaiser Paul I. wurde ermordet: Die Verschwörer besaßen kein anderes Ziel.

Seit jener Nacht wird von Zeitgenossen und Historikern über die Frage diskutiert, ob und in welchem Maße die einzelnen Mitglieder der kaiserlichen Familie an der Beseitigung des Imperators interessiert und beteiligt gewesen sind. Die kaiserliche Familie bestritt nach dem März 1801 eine Mitschuld am Tode Pauls I. Doch zumindest Thronfolger Alexander war, das ist aktenkundig, in die Verschwörung eingeweiht. Der Sturz Pauls erfolgte mit seiner Billigung und in seinem Namen. Kaiser Alexander I. hat sich dieser Verantwortung nicht entzogen. Er hat bis zu seinem Lebensende schwer an der Schuld getragen. Eine Mitwisserschaft, Billigung oder Duldung Maria Fjodorownas entbehrt bislang objektiver Beweise. Dennoch ist schwer vorstellbar, dass sie ahnungslos war. Dagegen sprechen zahlreiche Indizien. Die Frage einer Mitwisserschaft der anderen älteren Kinder Pauls ist niemals aufgeworfen worden.

Die Verschwörung war ein öffentliches gesellschaftliches Ereignis und niemand kann glauben, dass der Kaiserin die Nachrichten über ihre Vorbereitung nicht zu Ohren gekommen sein sollten. In der Mordnacht suchte das Haupt der Verschwörung, der Militärgouverneur von St. Petersburg und Minister Graf Peter Pahlen, nur die beiden für ihn im Reich besonders wichtigen Menschen auf und informierte sie persönlich über die vollendete Tat. Das waren der Thronfolger Alexander – den er schon vorher eingeweiht hatte – und die Fürstin Charlotte von Lieven, die engste Vertraute Maria Fjodorownas und oberste Erzieherin der Kinder des Kaiserpaars. Charlotte von Lieven bewohnte mit den Großfürstinnen Maria und Katharina zwei spartanisch eingerichtete Zimmer in der ersten Etage der Michaels-Festung. Den Bericht über die Begegnung Pahlens mit Charlotte von Lieven hat deren Schwiegertochter Dorothea von Lieven abgefasst. Dieser Umstand ist aus zwei Gründen interessant. Charlotte von Lievens Sohn war zu jener Zeit gerade durch Paul als Kriegsminister abgesetzt worden. Er bestritt stets seine Mitwirkung an der Verschwörung. Bei dieser Version blieb er auch fünfzehn Jahre später, als Dorothea von Lieven, die Parteigängerin und Geliebte Metternichs, eine Ausbreitung der russischen Macht in Europa bekämpfte. Ihr Bericht war subjektiv, parteilich gefärbt und daher wenig glaubwürdig. Dorothea von Lieven teilte also mit: Pahlen überraschte die Fürstin Charlotte von Lieven im Schlaf. Er weckte sie mit den Worten, den Kaiser hätte der Schlag getroffen. Die Fürstin reagierte von einer Sekunde auf die andere, ohne zu überlegen: „Man hat ihn ermordet." Darauf Pahlen: „Nun ja, gut! Wir sind von dem Tyrannen befreit." Frau Lieven antwortete nicht minder lakonisch: „Ich kenne meine Pflicht."[9] Quer durch die zu jener Stunde im Michaelspalast versammelten Soldaten bahnte sich Madame Lieven den Weg zum Schlafzimmer Maria Fjodorownas, weckte diese und teilte ihr die schreckliche Nachricht mit. Maria Fjodorownas erste Sorge galt ihren Kindern. Im Übrigen ist aus ihren Reaktionen kein Hinweis auf eine Mitwisserschaft an der Verschwörung ableitbar. Sie war betroffen und verhielt sich wie jede normale Frau, die erfährt, dass ihr Mann eines unnatürlichen Todes gestorben ist. Sie weinte, fiel in Ohnmacht, wollte den Ermordeten ein letztes Mal sehen und fürchtete vor allem um das Leben ihrer Kinder.

Maria Fjodorowna konnte nur schwer beruhigt werden. Erst am nächsten Morgen ging sie mit den Kindern zum Leichnam Pauls, den man zwischenzeitlich in eine Uniform gesteckt und so hergerichtet hatte, dass niemand die Spuren des Todeskampfes sehen konnte. Gemeinsam mit den Kindern verließ die Mutter die schreckliche Festung, die für ihren Erbauer zur Falle geworden war. Im nahen Winterpalais traf Maria Fjodorowna auf den neuen Kaiser Alexander I. Dorothea von Lieven schrieb über diese Begegnung ohne Zeugen den hintergründigen Satz: „Der Kaiser verließ sie tief ergriffen. Von jenem Augenblick bis zum Ende seines Lebens bestand auf Seiten des Kaisers der überschwänglichste Respekt, die überschwänglichste Ergebenheit und Zärtlichkeit für seine Mutter und von Seiten der Kaiserin die leidenschaftlichste Liebe für diesen Sohn."[10] Der Gedanke, wenn man ihn wörtlich nehmen darf, ist in mehreren Richtungen interpretierungsfähig. Er weist jenseits seiner blumigen Übertreibung auf ein gegenseitiges Abhängigkeitsverhältnis hin, geboren aus der gemeinsamen Last des Wissens um eine dunkle Seite in der Familiengeschichte. Dafür spricht eine wesentliche Erkenntnis: In ihren weiteren Lebensjahren praktizierten Mutter und Sohn ein besonders kritisches Verhältnis zu allen Menschen, die um den Tod Pauls I. wussten, gleichgültig, ob sie Täter oder Zeugen der tragischen Ereignisse waren.

Als eine im Hofdienst und in der Staatsraison erzogene Fürstin fing sich die Witwe schnell wieder und huldigte dem neuen Kaiser Alexander I., ihrem „Engel", dem reformfreudigen, liberalen, gläubigen und gutherzigen Jungen, der nun Russlands Geschicke leiten sollte. Über eine direkte Reaktion der beiden Töchter Maria und Katharina Pawlowna auf den Tod des Vaters ist nichts bekannt. Russland feierte die Befreiung von einem despotischen Joch. Niemals ist in der russischen Geschichte das Ende eines Herrschers von der Öffentlichkeit derart enthusiastisch begrüßt worden. Die kaiserliche Familie erlebte jedoch einen tiefen inneren Einschnitt, der Auswirkungen auf alle Lebensbereiche, in der Politik ebenso wie im persönlichen Leben, zeitigen sollte. Kaiser Paul hatte in seinem Testament der Gemahlin nicht nur die Verantwortung für karitative Sozialleistungen gegenüber den Untertanen vermacht. Er übertrug ihr das Recht, in allen Familienangelegenheiten künftig das letzte und entscheidende Wort zu sprechen. Da eine kaiserliche Familie in der Regel jedoch nur wenige Trennungslinien zwischen privatem und öffentlichem Bereich ziehen konnte, bedeutete dieses Erbe, dass Maria Fjodorowna nicht nur in allen innerfamiliären Fragen, in der dynastischen Heiratspolitik, bei der Erziehung der Kinder und deren Ausstattung das Sagen hatte, sondern auch in politischen Fragen des Russischen Reichs und seiner Außenpolitik ein wichtiges Wort mitredete.

Mit dem Tode des Vaters fiel zugleich eine Last von der Familie ab. Ihre einzelnen Mitglieder reagierten unterschiedlich. Die Prioritäten in der herrschenden Dynastie wurden neu verteilt und es eröffneten sich bisher nicht gekannte Möglichkeiten, die natürlich nicht mit der dynastischen Disziplin kollidieren durften und den politischen Gegebenheiten in Europa Rechnung tragen mussten. Die Kaiserinwitwe verfolgte zielstrebig die einmal eingeschlagene Richtung, ihre Kinder mit den Höfen Europas zu verheiraten und Russland auf diesem Wege festere Stützpunkte im Kampf gegen Napoleon zu sichern. Die ersten Diplomaten, die nach dem Tode Pauls auf diesem Gebiet Erfahrungen sammeln konnten, waren die Abgesandten des Herzogs von Sachsen-Weimar-Eisenach. Wilhelm von Wolzogen kam wenige Wochen nach Pauls Tod an die Newa und wollte ganz ungeniert wissen, ob der neue Kaiser die unter Paul getroffenen Vereinbarungen einhalten würde. Wolzogen war nicht wenig erstaunt, dass sowohl Maria Fjodorowna als auch Kaiser Alexander geradezu drängten, den Ehepakt zwischen Weimar und Petersburg so schnell wie möglich unter Dach und Fach zu bringen. Das Leben ging weiter, als habe der verachtete Kaiser Paul nie existiert. Wolzogen gewann den Eindruck einer intakten Familie mit einer selbstbewussten Mutter Maria Fjodorowna, einem zielstrebigen Kaiser und den wohlerzogenen Töchtern Maria und Katharina. Die zuletzt geborenen Kinder Anna, Nikolai und Michail waren noch zu klein, um eine Rolle zu spielen.

In Wolzogens Erkenntnis lag eine begründete politische Logik. Mit dem Tode Pauls I. lastete die Verantwortung für die kaiserliche Familie zunächst primär auf der Kaiserinwitwe Maria Fjodorowna. Sie konnte und musste ihre dynastische Familienpolitik konsequenter als zuvor fortsetzen. Der junge Alexander I., bislang erfüllt von liberalen Reformträumen, wurde durch die russische Wirklichkeit, vor allem jedoch durch den Konflikt Europas mit Napoleon, auf den harten Boden politischer Realitäten gestoßen. Aber er musste seinen Herrschaftsstil erst noch finden. Dabei war ihm vor allem die Mutter eine unersetzliche Stütze. Sie forcierte die Eheverhandlungen um Maria Pawlowna mit den Vertretern aus Weimar, getrieben von der Furcht vor dem korsischen Emporkömmling Napoleon Bonaparte. 1804 heiratete Maria Pawlowna den Weimarer Erbprinzen Carl Friedrich. Ihre beiden Schwestern Alexandra und Jelena, welche die dynastische Verbindung der Romanows nach Österreich und nach Mecklenburg gestärkt hatten, waren bereits nach kurzer Ehe und allzu jung an Jahren fern der Heimat verstorben. Es schien nur noch eine Frage der Zeit, wann die 1788 geborene Katharina endgültig in das Blickfeld europäischer Heiratspolitik geraten würde.

Der vorzeitige Antrag aus Bayern hatte bereits einen politischen Charakter getragen. Neben den diesbezüglichen Überlegungen Maria Fjodorownas hatte Kaiser Alexander I. 1803 erste Ansprüche angemeldet, die Eroberungen Napoleons in Europa nicht stillschweigend hinzunehmen. Der Vollzug des 1801 mit Weimar geschlossenen Ehevertrags untermauerte den Widerstand gegen eine Vormacht Napoleons. 1804 erneuerte auch Bayern seinen alten Antrag zu einer Ehe Ludwigs mit Katharina. Die Offerte stieß in Petersburg nicht mehr auf taube Ohren. Man schob zwar eine formale Bindung, gar ein Verlöbnis, noch hinaus, wartete ab, wie sich die Dinge nach dem Reichsdeputationshauptschluss von 1803 entwickelten, der den russischen Interessen entgegenkam, weil er die Gewichte zwischen Preußen und Österreich zugunsten Preußens verschob, die deutsche Kleinstaaterei verringerte und die katholischen Kräfte schwächte. Aber der bayerische Antrag wurde nicht mehr generell zurückgewiesen, weil Katharina für eine Ehe zu jung wäre. Dabei zählte sie gerade einmal 16 Jahre.

Von Katharina selbst sind im konkreten Fall keine sachbezogenen Äußerungen bekannt. Sie hatte offensichtlich wie die ganze Familie auf den Tod des Vaters reagiert: Verstört und erleichtert, schuldbewusst und ängstlich. Sie vervollkommnete ihre Ausbildung und fügte sich Schritt für Schritt in die Gesetze des Hoflebens. In dieser Hinsicht unterschied sie sich nicht von ihrer stets freundlichen und sanftmütigen Schwester Maria. Bei beiden Mädchen führte der Mord am Vater in den folgenden Jahren zu einer gewissen Romantisierung und wohl auch Idealisierung seiner widersprüchlichen Persönlichkeit. Maria reiste im Spätsommer 1804 nach Weimar ab. Plötzlich stand Katharina unter den Kindern allein da: Anna, Nikolai und Michail waren zu klein und keine Partner für sie. Konstantin war weder Vorbild noch Umgang, ein ungezogener großfürstlicher Lümmel, ohne Fortune oder Benehmen. 1796 hatte er Juliane Henriette Friederike von Sachsen-Coburg geheiratet, die ihn aber bereits nach 5 Jahren entsetzt verließ. Mit einem derart ungehobelten Grobian wollte sie trotz allen Glanzes kaiserlicher Paläste und der bezaubernden mitternächtlichen Sonne in den lauen Sommernächten St. Petersburgs keinesfalls länger gemeinsam leben. So blieben als Bezugspersonen Katharinas die Mutter und der herrschende Bruder Alexander. Es war ganz normal, dass Katharina den Ansichten und Anweisungen ihrer Mutter folgte, obwohl das Mädchen schon in jungen Jahren Züge eines schwierigen Charakters offenbarte. Sie gab sich eigenwillig, konnte ein mutwilliger Dickkopf sein und Emotionen an den Tag legen, die manchen Untertanen an die Wutausbrüche ihres Vaters erinnerten.

Maria Fjodorownas Liebe zu den Kindern stand mit den dynastischen Pflichten in Übereinstimmung. Die junge Katharina besaß deshalb ihre besondere Aufmerksamkeit, weil es nach Pauls Tod und dem massiven Vormarsch Napoleons darum ging, die russischen Reichsinteressen in Europa durchzusetzen. Katharina erreichte just in diesem Augenblick das rechte heiratsfähige Alter. Das Mädchen war klug und intelligent. Sie konnte Russland nicht nur als passives dynastisches Faustpfand dienen. Katharina offenbarte Ansätze und Qualitäten, vielleicht sogar selbst eine wichtige politische Rolle spielen zu können.

Genau in diesem Sinne waren die Mutter mit ihrem eisernen Willen, die Schwester Maria mit ihren praktischen Erfahrungen in Weimar und der kaiserliche Bruder Alexander die wichtigsten Partner. Maria Fjodorowna, Maria Pawlowna und Katharina Pawlowna – die drei Frauen verstanden sich bereits in jenen Jahren prächtig. Streitpunkte gab es auch weiterhin in dieser Familie. Aber in einem Punkt waren sie sich alle von Beginn an einig: Katharina sollte mit dem größtmöglichen machtpolitischen Gewinn für Russland verheiratet werden. Sie selbst aber krönte diesen Willen: Sie wollte Kaiserin werden – um jeden Preis. Russlands Kaiserin Elisabeth I. hatte einmal gesagt, sie wollte nicht so werden wie all' die anderen Prinzessinnen, die man mittels einer Ehe der Staatsraison opferte. Katharina hoffte auf die Umkehrung dieses Prinzips. Sie wollte mit eigenen Heiratsplänen der Staatsraison ihren Willen aufdrücken.

Für ihre ehrgeizigen Ziele bedurfte es neben dem Rückhalt bei der Mutter der willigen Unterstützung durch den Bruder Alexander. Katharina erkannte mit aller List ihrer 16 Jahre, dass Alexander eine schwache Stelle besaß. Er war zwar insgesamt etwas zu weichlich, neigte übertriebenen mystischen Vorstellungen zu und seine kühnen liberalen Reformpläne zerrieben sich sehr schnell an der russischen Wirklichkeit. Maria Fjodorowna hegte wiederholt Zweifel, ob Alexander der Härte des militärpolitischen Kampfes gegen Napoleon gewachsen sein würde. Alexanders wunder Punkt lag in seinem Verhältnis zu Frauen. Seine Ehe mit Elisabeth ging nur recht und schlecht. Eine erste Tochter war 1799 geboren worden, starb aber bereits nach einem Jahr. Ebenso sollte es der 1806 geborenen zweiten Tochter ergehen. Das Ehepaar blieb kinderlos. Alexander und Elisabeth verstanden einander nicht, obwohl sich die Kaiserin große Mühe gab und ihrem Gemahl die endlose Kette von Seitensprüngen immer wieder verzieh. Alexander nahm keinerlei Rücksicht auf die Gefühle seiner Frau. Und in den Familien-, Hof- und politischen Angelegenheiten ließ sich die Kaiserin durch Maria Fjodorowna vollständig in den Hintergrund drängen. Sie verstand es nicht, ihren Mann so zu nehmen, dass sie Einfluss auf ihn ausüben konnte. Darauf aber verstand sich Katharina mit sicherem Instinkt. Eugen von Württemberg rühmte damals die Schönheit Katharinas, nannte sie aber auch „düster und geziert". Andere Zeitgenossen meinten, dass sie ein frühreifes und vorlautes, reich begabtes Kind war, das ein lebhaftes, fast leidenschaftliches Temperament besaß.

Zu Alexander hatte Katharina eine ganz besondere Beziehung. Die höfische Etikette verlangte die Einhaltung untertäniger Formen im öffentlichen Umgang – auch durch die Mitglieder der kaiserlichen Familie. In ihrer Privatsphäre leisteten sich Alexander und Katharina in den Jahren bis 1805 jedoch Spielchen, die hart an der Grenze des zwischen Geschwistern Erlaubten lagen. Der Geist jener Jahre, die Lust an phantasievollen, romantischen und lyrischen Ergüssen junger Menschen, das Schwelgen in intellektuellen Emotionen – eine Welt, in der Goethes Leiden des jungen Werther Berühmtheit erlangten, das alles mag vielleicht zur Erklärung von Auswüchsen erotischen Zuschnitts zwischen den beiden Geschwistern herangezogen werden. Alexander erlag nur zu gerne weiblichen Reizen, und Katharina galt schon vor dem Beginn ihres öffentlichen Auftritts in Europa als eine kleine Hexe, die ihren schönen Körper und ihre bezaubernde äußere Erscheinung zielbewusst zur Durchsetzung des eigenen Willens einsetzte. Wenn Alexander seine kleine Schwester – sie war elf Jahre jünger als er – im Jahre 1805 noch als sein geliebtes „Äffchen", als sein Augenlicht, die Angebetete seines Herzens oder als das schönste Naturereignis bezeichnete und ihr Näschen, ihre Füße und die schönsten Körperteile küssen mochte, dann überstieg das die Maßstäbe verspielter Kinder – die inzwischen ein Reich regierten. Wachsame Hofdamen auf der Jagd nach Anerkennung und befriedigtem Eigennutz lobten die junge heranwachsende Katharina mit Überschwang: „Sie war eine vollendete Schönheit mit dunkel-kastanienbraunen Haaren und ungemein angenehmen, gütigen braunen Augen. Wenn sie eintrat, wurde es gleichsam heller und fröhlicher." Anschließend folgte der vielsinnig auslegbare Satz: „Man sagt, dass Kaiser Alexander von ihr ganz entzückt sei."[11]

Bruderliebe hin oder her – Katharina besaß die Fähigkeit, die Schwächen des Kaisers nicht nur zu erkennen, sondern sich damit auf weibliche Art auseinander zu setzen. Sie konnte sich auf die Mutter stützen, sowohl, wenn es die dynastischen Reichsinteressen als auch, wenn es ihre persönlichen Wünsche betraf. In einer Zeit, in der Gewalt und Krieg Europa beherrschten, in der ein russischer Selbstherrscher keinen Tage vor Verschwörungen sicher blieb, mussten Konflikte zwischen den Protagonisten erwachsen. Das sollte sich sehr bald zeigen – bei der Auseinandersetzung über die russische Niederlage in der Schlacht bei Austerlitz vom Dezember 1805.

Katharina will Kaiserin werden

Fluchtpunkt: Wiener Hofburg

Es entsprach den überlieferten Tatsachen: Als Katharina die Große noch als kleine Prinzessin durch die Festung Stettin oder das anhaltinische Zerbst rannte, fragte man sie gelegentlich scherzhaft, was sie einmal werden wollte. Mit Siegesgewissheit verkündigte sie unverdrossen mit kindlichem Trotz, sie wolle Königin werden. Dieses Erbe schien Katharina Pawlowna ganz lebendig aufgenommen zu haben. Sie plauderte ihren Willen nicht zur Erheiterung von Erwachsenen aus, aber als die Zeit für einen passenden Ehemann näher rückte, nahm sie die Zügel, gestützt auf den lenkenden Rat und das erklärte Einverständnis der Mutter, überaus zielstrebig selbst in die Hand. Die Entschlusskraft flog sie nicht wie ein Geist über Nacht an. Das steckte in dem Mädchen. Außerdem ein ganz respektabler politischer Verstand. Wenn Katharina wirklich eine ihrem Stand und Selbstbewusstsein würdige Krone erhaschen wollte, musste sie viele Hindernisse bedenken und überwinden.

Russlands Kaiser, den sie durch ein festes Band zärtlicher Geschwisterliebe an sich fesselte, steckte in argen Schwierigkeiten. 1803 hatte Napoleon einen Vorschlag Alexanders zur Bereinigung der englisch-französischen Konflikte und zur Lösung der territorialen Fragen in Europa brüsk abgelehnt. Zum ersten Mal tauchte am Horizont der Gedanke einer künftigen russisch-französischen Auseinandersetzung auf. Im Innern des Reichs versickerte Alexanders Elan nach liberalen Reformen bereits wieder. Es hatte eine Verwaltungsreform gegeben, mit der die Kollegien in Fachministerien umgewandelt worden waren. Aber die entscheidende Frage einer Aufhebung der Leibeigenschaft wagte der Kaiser nicht in Angriff zu nehmen. Er fürchtete um die Sicherheit des Reichs.

Im April 1805 schlossen England und Russland einen Allianzvertrag, dem Österreich im August des gleichen Jahres beitrat. Die dritte Koalition gegen Napoleon nahm Gestalt an. Über kurz oder lang würden die Armeen aufeinander treffen. Obendrein stand es schlecht um die russischen Beziehungen zu Preußen. Die Koalitionäre benötigten jedoch die militärische Hilfe der ruhmreichen preußischen Armee.

Alexander I. brach im Herbst 1805 von Petersburg nach Westen in den

Krieg auf. Seinen schweren Weg über Potsdam und Weimar nach Böhmen begleiteten nicht nur die Wünsche Katharinas, die Geschwister blieben auch im ständigen brieflichen Kontakt. Der Bruder ritt als Kaiser in den Krieg und seine reizende Schwester verdrehte ihm nun sozusagen schriftlich den Kopf. Alexander, anschmiegsam und liebebedürftig, ging bereitwillig und völlig arglos auf die verliebten Schmeicheleien Katharinas ein. Bei seinen Antwortschreiben vom September und Oktober 1805 handelte es sich eindeutig um intime Liebesbriefe. Derlei ist unter Geschwistern selten anzutreffen. Alexander ging exakt auf jene Diktion ein, die Katharina vorgab. Das Mädchen war siebzehn Jahre alt und spielte mit dem großen Bruder ein neckisches Spiel. Der verheiratete Kaiser ging mit Leidenschaft darauf ein.

Er schrieb am 19. September 1805: „Meine liebe Freundin, Ihre Briefe sind einer entzückender wie der andere, und ich kann Ihnen nicht sagen, welches Vergnügen sie mir bereiten. Wenn Sie eine Närrin sind, so die bezauberndste, die je existiert hat. Ich erkläre Ihnen, Sie haben mich vollständig erobert, und ich bin verrückt nach Ihnen. Verstehen Sie? Adieu Bisiamowna. Ich bete Sie an."[12] Er betete sie also an und nannte sie sein kleines Äffchen – nicht nur im vertrauten Gespräch am heimischen Kamin, sondern auch in Briefen, die mit kaiserlichen Kurieren oder Feldjägern befördert wurden und bei denen selbst der Imperator nicht überzeugt sein konnte, dass eigene und fremde Sicherheitsbeamte nicht mitlasen, kopierten oder schwatzten. Der Kaiser ignorierte die Gefahren einfach. Bereits am folgenden Tage schäkerte er weiter: „... ich liebe Weniges auf der Welt so wie meine Bisiam ... Adieu Charme meiner Augen, Angebetete meines Herzens, Glanz des Jahrhunderts, Phänomen der Natur oder, besser als alles das, Bisiam, Bisiamowna, mit dem stumpfen Näschen, auf das ich einen der zärtlichsten Küsse drücke. Ganz der Ihre mit Herz und Seele."[13] Am 2. Oktober fragte der Kaiser nach: „Was macht das niedliche Näschen, das ich mit so viel Vergnügen streichele und küsse? Hoffentlich wird es nicht gefühllos während der Ewigkeit, die uns trennt ..." Selbst der platte Verweis auf das Wetter half noch beim Erregen eines starken Gefühls: „Seit zwei Tagen haben wir hier abscheuliches Wetter, aber das hindert mich nicht, unentwegt an Sie zu denken, liebe Bisiam, die ich von ganzem Herzen liebe."[14] Schließlich beendete der Kaiser die Serie verliebter Ergüsse am 6. Oktober mit den Worten: „Liebe Biskis, wie gut Sie sind, mir so liebevolle Briefe zu schreiben ... Mich von Ihnen geliebt zu wissen, ist unentbehrlich für mein Glück, denn Sie sind eines der reizendsten Geschöpfe, die es auf Erden gibt. Adieu, liebe Freundin, geliebte Närrin meiner Seele, ich bete Sie an und hoffe, Sie verschmähen mich nicht ..."[15] Es ist wirklich schade, dass die Alexander damals so aufreizenden Episteln Katharinas aus jenen Monaten verschwunden sind.

Mit ihren inzwischen 17 Jahren war Katharina ein verführerisches Mädchen, eher hübsch als schön, quirlig, lebendig, voller Neugier auf das Leben: Sie erwachte zur Frau. Vielleicht hat sie den Bruder nur provoziert. Wir können ihre Handlungsmotive nur noch unvollkommen rekonstruieren. Im Jahre 1849 ist das Palais der Herzöge von Oldenburg durch eine Feuersbrunst vernichtet worden. Dabei ist der größte Teil der dort aufbewahrten Korrespondenz Katharinas unwiederbringlich in Flammen aufgegangen. Im Jahre 1910 veröffentlichte der russische Großfürst und Historiker Nikolai Michailowitsch den Briefwechsel zwischen Alexander und Katharina. In dem Band fehlt das ganze Jahr 1806. Die Annahme, gerade diese Briefe seien in Oldenburg komplett verbrannt, erscheint vom Standpunkt der Logik nicht sehr wahrscheinlich. Auch in russischen Archiven werden Dokumente aus dem Leben Katharinas aufbewahrt. Warum sparte der Herausgeber die Briefe von 1806 aus – ein Jahrhundert nach den damaligen Ereignissen? Die Antwort liegt ganz offensichtlich nicht in den erotischen Plänkeleien der Briefschreiber. Sie resultiert aus dem politischen Kontext. Wir finden sie vor allem in der erschütternden russischen Niederlage bei Austerlitz vom Dezember 1805 und in den daraus erwachsenen harten politischen Differenzen innerhalb der kaiserlichen Familie. Die gehörten auch im Jahre 1910 nicht unbedingt an die Öffentlichkeit.

Tatsächlich polarisierte Austerlitz das Verhältnis zwischen der Kaiserinwitwe und dem regierenden Sohn. In Russland begann eine breite Untersuchung über die Ursachen der Niederlage. Am Ende stand die sakrosankte Person des Kaisers zur Disposition. Alexander I. galt als der Schuldige an allem Ungemach Russlands und des Kaiserhauses. Er musste sich von der Mutter die bittersten Vorwürfe anhören. Sie erzwang seine Trennung von zahlreichen politischen Freunden und Vertrauten, die als Wortführer einer liberalen Reformpolitik galten. Nach der Niederlage Preußens im Oktober 1806 bei Jena und Auerstedt geriet Russland immer tiefer in die militärische Konfrontation mit Napoleon. Man stritt über den Besitz Polens. Ehe Russland im Juni/Juli 1807 in Tilsit mit Frankreich Frieden schließen konnte, musste es durch das Feuer der Schlachten von Preußisch Eylau und Friedland gehen. Für alle Niederlagen wurde Kaiser Alexander I. verantwortlich gemacht und der Vertrag von Tilsit brachte ihn erst recht in Schwierigkeiten, vor allem in der eigenen Familie. Maria Fjodorownas Credo bestand in der kompromisslosen Gegnerschaft zu Napoleon und im prinzipiellen Beharren auf den Werten der Autokratie in Russland: Keine schwärmerischen Reformen, dafür eine starke Armee und ein selbstbewusstes Russland als Hort der von Napoleon bedrohten europäischen Monarchien.

Plötzlich erschien in dieser schwierigen Situation, da man in der russischen Aristokratie bereits über Verschwörungen gegen den Kaiser munkelte, eine neue Katharina. Sie wollte nicht mehr das „närrische Äffchen" Alexanders sein. In der Stunde der Not und der innerfamiliären Differenzen erfasste sie die politische Situation auf eine Weise, wie man dies bei ihr nicht vermutet hatte. Katharina ergriff Partei für die konservative Grundhaltung der Mutter. Gleichzeitig konnte jeder Gesprächspartner erkennen, diese junge Frau nutzte die Gunst der Stunde zur eigenen persönlichen und politischen Profilierung. Es hat in der russischen Herrschaftsgeschichte nicht sehr viele Frauen gegeben, denen es gelungen ist, aus dem Schatten der Familie oder des Hofs herauszutreten und selbst zur Macht zu gelangen. Im Jahre 1806 konnten aufmerksame Beobachter den Eindruck gewinnen, Katharina Pawlowna ging erste Schritte, für sich selbst einen Weg an die Spitze zu bahnen.

Nach Austerlitz gab es für Katharina, vertrauend auf die Autorität ihrer Mutter, in politischer Hinsicht nur eine Orientierung: Hass und Kampf gegen Napoleon, gegen den Usurpator, der Europas geheiligte Ordnung angriff, Russland Schande zufügte und dem Bruder Ärger bereitete. Da die kleine Katharina die Enkelin der großen Katharina war, wollte sie zumindest in deren historische Nähe rücken. Und da sie die Tochter Pauls I. war, beschritt sie ihren Weg mit überraschenden eigenen Entscheidungen – zielstrebig und ohne jeden moralischen Skrupel. In dieser Hinsicht unterschied sie sich weder von der Großmutter noch vom Vater. Die Großfürstin hütete sich aber zunächst vor lautstarken verbalen Attacken gegen die Führungsqualitäten des Kaisers. Was gesagt werden musste, erledigte die Mutter. Nur Katharinas seit 1806 erkennbare Handlungen in Richtung auf eine baldige eheliche Verbindung mit dem österreichischen Kaiserhaus deuteten darauf hin, dass sie die Vorbehalte Maria Fjodorownas gegen Alexander teilte, gleichzeitig aber ihrem Bruder half. Sie wollte sich durch eigenständiges Handeln selbst ein Gewicht in der russischen Reichspolitik verschaffen.

Die Heiratsangebote aus Bayern hatte man in Petersburg längst zu den Akten gelegt, als im April 1806 eine gezielte Offerte aus Preußen auf den Tisch flatterte. Alexander I., Friedrich Wilhelm III. von Preußen und dessen Gemahlin Luise hatten einander im November 1805 am Grabe Friedrichs des Großen ewige Treue geschworen. Der Schwur besaß zwar keinen Bestand, aber im Frühjahr 1806 sann die preußische Kriegspartei, der die Königin Luise vorstand, eifrig darüber nach, wie man Napoleon schlagen könnte. Ein festes Bündnis mit Russland und dessen militärische Hilfe konnten hilfreich sein. Darum schrieb Luise im Frühjahr 1806 in einem Brief an Alexander, eine Ehe zwischen dem preußischen Prinzen Heinrich und Katharina könnte ein schöner Beitrag zur Vertiefung der deutsch-russischen Freundschaft sein. Das Angebot stieß in Petersburg auf eher zögerliche Reaktionen. Kaiser Alexander hatte sich zwar in Luise verliebt, aber diese Beziehung, sowie das gesamte nachsichtige Verhalten Alexanders gegenüber Preußen, stießen bei Maria Fjodorowna auf Ablehnung. Katharina schloss sich eifersüchtig dem mütterlichen Protest an. Preußen hatte sich nach Austerlitz wahrlich nicht ritterlich gegen Russland verhalten und die russische Armee musste erst wieder in Ordnung gebracht werden, bevor sie in Europa eingreifen konnte: Die Kriege gegen Schweden und gegen die Türkei verschlangen alle Kräfte. Der Krieg Preußens gegen Napoleon war absehbar und in seinem Ausgang ungewiss. In diesem Punkt bestanden zwischen dem Kaiser, seiner Mutter und der Schwester keine Meinungsverschiedenheiten: Der preußische Antrag kam zur Unzeit. Obendrein dachten Maria Fjodorowna und Katharina längst mehr an österreichische Erzherzöge als an preußische Prinzen. Im folgenden Jahr 1807, als das preußische Königspaar nach Memel flüchtete, tauchte der Plan Luises noch einmal auf. Aber Maria Fjodorowna und Katharina hatten sich da bereits klar in Richtung Österreich entschieden – ohne den Kaiser zu fragen.

Zunächst aber brachte das Jahr 1807 für Russland und das Kaiserhaus außerordentliche Probleme und Belastungen. Alexander I. traf sich mit Napoleon Ende Juni in Tilsit. Sie schlossen Frieden miteinander und Russland zahlte dafür einen hohen Preis. Es musste zwar keine territorialen Verluste hinnehmen, aber der Beitritt zu der von Napoleon diktierten Kontinentalsperre schadete dem Land. Die öffentliche und innerfamiliäre Kritik, der sich Alexander I. seit der Niederlage von Austerlitz ausgesetzt sah, erhielt neue Nahrung. Die Mutter und nunmehr bereits deutlich erkennbar auch die Schwester Katharina lehnten jedes Bündnis mit Napoleon rundweg ab. Dem Usurpator durfte man nur auf einem einzigen Wege begegnen, indem man ihn mit seinen eigenen militärischen und politischen Mitteln schlug. Die Annäherung Alexanders I. an Preußen wurde von den beiden Damen gleichfalls mit scheelen Augen betrachtet. Die Kontinentalsperre galt ihnen gar als der größte Fehler in der aktuellen russischen Politik.

Maria Fjodorowna und Katharina entwickelten in gewissen Grenzen ein dynastisches Gegenkonzept zu den Absichten Alexanders, das allerdings einen entscheidenden Mangel aufwies: Sie erstrebten die eheliche Verbindung mit dem Haus Habsburg im Interesse des russischen Reichs, ohne die komplexen politischen Hintergründe im Handeln Alexanders und der Regierung genügend zu berücksichtigen. Der Kampf gegen die napoleonische Gefahr durfte sich nicht auf eine Ehe mit dem Hause Habsburg beschränken und dabei außer Acht lassen, welche komplizierten Wechselwirkungen und Interessen der europäischen Mächte in diesem Kampf berücksichtigt werden mussten. Russlands Kaiser beachtete dieses Interessengeflecht. Die Schwester besaß davon keine Kenntnisse. Sie steuerte unbekümmert auf ihr Ziel zu, die Mutter deckte ihre Handlungen. Wenn es nötig war, konnten die Damen auch mit Intrigen nachhelfen oder sie brachen einen zielorientierten Streit vom Zaun. Den Bruder hatte Katharina bisher noch immer um den Finger gewickelt. Der war ihr nahezu hörig. Wenn sie jetzt mit einem für Russland so wichtigen Eheprojekt in die Reichspolitik gegen den korsischen Usurpator eingriff, sollte er ihr doch wohl doppelt dankbar sein.

Allein, das Spiel lief nicht nach ihrem Willen ab. Der Anspruch an die Größe Katharinas II. und die vom Vater ererbten schwierigen Charakterzüge passten eben nicht zueinander. Ohne Kenntnisse der realen europäischen Politik konnte das Mädchen dieses Spiel nicht betreiben. Ihr Bruder hatte nach Austerlitz viel gelernt und stand vor extrem schwierigen Entscheidungen. Verliebte Narreteien gegenüber der Schwester besaßen keine Zukunft – zumindest nicht in den bisher geübten Formen. In jenen für ihn kritischen Monaten schenkte Alexander seiner Schwester eine Brosche. Sie bedankte sich sehr herzlich für das Geschenk. Im Vergleich zum fordernden Übermut vergangener Jahre, übte sich Katharina nun in bescheidener Demut: „Was haben Sie gemacht, lieber Alexander! Wie ist es möglich, dass Sie eine solche Idee hatten. Man kann nicht dankbarer sein als ich, aber gleichzeitig bin ich sehr bekümmert; eine Brosche von Ihnen, lieber Freund, macht mir eine kindliche Freude, jedoch ein Geschenk von solchem Wert bedrückt mich ... Um Himmels willen, lieber Alexander, versprechen Sie mir, dass dies das erste und letzte kostbare Geschenk ist, das Sie mir machen ..."[16] Das Mädchen gab sich klein, bescheiden und geradezu demutsvoll, obwohl die Brosche sicherlich nicht – wie sie schrieb – das erste kostbare Geschenk ihres Bruders gewesen ist.

Das Beispiel illustrierte scheinbar eine Bagatelle am Rande, wenn man bedenkt, vor welch großen politischen Problemen die kaiserliche Familie zu jener Zeit stand. Der Schein trog. Vieles, was Katharina tat, erschien dem kritischen Beobachter erzwungen, zweckbestimmt und wenig natürlich. Ihre Schwester Maria Pawlowna konnte sich von Herzen freuen und überzeugte ihre Mitmenschen durch einfache und ehrliche Gesten. Bei Katharina hatten Zeitgenossen den Eindruck, sie strahlte trotz ihrer verführerischen Jugend keine unbeschwerte Fröhlichkeit aus. Sie verfügte nicht über jene naturgegebene erotische Sinnlichkeit, die jungen Mädchen in der Regel eigen ist. Katharina konnte sich nicht auf herzerfrischende Art begeistern. Sie schien ihre Handlungen bewusst und zielgerichtet zu kontrollieren – ganz wie die Großmutter Katharina II. Aber das gelang ihr nur schwer und sie glitt immer wieder in den unberechenbaren Stil des Vaters Paul ab. Daraus erwuchs individuelle Unsicherheit und mit dem gekünstelten Überspielen dieser Unsicherheit konnte leicht die Gefahr verbunden sein, für eine leere Zierpuppe gehalten zu werden. Das aber vertrug ihr Selbstbewusstsein nicht. Kurz: Katharina war von jung an eine komplizierte Persönlichkeit und sollte es ihr Leben lang bleiben, zumal sie in einem ungewöhnlich schwierigen politischen Umfeld agierte.

Wenn sich Katharina in ihren Wünschen wie Katharina II. verhielt und in ihrem Charakter wie Paul I., dann besaß sie in ihrem Bruder Alexander I. einen ausgezeichneten Partner. Er konnte sie auf Grund seiner Erziehung verstehen. Mit ihm teilte sie das schlimme Erlebnis um die Ermordung des Vaters. Alexander besaß die politische Macht, ihren Zielstellungen den geeigneten Vorschub zu leisten, wenn er es für richtig hielt. Die dritte Person im Bunde war die Mutter. Für Alexander hatten Frauen nichts in der Politik zu suchen. Maria Fjodorowna und Katharina bildeten die Ausnahme. Maria schrieb ihrem Sohn endlose Briefe mit Ratschlägen für die Politik, die Verwaltung und die Kriegsführung. Er berücksichtigte ihre Wünsche aus Respekt vor der Person und weil der mit seinem Wissen gestürzte Paul seine Gemahlin für den Fall des Überlebens mit außerordentlichen Vollmachten ausgestattet hatte. Katharina, gewitzt und intrigant, machte sich das Abhängigkeitsverhältnis zwischen Mutter und Sohn zunutze und wollte daraus ihren eigenen Nutzen ziehen. Genauso entstand der Plan zur Verheiratung mit dem österreichischen Kaiserhaus. Katharina war nicht die reinherzige Lieblingsschwester Alexanders. Sie hat ihn auf raffinierte Weise von ihrem Willen abhängig gemacht und dabei ungeschriebene Lebensregeln zur Durchsetzung ihrer eigenen Wünsche ignoriert.

Der Hass gegen Napoleon, Russlands Niederlagen von 1805 bis 1807, der Beitritt zur Kontinentalsperre und die Schwäche Preußens ließen für Maria Fjodorowna und Katharina keine andere Variante zu, als nach einer dynastischen Bindung an das Haus Habsburg zu streben – wenn es das Töchterchen denn nicht unter einer Kaiserkrone tat. Die Frauen spielten auch andere Optionen durch, zogen diese aber vorerst nicht in ernste Erwägung. Katharina lernte sehr schnell, dass die österreichische Variante eine politische Variante war. Also schärfte sie ihren politischen Sachverstand und erkannte, dass sich im Sommer 1807 – sie war mit ihren 19 Jahren gar keine so junge Braut mehr – eine Front gegen ihren Bruder auftat. Er kam von Tilsit nach Hause und Maria Fjodorowna wollte ihn zunächst überhaupt nicht empfangen. Sie sammelte eine Art Opposition gegen Alexander um sich, zu der auch der Graf Rostoptschin, ein enger und persönlicher Freund Pauls I. und der Reichshistoriograf Nikolai Karamsin zählten. Diese Männer waren jeglicher reformerischen Erneuerung Russlands und allen gewagten Kompromissen in Richtung Napoleon abhold. Es lag nicht an Katharina, dass in diesem Kreis das Gerücht kursierte, man sollte den Kaiser absetzen und an seiner Stelle die Schwester auf den Thron heben. Die Logik und der konkrete Verlauf der Ereignisse verboten die Umsetzung eines derartigen Gedankens. Gegen welchen russischen Herrscher hat es eigentlich keine Verschwörungsgerüchte gegeben? Es wird Katharinas Ego sicherlich geschmeichelt haben, Gegenstand von Überlegungen zu einer Intrige um die Besetzung des Throns gewesen zu sein. Sie besaß damals jedoch keinerlei Voraussetzungen für das hohe Amt.

Wie ernsthaft sich Katharina und Maria Fjodorowna mit der schlechten Kriegslage beschäftigten und wie gründlich sie nach einem Ausweg suchten, das war bei verschiedenen Gelegenheiten erkennbar. Der bayerische Kronprinz Ludwig erschien wieder in Petersburg. Zweimal hatte er bereits eine Abfuhr erhalten. Der Bayer blieb hartnäckig und warb erneut um Katharina. Unter den obwaltenden Umständen und den Sinnesäußerungen der beiden Damen Maria Fjodorowna und Katharina besaß der arme Ludwig keine Chance. Man wies ihn ab und selbst sein standhaftes Ausharren bis zum Herbst 1808 blieb vertane Liebesmüh'. Maria Fjodorowna hatte höhere Ziele anvisiert. Es war relativ unerheblich, ob die Mutter oder die Tochter die Idee ausgebrütet hat. Sie besaßen eine gemeinsame Losung: Österreichs Kaiser Franz I. sollte der künftige Gemahl der russischen Großfürstin Katharina Pawlowna werden.

Franz I., letzter Kaiser des Heiligen Römischen Reichs und erster Kaiser Österreichs nach 1806, war am 3. April 1807 zum zweiten Male Witwer geworden. Maria Theresia von Neapel-Sizilien hatte ihm 12 Kinder geschenkt und war im Kindbett gestorben. Wenn man die Länge und

Qualität damaliger Post- und Kurierstraßen bedenkt, die den Weg von Wien nach St. Petersburg zu einer Tortur für Pferd, Reiter oder Wagen werden ließen, ruft es beachtliches Erstaunen hervor, dass Katharina bereits am 26. April 1807 in einem Brief ihrem Bruder den Gedanken nahe brachte, sie wollte dem verwitweten Kaiser Franz eine treue Gemahlin und seiner Kinderschar eine gute Mutter sein. Es gehörte ein gesundes Maß an Kaltblütigkeit seitens der beiden Damen dazu, dem Kaiser in Wien, noch ehe die von ihm geliebte Gemahlin beigesetzt war, eine neue Ehe mit Katharina anzutragen.

Alexander I. stand in jenen Wochen im Felde und schlug sich in Ostpreußen mit Napoleon. Er las die schmucklose Epistel seiner Schwester, darin stand nichts mehr von dem verwirrenden Liebesgeflüster vergangener Tage. Sie kündigte ein weiteres, nachdrückliches Schreiben der Mutter an und schrieb ein wenig unsicher, eigentlich wäre ihr diese schriftliche Informationsform gar nicht recht, viel lieber würde sie die Dinge mit dem Bruder persönlich besprechen. Sie traute ihrem Charme und ihren Überredungskünsten offensichtlich mehr, als dem kühlen Esprit karger Worte in einem Brief. Die Bedenken besaßen ihren Grund. Alexander reagierte sofort. In Briefen an die Mutter und an Katharina riet er dringend von dem Vorhaben ab. Er warnte die Schwester, wenn sie auch nur einen Tag mit dem Kaiser Franz gemeinsam verbringen würde, könnte sie erkennen, dass dieser kein Partner für sie wäre. Er hatte Franz bei Austerlitz gesehen und als schwachen Menschen erlebt. Alexander machte persönliche und subjektive Einwände geltend. In der Sache mag er den unentschiedenen Krieg gegen Napoleon und die noch offene preußische Offerte bedacht haben, obwohl die Mutter sich bereits klar gegen den Prinzen Heinrich ausgesprochen hatte.

Weder Katharina noch die Mutter waren in ihrem Eifer zu bremsen. Sie nahmen Alexander nicht recht ernst und machten sich über dessen Gegenargumente lustig. Franz sei zu alt? Mit 35 Jahren ist man für eine neue Ehe nicht zu alt. Er sei hässlich? Katharina legte keinen Wert auf ein ebenmäßig schönes Männergesicht. Er sei schmutzig? Gerade so wünschte ihn sich Katharina und im Zweifelsfalle könnte man ihn ja waschen. Er sei dumm, mürrisch und wortkarg? Das müsste an den schwierigen Bedingungen 1805 bei Austerlitz gelegen haben. Sie traute sich zu, den österreichischen Kaiser in einen geselligen Salonlöwen zu verwandeln!– Katharina bewegte ihre Mutter, Alexander den Entwurf eines Bewerbungsschreibens an Franz I. zu schicken. Damit sollte die Sache praktisch in Gang gesetzt werden. Außerdem sollte ein Gutachten beim Moskauer Metropoliten Ambrosius eingeholt werden, nach dem eine Ehe Katharinas mit dem Katholiken Franz unter bestimmten Voraussetzungen durchaus möglich wäre. Dem Kaiser Franz wollte man ein Miniaturbildnis Katharinas als sichtbares Zeichen ihrer ernsthaften Zuneigung übersenden. Katharina schrieb das alles in einem leicht spöttisch-ironischen Ton. Sie überspielte ihre Unsicherheit und demonstrierte Selbstbewusstsein.

Die beiden Frauen sahen durchaus ein, dass Alexander gerade andere Sorgen hatte, als sich für die extravaganten Ehewünsche seiner Schwester zu interessieren. Man musste die Sache diplomatisch vorbereiten und dem Kaiser mundgerecht servieren. Maria Fjodorowna beauftragte den Fürsten Alexander Kurakin mit den konkreten Verhandlungen zwischen den beiden Kaisern von Russland und Österreich. Als ersten wichtigen Schritt erreichte sie, dass Alexander den Fürsten zu seinem Gesandten an der Wiener Hofburg berief. Kurakin hatte bereits die Eheverträge für Jelena Pawlowna und Maria Pawlowna mit den Höfen in Schwerin und Weimar erfolgreich ausgehandelt. Wenn eine Persönlichkeit die Chance zur Erfüllung der Wünsche Katharinas besaß, dann war das Kurakin. Er stand bei Maria Fjodorowna in hohem Ansehen, schon allein, weil ihn Katharina II. einst vom Petersburger Hof verbannt hatte.

Kurakin begab sich also unverzüglich in das Feldquartier Alexanders und sprach mit ihm über die delikate Mission. Er berichtete Maria Fjodorowna wahrheitsgemäß über das Gespräch: „Der Kaiser glaubt jedoch, dass die Persönlichkeit des Kaisers Franz der Großfürstin Katharina nicht gefallen könnte und für sie nicht passend wäre. Der Kaiser beschreibt ihn als hässlich, kahlköpfig, schwächlich, willenlos, ohne jede Energie des Geistes, an Körper und Verstand geschwächt durch die vielen Unglücksfälle, die er erlitten habe, als in so hohem Grade furchtsam, dass er nicht Galopp zu reiten wage und sein Pferd am Zügel führen lasse, wie er es zur Zeit des Feldzugs von Austerlitz persönlich beobachtet habe.– Bei diesem letzten Zug konnte ich das Lachen nicht zurückhalten und rief aus: Das stimmt allerdings mit den Eigenschaften der Großfürstin nicht überein. Sie besitzt Verstand und Geist und hat eine starke Willenskraft; Furchtsamkeit ist ihr gänzlich fremd. Die Kühnheit, mit der sie reitet, könnte sogar bei Männern Neid erwecken.– Der Kaiser ist auch darin mit mir nicht einverstanden, dass diese Heirat für uns in politischer Beziehung nützlich sein könnte. Trotz aller meiner Beweisgründe behauptet er, dass Ihre Hoheit seine Schwester und Russland nichts dabei gewinnen würden und dass im Gegenteil die Beziehungen, welche zwischen Russland und Österreich einträten, uns hindern könnten, Österreich unsere Unzufriedenheit jedes Mal gehörig auszudrücken, wenn es ungeschickt handle, und dass dieses oft vorkomme. Er behauptet noch weiter, dass die Großfürstin nur Langeweile und Reue empfinden würde, wenn sie sich mit einem physisch und moralisch so nichtsbedeutenden Mann wie Kaiser Franz verbände, und dass sie das bald einsehen würde. Endlich würde sie auch keinen Einfluss auf die staatlichen Verhältnisse Österreichs haben, weil sie zur Erreichung dieses Zweckes seiner Überzeugung nach ihre Zuflucht nicht zu solchen Mitteln nehmen wollte, welche die verstorbene Kaiserin, die Gemahlin Franz I., angewendet habe."[17]

Die Damen durften Bedenken Alexanders nicht etwa nur mit abwertender Ironie begegnen. Sie wollten ja etwas erreichen und der Imperator verlangte Respekt. Darum erdachten sie ein Argument, dem er sich schwer widersetzen konnte: Die Mutter habe ausschließlich das Glück ihrer Kinder im Sinne! Kurakin identifizierte sich natürlich sofort mit diesem Gedanken. In einem Brief an Maria Fjodorowna, der sicherlich nicht ohne Wissen des Kaisers abgesandt wurde, schrieb er: „Heute sprach die ganze Gesellschaft bei der Prinzessin Luise von den Reizen und Verdiensten der Großfürstin Katharina. Es war für mich ein großer Genuss, zu sehen, wie man ihr auch in der Fremde die schuldige Gerechtigkeit widerfahren lässt, und ich wage es, Euer Majestät zu bitten, ihr davon Mitteilung zu machen mit der Bitte, mir ihr Wohlwollen bewahren zu wollen ..." Kurakin verknüpfte die freundlichen Worte mit dem Auftrag seiner Mission: „Ich wünsche von Herzen, ein Mittel zu finden, das Lebensschicksal und das künftige Glück der Großfürstin Katharina wirklich zu begründen, der ich mit Herz und Seele mein ganzes Leben lang zugetan bin."[18] Alexander aber dachte noch immer an eine Ehe Katharinas mit dem preußischen Prinzen Heinrich.

Maria Fjodorowna beließ das Projekt nicht nur bei Kurakin. Sie schrieb selbst an Alexander, dass sie eine Ehe Katharinas mit Kaiser Franz nur deshalb befürwortete, weil sie dadurch das Glück ihrer Tochter verwirklichen könnte. Die Qualitäten des in Aussicht genommenen Partners wären nicht so wichtig. Im Mittelpunkt stände stets das Glück der eigenen Kinder. Maria Pawlowna wäre in Weimar auch glücklich verheiratet, obwohl ihr Gemahl Carl Friedrich durchaus nicht über herausragende persönliche Eigenschaften verfügte. Sie sei für Katharinas Plan überhaupt erst eingetreten, nachdem sie die Ernsthaftigkeit der Gefühle ihrer Tochter genau geprüft hätte. Auch die russische Kirche hätte nichts gegen eine katholische Hochzeit einzuwenden. Die logische Frage, worauf sich Katharinas Ernsthaftigkeit eigentlich gründete, stellte niemand.

Entgegen den Hoffnungen Katharinas konnte weder Kurakin noch selbst ihre Mutter den Kaiser überzeugen. Nach der russischen Niederlage bei Friedland sah Alexander keine andere Möglichkeit, als so schnell wie möglich mit Frankreich Frieden zu schließen. Die aus einem möglichen Frieden erwachsenden politischen Folgen blieben vorerst völlig offen. Alexander widersprach mehrfach der These seiner Mutter, eine Ehe Katharinas mit dem Kaiser Franz könnte für Russlands Position gegenüber Frankreich nützlich sein. Er kannte Napoleons negative Meinung über Österreich und hegte auch selbst nach Austerlitz und dem Ausscheiden Österreichs aus dem Krieg keine positiven Gefühle für Franz I.

Die Tilsiter Friedensverträge zwischen Russland, Frankreich und Preußen und der Beitritt Russlands zur Kontinentalsperre schufen eine neue politische Situation. Sie zwang selbst Maria Fjodorowna und Katharina zum Überdenken ihres kühnen Plans. Alexander I. trug seine neue Einigkeit und Freundschaft mit Napoleon demonstrativ zur Schau, gab sich so überzeugt von dem Bündnis, dass nicht einmal die Mutter und die Schwester auf die Idee kamen, er wollte den Usurpator durch sein Verhalten lediglich in Sicherheit wiegen. Russland zahlte für Tilsit einen hohen Preis und es fragte sich, ob die Taktik das Opfer rechtfertigte. Vorerst glaubten alle Beobachter, Russlands Kaiser hätte mit dem Vertrag von Tilsit einen radikalen Kurswechsel hin zu Napoleon vollzogen.

Diese Überzeugung gewann auch Katharina, weil der Kaiser die Heiratspläne gegenüber Franz I. endgültig zur Disposition stellte. In Tilsit, bei langen Gesprächen zwischen den Kaisern, bei Rotwein und gutem Essen, kam auch Katharina zur Sprache. Es ist umstritten, ob Napoleon, der mit seiner kinderlosen Ehe unzufrieden war, daran dachte, sich selbst um Katharina zu bewerben oder ob er seinen Bruder Jérôme, der das preußische Schlesien erhalten sollte, ins Spiel brachte. Die Gedanken gelangten zwar nicht einmal bis zur Spruchreife. Aber Russlands Kaiser beauftragte Kurakin, alle Eheverhandlungen mit Wien sofort abzubrechen. Der Gesandte meldete Maria Fjodorowna aus Tilsit, Russland befände sich in einer neuen politischen Position und für Katharina gäbe es eine ganz andere Versorgung. In Wirklichkeit musste Preußen Schlesien nicht an den Bruder Napoleons abgeben und Alexanders Eilbefehl entsprach nicht einmal den tatsächlichen Voraussetzungen.

Es hat vielmehr den Anschein, dass er Katharina lediglich von den österreichischen Heiratsplänen ablenkte, aber auch im Interesse der Verschleierung seiner wahren Ziele gegenüber Napoleon handelte. Die

Schwester musste sich fügen, ob sie wollte oder nicht. Er schrieb ihr aus Tilsit mit euphorischem Augenleuchten: „Gott hat uns gerettet: statt als Opfer gehen wir aus dem Kampf mit einer Art Glorienschein hervor. Aber was sagen Sie zu den Ereignissen?! Ich, der ich meine Tage mit Bonaparte (!) verbringe, ganze Stunden mit ihm im Tête-a-tête bin. Klingt das nicht ein wenig wie ein Traum? Es ist Mitternacht, und er ist gerade fortgegangen. Oh, ich wünschte, Sie wären ein unsichtbarer Zeuge alles dessen, was hier passiert ...“ [19]

So schnell konnte er seine Schwester nicht beeindrucken, schon gar nicht mit einem Loblied auf Napoleon. Sie war klug genug, dem enthusiastischen Bruder nicht mit ihren Heiratsplänen die Laune zu verderben, sondern setzte ihn von der politischen Seite her unter Druck. Das einstige „süße Äffchen“ mit dem süßen Näschen, das er so gerne küsste, antwortete kühl, abweisend und sachlich: „... ich mache meinen Frieden nur mit diesem Frieden, wenn es sich bewahrheitet, was man in der Stadt sagt, dass wir große und schöne Akquisitionen machen, die Weichsel als Grenze zu Preußen und die Donau zur Türkei, denn ohne das hätten wir nur die Schande, uns zu verbrüdern mit einem Mann, gegen den wir zu Felde gezogen sind ohne den geringsten wirklichen Profit; für was hätten wir die ungeheuren Opfer gebracht? ...“ Einmal in Rage, setzte Katharina kompromisslos fort: „Ich will nur ein Russland, das unantastbar, unangreifbar, unerreichbar ist, ich wünsche, dass es geachtet werde, nicht in Worten, sondern tatsächlich, denn gewiss hat Russland die Mittel, es zu sein.“ Dass Alexander seine Tage mit „Bonaparte“ verbrachte, betrachtete Katharina als schlechten Scherz. Vorsicht galt es zu üben vor Bonaparte, „denn dieser Mann ist ein Gemisch von Tücke, persönlichem Ehrgeiz und Falschheit.“ [20] Bonaparte dürfte sich doch nur glücklich schätzen, mit einem Mann wie Alexander umgehen zu können. Das würde seiner Eitelkeit schmeicheln. Damit würden seine Feinde zu Freunden und sein eigener Glanz und seine eigene Macht nur noch größer. Selbst wenn Alexander sie und sich selbst verfluchen sollte: Er habe ihr das Recht gegeben, offen zu sprechen und sie spreche nur ihre tiefsten Überzeugungen aus. Wenn er ihr auch zürnte, wem das Herz voll ist, dem geht halt der Mund über. Die Schwester bediente sich einer ebenso rückhaltlosen wie kalkulierten Offenherzigkeit. Denn im Innern blieb Alexander selbst voller Zweifel über die Richtigkeit seiner Politik.

Katharina war über die Ergebnisse von Tilsit empört. Sollte bereits ihr erster Versuch eines Einbruchs in die große Politik scheitern? Sollte sie etwa auf die österreichische Krone verzichten müssen? Hatte sich der Bruder so sehr von Napoleon umgarnen lassen? Der Ärger machte sie handlungsunfähig, sie drang nicht einmal weiter in Kurakin, das Eheprojekt zu forcieren. Nur Maria Fjodorowna bewahrte einen kühlen Kopf. Die Ergebnisse von Tilsit lehnte sie nicht minder ab, doch deshalb musste man doch die Wiener Hofburg nicht gleich aufgeben. Kurakin besaß einen Auftrag, der musste erfüllt werden. Kurakin erwies sich einmal mehr als geschickter Diplomat. Er beschwerte sich bei Maria Fjodorowna nicht über die Tatenlosigkeit Katharinas, sondern darüber, dass sie dem Fürsten Bagration bereits drei Briefe geschickt, während er, Kurakin, keinen einzigen erhalten hätte. Im Klartext hieß das: Katharina sollte ihre seit einigen Monaten während Affäre mit dem Fürsten Bagration abbrechen und sich auf die Hauptaufgabe in Wien konzentrieren.

Natürlich legte Katharina das Heiratsprojekt nicht zu den Akten. Das ging nicht mehr, zu viele Menschen besaßen inzwischen Kenntnis davon – in Russland und im Ausland. Alexanders Gemahlin Elisabeth diskutierte das Problem bereits mit ihrer Mutter in Baden-Baden. Elisabeth und Katharina besaßen kein gutes persönliches Verhältnis zueinander. Die Schuld lag bei Maria Fjodorowna, aber auch im mangelnden Durchsetzungsvermögen Elisabeths, die sich aus Trotz und Unsicherheit nicht scheute, ihre Aversionen gegen die Kaiserinwitwe auf Katharina zu übertragen. Andererseits ließ Katharina keine Gelegenheit aus, ihre ablehnende Haltung gegenüber der deutschen Prinzessin zu demonstrieren. Der Kaiserin konnte es nur recht sein, wenn die anzügliche und unbequeme Schwägerin den Petersburger Hof verlassen würde. Maria Fjodorowna hätte dann eine Verbündete weniger. Es gab keinen Zweifel. Elisabeth lehnte Katharina ganz entschieden ab: „Ich habe niemals eine seltsamere junge Person gesehen. Sie ist auf bösen Wegen, denn sie hat ihren lieben Bruder Konstantin zum Vorbild für ihr Verhalten und sogar für ihre Manieren genommen. Sie spricht, wie eine Frau von 40 Jahren nicht reden sollte, geschweige denn ein Mädchen von 19 Jahren."[21]

Nicht nur auf Elisabeth wirkte es peinlich, dass Katharina, während sie das Hohelied des Kaisers Franz sang, ein intimes Verhältnis mit dem Fürsten Bagration unterhielt, der zu jener Zeit die Stelle des Kommandanten von Pawlowsk besetzte. Kurakin monierte die Beziehung als schädlich und Elisabeth konnte sich gegenüber ihrer Mutter nicht die hämische Bemerkung verkneifen: Wäre der Fürst Bagration nicht ein so hässlicher Mensch, liefe Katharina Gefahr, sich in dieser Verbindung ganz zu verlieren. Bagration war verheiratet, das störte die Großfürstin offensichtlich nicht. Dennoch fügte sie sich in die Disziplin und gab der Öffentlichkeit keinen weiteren Anlass zu spitzfindigen Vermutungen. Die Affäre selbst endete erst 1809 – als Katharina heiratete.

Die Affäre besaß ein Nachspiel, das ein bezeichnendes Licht auf Katharinas Charakter warf. Fürst Bagration zählte im Vaterländischen Krieg von 1812 zu den entscheidenden russischen Feldherrn. In der Schlacht von Borodino wurde er so schwer verwundet, dass er kurz darauf starb. Katharina beweinte den ehemaligen Geliebten nicht. Sie beschwor Alexander I. in mehreren Schreiben, er sollte ihr die Briefe zurückschaffen, die sie an Bagration geschrieben hatte: „… Bagration hat mir hundert Mal geschworen, er habe die Briefe vernichtet, aber da ich seinen Charakter kenne, zweifelte ich immer an der Wahrheit dieser Schwüre."[22] Wieder erpresste Katharina ihren Bruder: Er könnte doch wohl kein Interesse besitzen, seine Schwester in einen „kompromittierenden Skandal" verwickelt zu sehen. Alexander ließ nach den Briefen fahnden. Die Suche erstreckte sich über Monate. Erst im November 1812 konnte er seine Schwester beruhigen, es hätten sich keine belastenden Dokumente angefunden. Die überschwänglichen Liebesbeteuerungen Katharinas im September/Oktober 1812 – trotz ihrer zeitgleichen harschen Kritik an der Politik des Bruders – resultieren aus der Angst, es könnte doch etwas aus der Beziehung mit Bagration herauskommen und ihrem politischen Ansehen sowie der Ehe mit Georg von Oldenburg schaden. Als Alexander ihr mitteilte, Bagration hätte alle belastenden Dokumente vor seinem Tode verbrannt, atmete Katharina hörbar auf. Sie sprach nur noch beschwichtigend von den „erreurs passées", den vergangenen Irrtümern ihrer Jugendjahre. Wenn Katharina dem Fürsten Bagration ähnlich glühende Briefe geschrieben hat, wie sie der Bruder Alexander erhielt, kann man sich die Verwirrung und Lust des Herrn vorstellen: Er war doppelt so alt wie Katharina.

Die politischen Überlegungen zu einer Eheschließung mit dem österreichischen Kaiser Franz hat die Affäre mit Bagration allerdings in der Endkonsequenz nicht negativ beeinflusst. Bagration war im Jahre 1807 nicht nur ein gefälliger Liebhaber. Er besaß als Militär gute Kontakte zum Kaiser und konnte diesen zusätzlich über den von Katharina ausgehenden Widerwillen gegen Napoleon informieren.

Die Kritik an Alexanders scheinbarer Freundschaft mit Napoleon sollte von allen nur möglichen Seiten erfolgen. Zugleich offenbarten die Affäre Katharinas mit Bagration und die Intervention Kurakins ein interessantes und so bislang in der historischen Literatur nicht erörtertes Phänomen: Tilsit als dynastischer Heiratsmarkt. Praktische Außenpolitik, Diplomatie, Kriege und dynastische Ehen dienten den Monarchen am Beginn des 19. Jahrhunderts noch als adäquate Methoden zur Durchsetzung machtpolitischer Ziele. Was dem Wiener Kongress 1814/15 recht sein sollte, war den Friedensgesprächen in Tilsit 1807 bereits billig. In Tilsit stand neben dem französisch-russischen Verhältnis auch die Zukunft Englands, Deutschlands, Preußens und Österreichs zur Debatte.

Napoleons und Alexanders Berater erörterten nicht nur die Heiratspläne Katharinas in Richtung Franz I. Sie kamen ebenso auf die Wünsche des kinderlosen Kaisers der Franzosen zu sprechen. Preußen schickte noch einmal den Prinzen Heinrich in das Wettrennen um Katharina. Bayern wollte nicht zurückstehen und präsentierte zum wiederholten Mal den doch bereits abgewiesenen Kronprinzen Ludwig. Die beiden Prinzen erfassten die wichtige Funktion Kurakins und umschwärmten ihn mit gewinnender Freundlichkeit. Kurakin respektierte sie auch, schrieb aber an Maria Fjodorowna: „Doch gestehe ich Euer Majestät offen, dass nach meiner Meinung keiner dieser Prinzen der Hand Ihrer Hoheit der Großfürstin Katharina würdig wäre und dass sie weder mit dem einen noch mit dem andern glücklich scin könnte."[23] Das Treffen in Tilsit brachte keine Entscheidung. Alexanders großes Wort, auf Katharina wartete eine neue Versorgung, erwies sich als Bluff. Kurakin reiste unbefriedigt und verärgert ab. Es folgten Monate voller Ungewissheit und schwer kalkulierbarer Wendungen. Kurakin besaß eine strikte Order und wandte bis zum November 1807 in dieser Sache seine ganze diplomatische Kunst auf. So respektabel er einst im Falle der Schwestern Maria und Jelena verhandelt hatte, dieses Mal blieb ihm der Erfolg versagt. Kurakin wurde schließlich zu dem Sündenbock gestempelt, der einen Plan vermasselte, den er gar nicht erfüllen konnte, weil dieser dem Mutwillen Katharinas entsprang und die verzwickten politischen Rahmenbedingungen nicht genügend berücksichtigte.

Kurakin fuhr nach Wien. Dort musste er den Plan einer Verheiratung mit Franz I. endgültig aufgeben. Maria Fjodorowna entlastete ihn von der Aufgabe, weil er angeblich die politischen Intrigen und Winkelzüge an der Wiener Hofburg nicht durchschaute. Seit Jahren diente er den Majestäten. Jetzt warfen sie ihm vor, er begriffe nicht, was man von ihm erwartete. Als Kurakin im November 1807 darüber nachdachte, ob für Russland neben dem Bündnis mit Frankreich auch eine Vereinbarung mit Österreich sinnvoll wäre – so hatten Maria Fjodorowna und Katharina stets argumentiert – geriet er in die Mühlen der höchsten Politik. Alexander I. wollte jeden Schritt vermeiden, durch den sich Napoleon provoziert fühlen konnte. Die Gegner Russlands denunzierten Kurakin als Feind Österreichs und machten seine weitere Anwesenheit in Wien unmöglich.

Kurakin wollte es Katharina, Alexander, Maria Fjodorowna ebenso wie den Österreichern recht machen, hielt sich an die Direktiven und setzte sich zwischen alle Stühle. Er wurde ein Opfer des Widerspruchs zwischen den eigenwilligen Launen einer Großfürstin, den politischen Realitäten in Zentraleuropa und der undurchsichtigen Taktik Alexanders gegenüber Napoleon. Maria Fjodorowna ersetzte Kurakin durch den Grafen Golowkin – vergeblich. Kaiser Franz I. heiratete im Jahre 1808 die Prinzessin Maria Ludovica von Österreich-Este, die bald darauf zwei bemerkenswerte Freundschaften eingehen sollte: mit den beiden Schwestern Maria und Katharina Pawlowna von Russland.

Katharinas erste stürmische Attacke auf den österreichischen Kaiserstuhl war abgeschlagen. Besonders geschickt hatte sie es nicht angestellt. Aber weder sie noch ihre Mutter ließen sich entmutigen, getreu der Devise: Wenn der russische Kaiser keine Entschlossenheit im Kampf gegen Napoleon bewies, mussten es die Frauen richten. Ein geeigneter Ehepartner für Katharina konnte dafür nach ihrer Ansicht entscheidende Hilfestellung leisten. Beide Frauen verloren das österreichische Ziel keineswegs aus den Augen, mussten aber nach Lage der politischen Dinge gezwungenermaßen auch andere Varianten ins Auge fassen. Nur eines stand fest: Katharina brauchte einen Mann, einen politisch bedeutenden und einflussreichen Mann, möglichst dem Kaiserhaus der Romanows ebenbürtig und hilfreich für Alexanders Befreiermission in Europa. Außerdem: Konkurrenz belebte das Geschäft! Eine adelsstolze Dame, die nicht zur gleichen Zeit von mehreren angesehenen Standesvertretern umschwärmt wurde, besaß keinen so hohen Marktwert wie eine Prinzessin, um die man kämpfen musste.

Bei Katharina half die Mama kräftig nach und suchte zunächst einmal Anwärter aus dem eigenen großen Familienkreis. Der bayerische Kronprinz stand unverdrossen Gewehr bei Fuß. Ebenso Preußens Prinz Heinrich. Maria Fjodorowna lenkte Kurakins Aufmerksamkeit – solange dieser in der Angelegenheit tätig war – jedoch vor allem auf ihren Neffen Friedrich Wilhelm Karl, den Sohn und Kronprinzen ihres Bruders König Friedrich I. von Württemberg. Auch Leopold von Sachsen-Coburg, den jüngsten Bruder von Großfürst Konstantins Gemahlin, ließ Maria Fjodorowna auf die Akquisitionsliste setzen. Nach wie vor aber galt die Hauptaufmerksamkeit dem österreichischen Kaiserhaus: Wenn es schon nicht möglich war, den Kaiser Franz persönlich zu ehelichen, dann klappte vielleicht eine Eheschließung mit einem der österreichischen Erzherzöge.

Die Bemühungen erstreckten sich auf die Monate vom Sommer 1807 bis weit in das Jahr 1808, bis zum Erfurter Fürstentag vom September/ Oktober 1808. Maria Fjodorowna und Katharina wählten die potenziellen Heiratskandidaten aus. Ihr kaiserliches Wort eröffnete eine rege diplomatische Kampagne zwischen Petersburg, Wien, München, Stuttgart und Memel. Man erörterte die Vorschläge an den Höfen nach allen Richtungen. Selbstverständlich erfuhr Napoleon sofort, mit welchen perfiden Mitteln die Kaiserinwitwe und ihre ambitionierte Tochter den Frieden von Tilsit unterlaufen wollten.

Während Alexander I. öffentlich und gegenüber dem französischen Botschafter anhaltend und ostentativ beteuerte, dass er und Napoleon die wahren Herren über Europa wären, dass nichts ihre Einmütigkeit trüben konnte, bereitete das Haus Romanow mit Katharina im Stillen die Ausbreitung seines Einflusses über Territorien vor, in denen sich der Korse als der alleinige Herr dünkte. Napoleon schädigte Russland durch die Kontinentalsperre wirtschaftlich, aber er konnte die Aufrüstung der russischen Armee nicht verhindern. Den russischen dynastischen Heiratsplänen vermochte er dagegen Grenzen zu setzen. Im Falle Württembergs und Bayerns gelang Napoleon dieses Ziel ohne ernsthafte Probleme. Die Könige verdankten ihm ihre Kronen, waren abhängig und so verbot ihnen Napoleon schlichtweg eheliche Beziehungen mit Russland. Bayerns Kronprinz Ludwig leistete wohl Widerstand, musste aber letztlich im Jahre 1810 die protestantische (!) Prinzessin Therese von Sachsen-Hildburghausen ehelichen. Allerdings, so reibungslos und monokausal, wie der nackte Vorgang erscheint, liefen die Dinge nicht ab.

Die Kronprinzen von Bayern und Württemberg drapierten in gewisser Weise lediglich das russische Vordringen auf das Hauptziel, einen der beiden österreichischen Erzherzöge, Ferdinand oder Johann, für Katharina zu gewinnen. Österreich stand nach wie vor als potenzieller Bündnispartner im Zentrum der russischen Aufmerksamkeit. Eheprojekte in Bayern und Württemberg dienten auch der Ablenkung. Man durfte in Petersburg allerdings nicht annehmen, dass Napoleon die russische Taktik nicht durchschaute. Als Kurakin noch die Herzensangelegenheiten Katharinas arrangierte, schrieb er im November 1807 über Kronprinz Wilhelm von Württemberg und die Erzherzöge an Maria Fjodorowna: „Der königliche Prinz Wilhelm von Württemberg, Ihr Neffe, hat von allen diesen drei Prinzen die glänzendste Stellung. Man lobt sein Äußeres; er ist sehr verständig und liebenswürdig, aber ich kann nicht annehmen, dass er in seinem Geschmack und in seinen Grundsätzen so rein und streng sei als die beiden Erzherzöge. Er durchläuft eine solche Schule und sieht solche Beispiele von Härte vor sich, dass sich wohl von ihm ein solches Verhalten erwarten lässt, das dem seines Vaters nicht unähnlich ist. Dann würde auch eine Heirat mit ihm die Großfürstin zu weit von ihrer Heimat entfernen und wäre mit den politischen Interessen Russlands nicht so übereinstimmend wie eine eheliche Verbindung mit dem Hause Österreich."[24] Kurakin spielte geschickt auf das einstige ungehobelte Betragen Friedrichs gegenüber Katharina II. an, betonte diskret, dass Wilhelm auf Grund der Rheinbundverpflichtungen Württembergs in der französischen Armee diente, stützte Maria Fjodorownas Argument, dass es ihr lediglich um das Glück ihrer Töchter ginge und stärkte die Position einer Annäherung an Österreich.

Aus dieser Sicht bewertete Kurakin die Erzherzöge differenziert, denn nur einen von ihnen konnte Katharina heiraten. Kurakin meldete: „Der junge Erzherzog Ferdinand ist bei seinem glänzenden Ruf der Tapferkeit, den er sich in dem Feldzug von 1805 erworben hat, bei allen ausgezeichneten Eigenschaften, endlich bei dem schönen Äußeren, das man ihm zuschreibt, eben nur ein Prinz dritten Gliedes der kaiserlichen Familie. Er hat weder Vermögen noch Apanage, besitzt keine anderen Hilfsmittel als den Dienst und kann keine Ansprüche auf eine solche Stellung machen, wie die andern Erzherzoge, die Brüder des Kaisers, sie haben. Nur der Erzherzog Johann, ich gestehe es, ist der Gegenstand meiner Wünsche; denn nach dem Eindruck, welchen er auf mich machte, als er mir eine Audienz gewährte, bin ich überzeugt, dass seine männliche Schönheit und seine Liebenswürdigkeit das Herz der Großfürstin in demselben Maße rühren werden, als er nach Geburt und Verdiensten ihrer Hand würdig ist."[25]

Da sage noch einer, Kurakin verstand nicht, worum es ging. Er bekam seine Informationen aus erster Hand, u. a. vom Außenminister Graf Johann Phillipp von Stadion: „Er nannte mir alle Erzherzöge, damit wir über den unsern Absichten am meisten entsprechenden übereinkommen könnten. Bei dem Namen des Erzherzogs Palatinus versicherte er, dass er seine besondere Anhänglichkeit an die Großfürstin Katharina seit der Zeit seines letzten Petersburger Aufenthalts kenne. (Nachdem er 1801 seine Gemahlin, die Großfürstin Alexandra, durch den Tod verloren hatte, war er 1803 als Witwer nach Petersburg gereist – Anm. d. Autors.) Ich erklärte ihm aber, es sei nach den Grundsätzen unserer Religion nicht erlaubt, dass zwei Schwestern einen und denselben Mann heirateten. Endlich blieben wir bei dem Erzherzog Johann stehen, dessen

Eigenschaften und Äußeres so vortrefflich sind. Er lobte seinen Charakter, seinen Fleiß, seine Grundsätze und fügte hinzu, dass alle Kinder des Kaisers Leopold sehr wohl erzogen, dass sie alle religiös gesinnt seien. Das ist viel, aber das ist nicht alles, antwortete ich ihm. Was für eine Stellung hat er jetzt? Welchen Unterhalt wird man ihm aussetzen für den Fall seiner Verheiratung? Welchen Wohlstand kann er für seine Nachkommenschaft sicherstellen? – Gewöhnlich besteht der Unterhalt eines Erzherzogs, der in die Ehe tritt, aus 50 000 bis 60 000 Gulden jährlich. – Diese Summe, antwortete ich, ist ebenfalls sehr ungenügend; aber gibt es unter den Regeln der Arithmetik nicht auch eine Multiplikation, und wäre es nicht möglich, sie in diesem Fall anzuwenden? – O natürlich, und sogar verdreifachen ließen sich diese 50 000 Gulden, antwortete Stadion. – Sehr gut, sagte ich, mit 150 000 Gulden Einkünften kann man sich zufrieden geben, aber dazu sollte die Stellung eines Generalgouverneurs kommen, mit einer angenehmen und anständigen Residenz, denn das junge Paar würde sich eingeengt fühlen, wenn es ihm unmöglich wäre, Wien jemals zu verlassen. Man könnte, meiner Meinung nach, etwa Böhmen wählen und Prag zur Residenz des Erzherzogs machen, oder vielleicht Galizien, in welchem Fall er in Lemberg oder Krakau wohnen würde. Ich fügte hinzu, dass ich Prag für ihn bequemer fände wegen des dortigen schönen und geräumigen Schlosses, dass aber er und die Großfürstin es vielleicht vorziehen würden, in Lemberg zu leben, wegen der Nachbarschaft Russlands. – Graf Stadion entgegnete mir, dass der Kaiser seit dem Verluste der Niederlande und des Gebiets von Mailand keine Generalgouverneursstellen mehr verleihe, und dass es schwierig für ihn sein würde, eine neue zu schaffen, weil alle Provinzen, welche jetzt die österreichische Monarchie bilden, zu einem Ganzen vereinigt und einer Verwaltung unterstellt seien."[26]

Katharina und die Mutter gaben nicht auf. Alle vier Kandidaten blieben im Rennen, aber die Gunst neigte sich mehr und mehr dem Erzherzog Ferdinand zu. Er verfügte nach Auffassung Maria Fjodorownas über alle notwendigen Tugenden: Mut, Geist und Charakter. Die Damen planten, Ferdinand aus dem Umfeld seiner Familie zu lösen und deren Einfluss zu entziehen. Er sollte nach Petersburg übersiedeln: „Dafür wird er die Hand meiner Tochter erhalten und es wird ihm und seiner Nachkommenschaft eine so vorteilhafte und glänzende Stellung angewiesen werden wie er sie sich in Österreich niemals träumen lassen dürfte."[27] Maria Fjodorowna und Katharina demonstrierten den Habsburgern eine bis dahin in der Geschichte russisch-österreichischer Beziehungen nicht gekannte Großzügigkeit. Sie spielten überdies Ferdinand gegen Franz I. aus, ohne jede Scham. Sie boten Ferdinand den Rang eines Feldmarschalls an, ohne dafür die erforderlichen Kompetenzen zu besitzen. Er sollte in Finnland oder Kurland Gouverneur werden, eine Pension von 150 000 Rubeln erhalten, wovon jährlich 30 000 zugunsten seiner Nachkommen in eine Bank eingelegt werden würden. Jede aus einer Ehe mit Katharina hervorgehende Tochter würde eine Pension von 50 000 Rubeln erhalten. Sollte Ferdinand Katharina überleben und aus Russland wegziehen, würde er eine weitere Pension von 50 000 Rubeln bekommen. Die Angebote glichen bereits einem perfekten Ehevertrag. Aber Ferdinand konnte dem Wiener Hof nicht abgekauft werden. Die ablehnende Haltung des Kaisers Franz stieg mit jedem weiteren Vorstoß aus Petersburg. Derart penetranten Frauen wollte er sich nun wirklich nicht verbünden. Er musste schockiert sein. Die russische Großfürstin sprang in ihren Heiratsabsichten mit frischem Mut vom Kaiser zu den Großherzögen, erblickte jedes Mal einen neuen innigen Herzenswunsch und kam gar nicht auf die Idee, dass man ein derartiges skrupelloses Drängen vielleicht als etwas abartig betrachten könnte.

Neben den negativen subjektiven Eindrücken erschien dem Kaiser Franz eine Liaison mit Russland im Jahre 1807, da Napoleon und Alexander in Tilsit die Interessen Österreichs negiert hatten, politisch viel zu brisant. Der große Schlagabtausch mit dem Korsen stand noch aus. Bis dahin hieß es, sich im Stillen wappnen und keine politisch spektakulären Ehen schließen. Kurakin beklagte sich im Finale seiner Mission bitter bei Maria Fjodorowna und Katharina: „Ich bin aufgebracht, ich bin betrübt, ja ich kann sagen, ich bin untröstlich darüber, dass ich der so angenehmen Hoffnung entsagen muss, die ich seit der Zeit meines vertraulichen Gesprächs mit dem Grafen Stadion hegte. Die Freude, mit welcher er meine Gefühle teilte, die Erwägung der gegenseitigen Vorteile, welche man für Russland und für Österreich aus der Verstärkung des jetzt zwischen ihnen bestehenden Bündnisses durch die Bande der Verwandtschaft zwischen ihren Monarchen erwarten dürfte, alles erweckte in mir die Hoffnung, dass man meinen Gedanken rasch ergreifen und sich bemühen werde, denselben ohne Aufschub zu verwirklichen, sodass ich Euer Majestät nur angenehme Berichte erstatten könnte und der Erfüllung meines Lieblingswunschs nahe wäre, bei der Gestaltung des künftigen Schicksals und der Begründung des Glücks der Großfürstin Katharina mitwirken zu können. Ich freute mich schon im Voraus über das Vergnügen, das ich dabei empfinden würde. Mit Ungeduld erwartete ich also die Rückkehr des Kaisers und die Antwort des Grafen Stadion. Nachdem nun aber bereits eine Woche nach der Ankunft des

Kaisers vergangen war, Stadion aber immer noch schwieg, so riss mir bei dieser Zurückhaltung von seiner Seite endlich die Geduld, und da ich nichts Gutes vorhersah und vom Eifer für die Großfürstin getrieben war, auch sehnlich wünschte, in dem, was ich für sie unternommen hatte, sobald als möglich zum Ziel zu kommen, oder wenigstens die Gründe zu erfahren, die mich bewegen könnten, von meinem Vorhaben abzustehen, gab ich die Absicht auf, das Stillschweigen so lange zu bewahren, bis es Stadion selbst brechen würde."[28]

Hätte Kurakin doch etwas mehr Geduld aufgebracht und seine Nerven geschont! Die Antwort Stadions war niederschmetternd. Kaiser Franz I. wies alle russischen Wünsche nach einer Versorgung der Erzherzöge für den Fall einer Verheiratung mit Katharina brüsk zurück. Selbst der Vorschlag, die Erzherzöge Ferdinand und Johann sollten doch erst einmal nach Petersburg reisen und sich die Braut ansehen, stieß bei Franz auf strikte Ablehnung. Es gab nichts mehr zu verhandeln.

Kurakin klagte gegenüber Maria Fjodorowna noch im Dezember 1807: „Der schlechte Erfolg meines ersten Versuchs hatte mich schon betrübt; nachdem nun aber auch der zweite, von mir mit neuer Hoffnung und unter einer andern Firma unternommene, sich als misslungen erwies, gestehe ich, dass die Folgen dieser Betrübnis und dieses Ärgers mir einen Widerwillen gegen alle diejenigen einflößen, mit denen ich dienstliche Beziehungen unterhalten muss."[29] Den bedauernswerten Unterhändlern Kurakin und Golowkin blieb nur die undankbare Rolle von Weizenkörnern, die zwischen den Mühlsteinen zermahlen wurden. Russlands Kaiser wollte Napoleon zu diesem Zeitpunkt nicht durch eine Ehe mit Österreich brüskieren und nahm dafür sogar den Zorn von Mutter und Schwester in Kauf. Die attackierten ihn nach Tilsit ohnehin genug. Österreichs Kaiser ließ ebenfalls politische Vorsicht gegenüber Frankreich walten. Napoleon zog im Hintergrund die Fäden, um eine dynastische Ehe zwischen Petersburg und Wien zu verhindern. Eigentlich waren damit alle entscheidenden Voraussetzungen für ein Scheitern der Wünsche Katharinas gegeben. Ein klarer politischer Blick hätte ihr diese Perspektive bereits im Sommer 1807 zeigen können.

Obendrein verschreckten Maria Fjodorownas und Katharinas variable Ehewünsche Österreichs gesamte Staatsführung. Diesen militanten Damen wollte sich das Haus Habsburg wohl besser nicht aussetzen. Warum nur hat Russlands Kaiser Alexander den beiden Frauen einen derart breiten Handlungsspielraum gewährt? Fast könnte man annehmen, er hat sie bewusst agieren lassen, wohl wissend, dass darin der sicherste Weg zum Scheitern lag. Es wäre ihm vielleicht schwer gefallen, sich von seinem „süßen Äffchen" trennen zu müssen. Aber das ist nur eine rein subjektive Vermutung. Der Verlauf des Jahres 1808 belegte andererseits eindeutig, dass die französischen Diplomaten die politischen Konstellationen geschickt ausnutzten und gegen Russlands Großfürstin Katharina intrigierten.

Katharinas Wiener Option schied also vorerst endgültig aus, obwohl die selbst ernannte Braut davon noch lange nicht überzeugt war und jederzeit bereit schien, die Fäden wieder aufzunehmen. Ihr sehnlichster Herzenswunsch nach einer standesgemäßen Ehe, die zugleich das von der Mutter so innig gewünschte Glück bringen sollte, blieb unerfüllt. Auch die „Ersatzprinzen" aus Bayern und Württemberg kamen nicht zum Zuge. Napoleon griff ein, ließ beide Kronprinzen nach seinem Willen verheiraten und verhinderte ein weiteres dynastisches Eindringen Russlands in den Rheinbund.

So stand die heiratswütige russische Großfürstin 1808 vor einem sie quälenden Problem. Die Wünsche an Wien schienen zumindest für den Augenblick verflogen, der Traum von der Kaiserkrone dahin. Die Wege nach München und Stuttgart versperrte Napoleon. Es gab für sie weder eine Krone noch ein dynastisches Komplott gegen Napoleon. Im Frühjahr 1808 verabredeten sich Alexander I. und Napoleon zu einem neuen Treffen, diesmal im thüringischen Erfurt. Sie wollten ihre Freundschaft besiegeln und weitere Pläne für die Herrschaft über Europa schmieden. So schien es zumindest beabsichtigt. In Wirklichkeit hatte sich der politische Rahmen für ein derartiges Treffen im Vergleich zu Tilsit verändert. Napoleon sah sich durch die Volksaufstände in Spanien bedrängt. Er benötigte jetzt Russlands Hilfe. Für Alexander wurde der innerrussische Druck immer stärker. Die Familie, zahlreiche Politiker und die russische Öffentlichkeit lehnten das Bündnis mit Napoleon zunehmend stärker ab. Maria Fjodorownas und Katharinas Heiratspolitik bildete einen sichtbaren Beleg für den bis in die höchsten Kreise reichenden Widerstand.

Den ganzen Sommer 1808 versuchten beide Damen, Alexander von einem erneuten Treffen mit Napoleon in Erfurt abzuhalten. Eine Woche vor seiner Abreise schrieb Maria Fjodorowna einen geradezu hysterischen Brief an ihren Sohn: Allein aus Sicherheitsgründen sollte er Napoleon nicht tief in Deutschland treffen; es sei doch offensichtlich, dass der „Götze" bald gestürzt werden würde, warum musste sich Alexander überhaupt noch mit dem Thronräuber treffen? Alexander antwortete seiner Mutter ruhig und geduldig, Russland „braucht eine gewisse Zeit, um frei atmen zu können, damit es in dieser Atempause seine Mittel und

Kräfte sammeln kann. Wir sind gezwungen, in tiefster Stille zu arbeiten und keiner darf von unseren Rüstungen und Vorbereitungen wissen. Auch derjenige, den wir herauszufordern gedenken, darf öffentlich und laut nicht angegriffen werden ... Wenn es Gottes Wille sein wird, können wir in aller Ruhe seinen Sturz abwarten ... Die Weisheit aller Politik liegt im Abwarten, um dann im geeigneten Augenblick zu handeln."[30] Maria Fjodorowna und Katharina ließen sich nicht überzeugen. Ihnen fehlte das Verständnis für die politischen Zwänge, unter denen der Kaiser die russische Politik leitete. Demonstrativ beorderte Maria Fjodorowna die in Weimar verheiratete Maria Pawlowna nach Petersburg zurück, unter die schützenden Arme der Mutter und der Schwester. Napoleon sollte die ganze Ablehnung der Kaiserinwitwe spüren.

Der Kaiser der Franzosen hatte die Eheprojekte des russischen Kaiserhauses bislang erfolgreich abgewehrt – in Tilsit, Bayern und Württemberg. Er wusste trotz seines aufmerksamen und an der Newa wohlgelittenen Botschafters Caulaincourt nicht, was man in dieser Angelegenheit zwischen Gatschina, Pawlowsk und Petersburg als nächsten Schritt plante. Alexander hielt er für schwach und biegsam. Aber der Hass Maria Fjodorownas und Katharinas wog schwer.

Napoleon ahnte auf dem Wege nach Erfurt nicht, dass Alexander eine Doppelstrategie betrieb: Den Kaiser der Franzosen durch Freundschaftsbekundungen beruhigen, insgeheim aber die Auseinandersetzung mit ihm vorbereiten. Alexander unterstützte Katharinas Heiratspläne zwar mit starken Vorbehalten, war aber auch nicht unfroh, als sie scheiterten. Er konnte mit einiger Sicherheit annehmen, dass Napoleon bei dem Treffen in Erfurt auf diesen Punkt zu sprechen kommen würde. Schon in Tilsit hatten die beiden Monarchen darüber diskutiert, wie ihr Bündnis durch dynastische Ehen untermauert werden könnte. Katharina hatte dabei auch eine Rolle gespielt. Plötzlich sahen die französischen Diplomaten eine einmalige Chance: Napoleon suchte schon seit längerer Zeit eine neue Frau, da seine Ehe mit Joséphine bislang kinderlos geblieben war. Er konnte die gegen ihn selbst gerichteten dynastischen Ehepläne Katharinas mit einem Schlage vereiteln, Alexander I. hindern, gegen den Kaiser der Franzosen zu rüsten und seine eigenen dynastischen Wünsche verwirklichen, wenn er selbst um die Hand Katharinas anhielt. Der Gedanke war eines Talleyrands würdig! In Paris hatte man die Idee seit Tilsit weiter verfolgt und Napoleons Gesandter Caulaincourt scheute keine Mühen, den Faden zu spinnen. Er berichtete aufgeregt nach Paris, Katharina nehme Tanzstunden in französischer Quadrille. Das wäre doch ein sicheres Anzeichen für ihr Interesse an Napoleon und Frankreich. Caulaincourts schwärmerische Berichte hinterließen in Paris Wirkung.

Napoleon hoffte sehr, Alexander werde das Thema in Erfurt von sich aus anschneiden, aber der schwieg eisern. Talleyrand und Caulaincourt gaben Alexander daraufhin in einem persönlichen Gespräch den diskreten Wink, er möge den Gedanken einer Ehe mit Katharina doch gegenüber Napoleon zumindest ganz allgemein ansprechen. In einer ihrer letzten Begegnungen meinte Alexander dann scheinbar ganz unverbindlich zu Napoleon, dieser könne sein Lebenswerk mit einer neuen Ehe und der Gründung einer Dynastie krönen. Obwohl beide Monarchen wussten, dass es um Katharina ging, erwähnten sie deren Namen nicht. Alexanders Bemerkung besaß einen sehr ernst gemeinten Hintersinn: Solange Napoleon keinen Platz im dynastischen Gefüge Europas besaß, solange er nicht die Normen und Regeln der alten Monarchien respektierte, konnte er auf keine Anerkennung durch die gekrönten Häupter rechnen.

Alexander wusste sehr wohl, dass dieses Thema Napoleon außerordentlich unter den Nägeln brannte. Aber Russland dachte gar nicht daran, Katharina mit Napoleon zu verheiraten und damit einen Beitrag zur Anerkennung des Korsen in Europa zu leisten. Lakonisch, erfreut über die eigene Schläue und mit unverhohlener Ironie berichtete er seiner Schwester Katharina aus Weimar: „… Aber was wirklich deliziös ist, das ist das Städtchen und seine Umgebung. Wie oft haben wir schon von Ihnen gesprochen! Ihr Bild, das Sie mir gaben, steht auf dem Tisch, doch nur bis zu meiner Abreise, versteht sich! Dies sind endlich Tage ungetrübter Freude für mich … Bonaparte behauptet, ich wäre ein Dummkopf. Wer zuletzt lacht, lacht am besten! Und ich, ich setze meine Hoffnung auf Gott!"[31] Wieder hatte er einen Mann, der ihm sein „Äffchen" nehmen wollte, aus dem Felde geschlagen. Alexander erteilte Napoleon in Erfurt mithin eine herbe Abfuhr.

Er erfuhr durch den ehemaligen französischen Außenminister Talleyrand aktive Unterstützung. Der gewiefte französische Diplomat betrieb in Erfurt gewissermaßen einen „patriotischen Verrat" und intrigierte gegen Napoleon. Er beschwor Alexander, Katharina auf keinen Fall mit Napoleon zu verheiraten, sondern vielmehr aktiv den Sturz des Usurpators zu betreiben. Natürlich besaß der „patriotische Verrat" Talleyrands seinen Preis. Talleyrand bat Alexander I. ganz eigennützig, seinen Neffen und Erben, den Grafen Edmond von Talleyrand-Périgord, mit der unverheirateten Tochter des Herzogs von Kurland, Dorothea, die ein reiches Erbe erwartete, zu verheiraten. Alexander setzte sich für diese

Verbindung intensiv ein. Er fuhr von Thüringen aus persönlich zur Herzogin von Kurland auf das Schloss Löbichau und erreichte natürlich sein Ziel. Wenige Monate nach dem Erfurter Treffen, von dem die beiden Kaiser nur äußerlich als beste Freunde schieden, zog Dorothea nach Paris, wohin ihr auch die Mutter folgte. Da die Herzöge von Kurland durch Russland finanziell unterstützt wurden, gab es einen legalen und unverfänglichen Weg, Talleyrand aus russischen Mitteln Geld zukommen zu lassen und das diente wiederum dem russischen Kampf gegen Napoleon. Ganz nebenbei lieferte Talleyrand ein anschauliches Beispiel, wie in der „großen Politik" Geld verdient werden kann.

Katharina Pawlowna hätte wohl nichts dagegen einzuwenden gehabt, Kaiserin der Franzosen zu werden, aber auf keinen Fall an der Seite Napoleons. Sie hatte nicht länger als ein Jahr um eine dynastische Ehe gegen Napoleon gerungen, um am Ende in den Armen des Usurpators zu liegen. Das verboten ihre moralischen und politischen Auffassungen. Napoleon hatte ihre Heiratsabsichten durchkreuzt. Das war ein zusätzlicher Grund, ihn zu hassen. Katharinas Reaktion stand fest, auch aus gekränkter Eitelkeit: Sie sagte ganz ungeniert, sie würde lieber den geringsten russischen Ofenheizer heiraten, „er mag schmutzig sein, aber ich kann ihn ja waschen!"[32] Der Satz mischte Trotz, Resignation, Verachtung und Zweifel an den eigenen Fähigkeiten. Niemals wäre Katharina ernsthaft auf die Idee gekommen, einen russischen Ofenheizer zu heiraten.

Russlands Fehdehandschuh: Georg von Holstein-Oldenburg

Worin aber bestand die Alternative? Katharina blieb ohne Ehemann und noch triumphierte der Kaiser der Franzosen. Das dynastische Faustpfand Russlands drohte unwirksam zu werden. Die Alternative hieß Prinz Georg von Holstein-Oldenburg. Dieser Name hatte 1807/08 nicht auf der Liste der Heiratskandidaten gestanden. Als der Prinz kurz nach dem Erfurter Fürstentag als Verlobter Katharinas präsentiert wurde, argumentierte die russische Regierung, Georg wäre ausgewählt worden, um Katharina vor den Nachstellungen durch Napoleon zu schützen. Die Erklärung entsprach weder den politischen Absichten noch den Tatsachen. Bonaparte hat Katharina nicht nachgestellt, er beabsichtigte zu keinem Zeitpunkt, sie tatsächlich zu ehelichen. Napoleon ging es in Erfurt darum, mit dem Vorschlag einer Heirat die weiteren politischen Absichten Russlands auszuloten. Die Entscheidung Napoleons für eine Ehe mit der österreichischen Erzherzogin Marie Luise stand damit in unmittelbarem Zusammenhang. Russland gelang keine Einheirat in Wien, für Napoleon war sie möglich und er ließ es die Russen spüren: Wer war der Herr in Europa? Napoleon errang jedoch nur einen Scheinsieg. Mit Marie Luise erhielt er zwar den erwünschten Thronfolger, aber ein russisch-österreichisches Bündnis und die eigene Niederlage konnte er auf Dauer nicht verhindern.

Die Wahl Georgs von Holstein-Oldenburg zum Ehepartner Katharinas gehörte zu der komplizierten und verwickelten politischen Strategie, die Kaiser Alexander I. nach dem Treffen von Tilsit betrieb. Maria Fjodorowna und Katharina stützten alle seine Handlungen, die sich gegen Napoleon richteten. Prinz Georg war keineswegs ein Verlegenheitskandidat für Katharina. Sein Einsatz wurde langfristig geplant, falls die österreichische Option fehlschlug. Sein politisches Gewicht ist in der konkreten Situation kaum geringer als das eines österreichischen Erzherzogs gewesen.

Im 18. Jahrhundert hatte die „gottorfische Frage" in der russischen dynastischen und Reichspolitik eine wichtige Rolle gespielt. Peter III. war zugleich regierender Herzog von Holstein-Gottorf. Nach seinem Tode ging die Herrschaft 1762 auf den Sohn Paul über. Im Interesse eines politisch ausgewogenen Verhältnisses zwischen Russland und Dänemark einigten sich der Kaiser in Wien sowie die Könige von Preußen und Dänemark bis zum Jahre 1773 mit Katharina II. darauf, das Herzogtum Holstein-Gottorf gegen die Herrschaften Oldenburg und Delmenhorst zu tauschen. In dem ausgehandelten Traktat nahm Paul als Ersatz für das Herzogtum Holstein-Gottorf die Grafschaften Oldenburg und Delmenhorst an. Es blieb ihm als Chef des Hauses Holstein-Gottorf unbenommen, die beiden Grafschaften an Verwandte der jüngeren Linie zu übertragen. Der König von Dänemark versprach, im Reichsrat die Erhebung der beiden Grafschaften zum reichsunmittelbaren Herzogtum mit seiner Stimme zu unterstützen. Das Projekt sollte endgültig realisiert werden, sobald Paul volljährig wurde. Dänemark übernahm alle finanziellen Verbindlichkeiten des Hauses Gottorf. Es entschädigte die jüngere Gottorfer Linie „in Bausch und Bogen" mit 300 000 Reichtalern und übergab ihr Oldenburg und Delmenhorst schuldenfrei.

Als Sohn und Erbe Pauls I. gehörte Alexander I. zu den Nachkommen der älteren Linie des Hauses Holstein-Gottorf, während in dem Reichsfürstentum Holstein-Oldenburg die Holstein-Gottorfer der jüngeren Linie regierten. Beide Häuser pflegten nicht nur verwandtschaftliche Kontakte. In der konkreten Erblinie war Kaiser Alexander ein Neffe des Fürsten Peter von Holstein-Oldenburg. 1801 besuchte der Fürst – offiziell: der Administrator, erst 1823 wurde ihm die Herzogswürde zuteil – wieder einmal Petersburg. Im gleichen Jahr dankte sein Sohn Georg dem russischen Kaiser für die Wohltaten, die dieser ihm seit frühester Kindheit erwies. Der Dank kam nicht von ungefähr. Er war als Erinnerung aufzufassen. Alexander I. reagierte wenige Wochen später mit dem St. Andreas-Orden für Georg. Im November 1804 nahm Georg, damals Student in Leipzig, am festlichen Einzug Maria Pawlownas in Weimar teil. Er besuchte die liebe Verwandte auch in der Folgezeit. Maria unterhielt freundliche Verbindungen mit dem Maler Friedrich August Tischbein, der sie in einem wunderschönen Gemälde porträtierte. Georg war von diesem Bild so begeistert, dass er Tischbein gemeinsam mit seinem Bruder veranlasste, eine zweite Fassung herzustellen. Georg von Holstein-Oldenburg war zumindest seit dem Jahre 1804 sehr gut mit der Schwester Katharina Pawlownas bekannt und wusste über sie um die Verhältnisse in St. Petersburg bescheid. Maria besaß ihrerseits die Möglichkeit, Mutter und Schwester von Georg zu erzählen.

Mit Russlands Beitritt zur Kontinentalsperre verschärfte sich 1807 die Situation für Holstein-Oldenburg. Die geographische Nähe zur Kanalküste konnte einen direkten Zugriff Napoleons provozieren. Russland musste etwas für den Schutz der Verwandten tun. Das Streben nach verwandtschaftlichen Bindungen zu Österreich verlangte, die Positionen der Familie in Württemberg, in Thüringen und an der Nordsee zu stärken, so gut das eben ging. Wenn es keine andere Möglichkeit gab, musste dies über neue dynastische Ehen geregelt werden, z. B., indem Katharina als einzige gerade verfügbare Prinzessin einen Oldenburger heiratete. Bereits im April 1808 – Katharina kämpfte noch immer um die Wiener Hofburg – beorderte man Georg nach Petersburg. Der junge Mann sollte ganz unverfänglich und allgemein in russischen Diensten nach einer Lebensaufgabe suchen. Im selben Monat stellte man ihm seinen späteren Leibarzt Friedrich August Bach aus Eutin vor, der seit dem Jahre 1804 in russischen Diensten stand. Man nahm ihn freundlich auf. Etwas naiv, aber selbstzufrieden schrieb Georg bereits am 17. April 1808 an den Hofmarschall von Dorgelo: „Man fängt an, einige Gnade für mich zu haben, nur durch Festigkeit im Charakter darf ich mir schmeicheln, ihre Fortdauer zu verdienen. Diese stolze Kaiserstadt hat meine Erwartung weit übertroffen, man sieht, wie viel in kurzer Zeit bewirkt werden kann. Möchten doch unsere Landsleute dies beherzigen. Nichts übertrifft die Langsamkeit, mit der ein Landmann bei uns hinter seinem Torfwagen schleicht. Gestern habe ich bei dem französischen Ambassadeur zu Mittag gespeist ..."[33] Der 24-jährige Mann freute sich tatsäch-

74

lich, dass er bei der Besichtigung Petersburgs die Reputation eines guten Spaziergängers erworben hatte. Je länger er an der Newa oder im Sommergarten spazieren ging, umso öfter stellte er sich selbst die Frage, warum er denn eigentlich nach Russland kommen musste. Spaziergänge waren im heimatlichen Oldenburg nicht minder reizvoll.

Im Juni 1808, die kaiserliche Familie stritt über Alexanders Mission in Erfurt, lud Maria Fjodorowna den Prinzen nach Pawlowsk ein und erklärte ihm ohne größere Umstände, was er zu erwarten hätte: Die Ehe mit Katharina! Im Juni 1808, als Katharina die Einheirat in Österreich noch nicht ad acta gelegt hatte und etwa drei Monate vor dem Erfurter Fürstentag! Für Georg begann der Ernst des Lebens. Alexander schlug dem in Verwaltungsfragen unbedarften Mann einen Gouverneursposten vor, entweder in Reval oder in Weißrussland. Weil Georg nichts falsch machen und fortan als russischer Patriot, Katharinas würdig, gelten wollte, entschied er sich nicht für die baltische Provinz, sondern für das slawische Weißrussland. Maria Fjodorowna griff zu seinem Vorteil ein. Zum Eingewöhnen wäre Reval besser, später könnte man zu einem russischen Gouvernement wechseln.

Es gab allerdings ein Problem. Georg engagierte sich so intensiv für die Übernahme eines zivilen Postens, dass Katharina fragte, warum es ihn denn gar nicht zum Dienst in den ruhmreichen Regimentern des Kaisers zog. Es konnte doch nur noch eine Frage der Zeit sein, wann der militärische Konflikt mit Frankreich ausbrechen würde. In Petersburg existierte zwar auch eine Frankreich wohlgesinnte Partei, die Tilsit begrüßte und nach einem friedlichen Ausgleich suchte. Aber zu dieser Partei gehörten weder Maria Fjodorowna noch Katharina.

Die Damen unterwarfen Georg einer regelrechten Gehirnwäsche. Er musste eine schriftliche Erklärung abgeben und plausibel formulieren, warum er den Zivildienst dem Einsatz an der Waffe vorzog. Katharina wusste, dass Georg bereits mehrfach den Militärdienst verweigert und ausdrücklich erklärt hatte, er würde seine Hände niemals in das Blut unschuldiger Menschen tauchen. Der gute Georg war ein Wehrdienstverweigerer! Für diese Rolle hatte man ihn nicht ausgewählt. Georg verfasste eine Stellungnahme, die aus der eigenen Not eine Tugend machte, kompromissfähig schien, aber kein prinzipielles Abgehen von seiner Überzeugung bedeutete. Außerdem nahm Georg einen für ihn bereits feststehenden Tatbestand vorweg. Er war bislang nur ein entfernt stehender Großneffe des Kaisers, ohne jede politische Bedeutung oder Leistung. In dem „Promemoria" betonte er, äußere und innere Gefahren erforderten auf dem zivilen Gouverneursposten zwingend eine Persönlichkeit seines Formats mit größtmöglicher Nähe zum Kaiser! Er könne im Zivildienst einen größeren Nutzen für das Reich erbringen als in der Armee. Er würde ohnehin nur an einem Krieg teilnehmen, der seinen Überzeugungen entspräche. Er wollte vielmehr alles tun, um den Schutz Oldenburgs durch Russland zu erhalten. Überdies schloss er mit der rhetorisch nicht ungeschickten Formel, ein Ruf sei immer besser als ein Gesuch: „Ihr habt mich gerufen, nun müsst Ihr mich auch so nehmen, wie ich bin!"

Diese Festigkeit war für einen jungen Oldenburger Prinzen in Petersburg ganz schön mutig, zumal in einer Zeit, da die Kriegstrommeln durch Europa dröhnten. Er konnte den überzeugten Ton nur anschlagen, weil er die schützenden Hände Maria Fjodorownas und Katharinas über sich spürte. Nur dem eigenen Vater vertraute er seine Gedanken und Gefühle im Juli 1808 an: „Mir ist von einer Person, die um alles weiß, die ich aber aus Diskretion nicht nennen darf und nie nennen werde, wiederholt gesagt worden, ob ich keine Neigung zur Großfürstin Catherine fühlte, die man nie außer Landes verheiraten würde, und die nie einen Mann nehmen würde, als den sie achten könne. Wie wir beide, die Großfürstin Catherina und ich zusammen sind, mögen die bezeugen, welche uns sehen. Das Schmeichelhafte zu wiederholen, welches mir von ihr gesagt worden, wäre wider die Bescheidenheit. Ich ersuche dich also, mir die Erlaubnis zu erteilen, um ihre Hand anhalten zu dürfen, da ich von Herzen verliebt bin und durch diese Verbindung mein ganzes künftiges Glück begründe."[34]

Bis zu diesem Satz schien der Brief in seinem Anliegen menschlich verständlich, wenn auch ein wenig überraschend. Danach folgten Sätze, die aufhorchen lassen: „Auf den Fall, dass du sie (Katharina – Anm. d. Autors) für meinen Bruder (den 1783 geborenen Paul Friedrich August – Anm. d. Autors) zu haben wünschest, will ich zurückstehen, aber auch keinen anderen Rivalen neben mir leiden. Nach deiner Art zu denken, die du mir mitgeteilt hast, behauptest du, ein jeder müsse sein Risiko stehen. Ich habe das meinige gestanden. Außerdem hast du mir immer versprochen, mich im Heiraten nicht zu hindern. Ich möchte nur keine ‚Pucklichte' und Dumme nehmen. Ihr Körper und ihr Verstand sind gleich gerade. Ich wiederhole noch einmal meine doppelte Bitte, hier in Dienst gehen zu dürfen und um die Hand der Großfürstin Catherine anhalten zu dürfen… Die Gnade des Kaisers gegen mich hat sich, seitdem er weiß, dass ich ihm wünsche zu dienen, sehr zugenommen. Und nachdem er gestern in Kaminiestrow mit seiner Mutter alles ausgedacht hatte, da ich noch nichts wusste, weil ich unmöglich solche Bedingungen erwarten durfte, so drückte er mir mehrere Male die Hand und sah mich mit Lächeln an, als ob er sagen wollte: Sind Sie zufrieden? Wie gern ich ihm meinen wärmsten Dank zu Füßen gelegt hätte, kannst du dir denken. Die Kaiserin, die dabei stand, sagte zu ihm: ,Er ist zwar bereits 24 Jahre alt, aber er tut nichts ohne den Rat seines Vaters.' Wie sehr ich mich bestreben werde, die Gnade der Kaiserin-Mutter, die wahrhaft die meinige ist, zu verdienen, brauche ich nicht zu wiederholen. Ich habe nichts gesucht, alles ist mir angeboten worden, lange habe ich widerstanden, jetzt kann ich nicht länger … Sehr vieles danke ich der Großfürstin Catherina, die mich, wenn ich sagen darf, wie ihren Bruder liebt. Dies Letztere bleibt unter uns und vorzüglich hoffe ich von deiner Güte, nie der Kaiserin davon etwas merken zu lassen. Dir es zu sagen, bin ich schuldig … Die Sache ist m. E. so beschaffen, dass du dich in wenigen Stunden entscheiden kannst. Ich bitte sehr um bestimmte Befehle über beide Punkte …"[35]

Georg teilte dem Vater im Juli 1808 – wiederum lange vor dem Erfurter Fürstentag – mit, dass die Ehe mit Katharina beschlossene Sache war. Er musste die endgültige väterliche Entscheidung abwarten und respektieren. Katharina gefiel ihm, aber er gebrauchte am Schluss eine sehr eindeutige Anspielung auf deren intime Beziehungen zu Alexander: Sie liebe ihn wie ihren Bruder und der Vater solle darüber niemals ein Wort verlieren! Der Begriff, Katharinas Körper und Verstand seien gleich gerade, ist interpretierfähig, wenn man voraussetzt, dass Georg um ihre initiativreichen und keineswegs verdeckten Bemühungen um die Ehe mit einem Vertreter des Hauses Habsburg wusste. Dennoch blieb Georg entschlossen. Eine Lobeshymne schrieb er mit dem Satz nicht nieder. Er verklausulierte seine Gedanken vielmehr so, dass kein kaiserlicher Zensor daran Anstoß nehmen konnte.

Am 18. Juli 1808 antwortete der Vater. Georg hätte ein ehrenvolles Angebot erhalten und werde es umsichtig ausfüllen. Eigentlich hätte es ein Oldenburger Prinz nicht nötig, in fremden Diensten Geld zu verdienen, aber es sollte wohl so sein. Sorge bereitete dem Vater, dass er keinen direkten Einfluss nehmen konnte. Er hielt seinen Spross für arglos, wenig kritisch und obendrein aufbrausend. Da könnte er leicht in die an einem Hofe ausgelegten Fallstricke tappen. In seinem Urteil über Katharina reagierte Peter von Holstein-Oldenburg zurückhaltend und mahnte zu äußerster Vorsicht. Er beanspruchte das Mädchen auch nicht als Gemahlin für Georgs Bruder. Es wäre ohnehin so, dass man sich eine Frau wie die Großfürstin erst einmal leisten können musste. Ein Oldenburger Prinz konnte da finanziell nicht mithalten. Das russische Kaiserhaus würde nur für die Braut und deren Kinder sorgen, nicht aber für den Prinzgemahl. Georg sollte sich in seinen Gefühlen keinem Menschen anvertrauen, außer seinem Vater und höchstens der Fürstin Charlotte von Lieven. Ihm würden von vielen Seiten Schmeicheleien über die zukünftige Gemahlin und über ihn selbst zugetragen werden. Da war besondere Vorsicht am Platze. Wenn die Schmeichler allzu zudringlich würden, sollte er Katharinas Schwester Maria Pawlowna um Rat fragen. Nur sie hielt der Vater für aufrecht und fähig, seinen Sohn vor leichtsinnigen oder vertrauensseligen Handlungen zu bewahren. Peter von Holstein-Oldenburg riet nicht von der Heirat ab, aber das ging ihm alles viel zu schnell. Georg sollte besser noch abwarten und seine Reputation im Dienst festigen. Dann könnte er selbstsicherer in diese Ehe mit Katharina gehen. Der Administrator schien ein kluger Mann, der den Dingen im fernen Petersburg auf den Grund sah und die lieben Verwandten genau kannte.

Des Vaters Mahnungen verhallten zwar nicht, aber sie zeitigten keine besondere Wirkung. Am 2. August 1808 – Alexander und Napoleon waren noch nicht einmal zu ihrem Treffen in Erfurt aufgebrochen – schrieb Georg an den Hofmarschall von Dorgelo, dass die Entscheidung für den neuen Posten eines Gouverneurs gefallen war.

Natürlich wünschte der Vater seinem Sohne im Dienst und in der Ehe Glück. Gleichwohl wahrte er weiterhin kritische Distanz, vor allem gegenüber der künftigen Schwiegertochter. Georg empfahl er, den intriganten Hof möglichst zu meiden und Unabhängigkeit zu bewahren. Seine Stellung würde ihn zum Ziel jeglicher Art von Tücke und Intrige machen. Georg hätte mit Katharina eine gute Wahl getroffen: „Allein, mein guter Sohn, die Dornen sind ohne Zahl, die diese Rose umgeben, und dies trübt die Freude deines Vaters unendlich, und ich gestehe es dir, ich weiß nicht, soll ich mich freuen oder soll ich mich betrüben."[36] Der Vater warnte den Sohn, dass die Aufwendungen, die das Hofleben mit sich brachten, ihn in Schulden stürzen würden. Er sollte gut Acht geben und sich reiflich überlegen, wie er das zur Verfügung stehende Geld sinnvoll anwandte. Vaterliebe und das Wissen um die Zustände am Petersburger Hof bestimmten den Fürsten ebenso wie die Sorge vor der weiteren Zukunft Oldenburgs. Was konnte er weiter tun, als Georg die geraden Wege des Anstandes zu empfehlen? Oldenburgs Schicksal lag in russischer und französischer Hand. Solange Russland zur Kontinentalsperre stand, würden die Gefahren klein gehalten werden können. Aber der Widerstand innerhalb Russlands gegen diese Strangulierung der russischen Politik und Wirtschaft stieg. An der Spitze der Opposition standen Maria Fjodorowna und Katharina. Wenn es zu der beabsichtigten Ehe kommen sollte, würde Georg zwangsläufig in den Strudel der Ereignisse gerissen werden.

Unter diesen Voraussetzungen war es selbstverständlich, dass Katharina und Georg von allen Seiten aufmerksam beobachtet und getestet wurden, inwieweit ihr Verhalten Aufschluss über politische Absichten Russlands geben konnte. Die beabsichtigte Vermählung war im Familienkreise bekannt, nicht jedoch in der Öffentlichkeit und das Erfurter Treffen stand noch bevor. Es gab mithin genügend Raum für Vermutungen und Spekulationen, die jede höfische und politische Gruppierung nach den eigenen Wünschen anstellen durfte.

Alexander I. taktierte in der Öffentlichkeit, sagte zu den Gerüchten weder ja noch nein. Durch seine Zustimmung zur Ehe Katharinas mit Georg trug er dem Widerstand Maria Fjodorownas und Katharinas gegen Napoleon Rechnung und er besaß eine Trumpfkarte im Rock, falls Napoleon in Erfurt die Ehefrage anschneiden sollte. Die Rechnung ging auf: „Beide waren Damen von Charakter und traten offen gegen das Kontinentalsystem auf, das Alexander angenommen hatte." Napoleon begegnete es in Erfurt zum ersten Mal seit der Zeit seiner Erhebung auf den Thron, dass er eine abschlägige Antwort erhielt.[37] Es war erstaunlich, dass die Autorin dieser Zeilen, die Gräfin Choiseul-Gouffier, eine der wenigen Persönlichkeiten war, die den unmittelbaren Zusammenhang zwischen der Verheiratung Katharinas und dem innerrussischen Kampf gegen die Kontinentalsperre herstellte.

Alexanders Gemahlin Elisabeth übte weniger Zurückhaltung als der Kaiser. Sie übertrug ihre Abneigung gegen Katharina auf dessen künftigen Bräutigam und schrieb in einer Mischung von Bosheit, Ironie, Neid und Schadenfreude an ihre Mutter: „... Sein Äußeres ist wenig angenehm, beim ersten Anblick sogar auffallend unangenehm, wenn auch die russische Uniform ihn wirklich verschönt hat; aber man lobt außerordentlich seinen Charakter. Er ist gebildet, hat eigene Meinung und darüber hinaus herrscht eine ausgesprochene Zuneigung zwischen beiden Partnern, die ausschlaggebend war für die Heirat. Ich hätte nie geglaubt, dass er Liebe wecken könne, doch Großfürstin Katharina versichert, dies sei der Ehemann, der ihr gefällt, und das Aussehen spiele bei ihr überhaupt keine Rolle. Das finde ich sehr vernünftig."[38]

Aus politischer und menschlicher Sicht beurteilte der Gesandte des im Exil lebenden Königs von Sardinien, Joseph de Maistre, die Dinge, als er im November 1808 in einem ausführlichen Porträt über Katharina an den Ritter Rossi nach Italien schrieb: „Heute ist diese Heirat außer

Zweifel, obwohl offiziell über dieselbe noch nichts bekannt gemacht wurde. Die Herkunft des Prinzen ist die ehrenwerteste, denn er gehört, wie auch der Kaiser, dem Holsteinschen Hause an. In den übrigen Beziehungen ist diese Heirat ungleich, aber nichtsdestoweniger vernünftig und der Großfürstin würdig, die ebenso verständig als liebenswürdig ist. Fürs Erste handelt jede Prinzessin, deren Familie sich der schrecklichen Freundschaft Napoleons erfreut, sehr gescheit, wenn sie sich auch etwas bescheidener verheiratet, als sie mit Recht hätte erwarten können; denn wer kann für alles das stehen, was jener sich noch in seinen wunderbaren Kopf setzt? Dann erinnert sich die Großfürstin wohl auch ihrer älteren Schwestern, die ihren Männern in fremde Länder folgten und in der Blüte ihrer Jahre starben. Es ist daher nicht zu verwundern, dass ihr erster Wunsch der war, ihre Familie und das ihr so teure Russland nicht verlassen zu müssen, denn der Prinz wird sich hier niederlassen, und Sie können sich denken, welches glänzende Schicksal seiner wartet. Endlich nehme ich an, dass die Prinzessin, würdig ihrer Stellung, durchaus keine Lust hat, in den Rheinbund einzutreten durch die Heirat mit irgendeinem Fürsten, der dieser großen Herrschermacht unterworfen ist. So stelle ich es mir vor, und ich glaube nicht, dass ich mich täusche. Nichts kommt der Güte und dem freundlichen Wesen der Großfürstin gleich. Wenn ich ein Maler wäre, würde ich Ihnen eine Abbildung ihrer Augen schicken. Sie würden sehen, wie viel Güte und Verstand die Natur in sie eingeschlossen hat. Was den Prinzen betrifft, so finden ihn die hiesigen Fräulein nicht liebenswürdig genug für seine erlauchte Braut; da dies zu sein aber schwer ist, so kann ich mit den Fräulein übereinstimmen, indem ich zugleich meine Hochachtung gegen den Prinzen auf zwei Gespräche hin, deren er mich gewürdigt hat, festhalte; er schien mir voll von gesunden Ansichten und gediegenen Kenntnissen zu sein. Er bemühte sich aus allen Kräften, sich die russische Sprache zu Eigen zu machen, und aus allem ersieht man, dass es sein Hauptanliegen ist, sich das Wohlwollen seiner neuen Verwandtschaft zu erwerben. Welches Schicksal im Vergleich mit dem vieler Fürsten! Wohl ihm, dass er ein jüngerer Prinz ist!"[39] Maistre konnte nicht in jedem Punkt die Gedanken und Motive Katharinas richtig treffen. Den Zusammenhang der Eheschließung mit dem Kampf gegen Napoleon erfasste er jedoch recht präzise.

Die Belege dokumentieren, dass Katharinas Ehe mit Georg ihrem eigenen politischen Willen entsprach, seit dem Frühjahr 1808 vorbereitet und als bewusstes Mittel der russischen Reichspolitik eingesetzt wurde. Zwischen dem Entschluss zur Ehe und den öffentlichen Informationen

lag das Erfurter Fürstentreffen. Alexander I. wartete die Begegnung ab –
mit dem Wissen um die kommende Verheiratung seiner Schwester.
Erfurt brachte keine Entspannung zwischen Frankreich und Russland.
Trotz aller Freundlichkeiten der Monarchen deutete sich der kommende
Konflikt an. Napoleon unterstrich mit dem Vorstoß in Richtung Katharina, dass er keine dynastische Ehe der Romanows mit den Habsburgern
tolerieren würde. Russland verstand den Wink und hielt mit diplomatischer Schläue dagegen: Napoleon konnte bei der Etablierung unter den
europäischen Dynastien nicht auf russische Hilfe rechnen. Die Ehe mit
dem Oldenburger Prinzen verstärkte Russlands Anstrengungen zum
Austritt aus der Kontinentalsperre und zur Lösung aus dem Bündnis von
Tilsit.

Gleichzeitig zerrannen Katharinas Träume nach einer Kaiserkrone.
Ihr erster Vorstoß auf eine führende Position in Europa musste der politischen Taktik weichen. Sie besaß genug Disziplin und akzeptierte das
Arrangement. Aber die Tochter Pauls I. blieb ehrgeizig, ambitioniert und
unberechenbar. Der Bruder konnte voraussehen, dass sie selbst die Ehe
mit Georg nutzen würde, ihr politisches Profil zu schärfen, den Einfluss
auf die Person und die Politik des Kaisers von Russland zu festigen und
vielleicht, wenn es die Umstände erlaubten, einen neuen Vorstoß auf
allerhöchste Würden zu unternehmen. So hatte Katharina zwar eine persönliche Niederlage erlitten, die sie kränkte, gleichzeitig aber eine neue
Startposition gewonnen, die sie motivierte. Sie blieb im politischen
Spiel und wurde nicht an den Hof eines Duodezfürsten abgeschoben, an
dem sie ihre Tage mit der Besichtigung von Suppenküchen ausfüllen
konnte – die sie obendrein selbst finanzierte. Der politische Ehrgeiz
blieb hellwach, ebenso wie eine gewisse innere Unruhe und Nervosität.

Im November 1808 waren faktisch alle Voraussetzungen getroffen, die
Heirat zwischen Katharina und Georg zu inszenieren. Der als literarisch
und dichterisch begabt geltende Georg sah die große Stunde seines
Glücks nahen und schrieb am Verlobungstag, dem 28. November 1808,
die bei kritischer Betrachtung doch einigermaßen spitz formulierten
Zeilen:

> Dass ich den schönsten Nebenbuhler selbst nicht scheute,
> das ist mein größtes Meisterstück;
> dem dank' im Wonnetaumel froh gewiegt, ich heute
> dem dank' ich noch mein später Glück. [40]

Er meinte mit dem schönsten Nebenbuhler, dem er sein Glück verdankte, weder Napoleon noch den eigenen Vater. Er verdankte dieses

Glück dem Kaiser von Russland, über dessen intime Beziehungen zu Katharina sich Georg bereits in Briefen an den Vater ausgelassen hatte. Beide durchschauten das Spiel der Geschwister und fügten sich darein. Wie dem auch gewesen sein mag, im April 1809 schlossen Katharina und Georg den Bund fürs Leben. Für Katharina begann eine kurze Periode familiären Glücks, des beharrlichen Kampfes um politische Macht und Einfluss und eine Zeit, in der sie den konservativ-intriganten Lebensstil ihres Vaters Paul zu neuem Leben erweckte.

Kapitel III

Intrigen am Hof in Twer

Heirat mit Georg von Holstein-Oldenburg oder:
Der Preis für politische Disziplin

Die „St. Petersburgische Senats-Zeitung" informierte am 1. Mai 1809 eine nicht mehr überraschte Öffentlichkeit von der Eheschließung der Großfürstin Katharina Pawlowna mit ihrem Vetter, dem Prinzen Georg von Holstein-Oldenburg. Die ältere und die jüngere Linie des Hauses Holstein-Gottorf fanden über den russischen Kaiserthron in dynastischer Mariage zueinander. Die Hochzeit fand am 18. April 1809 (nach dem damals in Russland gültigen Julianischen Kalender, der 12 Tage hinter dem in Westeuropa geltenden Gregorianischen Kalender zurückblieb) in St. Petersburg statt. Auf den gleichen Tag datierte man den Ehevertrag und die Regeln über die Mitgift der Braut.

Es ist für die Hintergründe dieser Ehe sehr aufschlussreich, dass in ihrem Zusammenhang bestimmte Regeln der bei den Romanows geltenden Hausordnung außer Kraft gesetzt wurden. Die offizielle Mitteilung des Kaisers in der Senats-Zeitung deutete die Ausnahmeregelungen im positiven Sinne an. Maria Fjodorowna besaß bekanntlich den politischen Ehrgeiz, ihre Töchter mit deutschen oder österreichischen Prinzen zu verheiraten. Die Großfürstinnen zogen in das Fürstentum „ihrer Wahl". Jelena nach Mecklenburg-Schwerin, Maria nach Sachsen-Weimar-Eisenach, Alexandra nach Österreich. Im Falle Katharinas konnte diese Konzeption nicht verwirklicht werden. Die kaiserliche Familie machte aus der Not eine Tugend: „Von Gottes Gnaden Wir Alexander der Erste, Kaiser und Selbstherrscher aller Russen p. p. p. tun allen Unsern getreuen Untertanen kund, dass am 18. dieses Monats unterm Beistand des Allmächtigen, die Vermählung Unserer geliebten Schwester, der Groß-Fürstin Catharina Pawlowna, mit Sr. Durchlaucht, dem Prinzen von Holstein-Oldenburg, nach dem Gebrauch Unserer rechtgläubigen Kirche, vollzogen wurde. Wir danken dem Allerhöchsten wegen dieser für Unser ganzes Haus frohen Begebenheit, und sind versichert, dass alle Unsere getreuen Untertanen an derselben desto mehr Anteil nehmen werden, weil Wir bei Vollziehung dieser Verbindung beabsichtigten, den Aufenthalt Ihro Kaiserlichen Hoheit und Ihres

Gemahls in Russland zu bestimmen und hiezu durch Unsern besondern Wunsch bewogen werden, ihr Glück in Unserm geliebten Vaterlande bei ihrer wechselseitigen Neigung zu demselben, und zur Freude Unserer zärtlich geliebtesten Mutter, der Frau und Kaiserin, Maria Feodorowna, zu begründen. Da Wir wünschen, Unsere Zufriedenheit mit dieser Einrichtung an den Tag zu legen, zugleich aber auch einen neuen Beweis geben wollen, wie sehr Wir Unserer geliebten Schwester zugetan sind, und wie hoch Wir die persönlichen Verdienste des Prinzen von Oldenburg schätzen; so haben Wir für gut befunden, ihm persönlich den Titel von Kaiserlicher Hoheit zu verleihen ... "[41]

Katharina vollbrachte angesichts der bedrohlichen Kriegslage eine patriotische Tat. Sie blieb in Russland und nahm das durch Napoleon gefährdete Haus Oldenburg unter ihren Schutz! So sollte es das Publikum verstehen. In dieser Welt besitzt bekanntlich jede Leistung ihren Preis. Der Preis für die „patriotische Tat" Katharinas ließ sich in Rubel und Kopeken bemessen. Georg musste mit dem klangvollen Titel einer „Kaiserlichen Hoheit" vorlieb nehmen. Sein Vater hatte die Dinge richtig beurteilt: Katharinas Apanage erfuhr einen deutlichen Zuwachs. Sie ließ sich das Scheitern ihrer wirklichen Ehewünsche gut bezahlen, ganz ohne politische Rücksichten.

Aus den Eheverträgen von 1799 bzw. 1801 mit Schwerin und Weimar wissen wir, dass die Großfürstinnen jeweils eine Million Rubel Mitgift auf den Weg in die Fremde bekamen. Am 18. April 1809, am Tage der Eheschließung, erließ Kaiser Alexander I. einen Befehl an den dirigierenden Senat und eine Verordnung, die das Familiengesetz der Romanows „in Betreff der Mitgift der Großfürstin Katharina Paulowna aus dem Apanagenvermögen der Krone" änderte.[42] Der Befehl setzte voraus, dass Katharina mit dem Ehegemahl tatsächlich im Russischen Reich verblieb und postulierte, dass in ihrem Falle die Versorgung mit einer Million Rubel weder standesgemäß noch ausreichend sein konnte. Die Angabe differenzierter Gründe erübrigte sich. Alle Eheverträge legten die Verwendung der Mitgift ganz unmissverständlich fest: Sie war eine Sicherheit für die Großfürstin und deren Nachkommen. Die Zuwendungen der in das Ausland verheirateten Großfürstinnen beliefen sich auf mehrere 10 000 Rubel jährlich. Wenn Katharina im Lande blieb und in unmittelbarer Nähe ihrer Apanageländereien lebte, konnte sie mit einiger Energie und Tatkraft einen intensiveren Einfluss auf deren Erhöhung nehmen, als das von Weimar oder Schwerin aus der Fall war. Das Argument der unzureichenden Ausstattung besaß wenig Gewicht und diskriminierte die bereits verheirateten Großfürstinnen. Alexander konnte die erhöhten Zuwendungen an Katharina trotz der hohen Rüstungsausgaben des Landes bequem leisten:

„Da Wir aus der Vorstellung des Apanagen-Ministers ersehen haben, dass bei dem nunmehrigen Bestande des Apanagen-Vermögens, die zu erhaltenden, jährlichen Einkünfte davon, nicht nur alle, in der Verordnung über die Kaiserliche Familie bestimmten Bedürfnisse befriedigen, sondern noch bedeutende Summen zur Vergrößerung des Apanagen-Vermögens zurückbleiben – so halten Wir es für billig aus besonderem Gefühl der aufrichtigen Anhänglichkeit an Unsere geliebteste Schwester Katharina Pawlowna Folgendes festzusetzen: Erstlich. Außer der nach der Verordnung festgesetzten Mitgabe einer Million Rubel aus der Kaiserlichen Schatzkammer, bestimmen Wir für Ihre Kaiserliche Hoheit und Ihre Nachkommenschaft aus dem Apanagen-Vermögen von den Apanagen-Gütern 300 000 Rubel jährliche Revenüen; ... Zweitens. Das zur Apanage Ihrer Kaiserlichen Hoheit festgesetzte Vermögen, wird sowohl Ihr als Ihrer Nachkommen vollkommenes Eigentum; doch die Verwaltung desselben bleibt der Fürsorge des Apanagen-Departements überlassen, mit dem Bedinge, dass die einzukassierenden Einkünfte von dem Vermögen Ihrer Kaiserlichen Hoheit oder Ihrer Nachkommenschaft richtig entrichtet würden, und dass, wenn in der Folge diese Einkünfte bis zu einer größeren Summe als 300 000 Rubel anlaufen, dieses Geld dennoch zum Nutzen Ihrer Kaiserlichen Hoheit und Ihrer Nachkommen verwandt werde."

Das Hausgesetz der Romanows enthielt für den Fall, dass eine Großfürstin nach ihrer Eheschließung im Lande blieb, nur allgemeine erbrechtliche Regelungen. Alexander nutzte die besondere Gelegenheit, um das Hausgesetz in dieser Richtung zu präzisieren:

„Das Apanagen-Vermögen, welches Wir Unserer geliebtesten Schwester, der Großfürstin Katharina Pawlowna, ausgesetzt haben, soll Ihrer Familie und Nachkommenschaft in Gemäßheit der allgemeinen Rechte und Verbindlichkeiten, welche die Verordnung über die Kaiserliche Familie vorschreibt, verbleiben, und folglich so lange erblich sein, bis Ihr Geschlecht in Russland verbleibt, oder nicht gänzlich ausgeht, in welchem Fall dasselbe wiederum nach dem 55ten §. der Verordnungen zur der allgemeinen Masse des Apanagen-Vermögens gezogen wird.
In Ansehung der Erbfolge, des Verkaufs und der Verpfändung, gelten dieselben Regeln, die überhaupt für das Apanagen-Vermögen durch die Verordnung über die Kaiserliche Familie festgesetzt sind, und folglich kann dieses Vermögen nach dem 49en §. weder verkauft noch verpfändet werden.
Nach dem Ableben der Großfürstin erben Ihre Kinder, sowohl männlichen als weiblichen Geschlechts, nach den allgemeinen in Russland bestehenden Gesetzen; doch erhalten hierbei die Kinder weiblichen Geschlechts Ihren Teil nach der Taxe in barem Gelde, damit kein Teil des unbeweglichen Apanagen-Vermögens nach Ihrer Verheiratung, an ein anderes Geschlecht kommen könne. Wenn die männlichen Erben diesen Teil nicht für sich zu behalten wünschen, und Ihren Schwestern nicht die gehörige Summe entrichten sollten: so wird das Apanagen-Departement diese Entrichtung besorgen, und nachdem es die gehörige Summe

nach der rechtmäßigen Taxe, ausgezahlt hat, diesen Teil des unbeweglichen Vermögens wiederum zu der allgemeinen Masse der Apanagen ziehen.

Über die Kinder der Großfürstin soll, nach Ihrem Ableben, Ihr Gemahl die Vormundschaft führen, wenn er nämlich in Russland bleibt. Als Vormund ist er verbunden, Uns Rechenschaft abzulegen, und bis zu Beendigung derselben genießt er jährlich 100 000 Rubel, die er aus den Einkünften der Apanagen zu beziehen hat.

Wenn nach dem Ableben der Großfürstin Ihr Gemahl nicht länger in Russland zu bleiben wünscht, oder in eine andere Ehe tritt: so wird zur Verwaltung der Einkünfte des Apanagen-Vermögens nach Unserer Bestimmung eine besondere Vormundschaft verordnet.

Die Einkünfte des unbeweglichen Apanagen-Vermögens, das den männlichen Erben der Großfürstin bei der Erbschaft zugefallen ist, sollen sie so lange genießen, als sie ihren Aufenthalt innerhalb Russlands haben; verlassen sie aber Russland ganz, so soll ihre Apanage zur allgemeinen Masse gezogen werden, und das Departement der Apanagen, dem 56ten §. der Verordnung gemäß, ihnen die, nach der gesetzlichen Taxe ihnen zukommende Summe, auszahlen.

Wenn nach dem Ableben der Groß-Fürstin keine Kinder männlichen, sondern bloß weiblichen Geschlechts nachbleiben, so wird dem 61ten §. der Verordnung zufolge ihnen die Apanage auf Lebzeiten gelassen, wenn sie ihren Aufenthalt nämlich in Russland beibehalten; nach ihrem Tode aber ihr Vermögen zu der allgemeinen Masse der Apanagen gezogen. Doch wenn sie ihren Aufenthalt durch eine Heirat, oder einen andern Umstand, außerhalb den Grenzen Russlands wählen; so soll ihr Vermögen ungesäumt zu der allgemeinen Masse der Apanagen gezogen werden; das Departement aber die Einkünfte von demselben ihnen zukommen lassen, die sie bis zur Veränderung ihres Wohnorts bezogen.

Wenn die Erben, die aus dieser Ehe hervorgehen, sterben sollten, es sei nun bei Lebzeiten der Großfürstin oder nach Ihrem Tode, oder auch, wenn gar keine Nachkommenschaft nachbleibt, so soll alsdann das Vermögen Unserer geliebtesten Schwester Catharina Pawlowna, das Ihre Apanage ausmacht, gänzlich an die Masse des Apanagen-Vermögens zurückfallen, ohne dass Ihr Gemahl auch nur in irgendeinem Falle Ansprüche darauf machen könnte.

Wenn die Groß-Fürstin nach dem Ableben Ihres Gemahls Kinder aus dieser Ehe haben sollte, und in eine zweite tritt: so wird Ihr Apanagen Vermögen zwischen Ihr und Ihren Kindern aus der ersten Ehe auf die Hälfte geteilt.

Wenn es der Vorsehung des Höchsten gefiele, dass der Ehegemahl der Großfürstin Erbe der Besitzungen des Herzogs, seines Vaters, werde, und die Großfürstin vielleicht einst aus diesem Grunde in die Länder Ihres Ehegemahls zieht, so bleibt Ihre Apanage unter der Verwaltung des Departements, welches die Revenüen davon der Großfürstin bis zu Ihrem Ableben wird zukommen lassen; nach Ihrem Tode aber fällt das Vermögen an die allgemeine Masse der Apanagen zurück.

Wenn die Großfürstin nach dem Ableben Ihres Gemahls in eine zweite Ehe treten, und Ihren Aufenthalt außerhalb den Grenzen des Reichs wählen sollte: so soll die Hälfte der Ihr gehörigen Apanagen nach dem 9ten §. an das Departement zurückfallen, das Ihr lebenslänglich die Revenüen davon auszahlen wird: nach Ihrem Tode aber fällt dieser Teil des Vermögens der allgemeinen Masse anheim."

Die Anordnung legte ausdrücklich fest:

„Alle diese Verordnungen, die hier auf den gegenwärtigen Fall und zum Besten Unserer geliebtesten Schwester Catharina Pawlowna festgesetzt sind, sollen nur Ihre Person betreffen, ohne alle etwaige künftige Beziehung auf andere Personen Unseres Kaiserlichen Hauses; in Rücksicht derer, außer der in der Verordnung festgesetzten Regeln, nur Unser Gutbefinden, und der Zustand der Apanagen-Einkünfte, entscheiden wird."

Die großzügigen erbrechtlichen Regelungen des Kaisers waren und blieben auf Katharina beschränkt und harmonierten mit den Bestimmungen des Ehevertrags. Wer indes meinte, besondere Liebe und Zuneigung zu Katharina hätten den Kaiser zu dieser Großzügigkeit veranlasst, der irrte. Er zahlte den finanziellen Preis für das Geschäft, mit dem er Katharina politisch gegen Napoleon einsetzen konnte. Katharina dankte es ihm, indem sie die Ehe entgegen ihren eigentlichen Wünschen mit dem allerdings nur scheinbar unbedeutenden Georg von Holstein-Oldenburg einging.

Die Bestimmungen des kaiserlichen Befehls gingen tatsächlich in den Ehevertrag vom 17. April 1809 ein.[43] Der Vertrag hielt sich in der Grundstruktur seiner Festlegungen an das Muster, welches bereits 1799 und 1801 in den Ehepakten für die Verheiratung Jelena Pawlownas nach Schwerin und Maria Pawlownas nach Weimar verwandt wurde: Der Vertrag sicherte die Großfürstin und deren Nachkommen für alle menschlich vorstellbaren Lebenssituationen ab, während der auserwählte Gemahl hauptsächlich die Lasten zu tragen hatte. Der Vertrag mit dem Prinzen von Oldenburg wich von dem allgemeinen Schema in zwei ganz entscheidenden Punkten ab. Die in dem Befehl Alexanders I. dargelegte Dotationshöhe ging über das gewohnte Maß hinaus. Wie fadenscheinig die Begründung des Kaisers war, erhellt aus der Tatsache, dass diese Festlegungen in der zweiten Ehe Katharinas mit dem Kronprinzen Wilhelm von Württemberg 1816 fortgeschrieben wurden, obwohl sie dann ihren Wohnsitz in Württemberg nahm. Zweitens erkannte der Ehevertrag aus dem Jahre 1809 die grundsätzliche Möglichkeit an, dass Prinz Georg von Holstein-Oldenburg eines Tages die Herzogswürde in Oldenburg tragen könnte. Katharina wurde auch für diesen Fall gemeinsam mit den zu erwartenden Kindern finanziell abgesichert.

Die pekuniäre Grundausstattung Katharinas fiel insgesamt üppig aus. Sie erhielt wie jede Großfürstin 1 Million Rubel als Mitgift, die in der russischen kaiserlichen Bank eingelegt und mit 5 % verzinst wurde. Die Hälfte des Geldes stand ihr einschließlich der Zinsen persönlich zur Verfügung. Zusätzlich kamen die im Befehl Alexanders I. festgelegten jährlichen 300 000 Rubel aus der Bodenrente ihrer Apanagen. Der Kaiser zahlte ihr wie allen Großfürstinnen jährlich eine Pension von 10 000 Rubel. Die 20 000 Rubel, die Katharina ohnehin jährlich bekommen hatte, zahlte der Kaiser weiter und er garantierte, dass die jährlichen 20 000 Rubel von der Mutter Maria Fjodorowna stetig flossen. Um das Glück zu krönen, finanzierte die kaiserliche Familie auch noch das Schloss und das Landhaus des jungen Paares in Petersburg – einschließlich der Inneneinrichtung. Gegen all diesen Reichtum nahmen sich die Gaben für Georg recht bescheiden aus: Er bekam jedes Jahr 100 000 Rubel, allerdings nur, solange er in Russland lebte.

Nach den Bestimmungen im Ehevertrag durfte Katharina ungehindert der russisch-orthodoxen Religion nachgehen und erhielt alle notwendigen Ausrüstungen an Kirchengeräten. Ihr standen Priester und Psalmisten zur Seite. Falls Georg einmal in Oldenburg regieren sollte, würde die freie Religionsausübung auch dort garantiert. Katharina sollte ihren Gemahl allerdings auch zu allen lutherischen Festlichkeiten begleiten. Die Kinder folgten grundsätzlich der Religion des Vaters. Schließlich: Mit der Eheschließung verzichteten Katharina und Georg für sich und ihre Nachkommen auf jegliche Thronansprüche im Russischen Reich.

Alle ehe-, familien- und erbrechtlichen Probleme schienen geklärt. Die durch Katharina bewirkte Novellierung des Hausgesetzes der Romanows blieb auf ihre Person beschränkt. Die Liebenden konnten frohgemut zur Trauung schreiten.

Trauungszeremonie und Hochzeitsfestlichkeiten entsprachen trotz der angespannten politischen Situation und den besonderen Umständen dieser Ehe dem traditionellen Glanz des Petersburger Hofs. Alles was Rang und Namen besaß und vom Kriegsschauplatz abkömmlich schien, fand sich aus dem In- und Ausland in der Newaresidenz ein. Neben der Trauung, dem Gottesdienst oder dem Bal paré erregte ein Maskenfest Aufsehen, das im Hoftheater stattfand. Trotz der anhaltenden kriegerischen Auseinandersetzungen Russlands mit dem Osmanischen Reich ließen die Organisatoren die faszinierende Pracht orientalischer Feenmärchen auferstehen. Eine Hecke aus unzähligen Glasröhrchen umgab das Theater. Sie schienen in den Himmel zu streben und endeten doch in einer voluminösen Spitze aus Straußenfedern. Die Glasröhren reflektierten das Kerzenlicht auf bizarre und tausendfältige Weise. Die Gäste und die Gaffer staunten beeindruckt und schwärmten noch lange von dem erhabenen Fest Ihrer Majestäten. Selbst der Vater des Bräutigams zeigte sich beeindruckt. Peter von Holstein-Oldenburg war zur Hochzeit eingeladen worden. Das war in der Regel nicht üblich. Peters Anwesenheit demonstrierte den besonderen politischen Charakter des Aktes: Russland wachte über die norddeutschen Eigentumsansprüche, wollte Napoleon die Grenzen seiner Macht zeigen und kündigte den baldigen Austritt aus der Kontinentalsperre an.

Die Geste entsprach der russischen Reichspolitik und dem politischen Willen der Braut, verbunden mit dem Wermutstropfen, dass die gleichen Ziele nicht über eine eheliche Verbindung mit dem Hause Habsburg erreicht worden waren. Es hieß sich fügen und der Erkenntnis Rechnung tragen, dass die große Auseinandersetzung Russlands mit dem Kaiser Napoleon noch bevorstand. Wer konnte im April 1809 in Russland schon sagen, welche Gestalt dieser Kampf annehmen würde und mit welchen Konsequenzen er im dynastischen Verbund einhergehen würde. Ohne Zweifel mochte die schöne, sprunghafte und willensstarke Katharina den eher zu literarischen Träumen, denn zum disziplinierten Staatsdienst neigenden Gatten. Ihre Ehe ließ sich auch im gegenseitigen Verständnis an. Dennoch war und blieb es eine aus handfesten politischen Gründen geschlossene Verbindung.

Diese Gedanken quälten auch den besorgten Vater aus Oldenburg. Katharina besaß in seinen Augen keinen sauberen politischen und moralischen Leumund. Peter hegte arge Bedenken im Blick auf die Dauerhaftigkeit der Ehe seines Sohnes. Der Kaiser hatte dem Zivildienst seines Schwagers nur zugestimmt, weil der junge Mann politisch benötigt wurde. Er ernannte Georg zum Generalgouverneur von Twer, Nowgorod und Jaroslawl und berief ihn als Direktor der Land- und Wasserstraßenverwaltung des Russischen Reichs. Das waren gewaltige Aufgabenbereiche, in denen er zeigen konnte, wie ernst es ihm um seine Hingabe an den Staatsdienst wirklich war. Georgs Vater blieb bis Ende Mai 1809 in Russland. Als er scheiden musste, hinterließ er dem Sohn die mahnenden Worte: „... deine Laufbahn ist ausgezeichnet, seltener dein häusliches Glück und die Achtung der Kaiserlichen Familie ...“[44] Den Dienst würde Georg trotz aller persönlichen Neigungen, Stärken und Schwächen diszipliniert und eifrig erfüllen sowie die ihm übertragenen Aufgaben gewissenhaft und mit möglichst großem Erfolg meistern. Ob Katharina und der kaiserliche Hof ihm gegenüber den gleichen Eifer walten ließen, da besaß Peter erhebliche Zweifel. Bis zum Jahre 1811, als er der Not gehorchend selbst wieder nach Russland gehen musste, wies Peter seinen Sohn unermüdlich auf die Fallstricke hin, die ihm Katharina und der Hof legen konnten.

Am 17. Oktober 1809, Katharina und Georg waren gerade in das für sie neu errichtete Residenzschloss in Twer gezogen, mahnte Peter den

Sohn Acht zu geben, dass kein Unglück die junge Ehe trübte. Mit dem Wort „Unglücksfall" umschrieb er die allgemeine Untreue, Verleumdung, Hetze oder auch Leidenschaften, die an den großen Höfen gang und gäbe wären und denen Georg offensichtlich anhaltend hilflos gegenüberstand. Vielleicht war Peter auch enttäuscht, dass Georg dem Herzogtum Oldenburg in Petersburg nicht mehr Ansehen und Einkünfte vermitteln konnte. Er mahnte den Sohn schon aus diesem Grunde, die Gutgläubigkeit abzulegen und nicht auf die Winkelzüge seiner Gegner hereinzufallen.

Natürlich kam Georg unter den obwaltenden Bedingungen lediglich die Rolle eines Prinzgemahls zu. Im Mittelpunkt ihrer Ehe stand Katharina. Sie wurde umschmeichelt, kritisch beobachtet und, da man ihren starken Willen und ihren durchgreifenden Einfluss auf Mutter und Bruder kannte, umworben, wenn es darum ging, politische oder persönliche Ziele durchzusetzen. Katharina sonnte sich in diesem Bewusstsein, spielte mit den Menschen und benutzte sie, um ihren eigenen Willen durchzusetzen.

Kluge Beobachtungsgabe, exakte Lagebeurteilung, kaltblütige Entschlüsse? Was konnte sie damit in Twer anfangen, in der russischen Provinz? Die Frage ist schnell beantwortet. Der französische Botschafter Caulaincourt, 1809 noch um ein gutes Verhältnis zum russischen Kaiser bemüht, nannte Katharina spöttisch, aber nicht unrichtig, das Orakel der Kaiserfamilie und der russischen Öffentlichkeit. Er konnte ihr die, wie er meinte, Abfuhr für Napoleon nicht verzeihen. Er fürchtete, dass Katharina willens, fähig und bereit war, selbst aus der Provinz die Reichspolitik mit ihrem Hass gegen Bonaparte anzureichern.

Alltag einer Großfürstin in der Provinz

Der Kaiser schickte das Paar nicht von ungefähr nach Twer. Der alte Konflikt zwischen dem konservativen Adel Moskaus und der kaltherzigen Reformbürokratie Petersburgs hatte den als relativ liberal geltenden Alexander bislang veranlasst, Moskau zu meiden. Der Moskauer Adel lehnte den Vertrag von Tilsit und die Kontinentalsperre empört ab. Alexander benötigte die Schwester als attraktives und wortgewandtes Bindeglied zwischen Petersburg und Moskau. Er konnte sie in dem zwischen Petersburg und Moskau gelegenen Twer unverfänglich besuchen, war Moskau auf diese Weise persönlich nahe und entschärfte den permanenten Konflikt der beiden russischen Hauptstädte. Katharina erhielt durch diesen Schachzug eine komfortable politische Position. Sie konnte ihren Einfluss in Petersburg und Moskau zum eigenen Vorteil verstärken. Alexander sicherte sich ihr Wohlwollen, indem er ihren ebenso klugen wie launischen und impulsiven Aktivitäten in Twer freien Raum ließ. Auf die Idee, dass Katharina dies in bestimmten Situationen gegen den kaiserlichen Bruder nützen könnte, kam dieser vorerst nicht.

Alexander reiste so oft wie möglich nach Twer. Wenn er die Schwester nicht besuchen konnte, schickten sie einander Briefe, die in ihrer Intimität an die verliebten Episteln vergangener Jahre erinnerten. Noch am 21. November 1811 schrieb Alexander: „... Leider kann ich nicht von meinem alten Recht profitieren, mit den zärtlichsten Küssen in Ihrem Schlafzimmer in Twer Ihre Füße zu bedecken. Alsdann, Madame, amüsieren Sie sich gut, aber vergessen Sie nicht den armen Sträfling in Petersburg." [45] Der Freiherr vom und zum Stein hat den russischen Kaiser einmal feige und unsittlich genannt. Die groben Worte des aufrechten Ehrenmannes bezogen sich offensichtlich nicht nur auf Alexanders politischen Kampf gegen Napoleon Bonaparte. Stein war ein Ehrenmann, Katharinas Part überging er mit Schweigen.

Die Großfürstin musste sich in der Provinz nicht erst lange einleben. Katharina schuf sich in Twer alle Möglichkeiten, am eigenen Hof, im Gouvernement und im Reich administrativ, kulturell und politisch aktiv zu werden. Sie spielte alle Schattierungen ihres Charakters und ihrer Lebensauffassungen aus, von der warmherzigen Güte gegenüber sozial unterprivilegierten Menschen bis zu boshaftesten Intrigen wider den Kaiser und das Reich! Katharina ließ keine Gelegenheit aus, ihren eigenen Verstand und Willen an den dienstlichen Obliegenheiten des Gemahls zu schärfen. Selbst auf allen seinen Dienstreisen begleitete Katharina ihn mit ihrem umfangreichen Tross durch die Gouvernements. Das schuf Abwechslung und sicherte die Kontrolle über Georg. Sie organisierte eine Hofhaltung, die dem damaligen Standard des russischen Hochadels und der kaiserlichen Residenzen entsprach. Katharina beeinflusste von Twer aus die Reichspolitik bei der Auseinandersetzung mit Napoleon. Sie schloss sich den konservativen Auffassungen des Moskauer Adels an und trug maßgeblich zum Sturz des bedeutenden russischen Reformpolitikers Michail Speranski bei. Sie unterstützte jene Kreise des russischen Adels und des kaiserlichen Hofs, die Russlands Austritt aus der Kontinentalsperre und den entschlossenen militärischen Kampf gegen den Kaiser der Franzosen forderten. Das ist wahrlich ein umfassendes politisches Programm gewesen.

Als Katharina und Georg im August 1809 nach einer schönen Schiffsreise über den Ladogasee und die Wolga in Twer anlangten und ihren neuen Palast bezogen hatten, begannen sie ohne Verzögerungen mit der Arbeit. Georg wollte als Gouverneur und Straßenbeauftragter alles möglichst richtig machen. Mit der ihm eigenen Gründlichkeit bereiste er die Gouvernements und das Russische Reich. Wohin er auch kam, begegneten ihm zumeist eine gleichgültige bürokratische Beamtenschaft, Korruption und Bestechlichkeit. Es gab für einen dienstwilligen Menschen wie Georg unendlich viel zu tun und nur auf wenige Menschen konnte er sich verlassen. Der Prinz kannte weder das russische Land noch die Mentalität der russischen Menschen. Katharinas Kenntnisse über Russland begrenzten sich auf die Perspektive kaiserlicher Residenzen und ihre theoretische Bildung. Aber beide besaßen die Autorität des Kaisers und ihren eigenen Mut. Sie mussten ihre Aufgaben durch viel Geschick und Einfühlungsvermögen, aber auch durch die notwendige Härte und Entschlossenheit lösen. In den drei Gouvernements Twer, Jaroslawl und Nowgorod lebten etwa zwei Millionen Menschen, deren Haupterwerbszweig die Landwirtschaft bildete.

Der Gouverneursposten war weder für Georg noch für Katharina eine formale Angelegenheit. Sie konnten nicht einfach repräsentieren, während mehr oder weniger tüchtige Beamte die Verwaltungsarbeit leisteten. Georg organisierte zunächst erst einmal die Gouvernementskanzlei und eine Verwaltung für die Verkehrswege. Berge von unerledigten Akten lagen herum. Der Sekretär Fjodor Lubjanowski stellte nach seiner ersten Begegnung mit dem Prinzen und der Großfürstin alles andere als begeistert fest, dass er mit einer einzigen Vorlage zum Gouverneur gegangen, und mit einem ganzen Bündel Papier von diesem wieder verabschiedet worden war. Ein Albtraum für den Bürokraten!

Herr Lubjanowski zählte nicht zu den besonders eifrigen hohen Beamten. Katharina und Georg motivierten die Staatsdiener ständig neu für ihre Aufgaben. Im Falle Lubjanowskis bewirkten die Ernennung zum Wirklichen Staatsrat und das aufmunternde Wort der Kaiserinwitwe: „Seien Sie einer von den Unseren!", sicherlich eine Menge. Aber er fühlte sich durch die ständige Kontrolle seitens der Großfürstin Katharina in seiner Ruhe gestört und gegängelt. Wenn der Sekretär in seinen Erinnerungen schrieb, „dass die Großfürstin selten einen Tag vorübergehen ließ, ohne dass sie in meiner Anwesenheit in das Arbeitszimmer des Prinzen hereinkam und mit mir zu reden geruhte, ein Glück, das ich vor allem dem Fehlen höherer Aufgaben an dem eingeschränkten Hofe zuschrieb", dann meinte er selbstverständlich, dass die Großfürstin nichts weiter zu tun hatte und sich ständig in die dienstlichen Angelegenheiten ihres Mannes mischte. Der Hofbeamte wäre schlecht beraten gewesen, hätte er Katharinas Vorgehen in irgendeiner Weise kritisiert. Nein, allein aus der Art, wie er die für ihn angeblich schmeichelhafte Aufmerksamkeit umschrieb, erhellt das ganze Maß der vom Sekretär als impertinent empfundenen Einmischung Katharinas in die Obliegenheiten des Gouverneurs: „Ein reicher, hoher und rascher, glänzender und scharfer Verstand ergoss sich aus dem Munde der Großfürstin mit bezaubernder Lieblichkeit der Rede. Sie fragte mit größtem Interesse und wollte die genaueste Auskunft haben über Personen, und zwar nicht über solche der vergangenen Zeit, sondern über Zeitgenossen, und dabei schonte sie meine bescheidenen und ehrerbietigen Äußerungen nicht; sie traute ihnen nicht sofort und sprach selbst gerne von allem und über alles. Wenn ich auf der höchsten Stufe beginne, so erinnere ich mich nicht, dass Ihre Hoheit an jemand mit Stillschweigen vorüberzugehen geruhte, aber ihre Schlussfolgerungen waren immer kurz, abgeschlossen, entschieden, oft schonungslos."

Lubjanowski fällte aus der Sicht des untergeordneten Beamten ein scharfes Urteil über Katharina. Er resignierte und berief sich zur Bestätigung seiner keineswegs unrichtigen Aussagen auf die Autorität des Prinzen Georg: „Es gibt erhabene Seelen, welche nur mit der Vollkommenheit zufrieden sein können, und in deren Augen deswegen alles armselig, schwach, niedrig und blass erscheint, was noch mit Mängeln behaftet ist. Ich kann es nicht verhehlen, ich war nicht selten erstaunt, wenn ich sie reden hörte, und sogar der Prinz blieb bei solchen Veranlassungen nicht gleichmütig."[46] Wir können die von Lubjanowski in allen Details geschilderte Situation abkürzen: Die aufdringliche Neugier und Belehrungssucht Katharinas, gegen die sich selbst der Prinz gelegentlich verwahrte, ging dem gewiss nicht vor Fleiß überschäumenden Beamten derart auf die Nerven, dass er ärgerlich wurde und der Großfürstin eine Handhabe zum Rauswurf gab. An seine Stelle trat der Staatsrat Serebrjakow.

Während sich Lubjanowski und Serebrjakow vorwiegend mit Problemen des Verkehrswesens beschäftigten, leitete der Wirkliche Staatsrat B. R. Hettuns die Gouvernementskanzlei. Hettuns bemühte sich redlich um die geflissentliche Erfüllung der ihm übertragenen Aufgaben. Er schrieb fleißig Berichte und Beschlüsse, arbeitete die Akten sorgfältig durch und zählte zur Schar jener angesehenen Staatsdiener, die vom Gouverneurspaar regelmäßig zu Mahlzeiten, Empfängen oder Bällen eingeladen wurde. Hettuns schrieb keine sarkastischen oder verfremdeten Kritiken über das Benehmen Katharinas nieder. Er nahm ihre Ansprüche ernst und erfüllte sie mit bravem Fleiß. Wenn Hettuns einen wichtigen persönlichen Bericht erstatten musste, besprach der Prinz die Fragen gern beim Essen und daran nahm selbstverständlich auch Katharina teil. Eine stumme Anwesenheit genügte ihr nie.

Bei einer dieser Gelegenheiten ging es um Probleme der Rechtsprechung. Katharina fällte eines ihrer erhabenen Pauschalurteile: „Ich glaube, dass bei den Prozessen die verschiedenen Ansichten der Richter oft aus der Parteilichkeit hervorgehen." Prinz Georg schwieg betreten, aber Hettuns fasste Mut und entgegnete, dass es auch ohne Parteilichkeit in einer Sache verschiedene Überzeugungen geben könnte. „Das ist schwer zu glauben", versetzte sie, „denn auch das russische Sprichwort sagt: Fürchte nicht das Gericht, aber fürchte den Richter." Hettuns ließ sich auf keinen Streit mit Katharina über Verbalinjurien oder allgemeine Bauernweisheiten ein. Bei passender Gelegenheit schrieb er zu einem Gerichtsurteil zwei einander widersprechende Gutachten, die beide eine sichere gesetzliche Grundlage besaßen. Er stellte dem Prinzen anheim, selbst eine Entscheidung über das richtige Urteil zu fällen. Georg rief den Beamten und natürlich nahm auch Katharina an dem Gespräch teil. Sie schien durch die Vorgehensweise Hettuns' überzeugt. Sie „sagte ganz offen, soviel sie auch über die zwei Gutachten, die ich ihnen vorgelegt hatte, nachgedacht hätten, so wüssten sie doch nicht, welchem von beiden sie den Vorzug geben sollten. Dann fuhr sie fort: ‚Aber wenn Sie Gouverneur wären, für welche Ansicht würden Sie sich entscheiden?' Ich antwortete, dass es Regel von mir sei, mich in ähnlichen Fällen auf die Seite zu neigen, welche die ärmere sei, und wies in diesem Fall auf den ärmeren Teil hin. Da wandte sich die Großfürstin zu ihrem Gemahl und sagte ganz entzückt: ‚Nicht wahr, so habe ich auch gedacht!' Der Prinz bestätigte das Gutachten zugunsten des ärmeren Teils."[47]

Mit welchem Recht mischte sich die Gouverneursgattin selbst in laufende Gerichtsverfahren ein? Es war eine edle Seite ihres Wirkens und passte in das Bild einer gütigen kaiserlichen Familie, dass die Großfürstin sich für sozial schwache Menschen engagierte – obwohl im konkreten Fall nicht berichtet wurde, ob in dem Verfahren ein Grundbesitzer gegen einen Großbauern oder ein Handwerker gegen einen Knecht stritt. Beamte wie Hettuns, die fleißig und mit Engagement ihre Pflicht erfüllten, genossen Katharinas Aufmerksamkeit und erfuhren auch eine achtungsvolle Behandlung. Katharina konnte sich durchaus, wo es angebracht erschien, bescheiden und sogar volkstümlich geben. Im weiblichen Konkurrenzstreit z. B. mangelte es ihr dann auch nicht an kontrollierter Spitzfindigkeit.

Eines Tages war die Gräfin Branitzky mit ihren Töchtern in Twer zu Gast. Im Laufe des Gesprächs klagte Katharina über die hohen Kosten für den Unterhalt von Pferden und dem notwendigen Pflegepersonal. Die Gräfin Branitzky fragte: „Wieviel Leute und Pferde haben denn Euer Hoheit?" Die Großfürstin antwortete: „Gegen hundert Leute und gegen achtzig Pferde." – Gräfin Branitzky: „Aber wie können Euer Hoheit eine geringere Anzahl von Dienerschaft haben, wenn ich, Ihre Untertanin, gegen dreihundert Hofleute und ebenso viele Pferde habe?" – Die Großfürstin: „Aber wozu brauchen Sie eine solche Menge von Leuten und Pferden?" – Gräfin Branitzky: „Weil ich eine Gräfin und eine angesehene Gutsbesitzerin bin; ich bedarf ihrer das Jahr hindurch nicht oft, aber wenn ich sie brauche, so habe ich nicht nötig, sie bei Nachbarn zu entlehnen." – Damit endete dieses Gespräch. Katharina fügte der Unterhaltung doch noch einen Kommentar hinzu. Zu Hettuns gewandt, fragte sie ihn: „Bekommen Sie auch Briefe aus Petersburg?" – Ich sagte, dass ich welche bekomme, dass ich aber aus Mangel an Zeit nicht dazu komme, sie zu beantworten. – Sie: „Da tun Sie recht daran; die Petersburger Stutzer wissen nichts zu tun, als sich zu putzen und mit ihren Stöcken in den Straßen sich herumzutreiben."[48] Gräfin Branitzky besaß künftig keine Achtung bei Katharina, weil sie mehr Pferde besaß, weil sie sich stolzer dünkte, weil sie einfach eine Angeberin war und nicht den gebührenden Respekt bewiesen hatte. Es war leicht, Katharinas Unwillen hervorzurufen. Selbst der servile Hettuns musste Twer verlassen, weil er auf die Länge der Zeit nicht genügend Servilität besaß – nicht etwa gegenüber seinem Dienstherrn Georg, sondern gegen dessen Gemahlin.

Bei allen kritischen Berichten über Katharinas Eingriffe in die Gouvernementsverwaltung existierte keine ernsthafte Aussage, die von Zerwürfnissen zwischen den beiden Eheleuten sprach. Katharina und Georg verstanden sich persönlich gut und liebten einander. Sie erwarteten recht bald ein gemeinsames Kind. Georg gingen vom Vater laufend Mahnungen zu, die Bindungen an die kaiserliche Familie mit Sorgfalt und Augenmaß zu pflegen. Georg war ein offener, bescheidener und gutwilliger Mensch, der die Selbstsüchte seiner Gemahlin mit Toleranz behandelte. Er besaß gar keine andere Wahl. Außerdem entdeckten und erschlossen sie manche Gemeinsamkeit. Das betraf vor allem die Kunst und die Literatur. Auf diesen Gebieten konnte Katharina ihre dominante Rolle ausspielen, ohne den Gemahl offen zu verletzen.

Es war selbstverständlich, dass der Hof in Twer ein kulturelles und künstlerisches Eigenleben entwickelte. Der durch die Prinzipien der Aufklärung auch in Russland in der zweiten Hälfte des 18. Jahrhunderts entstandene neue Typus der gebildeten Aristokratin wuchs an der Wende zum 19. Jahrhundert in einen neuen Inhalt hinein. Die kulturbewusste Aristokratin befasste sich nicht mehr nur zum eigenen Vergnügen mit der Philosophie, Literatur oder Kunst. Sie wurde zum Mittelpunkt einer geistig aufgeschlossenen Adelskultur. Maria Fjodorowna hatte den Töchtern dieses Muster in Gatschina und Pawlowsk vorgelebt. Die Schwester Maria Pawlowna besaß alle Möglichkeiten im klassischen Weimar, in diese Rolle hineinzuwachsen. Katharina unternahm allein schon aus Gründen der Verwirklichung ihres Selbstwertgefühls große Anstrengungen, dem Geist der kulturellen Welt im provinziellen Twer nachzugehen.

Das ländliche Leben übte auf die russische Kunst und Literatur eine besondere Faszination aus. Twer lag an der Moskau-Petersburger Landstraße. Jeder Reisende von Rang und Stand, der zwischen den beiden Hauptstädten pendelte, rechnete es sich selbstverständlich zur Ehre an, Katharina seine Aufwartung zu machen. Alexanders Hoffnungen, in Twer ein Bindeglied zwischen Petersburg und Moskau zu besitzen, erfüllten sich zumindest im Besuchsprogramm. Selbst die Mitglieder der kaiserlichen Familie gaben sich in Twer quasi die Klinke in die Hand. Twer zog dank der Herkunft Georgs von Holstein-Oldenburg Künstler und Literaten aus dem norddeutschen Kulturkreis an. In Twer trafen sich natürlich Professoren, Philosophen oder Dichter aus dem alten Moskau. Obwohl an den russischen Adelshöfen im Alltag unendlich viel Langeweile, Müßiggang und Intrigen herrschten, in Petersburg ebenso wie in Pawlowsk oder Twer, besaßen die Höfe ihre gesellschaftlichen Glanzpunkte.

Katharina hatte am Hof von Gatschina den deutschen Dichter des „Sturm und Drang", Friedrich Maximilian Klinger, erlebt. Er hatte die kaiserliche Familie mit den Werken Schillers und Goethes vertraut gemacht. In Petersburg las und diskutierte man die Arbeiten russischer Dichter und Schriftsteller wie Nikolai Karamsin oder Nikolai Nowikow. Katharina fand es angemessen und schick, dem Geist der Zeit und der Mode zu folgen. Sie las viel, besaß jedoch kein so inniges Verhältnis zur Literatur wie ihre Mutter oder die Schwester Maria in Weimar. Für Katharina waren die Dichter und Schriftsteller in erster Linie im Umfeld politischer Aktionen interessant. Besonders gern malte und zeichnete sie. In dieser Richtung durfte sie durch ihren Gemahl Georg Anregung, Hilfe und Belehrung erwarten. Georg, ein wenig versponnen und weltfremd, aber tapfer mit den Wechselfällen des Lebens kämpfend, las viel und schrieb Gedichte. Für den Hof in Twer bedeutete die Verbindung

Georgs zur Familie der Maler Tischbein ein besonderes Erlebnis. Der Prinz kannte Friedrich August Tischbein seit seiner Studentenzeit in Leipzig. Tischbein hatte Maria Pawlowna 1805 in Weimar gemalt. Maria empfahl den Maler an den Petersburger Hof. Dort langte er im Jahre 1806 an, um persönliche Erbschaftsangelegenheiten seines verstorbenen Bruders Ludwig Philipp Tischbein zu regeln. Die Empfehlungen durch Maria Pawlowna öffneten ihm die Türen zu vielen aristokratischen Palästen und Salons. 1807 malte er Katharina. Das lebensgroße Porträt ist erhalten geblieben. Katharina nahm bereits vor ihrer Ehe Malunterricht bei Tischbein: Für ein Jahresgehalt von 1000 Rubel durfte er sie jeweils eine Stunde in der Woche unterweisen.

Georg hatte vor seiner Ehe auch den Maler Johann Heinrich Wilhelm Tischbein kennen gelernt, der als „Goethe-Tischbein" in die Kunstgeschichte eingegangen ist. Er holte ihn an das Schloss nach Eutin. Zwischen beiden Männern entstand eine vertrauensvolle und freundschaftliche Beziehung. Wilhelm Tischbein malte und Prinz Georg schrieb Gedichte. Als Katharina und Georg heirateten, blieb der Kontakt erhalten. Tischbein schickte Bilder und Zeichnungen nach Twer. Katharina bedankte sich: „Mit größter Erkenntlichkeit habe ich die vom Herzoge mir überschickten Gemälde erhalten." Mit leichter Hand und ein wenig stillos fügte sie hinzu: „Muster aller Art spornen zur Nachahmung an, und so habe ich auf Zuraten meines Mannes gewagt, Ihren Ulysses abzubilden. Möchte diese schwache Arbeit Ihnen Vergnügen gewähren, da ich in diesem Augenblick keinen werteren Beweis Ihrer Erkenntlichkeit habe." Georg korrigierte den holprigen und fordernden Dank seiner Gemahlin. Er fügte dem Brief an den feingeistigen Maler ein poetisches und milderndes Postscriptum hinzu: „Meine Frau überschickt Ihnen einen herrlichen Kopf, und ich lege ein kleines Gedichtchen bei, welches die Muse mir gegönnt hat, indem ich Ihr schönes Gemälde vom Ulysses anstaunte."[49] Bescheidenheit schien geboten, denn Georg und Katharina blieben trotz ihrer lebhaften Begeisterung für Poesie und Malerei auf beiden Gebieten nur Dilettanten.

Es hätte ausgereicht, wenn sie sich einfach an der Kunst erfreut hätten. Aber als Protagonisten eines geistigen und künstlerischen Zentrums in den Gouvernements Twer, Jaroslawl und Nowgorod wollten sie zumindest ein kleines Zeichen künstlerischer Kreativität setzen. Georg schrieb Gedichte und Katharina fertigte dazu feine Bilder an. 1810 beauftragten sie den Professor Buhle in Moskau, das Werk zu veröffentlichen. Tatsächlich gab die Buchdruckerei Wsjewolojski 1810 in Moskau „Poetische Versuche" heraus: Georgs Gedichte mit Kupferstichen des ungarischen Künstlers Szetter – nach den bildnerischen Vorlagen Katharinas. Das Werk erschien in 50 Exemplaren, nicht für die breite kunstsinnige Öffentlichkeit.

Eines der Gedichte, ein Sonett, trug den Titel „An meine Gattin" und lautete:

> Bey Meeresstille harr't der Schiffer lange,
> bis ihm vom günst'gen West das Segel schwillt;
> wie ihn zum Port, so führst Du mich zum Gesange,
> zum Lebensborne heim, der ewig quillt.
> Fort schwing' ich mich durch der Gedanken Räume,
> und fühl' entfesselt mich im Reich der Träume;
> denn Du, o Du erhieltst ihm zarte Themen,
> was nur in edlen Herzen herrlich blüht.
> In die geheimnisvollen stillen Räume
> Der Seele tief der Menschenkenner blickt;
> Der Blick aus Dir den Sänger hoch entfeuert,
> denn vor ihm steht die bess're Welt entschleyert.

Georg war sich der begrenzten Qualität des Opus durchaus bewusst. Er schickte ein Exemplar an Tischbein, verbunden mit tausend Entschuldigungen: Der Kupferstecher habe die Vorlagen Katharinas schlecht ausgeführt, nicht jedem Menschen seien geniale Ideen gegeben und Tischbein täte gut, das Werk nicht unter die Leute zu bringen. Georg betonte selbstbewusst und zugleich etwas abgehoben, dass seine Gemahlin und er bewusst einen Unterschied zwischen dem Pöbel, der das schönste Gemälde durch den Firnis verdirbt und den Auserwählten suchten, „welche die Bildung zu der Natur heimführt."[50] Katharina fügte in diesem Falle ein ehrliches Bekenntnis an. Sie fühle sich geschmeichelt, Originale der Arbeiten Tischbeins zu besitzen. Allerdings: „Sie schätzen kann ich, nicht Sie nachahmen."[51] Sie war sich der Grenzen ihrer Kunst bewusst und das ehrte sie im konkreten Falle. Aber die Kaiserlichen Hoheiten genossen selbstverständlich eine beachtliche gesellschaftliche Reputation und so geriet das kleine persönliche Werk bald zur bibliophilen Rarität. Wer wollte der Großfürstin und ihrem Prinzgemahl nicht huldigen? Der Komponist Hessler vertonte einige Gedichte. Im Jahre 1813 gab Katharina in Petersburg einen Nachtrag in 25 Exemplaren für die kaiserliche Familie heraus – ohne Pathos, öffentliche Ansprüche und voller Trauer nach dem Tode Georgs und den Schrecken des Krieges von 1812 in Russland.

Katharina und Georg waren im August 1809 in ihren Palais in Twer gezogen. Bereits im August 1810 siedelte der Hof nach Pawlowsk über, wo Katharina am 30. August unter mütterlicher Obhut ihren ersten Sohn, den Prinzen Friedrich Paul Alexander zur Welt brachte. Die Familie war über die Ankunft des Kindes beglückt und widmete dem Knaben viel Aufmerksamkeit. Alexander I. wollte den Sohn zum Großfürsten ernennen, falls er griechisch-orthodox getauft würde. Aber Georg, der gerade das Protektorat über die lutherische Gemeinde St. Petri in Petersburg übernommen hatte, erlag nicht den Lockrufen der kaiserlichen Familie. Mit dem protestantischen Sohn wähnte er einen weiteren echten Oldenburger im weiten Lande der Russen. Der Sohn wurde protestantisch getauft. Katharina nahm die Entscheidung gelassen. Sie hatten sich in ihrem Drängen zum katholischen Thron in Wien auch nicht von religiösen Bedenken aufhalten lassen. Außerdem handelte Georg streng nach dem Ehevertrag. Den Verzicht auf den russischen Thron hatten Georg und Katharina ohnehin für ihre Nachkommen geleistet.

Erst nachdem sich die Wöchnerin und das Kind erholt hatten und die Reise wagten, kehrte die Familie im Herbst 1810 nach Twer zurück. Der provinzielle Alltag nahm seinen Lauf. Man nahm gemeinsame Essen ein, hörte Musik, plauderte oder vertrieb sich die Zeit mit Gesellschaftsspielen. Gäste kamen, brachten frischen Wind in den grauen Alltag und reisten wieder ab. Sie ließen die größer werdenden Sorgen um die politische Entwicklung in Europa zurück. Katharina lebte – mit der Unterbrechung vom Sommer – länger als ein Jahr fern der Hauptstadt und den politischen Entscheidungen. Zum Jahresende 1810 brach der politische Kampf Europas plötzlich in die Idylle von Twer ein: Napoleon annektierte das Herzogtum Holstein-Oldenburg.

Testfall für eheliche Liebe: Die Annexion Holstein-Oldenburgs 1810

Die Annexion besaß ihre Vorgeschichte: Der Administrator Peter von Holstein-Oldenburg konnte sich im Jahre 1808 einer Mitgliedschaft im Rheinbund nicht entziehen. Die eheliche Verbindung Georgs mit der russischen kaiserlichen Familie nützte ihm vorerst ebenso wenig, wie sie dem Weimarer Herzog Carl August keine sofort erkennbaren politischen Vorteile gebracht hatte. Napoleon beobachtete die Verbindungen argwöhnisch und ließ sie überwachen. Nach dem Erfurter Fürstentag erstarkte der innerrussische Druck gegen die Kontinentalsperre. Für Napoleon bedeutete Russlands Einfluss auf Holstein-Oldenburg eine Schwächung seiner Position in Norddeutschland. Mit einer Attacke auf Oldenburg konnte er testen, ob Russland die in Tilsit und Erfurt erklärte

Bündnistreue einhielt. Napoleon schlug dem Oldenburger 1810 einen Verzicht auf seine Herrschaft und den Tausch des Herzogtums gegen die Stadt Erfurt vor. Ausgerechnet Erfurt! Einen deutlicheren Fingerzeig konnte er Alexander kaum geben. Ebenso durfte sich der stolze Herzog Carl August in Weimar seinen Vers auf Napoleons Großzügigkeit machen: Ein gedemütigter Peter von Oldenburg in Erfurt signalisierte Carl August und dessen russischer Schwiegertochter Maria Pawlowna, dass es allein im Ermessen des Kaisers der Franzosen lag, ob ihnen Wohl oder Wehe geschah. Napoleon griff mit der Entscheidung wieder einmal direkt in das Leben Maria und Katharina Pawlownas ein, obwohl er die russische Reichspolitik angriff.

Peter von Oldenburg lehnte den Tausch aus politischen und territorialen Gründen ab. Was sollte er, der Holsteiner, mit Erfurt? Neben allem anderen würde er seine einzige potenzielle Rückendeckung verlieren: das russische Kaiserhaus. Napoleon blieb unerbittlich. Er beraubte den Oldenburger seiner Herrschaft und seines Landes.

In Petersburg löste der Gewaltakt, der als direkter aggressiver Angriff gegen Russland verstanden wurde, ebenso ernste wie entscheidende Reaktionen aus. Der Konflikt mit Frankreich wurde unausweichlich. Kaiser Alexander musste sich verbittert eingestehen, dass die hinhaltende Ausweichtaktik gegenüber dem Korsen in Russland zunehmend schärfere Gegner fand. Der russische Selbstherrscher musste handeln! Er wusste nur nicht sofort, wie er vorgehen sollte, ohne den Franzosen vorzeitig zu reizen. Das beste war für ihn wohl, dass er sich zunächst mit ihm nahe stehenden Menschen beriet, die er als scharfe Gegner Napoleons kannte.

Alexander I. sammelte seine Gedanken und kleidete sie in ein punktuelles Gesprächskonzept, das er Katharina am 26. Dezember 1810 nach Twer sandte. Bei ihrer nächsten Begegnung wollte er mit ihr über die aktuelle politische Situation in Europa sprechen. Gegenstand eines Treffens sollten alle Fragen der militärischen Kriegsvorbereitung bis hin zu strukturellen und kriegswirtschaftlichen Problemen sein. Schließlich wollte Alexander mit Katharina die Schlussfolgerungen beraten, die sich aus der Kriegsvorbereitung und einem nun sehr wahrscheinlichen Konflikt für die innere Stabilität und Organisation Russlands ergaben. Vor allem lag ihm jedoch die Weiterführung der liberalen Reformpolitik seines Staatssekretärs Speranski am Herzen.

Der Kaiser legte seiner Schwester im Grunde den Rahmen seiner nächsten politischen Pläne und Handlungen vor. Der Brief ist später immer wieder als Ausdruck des besonderen politischen Vertrauens zwischen den Geschwistern interpretiert worden, obwohl er nur Schlagworte und keine inhaltlichen Ausführungen enthielt. Das von Alexander mit dem Brief angeregte Treffen fand allerdings erst in der zweiten Märzhälfte 1811 statt. Bis zu diesem Zeitpunkt war der entscheidende politische Schritt zur Auseinandersetzung mit Napoleon – nach entsprechender Beratung mit der Regierung – jedoch bereits gegangen: Ende 1810 verkündete der Kaiser mit dem Zoll-Ukas den faktischen Austritt Russlands aus der Kontinentalsperre. Das zeitweilige Bündnis mit Frankreich zerfiel unwiderruflich. Katharina hatte diesen Entschluss allein schon durch ihre Ehe mit Georg gefördert. An der letzten unmittelbaren politischen Entscheidung trug sie keinen direkten Anteil.

Der Zoll-Ukas, das erkannte die Großfürstin mit sicherem Instinkt, war ein gravierender Einschnitt in die russische Politik. Er verlangte dem Kaiser ein solches Maß an Kraft ab, dass sie für sich sofort die Chance heraufziehen sah, aus der Provinz in Twer nunmehr wieder unmittelbaren Einfluss auf die Reichspolitik nehmen zu können – wie einst in den Jahren 1807/08, als ihre österreichischen Pläne Alexanders Handlungen gegen Napoleon lenken sollten. Katharina blieb ihrem zwiespältigen Ruf tatsächlich nichts schuldig: Sie begleitete in den nächsten Monaten Russlands Weg in den Krieg durch einen recht eigenwilligen Umgang mit dem Oldenburger Schwiegervater. Sie suchte den Bruder Alexander im Interesse eines wehrhaften Patriotismus auf den Weg eines betont nationalrussischen Konservatismus zu drängen. Sie schmiedete eine moralisch zweifelhafte Intrige zum Sturz des bedeutenden Reformpolitikers Michail Speranski. Niemand konnte sagen, dass Katharinas Verhalten allein dem Wohle Russlands und der Stärkung seiner Abwehrkraft gegen Napoleon diente. Die Frau spielte mit der Politik. Sie nutzte die Schwächen des Bruders, die in dessen Labilität und einem unübersehbar wachsenden Hang zu mystischen Visionen lag. Sie betrieb eine kalte Machtpolitik, die an bestimmten Knotenpunkten den russischen Staatsinteressen durchaus nicht zuwider liefen.

Als Napoleon das Oldenburger Land annektierte, wurden Russlands Entschlusskraft und Solidarität mit den Verwandten gefordert. An Entschlusskraft mangelte es im konkreten Falle nicht. Die Solidarität verlief bereits dezenter. Der Austritt aus der Kontinentalsperre dokumentierte die russische Reichspolitik. Das Schicksal des entmachteten Fürsten schlug da nicht gleichgewichtig zu Buche. Katharina übersandte dem Schwiegerpapa unter Vorbehalten ein Überbrückungsgeld von 6000 Dukaten. Man wollte den Gefallenen ja nicht in seiner Ehre kränken oder gar den Eindruck erwecken, mit harter Währung wäre das Problem für Russland erledigt! Es war besser, dass der Sekretär Zehender das Geld erst einmal an sich nahm. Ohnehin würde Peter das Feld bald räumen müssen. Als Zuflucht kam nur die Verwandtschaft in Russland in Frage. Dort konnte man sich dann so richtig herzlich um den armen Mann kümmern.

Aber die Wochen gingen ins Land. Erst am 14. April 1811 traf Peter mit dem Erbprinzen Paul Friedrich August und seinem Gefolge in Petersburg ein. Kaiser Alexander nutzte die Gelegenheit und beschied dem französischen Gesandten Caulaincourt in kräftigen Worten, dass die Annexion Oldenburgs ein Faustschlag sei, den ihm Napoleon persönlich vor dem Angesicht Europas versetzt hätte. Der Korse hätte schamlos den Tilsiter Frieden gebrochen. Weiter ging Alexanders Demonstration nicht. Die Anwesenheit Peters von Holstein-Oldenburg im direkten Umfeld des Throns störte sogar. Man konnte Napoleon nicht ständig einen exilierten kleinen deutschen Fürsten präsentieren. Das hätte lediglich dessen Heiterkeit provoziert und Alexander lächerlich erscheinen lassen. Es war politisch weiser, man schickte den gefallenen Peter erst einmal zur ambitionierten Schwiegertochter in die Provinz. Dort konnte er ohne Schaden Pläne für die Zukunft schmieden. Er blieb im Schoße der kaiserlichen Familie unter Aufsicht, durfte mit dem treuen Sohn Georg plaudern und konnte, so erforderlich, jederzeit wieder reaktiviert werden.

Peter von Holstein-Oldenburg reiste für zwei Monate nach Twer. Er genoss die Aufmerksamkeit Katharinas und Georgs, in der Sache seiner Herrschaft konnten die vorerst auch nichts Konkretes für ihn unternehmen. Er freute sich über das idyllische Landleben, schlug die Zeit tot, langweilte sich und blieb zur Untätigkeit verdammt. Hinter seinem Rücken kümmerte sich Katharina sehr wohl um das Schicksal des Schwiegervaters. Man musste seinen Status in Russland klären, seine materiellen Möglichkeiten ausloten und auch die politischen Perspektiven bedenken. Russland war nicht bereit, auf die Herrschaft Oldenburg zu verzichten! Katharina schrieb an Alexander, man müsste die Lage des Herzogs unter den Aspekten des Krieges, des Friedens und seiner finanziellen Verhältnisse betrachten, vor allem jedoch die Wiederherstellung des Herzogtums ins Auge fassen.

Sie schlug geeignete Lösungswege vor: Sollte der Krieg zwischen Frankreich und Russland ausbrechen, müsste der Herzog für die gemeinsame Sache mit Russland zusammenarbeiten. In diesem Falle könnte Russland für seine Existenz aufkommen. Sollte der Frieden erhalten bleiben, müsste der Herzog selbst entscheiden, welchen Weg er gehen,

102

welchen Status er annehmen wollte. Das oblag dann seinem persönlichen Willen und hing in erster Linie von seinen eigenen finanziellen Möglichkeiten ab. Katharina hatte schon einmal die Varianten durchgerechnet, schließlich wollte sie ihre kargen Apanagen nicht für den Unterhalt des glücklosen Schwiegervaters opfern. Nach ihrer Schätzung besaß Peter etwa 2 Millionen Rubel, die allerdings bei Privatleuten angelegt waren. Er bemühte sich, das Geld so schnell wie möglich zu bekommen, aber mehr als 50 000 Taler konnte er wohl in der Eile nicht auftreiben. Für den privaten Gebrauch könnte das eine Weile reichen. Eine offizielle Aufgabe könnte Peter mit diesem schmalen finanziellen Rückhalt jedoch nicht ausfüllen.

Katharina griff dem Kaiser vor und empfahl Peter von Holstein-Oldenburg, er sollte vorerst keine Entscheidung über den weiteren Weg fällen. Bis zum Sommer 1811 würde man in der Regierung wissen, ob es zum Krieg mit Frankreich käme oder ob der Herzog nach Oldenburg zurückkehren dürfte. Katharina begründete diese Vermutung auf die Verhandlungen, die in Petersburg mit dem französischen Botschafter Caulaincourt über Holstein geführt wurden. Der Botschafter bot eine Entschädigung an, Alexander forderte Frankreichs Rückkehr zum Vertrag von Tilsit, in dem Russlands Ansprüche auf Oldenburg festgeschrieben worden waren. Die Gespräche stagnierten. Die russische Regierung folgerte, dass Napoleon lediglich Zeit gewinnen wollte und der Krieg beschlossene Sache wäre. Damit schwand die Aussicht einer baldigen Rückgewinnung Oldenburgs. Katharina forderte daraufhin von ihrem Schwiegervater eine eigene Entscheidung.

Peter von Holstein-Oldenburg war ebenfalls ein eigenwilliger Mensch. Er wollte sich weder in russische Dienste einspannen lassen noch der materiellen Gewalt seiner Schwiegertochter unterordnen. Peter wollte, solange ihn die Umstände zwangen, in Russland bleiben und sich ausschließlich der Wiedergewinnung seines Herzogtums widmen. Im Interesse seiner Unabhängigkeit strebte er nach dem Erwerb von Grundbesitz. Freiheit und Unabhängigkeit in der eigenen Entscheidung, das waren schöne Prinzipien. In der politischen Realität konnte Peter ohne Russland in absehbarer Zeit gar nichts erreichen. Aber er blieb seinen Grundsätzen treu und musste dafür manche Unannehmlichkeit in Kauf nehmen.

Katharina wollte diese Art von Selbstständigkeit nicht dulden. Sie nahm die Tatsache, dass man den Herzog im Jahre 1811 aus dem deutschen Adelsregister strich, spitzfindig zum Anlass, laut darüber nachzudenken, ob man ihn denn in Russland noch als einen souveränen deutschen Herrscher behandeln durfte. Das wäre eigentlich nicht mehr nötig. In diesem Falle benötigte er auch nicht mehr so viele finanzielle Mittel! An dieser Stelle schreckte Katharina offensichtlich vor ihrer eigenen Unverschämtheit zurück. In orakelhafter Manier schrieb sie ihrem Bruder, noch hätten die Höfe in Paris und Petersburg nicht miteinander gebrochen, also bestünde auch für Peter noch eine Hoffnung. Wenn er kein russischer Untertan werden wolle, ei Gott, so sollte man eben dem Ausländer das Recht zum Grunderwerb einräumen. Irgendwie wäre das ohnehin nicht auf lange Dauer.

Aber so schnell war keine Lösung des Problems in Sicht. Der offizielle Bruch zwischen Paris und Petersburg zögerte sich noch ein Jahr hinaus. Als Katharina im Frühjahr 1812 noch einmal bei ihrem Bruder nachhakte, was denn nun mit Peter geschehen sollte, wurde Alexander ärgerlich. Er wollte den Mann und das Problem vom Halse haben. Peter erinnerte ihn daran, so meinte Alexander, dass der Streit um Oldenburg Schuld an dem anhaltenden Zerwürfnis mit Napoleon wäre. Peter wurde nicht mehr vom Kaiser empfangen. Er sollte das Land verlassen. Alexander blieb klug genug, Katharina zu fragen, was nach ihrer Ansicht geschehen sollte. Er bedauerte das Missverhältnis zu Peter, stand jedoch zu seiner Meinung. Solange zwischen Frankreich und Russland kein Konflikt bestand, konnte man den Herzog von Oldenburg nicht in den Dienst der russischen Armee stellen.

Katharina antwortete diplomatisch. Sie wüsste, dass der Herzog alte Vorurteile gegenüber der kaiserlichen Familie besäße. Er neige auch nicht gerade zu entschlossenem Handeln. Aber er hätte einen guten Charakter. Der Kaiser sollte ihm gegenüber Vertrauen zeigen und ihm beweisen, dass er die Oldenburger Sache nicht aus den Augen verlor. Katharina widersprach Alexander nicht. Ihr war es gleichgültig, welcher Anlass zum Streit führte: Wenn nur Napoleon geschlagen wurde. Georg zeitigte in dem ganzen Vorgang keine sichtbaren Reaktionen. Es war ihm sicherlich nicht egal, wie man seinen Vater behandelte. Aber sein Wort galt wenig bei den Entscheidungen. Der Kriegsbeginn im Juni 1812 veränderte ohnehin alles.

Katharina im Lager des konservativen Moskauer Adels

In der Oldenburger Frage konnte Katharina Alexanders Verachtung oder gar Aktionen gegenüber Napoleon nur mit marginalen Resultaten schüren. Im Umgang mit Peter von Oldenburg bewies sie einen gewissen Kleingeist. Die wichtigste politische Entscheidung war getroffen: Russland verließ die Kontinentalsperre. Die militärische Auseinandersetzung Russlands mit Napoleon blieb nur noch eine Frage der Zeit. Politische Verhandlungen trugen fortan eine Alibifunktion. Die Annexion Oldenburgs bot einen Vorgeschmack auf die kommenden Ereignisse.

Wichtiger als das Schicksal ihres Schwiegervaters erschien der Großfürstin die Stärkung der autokratischen Herrschaft in Russland. Der Kaiser musste das Land entschlossen und mit fester Hand gegen den Usurpator führen. Ihn auf diesem Weg zu leiten, sah Katharina als ihre Hauptaufgabe an. Nach ihren gescheiterten dynastischen Eheplänen obsiegte der Versuch, unmittelbar in die russische Reichspolitik einzugreifen. Dabei nahm sie ganz bestimmte politische Kernbereiche ins Visier.

Die liberalen Reformpläne Alexanders für die künftige Staatsverwaltung und Wirtschaft des Landes waren kein Geheimnis. Der Staatssekretär Michail Speranski galt als der fähigste Vordenker für konstitutionelle und administrative Reformen. Alexander vertraute und hörte auf Speranski. Maria Fjodorowna und Katharina hielten konstitutionelle Schwärmereien angesichts der von Napoleon ausgehenden Gefahr für überflüssig und geradezu schädlich. Russland sollte den Usurpator schlagen und seine Macht in Europa ausdehnen. Wie konnte man den auf Kompromisse orientierten Kaiser in einen „Falken" verwandeln, der die Entscheidung auf dem Schlachtfeld suchte? Das alles bedachte Katharina und ging zwei eng miteinander verbundene Wege. Sie wollte das nationale und patriotische Bewusstsein des Kaisers stärken und den reformsüchtigen Querulanten Speranski aus der Regierung entfernen. Sie verfolgte beide Absichten so direkt und intensiv, dass jedermann sehen konnte, hier nahm eine starke Führungspersönlichkeit im Russischen Reich das Heft in die Hand. Nach allen verfügbaren Zeugnissen dachte Alexanders Schwester allerdings zu keinem Zeitpunkt wirklich ernsthaft an eine unmittelbare Machtübernahme im Reich. Vielleicht schwebte ihr das Beispiel der preußischen Königin Luise vor, die sich im Kampf gegen Napoleon verzehrte. Ob ihre Bemühungen tatsächlich mit den objektiven Reichsinteressen korrespondierten, diese Frage stellte sich Katharina allerdings nur selten.

Die Berichte über die Jahre in Twer nennen immer wieder zwei Persönlichkeiten, die zu den ständigen Gästen des kleinen Hofstaates zählten: der Dichter, Schriftsteller und Historiker Nikolai Karamsin und der Militärkommandant von Moskau, Graf Fjodor Rostoptschin. Katharina las die Schriften Karamsins. Aber erst im Jahre 1809 vermittelte Graf Rostoptschin auf einem Ball in Moskau die persönliche Begegnung mit dem weit gereisten Mann. Karamsin und Rostoptschin gehörten zu den russischen Persönlichkeiten, die den Wünschen und Zielen Katharinas entsprachen. Das konservative und autokratisch regierte Russland galt ihnen als höchstes Ideal. Exakt in den komplizierten Monaten der Jahre 1810/11, als die Frage von Krieg und Frieden zum zentralen Problem der russischen Politik wurde, entfaltete Katharina mit Karamsins und Rostoptschins Hilfe einen regelrechten polemischen Feldzug, um den Bruder zum militärischen Handeln gegen Napoleon zu zwingen.

Graf Rostoptschin hatte einst zu den engsten Freunden Kaiser Pauls I. gezählt. Obwohl Paul seinen getreuen Mitstreiter schäbig behandelte und vom Hof verwies, schwankte Rostoptschin niemals in seiner Zuneigung zu ihm. Alexander holte den Verbannten an den Petersburger Hof zurück, blieb ihm gegenüber jedoch stets misstrauisch. Rostoptschin verkörperte das Erbe Pauls und stachelte Alexanders schlechtes Gewissen stets neu an, am Tode des Vaters mitschuldig zu sein. Der Kaiser setzte Rostoptschin zwar in hohe Ämter ein, wahrte jedoch verhaltene Distanz. Katharina handelte genau entgegengesetzt. Gerade die Erinnerung an den Vater und dessen schwer ergründbares Wesen zogen sie offensichtlich zu Rostoptschin hin. Er verkörperte das alte Russland, das sie liebte, er würde seine neue Gönnerin sicherlich nicht enttäuschen.

Bei Karamsin lagen die Voraussetzungen für eine Hinwendung zu Katharina anders. Karamsin war kein Höfling oder Beamter. Man achtete ihn als weit gereisten und beliebten Schriftsteller, dessen literarische Werke aus moralischer Verantwortung gesellschaftliche Tabu-Themen aufgriffen und die Leserschaft erregten. Karamsin hatte sich nicht gescheut, im Jahre 1794 die Novelle „Insel Bornholm" zu veröffentlichen, in der er das in der russischen Öffentlichkeit verbotene Sujet der Bruder-Schwestern-Liebe behandelte. Katharina war für dieses Thema empfänglich, der Briefwechsel mit Alexander enthält dafür unmissverständliche Belege. Karamsin bedeutete ihr mehr. Die mit seinem Namen verbundene neue literarische Epoche erlaubte der Frau die Rolle eines verehrten und poetisierten Idealbildes – vergleichbar dem mittelalterlichen Verhaltensmuster von Rittern und angebeteten Damen. Katharina wollte verehrt und bewundert werden, sie wollte bis zur Kaiserin aufsteigen. Außerdem wollte sie bei politischen Entscheidungen nicht abseits stehen und erblickte sie in dem rückwärts gewandten und konservativen Geschichtsbild Karamsins eine gute Möglichkeit, den Kampf gegen Napoleon durch Stärkung der „ewigen" russischen Werte Autokratie und Orthodoxie zu unterstützen. Schließlich sah sie in Karamsin und

106

Rostoptschin geeignete Partner, wenn es galt, persönliche Rechnungen gegenüber dem ungeliebten Reformer Speranski zu begleichen.

Ende 1809 bot sich die Gelegenheit zu einer neuen forcierten Offensive gegen Napoleon. Der Kaiser der Franzosen hatte seine Eheprobleme noch nicht gelöst und keine neue Dynastie begründet. Er warb um die russische Großfürstin Anna, die jüngere Schwester Katharinas. Annas Name war bereits im Herbst 1808 in Erfurt gefallen. Damals hatte die russische kaiserliche Familie argumentiert, Anna wäre mit ihren 13 Jahren zu jung für eine Ehe. Bis Ende 1809 schlug Napoleon Österreich, die russischen dynastischen Bemühungen um das Haus Habsburg rückten in weite Ferne. Aber der Konflikt Napoleons mit Russland schwelte und wuchs weiter an. Napoleon ließ keine Gelegenheit aus, den Freund von Tilsit herauszufordern. Ende 1809 suchte Napoleon Russland dort zu treffen, wo es besonders empfindlich war: In der polnischen Frage. Napoleon ließ um die jetzt 14-jährige Anna Pawlowna erneut werben und lockte Kaiser Alexander mit dem Angebot, den russischen Einfluss auf Polen zu verstärken.

Alexander fiel es schwer, dem Angebot diplomatisch klug zu begegnen. Russland wollte Polen beherrschen und benötigte es zur Sicherung des westlichen Vorfelds. Das Land war für einen Krieg gegen Frankreich nicht genügend gerüstet. Die Kontinentalsperre drückte auf die Wirtschaft. Die kaiserliche Familie hasste den Usurpator. Es gab jedoch auch eine starke Partei am Hofe, die auf einen Ausgleich mit Bonaparte drängte und bereits die Ablehnung Katharinas im Jahre 1808 als politischen Fehler betrachtete. Russlands Kaiser musste alle diese Probleme berücksichtigen, obwohl er im Innern seines Herzens bereits von dem kommenden Krieg überzeugt schien. Sonst hätte er nicht jene Person um Rat gefragt, von der er wusste, dass sie die schärfste Gegnerin Napoleons war, sowohl aus politischen, als auch aus persönlichen Gründen: die Schwester Katharina. Er schrieb ihr am 4. Januar 1810 etwas theatralisch, wie es dem allgemeinen Umgangston der beiden entsprach: „Ich schreibe dir, um dich über eine der unglückseligsten Situationen meines ganzen Lebens zu informieren." In der Sache teilte er nüchtern mit: „Napoleon will sich scheiden lassen und hat ein Auge auf Anna geworfen. Dieses Mal ist es Tatsache und eine wirkliche Idee und ich verweise dich auf Einzelheiten, die dir unsere Mutter mitteilen wird." Der Kaiser war sich bewusst: „Es ist sehr schwer, den richtigen Kurs zu steuern. Meine eigene Ansicht ist die, dass man wegen der Mühen, Schwierigkeiten, der schlechten Gefühle und des Hasses, die dieser Mensch verursacht hat, ihm einfach seine Wünsche abschlagen sollte, anstatt sie mit schlechtem Gewissen anzunehmen. Ich muss unserer Mutter Gerechtigkeit widerfahren lassen, sie zeigte viel mehr Ruhe, als ich von ihr erwartet hätte. Sie hat den Wunsch ausgesprochen, sich auf jeden Fall mit dir zu beraten, und ich finde, dass sie dazu ein Recht hat. Auch ich suche deinen Rat mit dem Vertrauen, das ich in deinen Verstand und dein Herz setze."[52]

Während Katharina, Alexander und die über den neuerlichen Antrag Napoleons vor Zorn bebende Mutter nach einer geschickten Ausrede für die Ablehnung suchten, drängte der französische Botschafter Caulaincourt auf eine schnelle positive russische Antwort. Man fütterte ihn mit beruhigenden Falschmeldungen, etwa, dass Katharina 1808 keineswegs gegen die Ehe mit Napoleon gewesen sei, die Russen hätten es sehr gerne gesehen, wenn sie Kaiserin von Frankreich geworden wäre! Caulaincourt berichtete die interessanten Neuigkeiten sofort nach Paris. Inzwischen formulierte Katharina eine diplomatische Antwort. Anfang Februar empfing Alexander Caulaincourt, den er persönlich sehr mochte, und teilte ihm den Familienbeschluss mit: Die Kaiserinwitwe fühle sich durch den Heiratsantrag sehr geschmeichelt. Allerdings, die Großfürstin Anna habe erst jüngst ihren fünfzehnten Geburtstag gefeiert, ihre Figur beginne sich erst weiblich zu runden. Die Kaiserinwitwe musste bereits den Tod zweier ihrer Töchter, die zu früh verheiratet worden waren, beklagen. Sie wolle das Leben ihrer Tochter Anna nicht wegen der Erfüllung ehelicher Pflichten in zu jungen Jahren aufs Spiel setzen. Napoleon werde dafür sicher Verständnis haben und zustimmen, dass eine künftig durchaus mögliche eheliche Verbindung zunächst erst einmal um zwei Jahre hinausgeschoben werden sollte.

Alexander hoffte, dass eine verbindliche Auskunft zumindest so lange verschoben werden könnte, bis er den Franzosen eine annehmbare Vereinbarung über Polen abhandeln konnte. Diese Rechnung ging allerdings nicht auf. Im Februar 1810 kam aus Paris die Nachricht, Napoleon hätte sich für die österreichische Kaisertochter Marie Luise entschieden. Einen Vertrag mit Russland über Polen werde er nicht abschließen. Die kleine Anna schien vorerst vor einer militärpolitisch motivierten Ehe gerettet. Aber die Konflikte zwischen Russland und Frankreich erhielten neue Nahrung.

Während Katharina in Twer über die Abwehr des Ehewunschs Napoleons nachdachte, beschäftigte sie sich unablässig mit den innenpolitischen Seiten des Kampfes gegen den Usurpator. Der Heiratsantrag war eine Episode, die sich in das Gesamtbild fügte: Russland besaß nur eine Zukunft, wenn es in seinen orthodoxen und autokratischen Wurzeln unerschütterlich stark blieb. Es war kein Zufall, dass sich Katharina im Jahre 1809 mit den Problemen der Freimaurerei in Russland beschäftigte. Ständig erinnerte sie ihren Bruder Alexander an dieses in Russland umstrittene Thema. Freimaurerlogen gab es seit der Regierungszeit Katharinas II. Paul I. hatte sie bis in die höchsten Kreise der Aristokratie geduldet. Alexander I. ließ sie zunächst ebenfalls zu und sah in ihnen anregende Gesprächspartner zur Ausfüllung seiner liberalen und konstitutionellen Reformideen. Die Freimaurer hatten sich in Russland allerdings nie aus der Abhängigkeit von der Autokratie lösen können. Ihre Existenz stand und fiel mit dem Willen des Selbstherrschers. Sowohl Katharina II. als auch Paul I. hatten die Logen nach Gesichtspunkten ihrer Nützlichkeit für die Reichspolitik und die Monarchie zugelassen und wieder verboten. Daran sollte der Kaiser im Umgang mit den konstitutionellen Ideen eines Speranski denken!

Im Herbst 1809 ließ sich Katharina von Alexander mit freimaurerischer Literatur versorgen. Er teilte ihr seine umfangreichen Kenntnisse über die Freimaurer bereitwillig mit und merkte nicht, dass er ihr freiwillig und arglos politische Munition gegen seine eigenen Reformen und gegen Speranski lieferte. Alexander las die Mystiker und Freimaurer durchaus kritisch. Katharina verstand es sehr gut, auf Alexanders Hang zum Mystizismus treffsicher einzugehen und durch ihr ebenso selbstbewusstes wie endgültiges Urteil jene Willenskraft zu demonstrieren, die Alexander nach ihrer Ansicht fehlte. Auf seine Informationen über die Schriften der Freimaurer und Mystiker antwortete sie im Februar 1810 nicht abwertend, aber resolut: „Ich müsste sehr irren, wenn die Freimaurerei nicht dem Studium der Werke Christi ihren Ursprung verdankt. Man fand sie erhaben, aber nicht göttlich, wagte aber nicht, es laut zu gestehen und bildete Gesellschaften der Nachfolge Christi; das ist der Inhalt ihres Geheimnisses, ihrer Parabeln, ihrer Erhabenheit, und es ist wahr, dass die Aufrichtigen unter ihnen höchst achtbare Männer sind."[53]

Alexander ging diese vorerst rein theoretische Debatte voller Nadelstiche gegen Speranski mit der Zeit viel zu weit. Wer wusste denn, welche Leute die kaiserliche Post lasen? Er bewies ebenfalls Stärke und verbot jegliche weitere Korrespondenz über das Thema: „… surtout pas un mot sur les martinistes" – kein Wort über die Martinisten.[54] Er ahnte wohl, worauf Katharina wirklich hinaus wollte. Die Diskussion über Wert und Unwert der Freimaurer sollte ihn in seiner engen Beziehung zu dem Freimaurer Michail Speranski verunsichern. Die Großfürstin arbeitete an dem Thema jedoch unverdrossen weiter. Zunächst setzte sie die

Berufung Rostoptschins zum Militärbefehlshaber Moskaus durch. Der alte Freund Pauls I. konnte nun ohne große Probleme ständig bei ihr ein- und ausgehen. Er beriet sie ausführlich zu den Fragen der Freimaurerei und verfasste dazu sogar eine eigene Denkschrift, in der er jegliche Form von Geheimgesellschaft, die in freimaurerische Richtung ging, kategorisch ablehnte. Das Erbe Kaiser Pauls lebte weiter! Katharina konnte sich auf Rostoptschin ebenso verlassen wie auf den Dichter und Historiker Karamsin. Nikolai Karamsin kam im Februar 1810 auf die dringende Bitte Katharinas hin nach Twer und las ihr an sechs Abenden aus seiner grundlegenden Geschichte Russlands vor. Karamsin bekannte sich in dem Werk zur Allmacht der russischen Autokratie und leitete diese im politisch instrumentalisierenden Sinne aus der gesamten Geschichte Russlands ab.

Karamsin reflektierte die großzügige Aufnahme, die er in Twer erfuhr, mit einer den Wissenschaftler peinlich berührenden kritiklosen Blindheit: „... Ich kann ... nicht beschreiben, wie gnädig die Großfürstin und der Prinz gegen mich waren. Ich habe sie viel besser kennen gelernt als früher, da ich täglich Gelegenheit hatte, einige Stunden zwischen unsere historischen Vorlesungen hinein mit ihnen zu sprechen. Die Großfürstin würde in jedem Stande eine der liebenswürdigsten Frauen sein, der Prinz aber ist von engelgleicher Güte und hat in einigen Gebieten ungewöhnliche Kenntnisse." [55] Karamsin durfte seine Frau mit nach Twer bringen und sie verbrachten mehrere Wochen dort – tägliche Gespräche mit Katharina und Georg gehörten zum Ritual. Karamsin, glaubt man seinen Briefen, wurde von Katharina derart intensiv beeinflusst, dass er ihr in ihren politischen Zielen bedenkenlos folgte. Katharina, Georg von Oldenburg, Karamsin und Rostoptschin bildeten in Twer quasi den geistigen Führungskern einer konservativen politischen Gruppierung, die, gestützt auf den Moskauer Adel, den Kaiser zum Krieg gegen Napoleon drängte und den liberalen Reformkurs Speranskis unterminierte. Hin und wider artikulierte man in ihrem Umfeld den Wunsch nach einer Regentschaft Katharinas. Das klang doch sehr schmeichelhaft!?

Die Gruppe agierte weder plump, noch allzu vordergründig. Der stete Tropfen höhlte den Stein! Außerdem waren sich die Herren ihrer Bedeutung als Untertanen der kaiserlichen Majestät bewusst. Lediglich Katharina wagte ohne Bedenken das vorlaute Wort. Im März 1810, gerade als Alexander I. in Twer weilte, schrieb Rostoptschin an Katharina: „... Eigenliebig wäre es von mir, wenn ich mir einbildete, mich in den Augen derjenigen auszuzeichnen, welche in den Herzen aller Russen

Bewunderung und Liebe erweckt; aber meine Ergebenheit gegen die Person und das Andenken des Vaters gibt mir die Hoffnung, dass der durchdringende Blick, der ihm an Geist und Herzen ähnlichen Tochter sich manchmal auf denjenigen richten wird, der bis jetzt nur von Ehre und Treue geleitet wurde." Wenn Rostoptschin mit diesen Worten die Psyche Katharinas meinte, waren seine Wort unmissverständlich: Vater und Tochter waren aus dem gleichen Holz geschnitzt und eben darin sah der treue Diener eine Garantie für die Zukunft Russlands: „Demnächst werde ich bei der ersten passenden Gelegenheit eine ganz getreue, ausführliche Denkschrift über die letzten Tage der Regierung der Kaiserin Katharina und den ersten (Tag) des Kaisers Paul senden, wobei ich Euer Kaiserliche Hoheit bitte, alle diese Papiere bis zu meiner Rückkehr nach Twer zurückzuhalten." Er zog die Kontinuitätslinie zurück bis auf die Kaiserin Katharina die Große, suggerierte damit die Möglichkeit einer Katharina III. und übte sich in verschwörerischem Einverständnis mit der Adressatin, indem er seinen Schriften das Odium des Geheimnisvollen verlieh. Noch geschickter fiel der Satz aus: „Ich traf in Moskau eine Menge von Gerüchten über die Trennung von Frankreich und eine Niedergeschlagenheit über das Sinken des Geldwertes und das Steigen der Preise. Doch man muss auf Gott vertrauen." [56] Mit anderen Worten: Moskau erwartete den Bruch mit Napoleon; die Kontinentalsperre lähmte die Wirtschaft, aber der Kaiser übte sich lediglich im Gebet. Wenn Rostoptschin nicht das Einverständnis Katharinas zu dieser Kritik erwarten konnte, hätte er diese Zeilen nicht geschrieben, zumal Alexander eben gerade in Twer jene grundlegenden Fragen besprach, die er im Dezember 1809 aufgelistet hatte!

Ende Mai 1810, Kaiser Alexander I. weilte erneut in Twer, mahnte Rostoptschin noch einmal: „Schade, dass das Fleisch so teuer ist; schade, dass es schneit; schade, dass ich nicht der Zeuge Ihres Seelenglücks sein kann, der würdigen Belohnung der Tugenden, welche Ihnen die Vorsehung zum lebenslänglichen Besitz verliehen hat." [57] Selbst als Katharina im Sommer 1810 zur Entbindung nach Pawlowsk fuhr, konnte sich Rostoptschin nicht enthalten, in seine Wünsche für die Zukunft den Satz einzuflechten: „Gebe Gott, dass Sie eine glückliche Niederkunft haben und dass Sie gesund und froh in Ihre friedliche Behausung zurückkehren, wo ich als einer unter den Ersten die Ehre haben werde, der glücklichen Mutter zu gratulieren und die Händchen des Enkels oder der Enkelin meines und aller der Meinigen Wohltäters zu küssen." [58] Immer wieder spielte er auf die Verpflichtungen an, die Katharina als Tochter Pauls I. gegenüber Russland hatte. Er drängte die Frau, in Russland eine

Mission zu erfüllen, die den geheiligten orthodoxen Traditionen gerecht werden sollte.

In dieser Hinsicht unterschieden sich Rostoptschin und Karamsin trotz ihrer differenzierten intellektuellen Gaben nicht voneinander. Karamsin hatte Katharina die Manuskripte zur Geschichte Russlands vorgelesen. Er lenkte ihre autokratischen Überzeugungen in tiefere Bahnen. Katharina verstand die Lehrstunden als Argumentationshilfe gegenüber Alexander und für den Angriff auf Speranski. Sie beauftragte Karamsin, seine Ansichten in einer Denkschrift für den Kaiser zusammenzufassen. Der Autor erfüllte diesen Wunsch und schrieb den Text „Über das alte und das neue Russland" – sein Credo zur Bewahrung von Autokratie, Orthodoxie und untertäniger Volksgemeinde: Alles Wertvolle in Russland wurzelt in der Tradition. Jede gewaltsame Änderung führt, selbst wenn sie von der Regierung ausgeht, zum Untergang des Reichs und seiner Idee! Karamsin betrachtete Katharina offensichtlich als Vollstreckerin seines eigenen Denkens. Sie nahm das Manuskript an sich und wollte es Alexander weitergeben.

Der Zeitpunkt war treffsicher gewählt. Nach dem Erlass des Zoll-Ukas gab sich Alexander I. keinen Illusionen hin, in welche Richtung die russisch-französischen Beziehungen marschierten. Er schrieb Anfang Januar 1811 nach Twer: „Alles nimmt bedrohliche Ausmaße an, es sieht fast so aus, als ob erneutes Blutvergießen unumgänglich geworden ist, trotzdem ich alles Menschenmögliche getan habe, um es zu verhindern."[59] Der Kaiser suchte weiter nach einem friedlichen Ausweg. Er rechnete nicht mit einem unmittelbar drohenden Angriff Frankreichs. Auch die Schwester in Twer sollte ihn beraten. Die bereitete sich mit der Denkschrift Karamsins auf die Gespräche vor. Als der Bruder ihr im April 1811 relativ ratlos schrieb: „Ist er (Napoleon – Anm. d. Autors) ein Mensch, der das, was er in den Händen hält, unter keinen Umständen hergeben will, es sei denn, er wäre durch Waffengewalt dazu gezwungen? Und haben wir die Militärstärke, ihn dazu zu zwingen? ... In irgendeiner Form muss dieser Zustand ein Ende nehmen"[60], begriff Katharina, dass der günstigste Zeitpunkt gekommen war, ihren ohnehin nicht geringen Einfluss auf den Bruder in eine konkrete politische Richtung zu lenken. Es genügte ihr nicht, lediglich eine Ratgeberin zu sein. Die Rolle besaß ohnehin nur eine geringe Basis. Selbst ihre österreichischen Heiratspläne hatten Alexander nicht überzeugt. Er besaß einen umfassenderen politischen Weitblick, hatte sie zwar gewähren lassen, in seinen Bedenken letzten Endes jedoch Recht behalten.

In der neuen politischen Kampagne – wieder gegen Napoleon, aber nicht für eine eigene Krone, sondern für die Allmacht der russischen Autokratie, wollte Katharina dem Bruder ihren Willen regelrecht aufzwingen. Alexander besaß nach wie vor eine starke geheime Vorliebe für Katharinas Körper. Sie konnte ihn relativ leicht lenken. Im April 1811 flehte er sie geradezu an, dass ihm ein baldiger Besuch in Twer „für lange Zeit Erleichterung" verschaffen würde.[61] Aber ob sie seinen Willen zur Tat wirklich beeinflussen konnte, musste erst noch bewiesen werden.

Die Visiten folgten im Mai und im August 1811. Der Kaiser traf auf eine brisante Stimmung. Katharina spann ihre Fäden um Speranski dichter. Während der Kaiser von Zweifeln über den Ausgang des Ringens gegen Napoleon geplagt wurde, offerierte ihm Katharina Karamsins Denkschrift „Über das alte und das moderne Russland vom politischen und sozialen Standpunkt". Alexander sollte den Hass spüren, mit dem der Moskauer Adel Speranskis Reformpolitik begegnete – zu einem Zeitpunkt, in dem sich die Kriegsgefahr weiter verdichtete. Er nahm die Denkschrift an sich. Karamsin wollte sein Manuskript gerne wieder zurückhaben, aber die Gouverneurin beschied ihm sibyllinisch: „Ihre Denkschrift ist jetzt in guten Händen."[62] Ob sie ihn nur beruhigen wollte oder das Material gut gegen Speranski nutzen konnte, bleibt dahingestellt.

Es ist nicht bekannt, ob Alexander die Schrift damals wirklich selbst und vollständig gelesen hat. Die reformfeindlichen Argumente Karamsins kannte er ohnehin. Karamsin bezeugte selbst, dass er dem Kaiser in Gegenwart Katharinas und Georgs aus der Schrift Passagen zur Frage der Autokratie vorgelesen hatte. Er beklagte allerdings: „Ich hatte nicht das Glück, in einigen seiner Ansichten mit ihm überein zu stimmen."[63] Nur Katharina teilte seine Ansichten! Sie drückte ihrem Bruder die Denkschrift bei dieser Gelegenheit in die Hand und der blätterte sie flüchtig durch. Als Alexander am folgenden Tag abreiste, verabschiedete er sich von Karamsin kalt und unnahbar. Jede Berührung mit der Geschichte der russischen Autokratie bedeutete eine Erinnerung an den gemeuchelten Vater und weckte Aversionen. Das hatten wohl weder Karamsin noch Katharina bedacht, die in dieser Hinsicht weniger Skrupel besaßen. Vielleicht dachte Alexander auch nur, dass ihm Karamsins tief schürfende Entdeckungen in der praktischen Politik wenig helfen konnten.

Er war sich über die politische Tragweite der konservativen Opposition nicht im Klaren. Der Kaiser durchschaute Katharinas Vorgehen nicht. Er suchte in ihr einen Kraftquell für die kommenden Auseinandersetzungen mit Napoleon und vermutete in Twer keine Fallstricke gegen sich selbst. Katharina war bereits vollständig von der Notwendigkeit einer kriegerischen Auseinandersetzung mit Napoleon überzeugt. Alexander fesselte an Katharina noch immer deren Mischung von verführerischem Temperament und Sprödigkeit, Intelligenz und sprühender Phantasie sowie kühler Berechnung. Ihr Intrigantentum übersah er geflissentlich. Sie forderte – er gab. Er erfüllte ihr jeden persönlichen Wunsch. Ihre Kritik und ihre Aggressionen nahm er durchaus ernst. Alexander besaß zu Katharina Vertrauen. Sie durfte ihm ihre Wahrheiten und Unverschämtheiten offenbaren. Die Offenheit ging so weit, dass sie beide ihre Korrespondenz nur speziell ausgewählten Feldjägern in geheimer Mission anvertrauten. Eine Einsicht in die Briefe durch Dritte wäre politisch schädlich und persönlich kompromittierend gewesen. Dieses enge Verhältnis bedeutete indes nicht, dass Katharinas politische Ambitionen und Ziele tatsächlich in das Innerste des Kaisers gelangten oder gar folgsame politische Handlungen auslösten.

Wer stürzte den Reformpolitiker Speranski?

Das von Twer ausgehende Bemühen, die russische Kriegspartei mit Argumenten aus dem konservativen Geschichtsbild zu stärken, fand im Kampf um den Sturz Speranskis seine politische Fortsetzung. Im Jahre 1809 stand der Verfassungsrechtler und Verwaltungsexperte Michail Speranski auf dem Höhepunkt seiner beruflichen Laufbahn. Speranski arbeitete seit Jahren am Entwurf für ein neues Grundgesetz. Er nahm darin Elemente der Gewaltenteilung ebenso auf wie zivile Menschen- und Bürgerrechte. Die Entwürfe für eine Verfassung und ein Zivilgesetzbuch folgten weitgehend inhaltlichen Vorlagen aus dem englischen Konstitutionalismus. Jeremy Bentham zählte zu Speranskis Vorbildern. 1808 nahm Alexander I. Speranski zum Erfurter Treffen mit. Der Politiker durfte mit Napoleon ausführlich über Staats-, Verfassungs- und Rechtsfragen sprechen. Im gleichen Jahr ernannte der Kaiser Speranski zum Mitglied und 1810 zum Vorsitzenden der Rechtskommission beim Justizminister, die eine Systematisierung und Kodifizierung des russischen Rechts vorbereiten sollte.

Als Sekretär dieser Kommission arbeitete der Livländer Gustav Adolf von Rosenkampff, der Speranski den beruflichen Erfolg neidete und aus diesem persönlichen Grunde gegen ihn intrigierte. Speranski hing ernsthaften freimaurerischen Ideen an und war Logenmitglied. Das machte ihn in Korrespondenz mit seinen konstitutionellen Überlegungen zum Gegner des konservativen, grundbesitzenden Adels, dessen personelle Basis traditionell in Moskau lag. Die Großfürstin Katharina besaß zudem einen sehr egoistischen Grund für ihre Feindschaft gegen Speranski. Der Staatssekretär untersagte es Georg von Oldenburg, in dienstlichen Angelegenheiten direkt mit dem Kaiser zu kommunizieren. Der Gouverneur von Twer, Jaroslawl und Nowgorod hatte seine Berichte zuerst dem Staatssekretär vorzulegen und der entschied über die Weiterleitung an den Kaiser. Eine derartige Negierung der Vorrechte eines Mitglieds der kaiserlichen Familie erschien Katharina unerträglich. Der zweite Grund ihrer subjektiven Feindschaft gegen Speranski wog schwerer: Im Jahre 1809 wurde der schwedische König Gustav IV. Adolf nach Niederlagen gegen Frankreich und Russland durch eine Offiziersverschwörung gestürzt. Schweden schaffte das absolutistische Königtum ab. Vertreter der Russland freundlichen Partei fragten bei Speranski informell an, ob der russische Kaiser einer Wahl Georgs von Holstein-Oldenburg auf den schwedischen Thron positiv gegenüberstehen würde. Speranski informierte Alexander nicht über die Anfrage. Er verfasste selbst eine abschlägige Antwort. Speranski verhinderte dadurch möglicherweise, dass Katharina Königin von Schweden wurde. Nicht Kaiserin von Österreich, nun nicht einmal Königin von Schweden! Das hielt Katharina für unverzeihlich. Sie grub einen tiefen Graben zwischen sich und Speranski.

Beide Ziele, Alexanders politische Kompromissbereitschaft gegenüber Frankreich zu stören und Speranski zu stürzen, ließen sich von Twer aus in der Praxis schwer realisieren. Der Moskauer Adel und der Wille Katharinas besaßen nicht das Gewicht in der Reichspolitik, den Kaiser zu grundlegenden Veränderungen in der Außenpolitik und gegenüber seinem fähigsten Mitarbeiter zu veranlassen. Speranski blieb, von Alexander gefördert, weiter in höchsten Staatsämtern. Der Kaiser übermittelte Katharina sogar Anfang Juli 1811 die durch Speranski beeinflussten Reformpläne für den Senat, die Ministerien und die Polizei. Er lud sie und Prinz Georg zur Diskussion über die Vorschläge ein. Im Falle Napoleons fiel Alexander im November 1811 allerdings nichts anderes ein, als seiner Schwester zu schreiben: „Diese verfluchte Politik wird immer schlechter und diese teuflische Kreatur, die der Fluch der ganzen menschlichen Rasse ist, wird von Tag zu Tag verachtungswürdiger."[64] Von einer bedachten und überlegten politischen Strategie, fußend auf den Werten Karamsins und Katharinas, zeugte der Aufschrei wahrlich nicht.

Es bedurfte schärferer Drohungen aus Paris und gezielterer Aktionen am Petersburger Hof. Nur auf diesem Wege konnte man Alexander I. zu entschlossenem Handeln gegen Frankreich zwingen und ihn zur Entlassung Speranskis bewegen. Die historisch begründete vaterländischpatriotische Argumentation Karamsins fiel beim Kaiser angesichts der politischen Zwänge nicht auf den fruchtbaren Boden, den Katharina erhofft hatte. Er benötigte keinen historisch determinierten Fundamentalismus, sondern praktikable politische Ratschläge und konkrete Regelungen. Die russische militärische Führung rechnete wohl mit einem französischen Aufmarsch, ergriff jedoch bis zum Kriegsbeginn nicht alle erforderlichen Maßnahmen, damit der anrückende Feind bereits an den Grenzen zurückgeworfen werden konnte. Wenn Alexander seiner Schwester im November 1811 zum Stand der Kriegsvorbereitungen schrieb: „Wir sind ständig in Bereitschaft. Alles ist so weit, dass die militärischen Operationen jeden Augenblick beginnen können ... Noch niemals habe ich ein solches Hundeleben geführt. Ich stehe lediglich auf, um mich an meinen Schreibtisch zu setzen, und verlasse ihn nur, um mutterseelenallein ein Stück Brot zu verzehren ...",[65] dann war das eine Übertreibung, durch die er vielleicht das liebevolle Mitgefühl Katharinas erregen wollte. Aber die dachte und handelte politisch gezielter als ihr Bruder und ließ in ihrem Druck auf ihn nicht nach.

Zumindest im Falle Speranskis konnten Katharina, Rostoptschin und Karamsin den gewünschten Erfolg nach langer Minierarbeit verbuchen. Sie hüteten sich, offen an die Spitze einer Verschwörung zum Sturz Speranskis zu treten. Damit hätten sie den Kaiser gegen sich aufgebracht. Rostoptschin hielt die Intrige für das einzig wirksame Mittel zur Bekämpfung modernisierender Reformen. Aus der Verschwörung gegen Paul wusste er, wie es den Granden des Reichs ergehen konnte, wenn sie sich allzu sehr mit der handwerklichen Umsetzung der Revolte befassten. Katharina erinnerte sich gleichfalls daran, wie sehr ihr Bruder bedacht war, sich aus der Verschwörung gegen Paul herauszuhalten. Karamsin lieferte ohnehin nur die ideologische Begründung für den antireformerischen Kurs des Moskauer Adels. Sie mussten vorsichtig sein, Speranski stand dem Kaiser so nahe, war diesem eine derart wertvolle Stütze, dass er jeden Angriff als Attacke gegen sich selbst auffassen konnte. Also mussten unverfängliche Kreaturen und Anlässe für den Coup gefunden werden.

Das ist allerdings nicht schwierig gewesen, denn auch Speranski besaß Angriffsflächen. Es nahte die Stunde des Sekretärs Rosenkampff. Dieser Mann war Speranski an Intellekt und Fähigkeiten weit unterlegen, gierte aber nach dessen Posten. Eine zweite zwielichtige Figur, der in Schweden mehrfach vorbestrafte Gustav Mauritz Freiherr von Armfeld kaprizierte sich auf gefälschte Dokumente Speranskis. Beide zusammen, unterstützt durch willfährige Höflinge, setzten böswillige

Gerüchte in Umlauf, Speranski hätte beim Erfurter Fürstentag in den persönlichen Gesprächen mit Napoleon Landesverrat begangen. Seine Reformvorschläge zur russischen Gesetzgebung wären lediglich Abschriften der Napoleonischen Kodifikationen. Speranski betreibe Hochverrat, weil er die diplomatische Korrespondenz, die aus Paris direkt an den Kaiser ging, kontrollierte. Er bereitete faktisch die Eroberung Russlands durch Napoleon vor. Katharina beschränkte sich in Twer vorerst darauf, ihren Bruder gelegentlich und vorsichtig an eine notwendige Trennung von Speranski zu mahnen.

Von mehreren Seiten drangen Giftpfeile auf den Kaiser ein und riefen endlich Reaktionen hervor. Er empfing Speranski im Frühjahr 1812 nicht mehr wie bisher zur täglichen Berichterstattung. Der Staatssekretär schöpfte daraus zuerst keinen ernsten Verdacht. Als er am 17. März 1812 auf acht Uhr abends zum Kaiser beordert wurde, ging er arglos zu dem Treffen. Um so tiefer wirkte der Schock seiner Entlassung. Von einer Stunde zur anderen verließ Speranski die Brücke des Staatsschiffs. Noch in derselben Nacht ging er in die Verbannung nach Nishni Nowgorod, später nach Perm. Alexander I. soll beim Abschied geweint und etwas später die mysteriösen Worte benutzt haben: „Nur die gegenwärtigen Umstände konnten mich zwingen, dieses Opfer der öffentlichen Meinung zu bringen."[66]

Die „öffentliche Meinung" – wer war das? Kein Politiker, kein Aristokrat, nicht einmal die persönlichen Geistlichen übten auf Alexander einen größeren Einfluss und Druck aus als seine Mutter und in ihrem Verbund die Schwester Katharina. Die „öffentliche Meinung" war in diesem Falle vor allem der Moskauer Adel, der um die mit einer Reichsreform einhergehenden Verluste an Steuerprivilegien fürchtete. Dass eine politische und wirtschaftliche Modernisierung der Stärkung im Abwehrkampf gegen Napoleon dienen konnte, wollten die Moskauer Bojaren nicht wissen. Es existiert in der bekannten Korrespondenz Katharinas mit Alexander nicht eine einzige Textstelle, in der sie, die so außerordentlich großen Wert auf ihre politische Einflussnahme legte, ein sachliches Wort zugunsten der Pläne Speranskis eingelegt hätte. Sie predigte das Credo Karamsins, förderte die Berufung Rostoptschins in höhere Staatsämter und spornte Alexander zu intensiveren Kriegsvorbereitungen an. Katharina besaß mehrere Motive für die Entlassung des fähigsten russischen Staatsbeamten seiner Zeit.

Allerdings bleiben Fragen offen. Folgte Katharina lediglich einer Laune gegen den Mann, der auf Alexander einen größeren Einfluss ausübte, als sie selbst? Rächte sie sich an dem Beamten, der ihren Gemahl kontrollierte und der ihr die schwedische Königskrone „vermasselt" hatte? Alles das mag mitgespielt haben. Es ist jedoch eine geschichtliche Erfahrung, dass allzu großer Reformeifer in Russland stets auf den energischen Widerstand des Moskauer Adels und der Provinz gestoßen ist. Peter der Große bekam das zu spüren, als sich die Moskauer Opposition um seinen tragischen Sohn Alexei sammelte und er dieser Opposition nur Herr werden konnte, indem er den Sohn opferte. Als Katharina die Große am Beginn ihrer Regierungszeit eine umfassende Reichsreform in Gang setzte, ließ sie die Pläne in Moskau beraten und war am Ende froh, dass sie der russisch-türkische Krieg vor einem Desaster ihrer Vorhaben bewahrte. In Russland haben umfassende Reformen stets zunächst zur Destabilisierung im Innern geführt. Am Vorabend des Krieges gegen Napoleons Große Armee konnte Russland, das lehrt seine gesamte Geschichte, kein umfassendes Reformprogramm gebrauchen. Die Kontinentalsperre hatte genug wirtschaftlichen Schaden angerichtet und die Rüstung verschlang unendliche Mittel. Karamsins Denkschrift betonte die Stabilität der Autokratie. Im Dezember 1811 überreichte er seiner Gönnerin noch einmal eine Sammlung mit Zitaten russischer Autoren, die sich samt und sonders für die Selbstherrschaft aussprachen. Aus den überkommenen Zeugnissen Katharinas ist die Übereinstimmung mit dieser Denkweise erkennbar. Es gibt keinen konkreten Beleg, aber am Ende blieb Katharina tatsächlich eine der wenigen Personen, die Alexander wirklich zur Entlassung Speranskis bewegen konnten. Diesen Schritt hielt sie offensichtlich für unabdingbar, in Russland jenen Geist des Nationalstolzes und Patriotismus anzufachen, der notwendig sein würde, wenn es tatsächlich zum Krieg kommen sollte. Im Abbruch aller Reformbestrebungen sah sie den geeigneten Weg, die Loyalität des Landadels für den Kaiser zu bewahren. Wenn Katharina diese Erwartung hegte, dann wurde ihre Geduld auf keine lange Probe gestellt.

Kapitel IV

Niemals Frieden mit Napoleon! – Das Drama von 1812 und die Versuchung der Macht

Der Krieg beginnt

Wenn Katharina politischen Druck auf den Kaiser ausübte, dann ge-schah dies im konkreten Falle nicht nur aus egoistischen Herrschafts-gründen, sondern um den Kaiser zu zwingen, seine Autorität im Lande, bei der Armee und gegenüber Napoleon zu stärken. Sie durchschaute zwar nicht die Winkelzüge der internationalen Diplomatie, aber der Krieg stand ganz offensichtlich vor der Tür und duldete keine Schwäche in der Führung Russlands. Der Druck auf den Kaiser sollte stark und anhaltend bleiben. Persönliche Sensibilitäten mussten in den Hinter-grund rücken. Briefe, wie jenen Alexanders an Napoleon vom 12. März 1812 widersprachen dem Gefühl und dem Verstand Katharinas „... Sie beklagen sich wegen des Protestes in der Oldenburger Angelegenheit; aber konnte ich denn anders handeln? Das kleine Stückchen Land ge-hörte meinem Verwandten, der alle erforderlichen Formen eingehalten hatte. Er ist Mitglied des Rheinbunds und steht somit unter dem Schutze Eurer Majestät; seine Besitzungen sind ihm durch einen Artikel in dem Vertrag von Tilsit garantiert, und er verliert sie, ohne dass Sie mich auch nur mit einem Worte davon benachrichtigen. Welche Wich-tigkeit konnte denn das Stückchen Land für Frankreich haben, und zeigt wohl dieser Schritt Europa gegenüber Ihre Freundschaft gegen mich? Alle Briefe, die zu der Zeit von überall her geschrieben wurden, bezeu-gen einstimmig, dass man die Vereinigung Oldenburgs mit Frankreich als eine Folge des Wunsches Eurer Majestät ansah, mich zu kränken. Was meinen Protest betrifft, so liefern die Auseinandersetzungen des-selben den unwiderleglichen Beweis, dass ich das Bündnis mit Frank-reich allen anderen Erwägungen voranstelle und offenbaren deutlich, wie falsch es ist, daraus auf eine Lockerung des Bündnisses mit Eurer Majestät zu schließen."[67]

So kläglich und bittend durfte kein Kaiser schreiben, dessen Land An-strengungen unternahm, sich auf den Krieg vorzubereiten, der den Mut zum Austritt aus der Kontinentalsperre besessen hatte. Katharina mag diesen Brief nicht gekannt haben, aber sie wusste um die Stimmungen

Alexanders und fand darauf zum gegebenen Augenblick nur eine passende Antwort: Rostoptschin, der gerade mit ihr über Speranski triumphiert hatte, dessen intriganter und geradezu reaktionärer Geist bekannt war, Rostoptschin, der Bruder im Geiste Pauls I., diesen Mann ließ Katharina durch ihren Bruder nach eigener energischer Intervention im April 1812 zum Militärgouverneur der alten Hauptstadt Moskau berufen. Sie sicherte sich damit die Sympathie des Moskauer Adels, wohl wissend, dass der kommende Krieg ein Höchstmaß an patriotischen Leistungen verlangen würde.

In dem gleichen Sinne bemühte sich Katharina um die zentrale Personalfrage des kommenden Kriegs. Ihr Bruder hielt sich seit dem Frühjahr im militärischen Hauptquartier in Wilna auf. Er hegte noch immer die verwegene Vorstellung, er könnte dem Feind am besten an der Spitze seiner Soldaten begegnen und den Oberbefehl über die Armee übernehmen. Viele vernünftige Politiker und Würdenträger rieten ihm davon ab. Katharina teilte deren Meinung und entsandte ihren Gemahl Georg in das Hauptquartier. Er sollte ihren Einfluss auf Alexander geltend machen: In der Stunde der Gefahr benötigte Russland keinen Kaiser als Hauptmann im Felde, sondern seinen Kaiser, der das Reich von St. Petersburg aus regierte. Aber Alexander hörte nicht auf die Schwester und schrieb ihr noch am 9. Juni 1812 mit schwer verständlicher naiver Unbefangenheit: „Diese Zeilen kritzle ich nach einem kurzen Schläfchen, nachdem ich um fünf Uhr morgens losgeritten bin, um eine Inspektionstour von 96 Kilometern, davon 32 hoch zu Ross, zu machen … Trotzdem fühle ich mich ganz frisch, und ich werde bald mein Pferd für einen neuen Erkundigungsritt wieder satteln lassen …"[68] Je drohender der Krieg heranrückte, umso deutlicher sah Katharina die Gefahr: Die schwierigsten Probleme bei der Organisierung der Abwehr des Feindes begannen an der Spitze des Reichs, beim Kaiser und seinen Generälen.

Am 12. Juni 1812 überschritt die Große Armee Napoleons die Memel und marschierte in Russland ein. Zu ihren Kontingenten gehörten auch Truppen der Rheinbundstaaten, u. a. Württembergs. König Friedrich I. von Württemberg führte gegen seine Schwester Maria Fjodorowna Krieg! Von den 15 800 in den Krieg gepressten Württemberger Soldaten kehrten am Ende 300 lebend zurück! Das württembergische Kontingent stand unter dem Oberbefehl des Kronprinzen Friedrich Wilhelm Karl, der wenige Jahre zuvor auf der Kandidatenliste für eine Ehe mit Katharina gestanden hatte. Wegen einer Ruhrerkrankung kehrte Wilhelm bald in die Heimat zurück – was von Napoleon als eigenmächtiger Abbruch des Feldzugs gewertet wurde.

Die kaiserliche Familie setzte sich seit Monaten mit dem drohenden französischen Angriff auseinander. Als er Wirklichkeit wurde, fiel sie in tiefe Schrecken. Das russische Volk erlebte einen Schock. Die desolate Situation in der Armee, die ungenügenden Kriegsvorbereitungen, die Zerstrittenheit und Selbstsucht in der Generalität und die Führungsschwäche des Kaisers, alles das trat in den ersten Tagen und Wochen des Krieges mit elementarer Deutlichkeit hervor. Die Große Armee Napoleons marschierte in gewohnter Manier von Sieg zu Sieg – immer tiefer in das russische Land. Austerlitz, Friedland, Tilsit, die Kontinentalsperre und nun der Angriff auf das eigene Land – Kaiser Alexander I. galt den Russen als der wahre Schuldige an dem ganzen Dilemma. Die Bemühungen Katharinas in Twer, ihren Bruder durch Appelle, ideologischen Druck und selbst durch Intrigen zur politischen Härte zu veranlassen, hatten ganz offensichtlich keinen ausreichenden Erfolg gebracht. Im Gegenteil. Ihr Engagement gegen Speranski hatte Alexanders Argwohn geweckt. Jetzt stand die Existenz Russlands auf dem Spiel. Für Katharina bedeutete das Drama Russlands zugleich eine Chance, das Projekt ihrer Selbstinszenierung als politische Vordenkerin des Kaisers in die Tat umzusetzen. Gestützt auf die traditionsbewussten russischen Patrioten im Moskauer Adel, attackierte sie ihren Bruder vom ersten Kriegstag an, zwang sie ihn regelrecht zur Selbstbesinnung auf seine Kraft, um eines Tages nicht nur als Befreier Russlands, sondern ganz Europas in die Geschichte einzugehen. Das heldische Wort bedeutete nichts anderes als die Ausbreitung der militärpolitischen Macht Russlands über ganz Europa.

Alexander durfte nicht länger vor dem angreifenden Feind durch Russland irren – er musste Russland wirklich regieren, alle Kräfte des Landes mussten für den Krieg gegen Napoleon mobilisiert werden, Russland blieb der Hort der Autokratie – nur daraus erwuchs der Mut und die Kraft zur künftigen Herrschaft über weitere Teile Europas. Katharina wollte schon dafür sorgen, dass ihr Anteil an dem Sieg und an dem machtpolitischen Triumph nicht zu gering ausfiel. Sie fühlte, dachte und handelte als konservative russische Politikerin unter den Bedingungen eines harten und entbehrungsreichen Krieges. Das Leben selbst schrieb ihr, Prinz Georg und den Moskauer Freunden in den folgenden Monaten unerbittlich die konkreten Aufgaben zu. Abhängig vom Kriegsverlauf nutzte Katharina ihre Macht über den Kaiser. Er musste Ordnung in die Generalität bringen und einen fähigen Oberbefehlshaber ernennen. Alexander musste schnellstens nach Petersburg zurückkehren und von dort aus das Land regieren, damit Europa die Unbeugsamkeit der

Russen sehen konnte. Moskau, gegen das sich der Stoß Napoleons richtete, musste das Herz des russischen Widerstandes bleiben. Von Moskau hatten die entscheidenden Impulse für die Kriegsführung auszugehen: die demonstrative Aufstellung neuer Truppen und Landwehrverbände und Appelle an die patriotische Abwehrkraft des ganzen Landes. Wenn es denn sein musste, sollte Moskau auch ein äußerstes Signal für die unendliche Kraft und Leidensfähigkeit der Russen setzen.

Im Grunde genommen spielte Napoleon, indem er den Hauptstoß der Armee gegen Moskau richtete, Katharina unbewusst in die Hände. Moskau rückte auf eine schrecklichen Weise in den Mittelpunkt aller Überlegungen. Petersburg galt vorerst als ein sicherer Ort für den Herrscher, aber Moskau entschied das Schicksal Russlands. Twer lag zwischen den beiden Hauptstädten. Es war die ideale Schaltstelle für eine energische Frau aus dem Kaiserhause, die selbst Schicksal spielen wollte. Es war etwas Mystisches in diesem Gedanken und Katharina kostete ihn aus. Endlich hatte das Leben sie in eine Position gebracht, in der sie selbst agieren konnte, ohne den Verdacht zu erregen, sie strebte nach dem Thron. Der Krieg verlangte den vollen Einsatz, ohne Rücksicht auf Person und Stellung.

Die Wochen zwischen dem Einfall der Großen Armee im Juni 1812, der Schlacht von Borodino im September und dem darauf folgenden Einzug Napoleons in das brennende Moskau waren voller Aufregung, Arbeit und Sorgen. Fast könnte man vergessen, dass Katharina zunächst von einem Besuch in Petersburg nach Jaroslawl fuhr und dort am 14. August 1812 ihren zweiten Sohn, den Prinzen Konstantin Friedrich Peter von Holstein-Oldenburg, zur Welt brachte. Das Kind wurde zunächst in die Obhut der Großmutter nach Petersburg gegeben. Katharina besaß weder Zeit noch Geduld, sich um das Kind zu kümmern. Der Krieg verschlang all' ihre Kräfte.

Russland drohte in den ersten Kriegswochen eine nationale Katastrophe. Die Heerführer konnten sich nicht über einen wirksamen Operationsplan einigen und wichen unter großen Verlusten immer weiter nach Osten zurück. Über den Kriegsminister Barclay de Tolly schrieb Alexander voll unverständlicher Resignation an Katharina: „Es herrscht eine große Missstimmung gegen den Kriegsminister, der, ich muss es bemerken, dafür gute Gründe abgibt, denn seine Haltung ist unentschlossen, und seine Arbeit ist ein Chaos." [69] Die Anwesenheit des Kaisers bei der Armee störte erheblich. Schließlich fassten sich sechs Generäle ein Herz und forderten seine Rückkehr nach Petersburg. Es musste unverzüglich ein entschlossener Oberbefehlshaber gefunden werden und der Kaiser musste das Volk – von Moskau aus – zum Kampfe rufen. Das waren die dringendsten Probleme, die Katharina in jenen Wochen bewegten und bei denen sie persönlich zur Lösung beitrug.

Georg von Holstein-Oldenburg befand sich seit April 1812 im Hauptquartier bei Wilna und operierte nach den Weisungen seiner Gemahlin, die ihrem kaiserlichen Bruder Anfang Juni 1812 unverblümt schrieb: „Um Gottes willen übernehmen Sie nicht das Oberkommando des Heeres … Ohne Zeit zu verlieren muss ein Heerführer gefunden werden, der das Vertrauen der Armee besitzt. Sie sind nicht dazu fähig, den Soldaten Vertrauen einzuflößen."[70] Das waren harte Worte, dem Kaiser mehr als lästig. Er behandelte Georg zwar mit großer Freundlichkeit, schickte den Aufpasser jedoch nach Kriegsbeginn schnell zu seiner Gemahlin nach Twer zurück. Was sollte der Kaiser mit einem Mann im Krieg anfangen, der zwei Jahre zuvor demonstrativ erklärt hatte, wie ungeeignet er für den Waffendienst war? Georg reiste nach Twer und Jaroslawl und vollbrachte in den folgenden Monaten beachtliche Leistungen zur Ausrüstung der russischen Armee mit Soldaten, Material und Sanitätseinrichtungen.

Als der Krieg begann, musste Katharina ihrem Bruder natürlich nicht erklären, dass er jetzt alle Kräfte für den Abwehrkampf anspannte. Nur bei den dafür notwendigen konkreten Schritten bedurfte er nach Katharinas Überzeugung ständiger Unterstützung. Wohl schrieb der Kaiser am 27. Juni 1812 an General Barclay de Tolly: „Ich habe mich entschlossen, ein Manifest zu erlassen, um bei einem weiteren Vordringen des Feindes das Volk aufzurufen, denselben mit allen Mitteln zu vernichten, und ich halte dies für eine Sache, welche die Religion selbst vorschreibt. Ich hoffe, dass wir ebenso viel Festigkeit zeigen werden wie die Spanier."[71] Diese Absichtserklärung beruhigte seinen „wahren Engel", seine „köstlich Wahnsinnige", die Schwester in Jaroslawl nicht. Dabei war ein patriotischer Aufruf zum Vaterländischen Krieg nicht das entscheidende Problem. Der konnte nach ihrer Überzeugung im Volke nur wirksam werden, wenn sich der Kaiser zu einer durchgreifenden Tat bei der Besetzung des Oberkommandierenden der Armee entschloss.

Obwohl Generäle der Armee auch in dieser Hinsicht in den Kaiser drangen, gaben die Forderungen aus Twer, Jaroslawl und Moskau trotz ihrer Uneinheitlichkeit den Ausschlag. Graf Rostoptschin riet dem Kaiser, den Feldmarschall Kutusow an die Spitze der Armee zu stellen. Der alte Kutusow war ihm persönlich nicht besonders angenehm, aber der Moskauer Adel forderte den keineswegs genialen Feldherrn an die Spitze der Armee, weil seine Art des Umgangs mit den Menschen eine

Gewähr für den anhaltenden Widerstand des russischen Volkes, selbst unter großen Opfern, sein konnte. Georg von Holstein-Oldenburg widersprach in diesem Falle Rostoptschin und votierte für die Führungsansprüche des Fürsten Bagration. Katharina befand sich in einer schwierigen Lage: Russland musste gerettet werden, aber Bagration war ihr ehemaliger Geliebter. Sie wählte den Kompromiss. Katharina sprach sich zwar auch für Bagration aus, war aber klug genug, dem Kaiser die Entscheidung nicht abzunehmen. Der Kaiser durfte keine Führungsschwäche zeigen! Sie schrieb: „Wenn die Dinge so weitergehen, wird der Feind innerhalb von zehn Tagen in Moskau sein. Georg zeigt dir nur einen Weg, aber es gibt auch noch andere. Aber um Gottes Willen übernimm das Oberkommando nicht selbst. Es ist unerlässlich, dass du ohne Verzögerung einen Führer bestimmst, zu dem die Truppen Vertrauen haben, andernfalls wissen sie nicht, wem sie gehorchen sollen ... Bitte vergib mir, wenn dich dieser Brief verstimmt, denn er soll dir nur meine guten Absichten und meine persönliche Ergebenheit für dich zeigen, an denen du nie zweifeln sollst."[72]

Alexander verstand den ernsten Wink, konnte auch gar nicht anders handeln. Er misstraute Bagration noch mehr als dem Austerlitz-Veteranen Kutusow und berief diesen am 20. August 1812 zum Oberbefehlshaber. Trotz des kaiserlichen Widerwillens, den die Schwester teilte: Ein erster entscheidender Schritt zum Sieg über Napoleon war damit getan. Der nächste musste schnell folgen. Alexander begab sich tatsächlich nach Moskau in die Höhle des Löwen, um das Volk zu den Waffen zu rufen. Dennoch musste es Katharina befremdend erschienen sein, wenn er ihr nach seiner Ankunft in Moskau schrieb: „Die Stimmung des Volkes hier ist ganz ausgezeichnet ... Ich kann dir gar nicht sagen, was für glückliche Erinnerungen an schöne Zeiten ... beim Anblick Moskaus über mich kamen. Ich musste wie ein Kind weinen."[73] Reagierte so ein Kaiser, dessen Land im Kriege und am Rande des Abgrunds stand?

Doch Katharina, Georg und Rostoptschin hatten mit ihren Anhängern gute Vorarbeit geleistet. Der Aufenthalt in Moskau wurde tatsächlich das aufrüttelnde Ereignis, welches das ganze Land erwartete. Alexander wurde bewusst, welche politische und ideologische Bedeutung Moskau für den russischen Patriotismus besaß. Anfang Juli 1812 hatte er den Fürsten Trubetzkoi von Polozk aus mit einem Aufruf nach Moskau geschickt. Der Kaiser überschrieb den Aufruf beziehungsreich: „An unsere Hauptresidenzstadt Moskau". Er wies Moskau auf die vom Feinde ausgehende Gefahr hin und wandte sich „an die alte Residenz unserer Vorfahren", um dort zuerst „neue vaterländische Streitkräfte" in Ergänzung zum regulären Heer aufzustellen. Moskau war „immer das Haupt der übrigen russischen Städte". Es war das Kraftzentrum Russlands. Die Rettung des Glaubens, des Thrones und des Kaiserreichs verlangten in der Stunde der Gefahr nach der Kraft Moskaus. „Und nun entflamme sich in den Herzen unseres berühmten Adels und in allen übrigen Ständen der Geist eines gerechten Kampfes, den Gott und unsere rechtgläubige Kirche segnet; dieser allgemeine Eifer schaffe neue Streitkräfte, von Moskau ausgehend, im ganzen weit ausgedehnten Russland! Wir werden nicht zögern, in dieser Residenz und an andern Orten Unseres Reiches inmitten Unseres Volkes zu stehen zur Beratung und Führung aller Unserer Landwehren, sowohl derer, die jetzt dem Feinde den Weg verlegen, als derer, die neu gebildet werden, um den Feind überall zu schlagen, wo er sich nur blicken lässt."[74]

Der Appell verfehlte seine Wirkung nicht. Als der Kaiser am 15. Juli 1812 nach Moskau kam, rief Rostoptschin in der Adelsversammlung fordernd aus: „Von dort her" – er wies auf den Saal der Kaufmannschaft – „strömen die Millionen; aber unsere Sache ist es, eine Landwehr aufzustellen und Leib und Leben einzusetzen."[75] Moskaus Adel und Kaufmannschaft mobilisierten insgesamt 80 000 Menschen. Der Adel opferte 3 Millionen Rubel, die Kaufmannschaft 9 Millionen. Der Adel von Twer erklärte sich drei Tage später bereit, im Notfall alles in seinen Kräften Stehende tun zu wollen, um den Kaiser und das Vaterland zu schützen. Prinz Georg von Holstein-Oldenburg schrieb an Alexander: „Der Adel des Gouvernements Twer zeigte bei dieser Veranlassung eine wirklich untertänige Ehrfurcht vor der Erlauchtesten Kundgebung und eine nur dem russischen Adel eigene Liebe zum Vaterland. Er ist bereit, wenn es Euer Majestät angenehm und zum Schutze des Reiches notwendig ist, sein Blut zu vergießen und sein ganzes Vermögen zu opfern."[76] Das war vielleicht ein wenig überzogen, charakterisierte jedoch die Stimmung, in der Moskau und Twer – Rostoptschin und Katharina, an der Seite Russlands und des Kaisers dem Feind entgegentreten wollten.

Am 31. Juli 1812 verließ Alexander Moskau und eilte über Twer nach Petersburg. Er blieb nur wenige Stunden bei Katharina und Georg. Es gibt keine Aufzeichnungen über das Gespräch. Die Verabschiedung war sehr herzlich. Alle wussten jedoch, dass ihnen die schwersten Prüfungen noch bevor standen. Aus Petersburg schrieb Alexander an Katharina: „Du kannst dir vorstellen, wie viel Arbeit hier in St. Petersburg nach so langer Abwesenheit hier auf mich wartete, ganz besonders unter den gegenwärtigen Umständen ... Hier ist die Gesinnung schlechter als in Moskau oder im Innern des Landes."[77] Petersburg war nicht unmittelbar vom Feind bedroht. Katharina musste alle Kraft aufwenden, damit der Bruder nicht fern den unmittelbaren Kriegsereignissen wieder mystischen Stimmungen nachgab und die in Moskau gewonnenen Erkenntnisse langsam verblassten.

Zwei Ziele hatte Katharina bis zu diesem Zeitpunkt erreicht: Alexander beendete durch die Berufung Kutusows die Unordnung an der Spitze der Armee und er verzichtete auf das Oberkommando; in Moskau hatte er sich überzeugen können, das der alte russische Adel eine tragende Säule im Kampf gegen Napoleon war – nicht die Petersburger Bürokratie. Er musste seiner Schwester Recht geben. Er verstand, dass die entscheidende Schlacht um Moskau geführt wurde. Weder der Kaiser noch die Schwester noch das ganze Land sollten lange Zeit zum Überlegen haben. Am 7. September 1812 kam es zu der verheerenden Schlacht bei Borodino – bereits in Reichweite der alten russischen Hauptstadt. Die blutige und tragische Schlacht, der Leo Tolstoi in dem Roman „Krieg und Frieden" ein ewiges Denkmal gesetzt hat, endete im Grunde unentschieden. Kutusow zog seine Truppen in der Nacht vom Schlachtfeld zurück. Weder er noch Napoleon konnten eine Entscheidung erzwingen.

Verantwortung vor dem russischen Volk nach der Art Katharinas

Die russischen Soldaten zogen sich nach Moskau zurück, verfolgt von der Großen Armee. Die russischen Generäle trafen sich am 11. September 1812 in dem Dorf Fili zum Kriegsrat und fassten einen entscheidenden Beschluss: Kutusow sollte Moskau aufgeben, seine Truppen hindurchmarschieren lassen, hinter der Stadt Auffangstellungen beziehen und dem Feind die alte russische Hauptstadt preisgeben. Es war der schwerste Entschluss, den russische Feldherrn überhaupt fassen konnten.

Katharina, die durch ihre geographische Nähe und durch die engen Verbindungen zum Moskauer Adel quasi unmittelbare Zeugin der Ereignisse wurde, die mit dem Schicksal Moskaus litt, geriet zeitweilig in Panik. Sie glaubte ernsthaft, dass der schlimme Rückzug noch nicht ausgereicht hätte, in Alexander jene bedingungslose Standhaftigkeit zu erzeugen, die Russland benötigte. Die unmittelbare Bedrohung Moskaus war ihr ein schreckliches Signal – bis zu diesem Punkte und keinen Schritt weiter! Aber sie versuchte auch zu verstehen, dass selbst der Fall Moskaus noch nicht das Ende Russlands bedeuten musste. Mit aller Kraft, mit brutalem Egoismus und schonungsloser Offenheit trat die Schwester dem Bruder in dieser ernsten Stunde entgegen. Sie ging davon aus, dass er ihrem zwingenden Wesen nach wie vor nicht gewachsen war. Es ist eine romantisierende Interpretation, dass zwischen Alexander und Katharina ein besonders enges Vertrauensverhältnis bestand. Die Wege und die Art ihrer Bindung aneinander sind, wie wir gesehen haben, ganz anderer Natur gewesen. In der Stunde der Gefahr ging es um Russland. Die Dynastie stand mit dem Rücken zur Wand und kämpfte um ihr Überleben. Da kannte Katharina weder Rücksichten noch Verständnis oder gar Sentimentalitäten.

Katharina beschwor ihren Bruder am 15. September 1812 aus Jaroslawl: „Moskau ist eingenommen worden. Es ist unfassbar. Vergessen Sie Ihren Entschluss nicht: Keinesfalls Frieden – und Sie können noch hoffen, Ihre Ehre wiederzuerlangen ... Wenn Sie in Sorge sind, vergessen Sie nicht, dass Ihre Freunde bereit sind, zu Ihnen zu eilen und sehr glücklich wären, Ihnen behilflich sein zu können; Verfügen Sie über sie. Mein teurer Freund, keinen Frieden, selbst wenn wir uns bis nach Kasan zurückziehen müssten, keinen Frieden!"[78] Georg unterstützte die Gemahlin an diesem Punkte vollständig, zumal die Zukunft Oldenburgs vom Ausgang des Ringens in Russland abhing. Die beiden Eheleute handelten gemeinsam und am selben 15. September 1812 richtete auch Georg ein unmissverständliches Schreiben an den Kaiser.

Georg, den man aus dem Hauptquartier wieder nach Jaroslawl geschickt hatte, um im Hinterland die Abwehr zu organisieren, drängte wieder in das Entscheidungszentrum – ganz im Geiste seiner Frau: „Bleiben Sie fest in Ihrem Entschluss, Ihren Kopf nicht unter das Joch zu beugen, retten Sie die Ehre eines Volkes, das dieses Los nicht verdient hat. Nichts von Frieden, ich beschwöre Sie! Sie sind im Unglück, Sire. Ich bin bereit, alles zu tun, aber bin gelähmt durch die Unentschiedenheit, in der Sie mich lassen ... Man urteilt streng über Sie, ich sage es frei heraus, denn ich bin gegenüber meinem Wohltäter zur Wahrheit verpflichtet. Ihre Ehre beginnt zu leiden, ich wage nicht mehr von Ihrem Ruhm zu sprechen. Ihre versprochene Rückkehr (zur Armee – Anm. d. Autors), die nicht stattfand, hat Misstrauen in alle Herzen gesät und man beschuldigt Sie des Verlustes von Moskau. Dieselben Russen, die ihre Gesetze ganz Europa vorschrieben, haben die alte Hauptstadt dem Feinde überlassen. Sie haben die Hauptstadt Ihrer glorreichen Ahnen in einem Augenblick in einer völligen Unkenntnis gelassen, als alle Stände wetteiferten, um Ihnen ihre Ergebenheit durch die größten Opfer zu bezeugen. Die Lage beginnt sehr kritisch zu werden, deshalb darf ich auch nicht länger schweigen. Ich erwarte Ihre Befehle mit der größten Ungeduld. Verwenden Sie mich! Sterben ist nichts, aber nichts zu tun, ist in Schande zu leben."[79]

In Georgs Worten lag ein gehöriges Maß an Verzweiflung über Borodino, über den Fall Moskaus, über die Kriegslage und über die Untätigkeit des Kaisers. Russland wartete auf ein Wort des Kaisers, das Zuversicht verleihen konnte. Er sollte seine Ehre verteidigen. Das war die Grundstimmung im Lande und diese teilte das Gouverneurspaar in Jaroslawl und Twer. Katharina und Georg verstanden sehr gut, dass sie eine besondere Verantwortung besaßen, den Kaiser in dieser dramatischen Situation zum Handeln zu zwingen. Nur die schonungslose Offenheit, dachten sie, könnte einem Monarchen helfen, der ein Maß an Unentschlossenheit aufwies, die für Russland in einer Katastrophe enden konnte. Über Katharinas Ansichten zum Krieg gibt ein Brief Auskunft, den sie am 18. September 1812 aus Jaroslawl an den General Devolant geschrieben hat: „Bis zum gestrigen Abend waren wir in vollständiger Unwissenheit darüber, was nach dem Verlassen Moskaus vorging. Gestern ließ mich Wintzingerode wissen, dass er die Straßen nach Twer und Jaroslawl gesichert habe. Der Prinz schickte drei Kuriere an die Armee, aber nicht einer derselben kehrte zurück; sie lassen uns in einer undurchsichtigen Unwissenheit. Übrigens, worüber soll man sich wundern nach dem, was geschehen ist? Man kann sich auf gar keine Berechnungen weiter verlassen. Es lässt sich nicht vorhersehen, wo der Strom zum Stillstand kommen wird. Aber was auch geschehen möge – keinen Frieden schließen! Das ist mein Glaubensbekenntnis."[80]

Am selben Tag schrieb Katharina ihrem Bruder ohne Rücksicht auf liebevolle persönliche Sympathien: „Ich kann nicht mehr an mich halten – trotz des Schmerzes, den ich Ihnen zufügen muss. Die Einnahme Moskaus hat die Gemüter auf das Äußerste erregt. Die Unzufriedenheit hat ihren Höhepunkt erreicht und auch Ihre Person wird keineswegs geschont. Wenn so etwas bereits zu mir dringt, so können Sie sich das Übrige lebhaft vorstellen. Man gibt Ihnen öffentlich die Schuld an dem Unglück, das unser Reich betroffen hat, an dem allgemeinen Ruin; ja, man beschuldigt Sie sogar die Ehre des Vaterlandes und Ihre eigene Ehre verletzt zu haben. Diese Klagen gehen auch nicht von einer Bevölkerungsschicht aus; vielmehr stimmen sämtliche Schichten darin überein. Ich will nicht darauf eingehen, was man über unsere Kriegführung sagt. Vor allem werden Sie beschuldigt, das Wort, das Sie Moskau gaben, gebrochen zu haben: Moskau hatte Sie mit solcher Ungeduld erwartet, und Sie haben es preisgegeben. Es sieht so aus, als hätten Sie es verraten. Befürchten Sie nicht etwa eine Art Revolution, nein. Aber ich überlasse es Ihnen, über die Lage in einem Lande zu urteilen, in dem man das Staatsoberhaupt verachtet. Um die Ehre wiederherzustellen, ist das gesamte Volk zu allen Opfern bereit; es ist bereit, alles für das Vaterland einzusetzen. Man fragt sich aber: ‚Wohin soll das nur führen, wenn alles durch die Unfähigkeit der führenden Persönlichkeiten zunichte gemacht und verpfuscht wird?' Der Gedanke an einen Frieden ist glücklicherweise keineswegs vorherrschend; denn die Scham über Moskaus Verlust hat nur Rachegefühle hervorgerufen. Man beklagt sich laut über Sie. Ich hielt es für meine Pflicht, mein teurer Freund, Ihnen dies alles zu sagen; denn es ist zu wichtig. Was Sie daraufhin tun werden, habe ich nicht zu bestimmen. Aber retten Sie Ihre Ehre, die man angreift. Ihre Anwesenheit kann die Gemüter zu Ihren Gunsten umstimmen; unterlassen Sie nichts, und glauben Sie nicht etwa, dass ich übertreibe; ich sage leider die Wahrheit, und das Herz blutet einer, die Ihnen so viel verdankt und die tausendmal ihr Leben hingeben möchte, um Sie aus der augenblicklichen Lage zu befreien."[81] So schrieb keine Frau, die in der konkreten Situation selber nach Krone und Macht greifen wollte. Hier offenbarte sich die ehrliche Verzweiflung über den mit dem Fall Moskaus verbundenen möglichen Verlust an jenem notwendigen Nationalstolz, dessen das Volk jetzt mehr als je zuvor bedurfte. Katharina wollte ihren Bruder dort packen, wo er besonders empfindlich war: an seiner Ehre.

Der Kaiser besaß jedoch eine andere Vorstellung vom Begriff der Ehre – selbst im konkreten Fall. Er beurteilte die Situation anders als seine Schwester. Für Katharina war der Fall Moskaus die Katastrophe, die sie persönlich, emotional und auch politisch bedrohte. Alexander schrieb ihr am 19. September 1812 ruhig und überzeugt: „Seien Sie versichert, dass ich unerschütterlicher denn je zum Kampfe entschlossen bin! Eher werde ich auf meine jetzige Stellung verzichten, als dass ich mich auf Abmachungen mit diesem Ungeheuer, das die ganze Welt unglücklich macht, einlasse. Ich setze meine Hoffnungen auf Gott, auf den prachtvollen Charakter unseres Volkes und auf meinen festen Entschluss, mich nicht unter das Joch zu beugen."[82] Im Unterschied zu seiner aufgeregten Schwester war der Kaiser überzeugt, Russland werde ihm, so schwer es auch fallen mochte, den Verlust Moskaus verzeihen, niemals jedoch einen Friedensschluss mit dem Usurpator und Eroberer akzeptieren. Alexander wusste, einer der beiden Kaiser würde in diesem Krieg seine Krone verlieren – er wollte auf keinen Fall der Unterlegene sein. Der Verlust Moskaus war eine furchtbare Niederlage, rechtfertigte indes kein zweites Tilsit! Katharina beschwor ihn unentwegt: Kaiser, handle doch endlich! Der Kaiser handelte, zögerlich, vielleicht noch nicht ausreichend, aber er handelte. Außerdem hatte er Katharina etwas voraus:

Er vertraute in dieser schweren Stunde auf die Kraft des russischen Volkes.

Darum reagierte er anders auf die verzweifelten Briefe Katharinas und Georgs, als diese es vielleicht erwarteten. Gründlich, etwas umständlich, aber erfüllt vom Verantwortungsbewusstsein für die Zukunft des Reichs, rechtfertigte sich der persönlich durchaus gekränkte Alexander in einem ausführlichen Brief an Katharina: „Dass Menschen demjenigen gegenüber, der sich im Unglück befindet, ungerecht sind, dass sie ihn beschuldigen und ihn quälen, das ist etwas Alltägliches. Ich habe mich in dieser Hinsicht niemals Täuschungen hingegeben. Ich war überzeugt, dass dies auch mir widerfahren würde, sobald mir das Schicksal nicht hold sein sollte ... Obwohl ich sonst niemanden mit Einzelheiten über meine Person belästigen möchte, zumal nicht im Unglück, nötigt mich die aufrichtige Anhänglichkeit, die ich Ihnen gegenüber empfinde, diese Bedenken zu überwinden. Ich will daher die Dinge so schildern, wie ich sie sehe." Der Kaiser wies die Schwester nicht unbegründet zurecht, ließ jedoch keinen Missklang aufkommen, sondern wandte sich sachlichen Problemen zu: „Was kann ein Mensch mehr tun, als nach bestem Wissen und Gewissen zu handeln? Ich habe mich nur davon leiten lassen. Aus diesen Erwägungen heraus habe ich Barclay zum Befehlshaber der 1. Armee ernannt – einen Mann, der sich in den bisherigen Kriegen gegen Franzosen und Schweden bewährt hatte. Ich glaubte, ihm bessere Fähigkeiten als Bagration zuschreiben zu können. Als sich diese Überzeugung infolge der Kapitalfehler Bagrations, die teilweise unsere Misserfolge verursacht haben, in diesem Feldzuge noch verstärkte, hielt ich Bagration mehr denn je für unfähig, den Oberbefehl über die beiden vor Smolensk vereinigten Armeen zu übernehmen. Obwohl auch Barclays Handlungsweise mich wenig befriedigte, hielt ich ihn immer noch für einen besseren Strategen als Bagration, der von Strategie überhaupt nichts versteht. Ich war, mit einem Wort, damals davon überzeugt, keinen Besseren an der Hand zu haben ..."

Eine Berufung des Generals Peter von Pahlen, die verschiedene Berater dem Kaiser einredeten, lehnte dieser kategorisch ab: Pahlen war der Hauptschuldige am Tode des Vaters, Pahlen erinnerte Alexander an die dunkelsten Stunden seines Lebens. Auch wenn er offiziell nicht angegriffen wurde, blieb Pahlen für die gesamte kaiserliche Familie ein Kaisermörder, dem man das Schicksal Russlands nicht ein zweites Mal in die Hand geben durfte. Alexander reagierte empört: „Abgesehen von dem treulosen und unmoralischen Charakter dieses Menschen und abgesehen von seinen Verbrechen, möchte ich darauf hinweisen, dass er

130

bereits 18 bis 20 Jahre lang keinem Feinde mehr gegenübergestanden hatte ... Wie konnte ich mich auf diesen Menschen verlassen? Wodurch hatte er seine militärischen Fähigkeiten bewiesen?" Es war nicht unklug von Alexander, der Schwester den Namen Pahlens in einer Situation zu präsentieren, als sie ihm besondere Vorwürfe machte: Denke daran, Schwester, bescheiden zu bleiben!

Alexander begründete noch einmal die Berufung Kutusows: „In Petersburg begünstigte die Stimmung im Allgemeinen die Ernennung des alten Kutusow zum Oberbefehlshaber. Man forderte ihn allgemein. Ich fühlte mich zunächst von allem abgestoßen, was ich über ihn erfuhr. Als Rostoptschin mir jedoch am 5. August mitteilte, auch ganz Moskau wünsche Kutusow zum Oberbefehlshaber, weil man sowohl Barclay wie auch Bagration für unfähig halte und weil Barclay damals anscheinend absichtlich vor Smolensk eine Dummheit nach der anderen beging, da musste ich dem allgemeinen Wunsche nachgeben und Kutusow ernennen. Ich glaube noch immer, dass ich von den drei Generalen, die für den Oberbefehl alle gleich untauglich sind, nur denjenigen wählen konnte, für den sich die öffentliche Meinung einsetzte." Alexander bestätigte ganz schlicht und ohne Schnörkel, dass der Moskauer Kreis um Katharina und Rostoptschin durch ihren Einfluss maßgeblich zur Berufung Kutusows beigetragen hatten, obwohl er Kutusow niemals verzieh, dass der die Niederlage bei Austerlitz vorhergesehen und damit die mangelnden militärischen Fähigkeiten des Kaisers bloßgestellt hatte.

Die Schwester traf die Empfindlichkeit Alexanders an einem Punkt besonders: In der Frage seiner Ehre: „Ich kann mir nicht denken, dass Sie in Ihrem Brief den persönlichen Mut meinen, der jedem Soldaten eigen ist und dem ich keinen großen Wert beimesse. Sollte ich mich jedoch dazu erniedrigen müssen, auch darauf näher einzugehen, so möchte ich darauf hinweisen, dass die Grenadiere der Regimenter Kleinrussland und Kiew bezeugen können, dass ich mich dem Feuer ebenso kaltblütig ausgesetzt habe wie jeder andere. Ich glaube jedoch nicht, dass Sie diese Art Mut meinen; ich nehme vielmehr an, dass Sie den moralischen Mut meinen, den einzigen, dem man in außerordentlichen Lagen irgendwelchen Wert zubilligen kann. Vielleicht hätte ich Sie davon überzeugen können, dass auch ich eine gute Portion davon besitze, wenn ich bei der Armee geblieben wäre. Sie schrieben mir in Ihrem Brief vom 5. August, den Weljaschew mir überbrachte: ‚Übernehmen Sie um Gottes Willen nicht den Oberbefehl' und stellten damit meine mangelnde Vertrauenswürdigkeit fest. Ich kann es nun nicht verstehen, dass Sie mir in Ihrem letzten Brief schreiben können: ‚Retten Sie Ihre Ehre ... Ihre Anwesenheit kann die Gemüter zu Ihren Gunsten umstimmen.' Meinen Sie damit meine Anwesenheit beim Heer? Wie soll man diese zwei einander widersprechenden Meinungen unter einen Hut bringen?"

Alexander formulierte hier stark rhetorisch, scheinbar, als freute er sich, Katharina bei einem Widerspruch ertappt zu haben. Er betonte noch einmal, dass er nach der Ernennung Kutusows bewusst darauf verzichtet hatte, sich persönlich zum Heer zu begeben. Er wäre darin dem Rat der Schwester gefolgt, aber auch seiner Abneigung gegen Kutusow. Noch einmal versicherte der Kaiser, dass er mit aller Kraft dem Vaterlande dienen werde: „Ich bin vielleicht nicht begabt genug; aber Begabung kann man sich nicht aneignen; sie ist eine Gnade der Natur und noch keiner hat sie sich selbst erwerben können. Wenn der Steuermann einer so ungeheuren Maschine so schlecht beraten wird wie ich und dazu in jeder Hinsicht mangelhaft ausgerüstet ist – und das in einem so kritischen Augenblick und bei einem so verteufelten Gegner, der die stärkste verbrecherische Neigung mit einer hervorragenden Begabung verbindet, der über die Hilfsmittel von ganz Europa und über eine Menge von begabten Leuten verfügt, die in 20 Jahren Revolution und Krieg herausgebildet wurden – dann kann man sich über seine Niederlage nicht wundern."[83] Damit stellte er allerdings die eigenen Führungsfähigkeiten selbst in Frage und gab der Schwester neue kritische Argumente in die Hand.

Der Briefwechsel ist für eine Beurteilung Katharinas in vielfacher Hinsicht interessant. Sie begnügte sich mit anklagenden Vorwürfen und Forderungen – er suchte die begründende Rechtfertigung. Sie diktierte die Themen des Disputs aus ihrer Sicht – er reagierte erklärend und stellte die Frage seiner Ehre und Moral in den Mittelpunkt. Katharina war nicht bereit, sich auf derlei Debatten einzulassen. Sie forderte alle Anstrengungen zur Niederlage Napoleons und keine weitschweifigen Erörterungen um Ehre und Moral. Dennoch, beide bemühten sich in den folgenden Wochen, trotz aller gegenseitigen Lagebeurteilungen, keinen Schatten auf ihre persönlichen Beziehungen fallen zu lassen. Die allgemeinen Erörterungen über Fragen der Ehre, Moral und Religion mussten ohnehin den praktischen Kriegsanforderungen weichen. Der Kriegsverlauf ließ in der kaiserlichen Familie keine andere Alternative als die der äußersten Anstrengungen zur Abwehr des Gegners zu. Das wusste der Kaiser ebenso wie Katharina und Georg. Ihre Einsicht in die militärischen und politischen Möglichkeiten und Hintergründe blieb unterschiedlich, ebenso wie die persönlichen Wünsche. Daraus entstanden neue Konflikte.

Katharina Pawlowna konzentrierte sich in jenen schweren Wochen während ihrer Aufenthalte in Jaroslawl und Twer nicht in erster Linie auf theoretische Debatten mit dem Bruder über Strategie und Moral. Sie dachte und handelte vor allem regional und konkret: Der Gemahl musste wieder im kaiserlichen Hauptquartier platziert werden. Was konnte sie tun, um das Schicksal Moskaus – und damit des Krieges – zu beeinflussen? Die Großfürstin durfte nicht nur Appelle zum Widerstand verfassen, sie musste bei der Stärkung der militärischen Kraft mit gutem Beispiel voran gehen. Außerdem besaß sie zwei kleine Söhne, die umsorgt werden mussten. Bei all dem blieb sie Mitglied der kaiserlichen Familie – verantwortlich für ganz Russland.

Wenige Tage vor Beginn des Krieges war der bedeutende preußisch-deutsche Politiker Reichsfreiherr vom und zum Stein, den Napoleon 1808 geächtet hatte, dem russischen Ruf gefolgt und nach Wilna gekommen. Sieben Monate stritt Stein von Russland aus für die Befreiung Deutschlands und für die Verfassung in einem künftigen Deutschen Reich. Stein hatte Georg von Holstein-Oldenburg in Wilna getroffen und dessen persönliche Nähe zum Kaiser bemerkt. Am 3./4. August 1812 besuchte der Freiherr vom Stein Twer und schrieb an seine Frau, der Prinz Georg habe ihn mit Wohlwollen und Güte, die Großfürstin mit all ihrer eigentümlichen Liebenswürdigkeit empfangen. Der Begriff „eigentümliche Liebenswürdigkeit" klang seltsam höflich. Aber der im Leben poltrige und in jedem Fall auf seine Unabhängigkeit bedachte, gerade denkende Stein wusste natürlich, was er seinen Gastgebern schuldig war – noch dazu in einem Brief, der durch Hände gehen konnte, die der vorsichtige Stein nicht kontrollierte. Außerdem traten ihm Katharina und Georg tatsächlich freundlich entgegen – dem in ganz Europa bekannten Mann, der Napoleon die Stirn zu bieten wagte.

Stein fand die Prinzessin groß, schön gewachsen, von sehr frischer Farbe und angenehmen Zügen. Sie verriet in den Gesprächen Bildung und Geist. Stein lobte sogar artig das hervorstechende Zeichentalent. Bemerkenswert schien ihm jedoch vor allem, dass sie viel Einfluss auf den Kaiser besäße. Er folgerte das nicht aus eigenem Erleben, sondern aus ihrer Interessiertheit gegenüber politischen Fragen sowie daraus, dass er mit ihr ganz unbefangen politische Probleme erörtern konnte – bei denen sie obendrein gemeinsame Ansichten feststellten. Natürlich bildete der Krieg gegen Napoleon das zentrale Gesprächsthema und da wäre es wundersam gewesen, wenn zwischen Stein und Katharina irgendwelche gegensätzlichen Gedanken aufgetaucht wären. Entscheidender als der Inhalt des kurzen und freundlichen Treffens vom August

1812 in Twer fällt die Tatsache ins Gewicht, dass in jenen Tagen eine vertraute Bekanntschaft begann, die Katharina in den späteren Jahren ihres Wirkens in Deutschland weiter pflegte und für sehr nützlich hielt.

Wie stark sich Stein bei der Begegnung in Twer in die politische Disziplin fügte, erhellt daraus, dass er gegenüber Katharina keine Zweifel an der Autorität Alexanders äußerte. In Wirklichkeit hielt er diesen für schwach und inkonsequent. Dennoch blieb Russland die einzige kontinentale Macht, die Deutschland aus den Armen Napoleons reißen konnte. Dementsprechend fielen Steins Beobachtungen diplomatisch und zugleich schmeichelnd aus, sowohl hinsichtlich des Charakters Katharinas, als auch bei der Bewertung ihrer Beziehungen zum Bruder. Stein konnte ohnehin nicht in alle inneren Vorgänge des Kaiserhauses blicken. Beim Oldenburger Prinzen Georg erlegte sich Stein weniger Pflichten auf: „Dieser junge Mann besitzt einen reinen rechtlichen Charakter, Gutmütigkeit, mannigfache Kenntnisse, das Resultat einer guten Erziehung, Arbeitsamkeit, Eifer und Liebe zum Gemeinnützigen, aber einen hohen, selbst lächerlichen und höchst lästigen Grad von Selbstzufriedenheit, er glaubt sich Dichter, Feldherr, Staatsmann, er macht Anspruch auf vollkommene Freiheit von Vorurteilen, wie er oft bestimmt sich äußert. Seine Gemahlin scheint ihn sehr zu lieben, er zeigte mir 70 Briefe, die sie ihm in zwei Monaten geschrieben hatte, worunter welche von 9 Blättern waren."[84] Die Aversion besaß einen Grund. Der Freiherr stritt in jener Zeit mit Georgs Vater Peter um die effektivsten Methoden zur Mobilisierung des deutschen Volks gegen Napoleon. Es war kein Geheimnis, dass Stein mit dem Oldenburger „nicht konnte". Seine Antipathien übertrug er offensichtlich auf den Sohn. Sonst hätte Stein nicht behaupten können, Georg wäre ein „… selbstzufriedener, gutmütiger Pinsel, der für sein Haus und nicht für Deutschland bedacht ist, ein Werkzeug seines Vaters, eines dünkelvollen Halbwissers mit verengtem Blick. Dem Einfluss dieser Familie muss man entgegenwirken."[85]

Der ansonsten unbestechliche Reichsfreiherr vom Stein zeigte trotz des Ernstes der Lage persönliche Voreingenommenheit, denn Georg von Oldenburg unternahm gemeinsam mit Katharina wirklich große Anstrengungen, ein Militärkommando zu erwirken. Katharina bedrängte ihren Bruder in dieser Frage mehrfach und Georg ließ selbst nichts unversucht. In einem eindringlichen Brief betonte Georg am 22. September 1812 ewige Treue zum Kaiser und schrieb: „Catharine ist ein Engel, Ihr Ritter, aber sie verbirgt Ihnen nichts. Man kann verschiedener Meinung sein. An Ihrer Stelle würde ich niemals Moskau verlassen haben! Ich nehme nicht ein Wort meines Briefes zurück. Ich klage Sie nicht an, aber ich verberge Ihnen nichts! Ich bitte Sie um die Erlaubnis, mit Catherine nach Petersburg zu kommen ..."[86]

Der Besuch sollte ihnen die militärpolitische Situation erläutern und Georg wollte Auge in Auge mit dem Kaiser verlangen, ihn doch in den Krieg abzukommandieren. Erst am 13. November erhielt er eine positiv klingende Antwort. Sofort fuhr er mit Katharina von Jaroslawl nach Twer. Er wollte sich in Nowgorod dem Kaiser anschließen. Aber Georg wurde wieder enttäuscht. Man schickte ihn nicht wirklich zur kämpfenden Armee. Er musste sich bescheiden – wohl mit kaiserlicher Rücksicht auf Katharina. Georgs letzter Brief an den Kaiser datierte vom 26. November 1812. Darin bedankte er sich artig für die Ernennung zum Befehlshaber über die Kasernen von Jaroslawl. Vielleicht ist Georg, der sich dem Patriotismus Katharinas selbstverständlich nicht versagen mochte, sogar ein Stein vom Herzen gefallen. Angesichts seiner früheren „zivilen" Haltung hat er wohl auch keine andere Entscheidung erwartet. Mit dem Dank für die Ernennung verband er seine Freude, bald wieder friedliche Aufgaben im Gouvernement übernehmen zu dürfen. Etwas zugespitzt formuliert: Der Kriegsdienstverweigerer Georg beugte sich dem Enthusiasmus seiner Frau, fügte sich in den allgemeinen Patriotismus und war letztlich doch froh, nicht in den Krieg ziehen zu müssen. Obendrein beruhigte ihn der Kaiser, Jaroslawl und Twer wären die zentralen Schaltstellen Mütterchen Russlands, die Knotenpunkte, von denen die Leitstrahlen nach Moskau und St. Petersburg, nach Tula oder Smolensk liefen. So konnte Georg alle Kräfte auf die Arbeit an der „Heimatfront" konzentrieren. Das entsprach seinen Fähigkeiten und er unterstützte Katharina bei deren ehrgeizigstem Projekt: mit einem eigenen Landwehrbataillon ihren persönlichen Beitrag im Kampf gegen Napoleon zu leisten. Selbstverständlich diente Georg dabei auch der Sache Oldenburgs.

Jägergewehr und Bajonett – Katharinas Landwehrbataillon

Katharina und Nikolai Karamsin vertraten die gleiche Überzeugung, der Krieg konnte für Russland nur erfolgreich enden, wenn alle Stände in die Abwehr des Feindes eingriffen. Daraus entstand der Gedanke an die Aufstellung milizartiger Landwehrverbände. Katharina gehörte 1812 zu den ersten Persönlichkeiten in Russland, die den Gedanken an eine Landwehr erörtert haben. Sie beriet diese Frage zunächst mit Rostoptschin. Wenige Tage nach dem Einfall der Großen Armee lag ihr Projekt beim

Kaiser zur Bestätigung vor und fand unverzüglich dessen dankbare Zustimmung: Ein erneuter Beleg, dass der Kaiser nicht in jene, von Katharina hart beklagte, Untätigkeit verfiel.

Sofort schrieb Katharina an den Apanagen-Minister Dmitri Alexandrowitsch Gurjew und legte ihren Plan vor: „In einer Zeit, in der die Liebe zum Vaterland und die Ergebenheit gegen den Kaiser alle Russen beseelt; in einer Zeit, in der die Vereinigung anhaltender und großer Anstrengungen nötig ist, um die Feinde zurückzuschlagen und die öffentliche Sicherheit aufrecht zu halten, – kann ich dem Zuge meines Herzens nicht widerstehen, auch einigen tätigen Anteil zu nehmen an der Bereitschaft zur Vermehrung unserer kriegerischen Streitkräfte. Nachdem ich dazu den Willen und die Übereinstimmung Seiner Kaiserlichen Majestät meines Allergeliebtesten Herrn Bruders erbeten habe, wende ich mich an Sie wegen der Ausführung meiner Absicht, die mir von dem unbegrenzten Eifer für das Wohl und den Ruhm des allerteuersten Vaterlandes und von der wärmsten Liebe zum Kaiser eingeflößt wurde. Diese Absicht besteht darin, aus den mir als Apanage zugeteilten Gütern eine bestimmte Anzahl von Kriegern auszuheben, denen ich besondere Vorteile bewilligen und die ich auf meine Kosten bewaffnen und während der ganzen Dauer des Krieges erhalten werde."

Die Briefautorin konnte einen fundierten Aktionsplan vorlegen: „Von allen Gütern, die meine Apanage bilden, soll von hundert Seelen nach der Revisionsliste je e i n Mann genommen werden. In diese Zahl sind in erster Linie diejenigen aufzunehmen, die aus Eifer für Religion und Vaterland freiwillig in diesen Dienst einzutreten bereit sind, und dann erst solche, welche die Rekrutenreihenfolge trifft. Bei der Aufnahme in diesen Dienst hat man sich sowohl bei den Freiwilligen als bei den regelmäßigen Rekruten an die allgemeinen Regeln zu halten, die bei den Rekruten-Aushebungen in Beziehung auf Größe, Alter und Gesundheitszustand beachtet werden. Für alle diese Krieger werde ich für die ganze Dauer ihres Lebens die Bezahlung der staatlichen Abgaben und des Bauernzinses (Obroks) auf mich nehmen, und sie werden daher von dem Tage ihres Eintritts in den Dienst an für immer davon befreit sein. Bei ihrer Aufnahme in den Dienst ist keine besondere Kleidung zu verlangen, sondern sie sind in ihren gewöhnlichen Kleidern zu belassen. Den Proviant und die vollständige Verpflegung auf dem Wege nach Twer, das zum Sammelplatz bestimmt ist, erhalten sie auf meine Kosten. Die Aushebung dieser Krieger soll im Verlauf von zwei Wochen nach Empfang ihrer Anordnungen durch die Herren Verwalter vollzogen sein; nach Verlauf dieser Frist sollen sie unverzüglich nach Twer abgeschickt werden.

In Twer sollen sie dem für ihre Annahme bezeichneten Beamten übergeben werden. Ihre vollständige Montierung und Bewaffnung sowie ihren Unterhalt durch Sold und Proviant werde ich für die ganze Dauer des Kriegs auf mich nehmen. Der Allerhöchsten Zustimmung des Kaisers zufolge sollen diese Krieger nicht an Regimenter verteilt werden, sondern sie werden ein eigenes Bataillon bilden und nach Beendigung des gegenwärtigen Krieges in ihren früheren Wohnsitzen in den Schoß ihrer Familien zurückkehren. Den Familien der in den Dienst eintretenden Krieger sollen diese bei künftigen allgemeinen kaiserlichen Aushebungen als Rekruten angerechnet werden, auch wenn sie nach Beendigung des Krieges bereits in ihre Familien zurückgekehrt sind."[87]

Es war erstaunlich, dass Katharina in dem allgemeinen Chaos der Anfangsphase des Krieges, in der sie selbst von Zweifeln und Ängsten geplagt wurde, einen derart durchdachten Plan vorlegen konnte. Sie schien vollkommen überzeugt, dass die Russen ihren Patriotismus teilten. Es würde keinerlei Schwierigkeiten mit sich bringen, die erforderlichen Aushebungen vorzunehmen. Der gemeinsame Wille zur Verteidigung des Glaubens und des Vaterlands wäre Antrieb genug. Es käme lediglich darauf an, dass die Dorf- und Gutsverwalter mit notwendiger Überzeugungskraft auftraten. Überdies hätte der Herr Minister die erforderliche Belehrung und Kontrolle durchzuführen.

Gurjew kannte Katharinas Durchsetzungsfähigkeit und säumte keinen Tag, die ihm erteilte Weisung entsprechend den geltenden Dienstvorschriften in die Tat umzusetzen. Am 8. Juli 1812 sandte er einen Erlass auf dem Dienstweg an die Apanagen-Verwaltung, der den Bauern Katharinas übermittelt werden sollte: „Von dem Herrn Minister der Apanagen wurde dem Herrn Direktor des Apanagen-Comptoirs die Anweisung erteilt, zur Sammlung derjenigen zu schreiten, die in das neu zu bildende Bataillon einzutreten wünschen, und unter anderem ist darin gesagt: Bei der Mitteilung des Reskripts Ihrer Kaiserlichen Hoheit an die Bauern ist den Gemeindevorstehern, den ländlichen Gutsbesitzern und allen Dorfbewohnern nahe zu legen, dass das gerade Ziel des zeitweiligen Dienstes, zu dem sie aufgerufen werden, die Beschützung des orthodoxen Glaubens und des ganzen Vaterlandes gegen die Feinde des Reiches ist; dass diese Pflicht eine für alle treuen Untertanen gemeinsame ist, und dass jetzt in erster Linie diejenigen ausgewählt werden, die aus Ergebenheit und Eifer freiwillig nur auf die Zeit der Dauer des Kriegs in den Dienst eintreten wollen; dass diese sich die Gnade Gottes und das Wohlwollen des Kaisers erwerben und nach Beendigung des Kriegs in ihre Heimat zurückkehren werden; dass sie auf ihr ganzes Leben die

Freiheit von der Bezahlung der staatlichen Abgaben und des Bauernzinses genießen und der Achtung und Liebe ihrer Mitbrüder sich erfreuen werden." Es folgte der schlichte Satz: „Was zu der festgesetzten Zahl von je einem Mann aus hundert Seelen fehlt, ist aus den Rekrutierungspflichtigen zu ergänzen."[88] Die Bataillonsstärke konnte in jedem Fall gesichert werden.

Der Freiherr vom Stein hat später die Legende verbreitet, Katharina wollte sich 1812 selbst auf den russischen Kaiserthron setzen. 1814 schrieb er unter dem Eindruck russischer Aktivitäten auf dem Wiener Kongress: „Der Kaiser hat vieles Vertrauen und Liebe zu ihr (Katharina – Anm. d. Autors); es war durch einen Vorgang in Russland 1812 vermindert worden. Als nämlich die Franzosen vordrangen, so entstand gegen den Kaiser eine leidenschaftliche Erbitterung; das Volk schrieb ihm das Unglück des Landes zu, und der Adel im Gouvernement Jaroslawl, Twer u.s.w. forderte die Großfürstin, die in Jaroslawl ihre Wochen hielt, auf, sich an ihre Spitze zu setzen und die Regierung zu ergreifen."[89] Das Urteil war deutlich überzeichnet.

Katharina war eine russische Patriotin. Sie kritisierte ihren Bruder, wo und wann sie es für notwendig hielt. Sie besaß konservative Überzeugungen, in denen sie sich auf den Moskauer Adel stützte. Aber ein Komplott gegen den regierenden Kaiser? Wer darauf hoffte, hatte wahrlich auf Sand gebaut. All ihre Anstrengungen beim Aufbau des Jägerbataillons standen mit dem Wissen und Willen des Kaisers in vollem Einklang. Katharina finanzierte hier keine persönliche Leibgarde, die den Kaiser stürzen sollte. Die Einrichtung einer Landwehr entsprach dem dringenden Bedürfnis der Selbsterhaltung und dem patriotischen Geist, den das gesamte Kaiserhaus ausstrahlen musste. Als Alexander am 9. Juli 1812 auf seinem Ritt gen Moskau nach Smolensk kam, bot der Smolensker Adel dem Kaiser vorläufig 20 000 neue Soldaten an, die das reguläre Herr verstärken, aber auch die allgemeine Volksverteidigung unterstützen sollten. Die Aktivitäten Katharinas bildeten einen Bestandteil der allgemeinen patriotischen Bewegung des russischen Adels.

Parallel zu den ministeriellen Anordnungen suchte Katharina nach geeigneten Personen für die Ausführung ihrer Idee. Sie war sehr erstaunt, dass sich Rostoptschin bei den Landwehren zunächst zögerlich verhielt und nicht in den allgemeinen Begeisterungskanon einfiel. Dadurch stieg der Fürst Alexander Petrowitsch Obolenski in ihrer Gunst. Er sollte nicht nur das Bataillon kommandieren, sondern auch Rostoptschin von der Notwendigkeit der Landwehrverbände überzeugen. Katharina schrieb Ende Juni 1812 an Obolenski: „Seine Sache ist es, den

Patriotismus des Moskauer Adels zu entflammen, des ersten im Kaiserreich hinsichtlich seines Reichtums und der Achtung, welche der Name Moskau genießt. Er kann, wenn er in der Adelsversammlung erscheint, auf die Gefahren hinweisen, welche dem Vaterland drohen und auf die für die ganze Nation wichtige Entscheidung des gegenwärtigen Kriegs. In seiner Stadt leben Edelleute aus allen Gouvernements, und die durch ihn in der Versammlung erweckte Begeisterung würde sich rasch überallhin verbreiten. Sie können hinzufügen, dass sich nach Ihrer wie auch nach meiner Meinung kein Russe finden werde, der sich nicht eine Ehre daraus machte, seine Person und seinen Eifer dem Vaterland als Opfer darzubringen, und dass Sie als Edelmann finden, jedes Gouvernement könnte wohl ein Regiment von tausend Mann bewaffnen und sich zur Unterhaltung desselben verpflichten. Man muss die Aufmerksamkeit des Adels darauf lenken, dass der Krieg, je kräftiger er geführt wird, umso weniger lang dauert, und dass die jährlichen Ausgaben für die Unterhaltung von zweitausend Mann 200 000 Rubel nicht übersteigen werden. Wenn Graf Rostoptschin darauf entgegnet, dass es Gouvernements gebe, die zur Deckung dieser Ausgaben zu arm seien, so antworten Sie, dass solche Gouvernements auch irgendeinen Teil eines Regiments aufstellen können, um in der Achtung gegen sich selbst hinter den anderen nicht zurückzubleiben. Sache des Grafen ist es, das Moskauer Regiment aufzustellen, die Offiziere und den Obersten desselben zu wählen und es dem Kaiser anzubieten, in dessen Macht es liegen wird, seine Zustimmung zu geben oder nicht, der aber den Eifer seines Gouverneurs nicht tadeln wird. Wenn Letzterer Sie fragen sollte, ob der Kaiser von dieser Idee wisse und wem sie eigentlich angehöre, so sagen Sie, dass nach Ihrer Vermutung dem Kaiser nichts davon bekannt sei, dass aber der Prinz und ich hauptsächlich deshalb auf diesen Gedanken gekommen seien, weil wir hofften, dass auf diese Weise der Ausbruch von Unruhen in Moskau verhindert werden könnte, da Rostoptschin natürlich dem Adel diese Angelegenheit klar und einfach darlegen wird. Wenn man sie auf den Mangel von Offizieren hinweist, so antworten Sie, dass man in diesem Fall tausend Mann nicht ein Regiment sondern ein Bataillon nennen könnte; auf diese Weise braucht man weniger Offiziere. Bezüglich des Schicksals dieser Leute nach dem Kriege bemerken Sie, dass wir mit Ihnen überzeugt seien, der Kaiser werde sie nicht im Stiche lassen; übrigens wäre es eine Schande für den Adel, an Belohnungen zu denken, ehe er dieselben verdient.

Auf die Frage, wie denn der Adel diese Regimenter verproviantieren werde, sagen Sie, dass der Kaiser nach Ihrer und meiner Überzeugung, aus ihnen ein eigenes Korps bilden und ihnen einen ihrer würdigen Anführer geben werde. Für den Fall, dass der Graf Sie über nichts fragen sollte, erklären Sie ihm alles dieses von mir aus, da es von Nutzen sein wird, einer falschen Auffassung, Zweifeln und Streitigkeiten, die etwa daraus entstehen könnten, zuvorzukommen. In Beziehung auf meine persönlichen Absichten sagen Sie, dass Sie dieselben nicht kennen, dass ich aber hinter anderen nicht zurückbleiben werde, wo es gilt, sich dankbar gegen das Vaterland zu erweisen."[90]

Ein langer, geschickter und taktisch kluger Brief! Alles war daraus ablesbar: Die Liebe zum Kaiser und zum Vaterland, die eigenen politischen Überzeugungen und Ängste, der praktische Verstand. Katharina wusste nicht nur auf jede Frage eine Antwort. Sie formulierte die Fragen bereits vor, die sie auch gleich selbst beantwortete. Nicht einmal dem durch gemeinsame Weltsichten und Intrigen verbundenen Rostoptschin sah sie etwas nach: Hurtig, Väterchen, erhebe dich, der Krieg steht vor den Toren!

Sofort, nachdem die kaiserliche Einwilligung zur Bataillonsformierung eingegangen war, erhielt Obolenski die nächste Weisung: „Gestern Abend, lieber Fürst, erhielt ich die Zustimmung des Kaisers, der meinen Vorschlag, welcher bereits kein Geheimnis mehr ist, angenommen hat. Der große Gedanke kommt zur Ausführung, trotz der gegenteiligen Ansicht des Grafen Rostoptschin; ich weiß noch nicht alle Einzelheiten, aber binnen zwei Wochen wird Moskau seinem Gouverneur zeigen, dass er sich an ihm getäuscht hat. Sprechen Sie aber nicht davon. Es freut mich, dass die gute Sache zur Ausführung kommt, durch wen es auch sei; Sie verstehen mich. Ich beeile mich, mit Ihnen diese Erstlingsfrucht zu teilen, die ich auch erst gestern erhalten habe. Bei der Armee steht alles gut; die Bulletins sind Ihnen natürlich bekannt. Verzeihen Sie meinen Lakonismus, aber ich habe keine Minute Zeit."[91] Katharina freute sich wie ein Kind, dass sie etwas Praktisches für das Vaterland leisten konnte und sogar über eine eigene militärische Einheit gebieten durfte. Sie dachte sogar darüber nach, dass die allgemeine Volksbewaffnung geeignet wäre, innere Unruhen in Moskau niederzuschlagen: Lugte da vielleicht doch der versteckte Gedanke durch, im Katastrophenfall mehr sein zu wollen, als die Schwester des Kaisers in der Provinz von Jaroslawl?

Die Einschätzung über die Lage der Armee schien oberflächlich positiv. Es konnte sein, dass Katharina in dem allgemeinen Durcheinander der ersten Kriegswochen keine exakten Kenntnisse über den Rückzug besessen hat und dass hier der Wunsch als Vater des Gedankens zur Entschuldigung beitragen durfte. Als Napoleon in Moskau einzog, war indes längst jeder Anflug von Zweckoptimismus verflogen. In Jaroslawl geriet das Volk gar in Panik. Katharina und Georg wahrten jetzt ruhige Entschlossenheit und wandten sich an die Öffentlichkeit: „Meine Gemahlin, die Großfürstin Katharina, und ich werden hier bleiben; ich gebe also mein Wort, dass ich das mir Allerhöchst anvertraute Jaroslawl nicht verlassen werde als nur im äußersten Notfall. Es ist mir umso angenehmer, dieses Versprechen zu geben, als es sich auf meine Ergebenheit gegen den Kaiser stützt und ganz über mit den Gefühlen der Anhänglichkeit, welche ich gegen die hiesigen Einwohner immer hegte und hegen werde, übereinstimmt."[92] Das selbstlose Beispiel freiwilligen Opfermuts verfehlte seine Wirkung nicht. Allerdings wurde der Hof in Twer rechtzeitig vor der anrückenden Großen Armee evakuiert.

Dennoch hatte Katharina Mühe, die Freiwilligen ihres Bataillons anwerben zu lassen. Es fehlte nicht an Versuchen, die Ärzte der Musterungskommissionen zu bestechen, um unanfechtbare Freistellungen vom Kriegsdienst zu erlangen. Es bedurfte einer höheren Autorität. Damit seine Schwester keine Blamage erlebte, half der Kaiser nach. Am 8. August 1812 schrieb er an den Apanagenminister Gurjew: „In dem am 4. August d. J. erlassenen Manifest wurde bestimmt, dass von allen Apanage-Bauern von 100 Seelen je zwei Rekruten ausgehoben werden sollten; da aber mit Meiner Einwilligung Meine vielgeliebte Schwester die Frau Großfürstin Katharina Pawlowna ein eigenes Bataillon errichtet hat, in welches aus den Apanagen Ihrer Hoheit von 100 Seelen je ein Mann eingestellt wurde, so befehle Ich, zur Ausgleichung mit den übrigen Apanage-Bauern bei der jetzigen Aushebung aus den Apanagen Ihrer Hoheit von 100 Seelen je nur einen Rekruten auszuheben."[93]

Mit dieser Nachhilfe erhielt der Kaiser im Endeffekt die gleiche Anzahl von Soldaten, sie wurde nur etwas anders zwischen Armee und Landwehr geteilt. Katharinas Patriotismus dürfte befriedigt gewesen sein. Der Bruder hatte sie vor einer Pleite bewahrt, und sie konnte sich vor den Damen des Gouvernements behaupten. Etwa tausend Männer traten freiwillig oder ausgehoben in das Bataillon ein.

Die Aushebung der Wehrwilligen und die Herstellung ihrer Marschbereitschaft ging mit dem zusätzlichen staatlichen Druck auch in Georgs Gouvernement relativ schnell vor sich – obwohl die Bereitschaft zur Freiwilligkeit weiterhin unter den Erwartungen blieb. Die Präsenzliste wies aus, dass von den 712 Mann nur 234 Freiwillige waren, die sich nach der Liebe und Achtung des Vaterlands sehnten. Mit diesen Zahlen konnte Katharina keinen besonderen Ruhm ernten. Vergleichszahlen, z. B. aus den Gouvernements Wjatka oder Tambow, bezeugten eine vollständige Freiwilligkeit, obwohl dort keine Großfürstin regierte, die alle Kosten aus ihrer Privatschatulle deckte. Im Gouvernement Tambow erklärten sich die entsendenden Dorfgemeinden bereit, die Felder der Freiwilligen zu bearbeiten und sogar deren Familien während des Kriegs zu versorgen. Diese Großzügigkeit kannte Katharina nicht. Sie bestand gegenüber ihren Bauern auf der ganzen Härte des Lebens und duldete keine Nachlässigkeit. Alle Abgaben und Steuern mussten von den auf den Höfen verbliebenen Bauern pünktlich gezahlt werden, gleichgültig, wie viele Männer den Dienst für das Vaterland leisteten. Nikolai Karamsin hielt diese Unbeugsamkeit für eine besonders leuchtende patriotische Tat. Als der Krieg zu Ende ging, kehrten von den ausgerückten tausend Landwehrmännern ganze 417 in die heimatlichen Gouvernements zurück.

Katharinas Jägerbataillon zeigte sich am Beginn in schmucker Schönheit: Die Männer trugen eine dunkelgrüne Uniform, dazu eine Pelzmütze mit Schild, die von einem Schuppenriemen unter dem Kinn gehalten wurde und als Kokarde die Initiale E – Ekaterina, zeigte. Zur Uniform gehörten Beinkleider mit Seitenstreifen, ein schwarzes Schultergehänge, das Jägergewehr und ein Bajonett. Das Bataillon besaß ein eigenes Musikkorps. 20 Unteroffiziere und 10 ausgediente Soldaten bildeten die untere Kommandoebene. Nach ihrer sozialen Herkunft gehörten Bauern, Bürger, Kaufleute und „ein Kirchendiener" zu der Einheit.

Als das Bataillon rekrutiert und in Marsch gesetzt war, fühlte sich Katharina glücklich. Sie hatte ihren ganz persönlichen Beitrag zur Abwehr des Feindes geleistet, ein patriotisches Signal gesetzt und ihrem Bruder demonstriert, dass sie nicht nur seine Führungsqualitäten anzweifeln und kritisieren wollte, sondern, dass es ihr allein um den russischen Sieg über Napoleon ging. Doch das durfte man von einem politisch so engagierten Mitglied des Hauses Romanow auch erwarten.

Wer hat Moskau in Brand gesteckt?

Mit dem Landwehrbataillon konnte der Vormarsch Napoleons auf Moskau nicht gestoppt worden. Zweifelsohne betrachtete Katharina den Einzug der Großen Armee in Moskau als eine gewaltige Schmach und Schande für Russland und das Kaiserhaus. Katharina reagierte auf den französischen Einmarsch in Moskau weit emotionaler, direkter und weniger kaltblütig als ihr Bruder. Der Kaiser musste den Staat regieren und siegreich aus dem Krieg herausführen. Der Krieg war eine so harte Herausforderung, dass keine Zeit für Emotionen oder zaudernde Ideenspiele blieb. Katharina und ihr Bruder besaßen unterschiedliche Vorstellungen über die notwendigen Schritte zum Sieg über den Feind, obwohl sie ein gemeinsames Ziel anstrebten: die Vertreibung der Großen Armee aus Russland.

Wenn man mit dem Blick auf die Besetzung Moskaus noch einmal Revue passieren lässt, welchen Druck Katharina auf Rostoptschin bei den Landwehren ausübte, wie sehr sie mit den nationalkonservativen Ideen Karamsins harmonierte, wie intensiv sie mit Rostoptschin und Karamsin am Sturz Speranskis gearbeitet hatte und welches Misstrauen sie der politischen Durchsetzungsfähigkeit des Kaisers entgegenbrachte, liegt der Gedanke nahe, dass sie auch von dem historischen Brand Moskaus wusste, an ihm beteiligt war oder zumindest eine bestimmte Beihilfe leistete. Das enge persönliche Verhältnis zwischen Katharina und dem Moskauer Militärgouverneur schloss aus, dass sie über das Schicksal Moskaus im Kriege nicht ausführlich gesprochen hätten. Als Carl von Clausewitz im Oktober 1812 – nach dem Brand von Moskau – Jaroslawl besuchte, erhielt er interessante Informationen und Eindrücke: „Als wir uns in Jaroslawl beim zweiten Prinzen (Georg – Anm. d. Autors) von Oldenburg meldeten, der in dieses sein Gouvernement zurückgekehrt war und in Administrationssachen sich sehr nützlich und tüchtig zeigte, erwies uns die Großfürstin Katharina die Ehre, uns eine Audienz zu geben. Die Franzosen hatten ihren Rückzug (aus Moskau – Anm. d. Autors) noch nicht angetreten, aber die Überzeugung, dass sie ihn antreten würden und müssten, war plötzlich überall hervorgewachsen, und nur wenige glaubten noch an die Möglichkeit einer neuen Offensive gegen den Süden. Die Großfürstin zeigte sich höchst begierig, Nachrichten von der Armee zu haben, sie fragte uns mit sehr viel Verstand und Überlegung aus, und man sah, wie ernstlich sie alles erwog, was wir ihr mitteilen konnten. Sie fragte den Verfasser (Clausewitz – Anm. d. Autors), was er von der Bewegung, die Bonaparte nun unternehmen werde, halte, ob es ein ganz einfacher Rückzug sein werde und auf welcher Straße. Der Verfasser erwiderte, dass er nicht an dem nahen Rückzug der französischen Armee zweifle und es für ebenso ausgemacht halte, dass sie denselben Weg gehen würde, den sie gekommen war; die Großfürstin schien sich dieselbe Überzeugung schon verschafft zu haben. Sie ließ uns den Eindruck, dass sie eine Frau sei zum Regieren geschaffen."[94]

Katharina ließ sich laufend über alle militärpolitischen Ereignisse informieren. Nicht nur durch den Reisenden Clausewitz, sondern vor allem durch die Menschen ihrer bekannten Umgebung. Sie besaß genügend politischen Sachverstand, Informationen zu bewerten und in notwendig erscheinende Handlungen umzusetzen. Rostoptschin, mit dem sie besonders viele Gemeinsamkeiten verband, schrieb drei Wochen vor der Schlacht von Borodino, als an die Einnahme Moskaus durch die Große Armee konkret noch nicht zu denken war, an den Fürsten Bagration: „Ich kann mir nicht vorstellen, dass der Feind nach Moskau kommt. Sollten Sie sich auf Wjasma zurückziehen, so werde ich den Abtransport des Staatseigentums anordnen und jedem Einzelnen anheim stellen, die Stadt zu verlassen. Die hiesige Bevölkerung wird jedoch bei ihrer Liebe zu Kaiser und Vaterland sicherlich vor Moskaus Mauern sterben. Sollte Gott dieses edle Vorhaben nicht segnen, so wird sie, getreu dem russischen Sprichwort ‚Lass dich nicht vom Bösen fangen!‘, die Stadt in Schutt und Asche legen, und Napoleon wird nur den Grund und Boden vorfinden, auf dem einst die Hauptstadt gestanden hat. Es wäre nicht übel, auch ihn davon zu verständigen, damit er nicht auf Millionen und Kornspeicher rechnet, wo er doch nur Schutt und Asche vorfinden wird."[95]

Man durfte erwarten, dass ein Militärgouverneur von Moskau seine Worte auch in kritischer Lage mit Bedacht wählte. Diese Manier des zugespitzten Alles oder Nichts war nicht des Kaisers, sondern eher Katharinas Art. Wenn der Brief ein Beleg für langfristige Überlegungen verantwortlicher Personen war, Moskau im Falle einer Eroberung durch die Große Armee in „Schutt und Asche" zu legen, dann ist es höchst unwahrscheinlich, dass Rostoptschin die Gedanken, die er Bagration so freimütig mitteilte, Katharina nicht anvertraute.

Am 7. September 1812 fand das blutige Treffen bei Borodino statt. Vier Tage später beschloss der Kriegsrat in Fili die Räumung der alten russischen Hauptstadt. Am 14. September zog die Große Armee in Moskau ein. In der Nacht auf den 15. September begannen an mehreren Stellen Brände, die sechs Tage und Nächte anhielten und große Teile der Stadt tatsächlich in „Schutt und Asche" legten. Die Frage, ob der große Brand Moskaus eine geplante und gezielte Aktion Rostoptschins war, ob die Feuer aus Leichtsinn und Fahrlässigkeit ausgelöst wurden oder ob der Brand ein Ergebnis marodierender Besatzungstruppen war, erhitzt die Gemüter seit jenen tragischen Septembertagen ohne ein allgemein respektiertes Ergebnis.

In der Nacht vor der Räumung Moskaus sammelte sich empörtes Volk um das Haus Rostoptschins. Ohne konkrete Kenntnisse über die schlimme Kriegslage verlangte es Auskünfte und den Verzicht auf die Räumung. Um 11 Uhr abends kamen Georg von Holstein-Oldenburg und ein Württemberger Prinz zu Rostoptschin. Sie forderten, er sollte Kutusow vom Verlassen Moskaus abbringen. Das war eine überraschende Initiative und es ist nicht klar, ob sie dem verzweifelten Eigenwillen der Bittsteller, der Sorge vor einem Aufruhr unter der Moskauer Bevölkerung oder einer höheren Einsicht folgte. Es darf sogar angenommen werden, dass der Gouverneur von Twer dem Drängen seiner Gemahlin folgte! Sie vor allem betrachtete den Verlust Moskaus als nationale Schande. Rostoptschin lehnte Georgs Forderung rundweg und aufgeregt ab. Er sagte den beiden Männern, sie sollten selbst zu Kutusow gehen und ihn von diesem Schritt überzeugen. Sie wären schließlich Verwandte des Kaisers. „Die Prinzen teilten mir darauf mit, sie hätten bereits bei Kutusow vorgesprochen, seien jedoch nicht vorgelassen worden, da Kutusow schliefe. Nachdem ich ihnen mein tiefes Bedauern ausgesprochen und Kutusow ernstlich getadelt hatte, empfahlen sie sich. Ich war über die Nachricht von Moskaus Räumung tief betrübt und erschüttert."[96] Wenn Rostoptschin hier auch den Eindruck erweckte, von dem Räumungsbeschluss überrascht worden zu sein, so entlastete ihn die Episode nicht von der Urheberschaft für den Brand. Andererseits: Die Bitte Georgs implizierte mit großer Sicherheit, dass auch dessen Gemahlin im nahen Jaroslawl und Twer von der bevorstehenden Aktion wusste.

Die Brände begannen zuerst vereinzelt in mehreren vom Zentrum weiter entfernten Stadtteilen. Um 2 Uhr nachts loderten selbst in der Stadtmitte Feuer auf. Der in Moskau zurückgebliebene russische General Tutolmin meldete dem Kaiser zunächst spontan, es habe sicherlich Brandstiftung vorgelegen. In jener Nacht zum 15. September verließen Rostoptschin und Karamsin fluchtartig die Stadt. Rostoptschin war, obwohl er das in späteren Jahren wiederholt und energisch bestritt, aktiv, bewusst und führend an der Brandstiftung beteiligt. Es gab sogar vereinzelte Momente, in denen er sich dieser „patriotischen Tat" ausdrücklich rühmte. Der amtliche Bericht des Polizeikommissars Woronjenki an die Moskauer Polizeibehörde lautete: „Am 2. (14.) September um 5 Uhr morgens befahl mir Graf Rostoptschin, mich zum Branntwein- und Zolllager zu begeben, sowie zum Kommissariat … Falls der Feind unerwartet einrücken sollte, hatte ich alles durch Feuer zu vernichten. Ich habe diesen Befehl im Hinblick auf den anrückenden Feind an verschiedenen Stellen nach Möglichkeit bis 10 Uhr abends ausgeführt."[97]

Der Diplomat und General Caulaincourt berichtete, dass die Franzosen beim Einmarsch in Moskau in allen wichtigen Gebäuden Zündschnüre fanden. Die von ihnen verhörten Polizisten beriefen sich alle auf einen Befehl Rostoptschins und schilderten die entsprechenden Vorbereitungen. Die Moskauer Polizeioffiziere wurden am Vorabend des französischen Einmarschs mit Instruktionen versehen, die sie an ihre Unterführer weitergaben. Die mobilen Wasserspritzen wurden entweder aus Moskau herausgebracht oder unbrauchbar gemacht. Rostoptschin verbrannte vor dem Abzug demonstrativ seinen vor Moskau gelegenen Landsitz und hinterließ nur einen Zettel: „Acht Jahre lang habe ich der Verschönerung dieses Landgutes mich gewidmet, und ich lebte glücklich hier im Schoße meiner Familie. Die Bewohner des Gutes, 1720 an Zahl, verlassen es bei eurer Annäherung, und ich, ich stecke selbst mein Haus in Brand, damit es nicht besudelt werde durch eure Gegenwart! Franzosen, ich werde euch meine beiden Häuser in Moskau überlassen, mit einem Mobiliar im Wert von einer halben Million Rubel. Hier aber werdet ihr nur einen Aschehaufen finden!" Napoleon hat sich über diese Geste lustig gemacht. Seine Marschälle fanden die Demonstration nicht besonders erheiternd und zollten Rostoptschin eher einen gewissen Respekt.[98]

Eine Reihe von Widersprüchen im Ablauf der Ereignisse um den 13., 14. und 15. September 1812 deuten darauf hin, dass Rostoptschin den Brand organisiert hat, dass er aus der kaiserlichen Familie Zustimmung erfuhr, sich jedoch bemühte, die Spuren der Tat sorgfältig zu verwischen, weil eben diese kaiserliche Familie ihn in keinem Fall ernsthaft schützen würde. Rostoptschin informierte Alexander I. angeblich bereits am 13. September mit einem Kurier von der Räumung Moskaus. Er selbst verließ Moskau am 14. September. Der Kurier eilte nicht von Moskau aus nach Petersburg – sondern von Jaroslawl. Dort hielt sich Katharina Pawlowna auf, die ihrem Bruder am 15. September die Schreckensnachricht übermittelte, die Alexander I. am Morgen des 18. September 1812 erhielt.

Die Benachrichtigung des Kaisers via Jaroslawl ist ein belastendes Indiz für das Wissen Katharinas um die mit der Räumung Moskaus organisierte Brandstiftung. Carl von Clausewitz stellte umfangreiche Nachforschungen an, ob Rostoptschin den Moskauer Brand organisiert hat oder für diesen verantwortlich war. Clausewitz gelangte nach Abwägung aller Umstände zu der These: Rostoptschin hat die Stadt anstecken lassen – auf eigene Verantwortung und ohne Vorwissen der Regierung. Clausewitz vermutete, dass die Ungnade und der lange Auslandsaufenthalt Rostoptschins von 1814 bis 1823 eine Folge seiner Eigenmächtigkeit gewesen sind. Wenn Rostoptschin den Brand gezündet hat, wusste er, dass diese leidenschaftliche Tat nicht den Beifall der Regierung und des Kaisers finden konnte und er selbst alle Folgen auf sich nehmen musste. Clausewitz vermutete, dass man das Geheimnis niemals endgültig lüften würde. Die Überlegungen schienen recht logisch, hielten aber vor dem entscheidenden Punkt inne: vor dem Motiv der Tat!

Kaiser Alexander I. war zum Zeitpunkt der Einnahme Moskaus durch Napoleon entschlossen, den Krieg nur mit einem Sieg der russischen Waffen zu beenden. Seine Schwester Katharina und deren Freunde artikulierten die Verzweiflung über die dem russischen Volk zugefügte Demütigung: Seit dreihundert Jahren besetzten erstmals wieder feindliche Herrscher den Kreml! Die Zeit war reif für ein Signal, das die Opferbereitschaft, den Heldenmut und das Märtyrertum der alten russischen Hauptstadt bewies. Nach dem militärpolitischen Sinn fragten die Initiatoren des Brandes nicht. Das Feuer diente dem Mythos russischer Helden, eine kriegsentscheidende Bedeutung besaß es nicht. Vielleicht schwieg Rostoptschin nach dem Kriege deshalb so lange über das Ereignis und wies jegliche eigene Verantwortung zurück. Er war sich der Fragwürdigkeit der Aktion bewusst und er deckte zugleich seine Gönnerin, die Großfürstin Katharina. Der Geist, der Rostoptschin bewegte, jegliche Verantwortung für den Brand von sich zu weisen, entsprach haargenau dem Gefühl Katharinas, das sie in dem Brief vom 13./25. November 1812 an ihren zweiten engen Freund, Nikolai Karamsin, zum Ausdruck brachte: „... Wir leiden alle um e i n e r Ursache willen: wir leiden für die Mutter, für das ruhmvolle Russland; aber wir können uns desselben rühmen und stolz zu den unterjochten Fremdlingen sagen: Ihr habt euch versammelt von allen Enden der Erde, ihr seid mit Feuer und Schwert gekommen, aber wir legten unsere Städte in Asche und zogen die Zerstörung ihrer Befleckung vor und gaben euch selbst ein großes Beispiel: unsere ruhmvolle Hauptstadt ist untergegangen, wir aber sind unerschüttert geblieben; ihr habt Frieden erwartet, aber nein, wir haben gesagt: Tod! Auf euren Grabhügeln werden unsere Städte sich wieder erheben, als auf der ruhmvollsten Grundlage. Die Gefangenen beneiden uns um den russischen Namen, die Offiziere suchen um die Ehre nach, unsere Uniform tragen zu dürfen, denn es gibt keine höhere als sie. Russland war die zweite Macht in Europa, jetzt und für immer ist es die erste, und bald werden Könige herzueilen und um Frieden und Schutz bitten. Seien Sie fröhlich über diesen Gedanken, er ist kein Traum, sondern Wahrheit." [99]

Es existiert wohl kein zweites politisches Zeugnis, welches die Motive für den Brand Moskaus derartig konzentriert und prägnant zum Ausdruck gebracht hat – durch Katharina Pawlowna. Sie formulierte darin gleichzeitig einen Kernsatz ihrer politischen Weltsicht. Es ist unerheblich, ob sie selbst zu den unmittelbaren Initiatoren des Plans gehörte, ob der Brand durch Fahrlässigkeiten, Plünderungen oder Kriegshandlungen verbreitet wurde. Katharina sah in dem Brand ihre Überzeugung von der kommenden Rolle Russlands in Europa verwirklicht. Das verlieh ihr Kraft und Willensstärke. Natürlich reflektierte diese ihre Überzeugung die extreme und emotionale, in gewisser Weise sogar unnatürliche Sicht auf politische Ereignisse, die Katharina generell eigen war. Sie versetzte sich in eine quasi nationalistische Überreaktion, verbunden mit dem Anspruch der russischen Vorherrschaft in Europa – ein Gedanke, den Alexander mit den Mitteln der Staatsraison, Diplomatie und Flexibilität nicht minder verfolgte.

Gleichzeitig veränderten die Kriegsereignisse auch den Kaiser und selbst Katharinas Emotionen zeitigten bei ihm eine gewisse psychologische Wirkung. Nach dem Sturz Speranskis hatte sich Alexander mehr als zuvor mit Fragen der religiösen Mystik beschäftigt. Die zugespitzt emotionale Haltung Katharinas im Kriege, der Brand Moskaus, die ersten russischen Siege und die Verfolgung des fliehenden Feindes verstärkten diese Tendenz. Der Kaiser sah die Stunde kommen, da er als rettender Engel über Europa erscheinen konnte und den Völkern auf dem Kontinent eine neue und christliche Ordnung bringen würde.
Für den Kaiser bedeutete diese Vision nicht nur die ideologische Begründung eines machtpolitischen Kalküls. Beide Elemente verschmolzen miteinander: Russland würde dem Kontinent eine neue Idee bringen und es würde über Europa herrschen.

Das war eine Vision nach dem Geschmack der Großfürstin in Twer. Der zurückweichende und schließlich fliehende Gegner ließ Katharinas Hochstimmung über die Grenzen des bisher Offenbarten steigen. Der Brand Moskaus besaß für sie etwas Überirdisches, jenseits des nüchternen politischen Kalküls, das sie bei anderen Gelegenheiten beherrschte. Der Vormarsch russischer Truppen nach Westen eröffnete auch persönlich neue Möglichkeiten, künftig nicht nur in Russland, sondern in Europa eine wichtige Rolle spielen zu können. Vielleicht fand sich irgendwo eine respektable Krone, wenn die europäischen Machtverhältnisse nach dem Sieg über Napoleon neu geordnet werden mussten? Sei es auch nur in Holstein-Oldenburg. Sie bestärkte Alexander in dessen Hinwendung zu tiefer Religiosität, weil sie ganz nüchtern erkannte, dass er seine künftige Rolle als Herr europäischer Geschicke eben mit dieser ausgeprägten Religiosität zu verbinden gedachte. Am 20. November 1812 schrieb er an Katharina: „Gott der Allmächtige lässt über das Haupt Napoleons all das Unglück kommen, das er uns zugedacht hat."[100] Diese Hoffnung teilte die Schwester und bemühte sich zunächst einmal um ein gutes Verhältnis zum Freiherrn vom Stein. Dessen Konzeption für das künftige einheitliche Deutsche Reich baute vor allem auf die militärpolitische Schützenhilfe Russlands. Mehr als allgemeine Höflichkeiten kamen jedoch bis zum Jahresende 1812 nicht heraus. Das Schicksal errichtete vor Katharinas Träumen und Erwartungen eine zunächst kaum übersteigbare Hürde.

Der Tod Georgs von Holstein-Oldenburg

Während die Große Armee im Oktober und November 1812 geschlagen den russischen Westgrenzen zustrebte, blieben Katharina und der Gemahl in Jaroslawl und in Twer. Sie scheuten keine Mühen, um Kräfte und Mittel für die Armee zu mobilisieren. Immer neue Soldaten verschlang der Krieg, Nahrungsmittel, Kleidung, Ausrüstung – der Moloch kannte kein Erbarmen! Katharina und Georg taten, was sie konnten. Zunehmend musste ihre Sorge den Opfern dieses Krieges gelten. Georg bat den Kaiser am 13. November 1812 erneut und dringend um die Versetzung zur Armee. Je näher eine Niederlage Napoleons und dessen Vertreibung aus Deutschland mit Hilfe der russischen Soldaten rückte, umso wichtiger schien dem Oldenburger die persönliche Anwesenheit bei der Armee – eine Auffassung, die sicherlich auch von der Prinzessin Katharina von Holstein-Oldenburg geteilt wurde. Man musste für die künftige eigene Herrschaft tun, was möglich schien. Georg berichtete dem Kaiser über die Lage der 1500 Kranken in Jaroslawl: „Die Not ist groß und die Mittel sind nicht vorhanden. Ich sehe mit meinen Augen die grausamsten Leiden, und ich weiß nicht, wie ich Abhilfe schaffen kann. Alles, was von mir abhängt, ist getan."[101] Alexander kannte kein Pardon. Er wollte weder den Aufpasser Katharinas um sich dulden, noch dem Prinzen Gelegenheit zu eigenen politischen Spielen geben. Alexander wollte außerdem die Familie seiner Schwester in Sicherheit wissen. Georg durfte nicht zur kämpfenden Truppe ziehen und kümmerte sich weiter in oldenburgisch-russischer Pflichterfüllung um die Kranken und Verwundeten in Twer und Jaroslawl.

Dann geschah das unvorhersehbare Unglück. Beim Besuch im Lazarett von Twer steckte sich Georg an einem Kranken mit Flecktyphus an.

Er wollte das Gebäude eigentlich nur inspizieren, um die Ausführung notwendiger Baumaßnahmen zu kontrollieren. Freunde rieten von der Visite dringend ab, denn in dem Hospital wütete der Typhus. Es ging alles ganz schnell und das Unfassbare nahm dadurch für Katharina eine geradezu dämonische Gestalt an. Wenige Tage nach der Visite fühlte sich Georg schlecht. Ein junger Arzt aus dem von Katharina finanzierten Jägerbataillon wiegelte ab, es wäre wohl nicht so schlimm. Katharina ließ sich nicht beschwichtigen. Sie jagte eine Eilstafette nach Jaroslawl, wo ihre beiden Söhne mit den Leibärzten wegen der anhaltenden starken Kälte geblieben waren. Als Dr. Bach endlich in Twer anlangte, sah er schon keine Rettungsmöglichkeiten mehr. Prinz Georg starb am 15./27. Dezember 1812.

Am selben Tage schrieb Katharina an Alexander I.: „Mein Bruder! Er ist gestorben ... geben Sie mir dieses Haus, ich bitte Sie um diese Gnade; wenn Sie ihn nicht in der Festung (Peter-Pauls-Festung – Anm. d. A.) der Erde übergeben wollen, erlauben Sie mir, für ihn eine Kirche bauen zu lassen; ich weiß schon, wo. Bis zu dieser Zeit bewahre ich ihn in meinem Haus, da ich ihn in diesem Fall jeden Tag sehen kann. Ich lasse für ihn eine Kirche bauen, wo ich ihn auch sehen und in seiner Nähe sein kann. Er liebte Sie und lässt mich es Ihnen sagen."[102] Katharina war fassungslos und nahezu außer Sinnen. Ein solches Ende der Ehe, die zwar nicht ihrem Wunsche entsprach, aber trotz des politischen Zwangs harmonisch verlief, sahen all ihre Vorstellungen nicht vor.

Alexander antwortete Katharina am 2. Januar 1813 aus dem Hauptquartier in Wilna in einem ausführlichen Brief: „Meine Liebe, meine arme Freundin, was kann ich Ihnen in diesem so schrecklichen Moment sagen, jetzt, wo mein Herz fühlt, dass Sie eines der unglückseligsten Geschöpfe auf Erden sind. Meine Tausend Beileidsbezeigungen würden nicht genügen. Wenn ich einen wahren Freund, von denen es nur wenige auf der Welt gibt, in seiner Person verloren habe, während eine der teuersten Wonnen meines Lebens mir durch seinen Tod verloren ging – ich meine die Freude, Ihr Familienglück vor meinen Augen zu haben, so ging Ihnen die Wonne Ihres ganzen Lebens verloren. Wenigstens sollen Sie wissen, dass niemand inniger als ich mit Ihnen leidet, weil niemand Georg besser kannte als ich. Der große Herrgott wollte das; unsere Pflicht ist es, nicht zu jammern. Meine liebe Freundin, in Gottes Namen, an den Sie immer geglaubt haben, trotz Ihres riesigen Unglücks, vergessen Sie meine Worte nicht. Ich schließe, weil ich keine Kraft mehr habe, fortzufahren... Ich rufe Gottes Segen auf Sie, den ich aus meinem ganzen Herzen anbete, dass er sich erbarmt und Sie behütet. Mit Ihrem

Glück ist auch ein großer Teil meines Glücks verloren gegangen. Ich bin für das ganze Leben mit Herz und Seele der Ihre."[103]

Vier Tage später hat Alexander das Palais in Twer, in dem Katharina mit Georg gelebt hat, an die Schwester übergeben. Ihre zweite Bitte hat er abgewiesen. Sie durfte den Leichnam Georgs weder für längere Zeit im Palast aufbewahren, noch ihn in einer eigenen Kirche – die erst noch gebaut werden musste – beisetzen. Der Kaiser ordnete an, dass Georg als Mitglied der Kaiserlichen Familie in Petersburg beigesetzt werden sollte.

Zwölf Tage nach dem Tode Georgs erging der von Alexei Achlopkow, dem Leiter des Kaiserlichen Departements für Zeremonien, verfasste Entwurf für den Ablauf der Trauerfeierlichkeiten nach Twer, an den Fürsten Iwan Alexejewitsch Gagarin, Hofstallmeister Katharinas. Die Direktive sah vor, dass der Leichnam Georgs mit einer Reiseequipage von Twer zur lutherischen St. Petrus-Kirche nach Petersburg gebracht werden sollte. In der Kirche sollte der Leichnam vor dem Altar unter ständiger Totenwache durch dazu bestimmte ranghohe Persönlichkeiten aufgebahrt werden. Die Kirche war mit schwarzem Tuch auszuschlagen sowie mit den Wappen des Prinzen und des Herzogtums Holstein-Oldenburg zu schmücken. Das Podium mit dem Sarg sollte durch kostbaren Samt, Goldborten, Kandelaber, Kerzen, Ordenskissen und Hermelin verziert werden. Innerhalb und außerhalb der Kirche sollten Soldaten und Unteroffiziere als Ehrenwache aufziehen. Alle Details, bis zum Versenken des Sarges in das Grab, wurden akribisch vorgeschrieben, sogar der unterschiedliche Trauerflor, den alle an der Beisetzung beteiligten Personen zu tragen hatten. Inzwischen nahmen bereits zahlreiche Persönlichkeiten in Twer von Georg Abschied. Etwa 15 000 Menschen defilierten dort an seinem Sarg vorüber.

Georg gehörte zur kaiserlichen Familie und in deren Würden sollte er bestattet werden. So geboten es Ordnung, Ansehen und Ritus des Kaiserhauses. Wie bescheiden und abhängig Georgs wirkliche Stellung in Russland war, ging aus dem Testament hervor, das der Prinz im März 1812 verfasst hatte, nicht ahnend, dass ihn der Tod so schnell ereilen würde: „Ich setze zu meinem einzigen Erben meine Frau ein. Sie tritt von dem Augenblick meines Todes in das Eigentum aller meiner Sachen ein, sie mögen Namen haben wie sie wollen." Was Georg auch erwarb – alles ging an Katharina und damit an die kaiserliche Familie, die ihn drei Jahre vorher ausgestattet hatte. Den Oldenburgern blieb nur wenig: „Meinen Söhnen gebe ich als Legat meinen Degen und als Erbschaft meinen ehrlichen Namen, da ich sonst nichts zu vermachen habe." Der

Vater bekam ein Portrait Katharinas, der Bruder eine Uhr (ein Geschenk Katharinas), die Vertrauten Maltzahn und Kruse erhielten zwei Pferde bzw. Schillers sämtliche Werke.[104] Die kleinen Dinge des Lebens konnte er weitergeben, zur persönlichen Erinnerung an einen idealistischen aber mittellosen Menschen, der in der ihm übertragenen Aufgabe versucht hatte, gegen den Schlendrian und die Korruption einer provinziellen Bürokratie anzukämpfen. Vergeblich. Sein selbstloses Beispiel hatte niemand angespornt. Unter den Kriegsbedingungen, da eine straffe Organisation im Gouvernement besonders notwendig war, wirkte sich sein Tod besonders nachteilig aus.

Nach Georgs Ableben erkrankte Katharina ernsthaft. Man brachte sie nach Petersburg zur Mutter. Ihr Zustand wird in den Berichten über den Krankheitsverlauf allgemein mit dem Begriff der „Bewegungsstarre" beschrieben. Nahezu täglich traten Anfälle auf, die 20 bis 50 Minuten anhielten, ihren Körper in völliger Starre verkrampfen ließen und von Ohnmachten begleitet wurden. Mediziner nannten für diese Zustände bereits damals den Begriff der „Katalepsie". Das Krankheitsbild ließ jedoch eher auf eine „Katatonie" schließen. Bei der Katalepsie nehmen die Kranken eine bestimmte vorgegebene Körperhaltung ein, in der sie lange verharren. Bei Katharina wurden jedoch Krampf- und Spannungszustände in der Muskulatur beobachtet, die in keiner Weise steuerbar waren. Die Katatonie gilt als besondere Verlaufsform der Schizophrenie. Katharinas Vater galt vielen Zeitgenossen als geistig krank, zumindest litt er nachweisbar unter extremem Verfolgungswahn. Der Bau der Michailsfestung war dafür der beste Beweis. Über Katharina wurden bis zum Dezember 1812 keine auffälligen Krankheiten berichtet. Selbst die starke emotionale Erregung bei der Einnahme Moskaus durch Napoleon hatte zu keinen krankhaften Veränderungen geführt. Allerdings gab es in den vorausgegangenen Jahren mehrfache Anmerkungen von Zeitzeugen über die Ähnlichkeit in den charakterlichen Merkmalen Pauls und Katharinas. Im Dezember 1812 konnte noch niemand sagen, ob der Schock, den Katharina durch Georgs Tod erlitt, Ausdruck einer tiefer gehenden und schleichenden psychischen Krankheit war oder ob es sich nur um einen vorübergehenden Zustand handelte. Sie selbst gab sich in den Trauertagen des Januar 1813 jedenfalls große Mühe, in der Öffentlichkeit das Bild einer gesunden Großfürstin und tapferen Witwe zu zeichnen.

Für eine sehr kurze Zeit traten Katharinas politisch-dynastische Ambitionen gänzlich in den Hintergrund. Selbst der anhaltende Krieg versank in jenen Tagen hinter der eigenen Not und dem sehr persönlichen Leid. Sie suchte in der Familie und bei ihren beiden kleinen Söhnen, die noch nichts von der dramatischen Situation verstanden, moralischen Halt. Im Januar 1813 wurde der Sarg mit den sterblichen Überresten Georgs in Twer abgeholt. Katharina reiste nach Zarskoje Selo ab. Dort wollte sie bis zum Tag der Beisetzung Georgs bleiben, während die beiden Söhne nach Petersburg in den Anitschkow-Palast gebracht wurden. Das Trauergeleit führte von Twer über Nowgorod nach Petersburg. Die Zeremonialordnung, die u. a. vom General Devolant unterschrieben worden war, sah vor, dass an allen Orten, durch die der Sarg kam, die lokalen militärischen und zivilen Würdenträger der von Generälen geführten Traureskorte die Ehre zu erweisen hatten.

Noch vor der Überführung des Leichnams in die Hauptstadt wandte sich der General-Superintendent und Vize-Präsident des lutherischen Konsistoriums zu Petersburg, Friedrich von Rheinbott mit einem Schreiben an den Oberkammerherrn A. L. Naryschkin, der mit den Vorbereitungen für die Trauerzeremonie befasst war. Entsprechend einem Befehl des Ministers für Kirchliche Angelegenheiten und Volksbildung, Alexander Nikolajewitsch Golizyn, hatte Rheinbott alle lutherischen Geistlichen für die Nacht in die St. Petrus-Kirche beordert, um den Sarg Georgs in Empfang zu nehmen. Da er sich selbst unwohl fühlte, hatte er Prevot Lampe, Prediger an der St. Peters-Kirche zu seinem Vertreter ernannt. Lampe sollte die erforderliche Trauerpredigt halten.

Am 20. Januar 1813 bat Rheinbott Naryschkin um die genaue Zeit- und Ortsangabe für das Leichengebet. Er teilte mit, dass der Pastor Volbohrt bei der Beerdigung die Trauerrede halten werde. Er selbst, Rheinbott, würde den Gottesdienst mit einer feierlichen Trauerrede vor dem Altar beginnen. Außerdem würde er selbst das Allgemeingebet singen (la Collecte). Am Ende würde er den Segen sprechen. Der Brief Rheinbots besaß einen tieferen Sinn. Maria Fjodorowna hatte angeordnet, dass der Sarg in der Nacht vom 19. auf den 20. Januar 1813, um 2 Uhr nachts in die Hauptstadt gebracht werden müsste – wegen der Feierlichkeiten zum Geburtstag Anna Pawlownas. Sollte der Sarg früher eintreffen, würde er ohne jegliche Zeremonie in die Kirche getragen. Die Trauer für den Prinzen von Oldenburg rangierte hinter dem Geburtstag einer Großfürstin.

Für die Sicherheit bei der Trauerzeremonie zeichnete die Petersburger Polizei verantwortlich. Sie plante und organisierte ihren Einsatz an allen wichtigen Punkten der Stadt. Es erschien eine besondere „Erklärung der St. Petersburger Polizei". Darin wurde exakt festgelegt, wie sich die Teilnehmer der Trauerfeier zu verhalten hatten. Sie bestimmte u. a.: „1. Bis 9 Uhr können alle, die Billets besitzen, frei durch alle Straßen und Prospecte in die Kirche fahren. Ab 9 Uhr werden am Newski-Prospekt von der Polizeibrücke bis zur Kaiserlichen Bibliothek Militärkommandos aufgestellt, und danach ist dieser Abschnitt aus allen Richtungen nicht mehr befahrbar. 2. Diejenigen, die es nicht schaffen, bis 9 Uhr zu kommen, müssen jetzt über die Große Konjuschennyi-Brücke, über die Kleine Konjuschennyi-Brücke und über die erste Brücke fahren, ferner durch die Große Miljonnaja-Straße ... 3. Die Equipagen müssen in der Großen Konjuschennaja-Straße abgestellt werden, deshalb mögen die gnädigen Herren ihren Lakaien befehlen, ihre Wagen dorthin zu begleiten, wo sie abgestellt werden müssen, um nachher wieder zu derselben Zufahrt zurückzukehren. 4. Wenn der Sarg in das Grab hinabgeglitten ist, wird durch die Kommandos, die vorn stehen, eine dreifache Salve abgefeuert. Vor den Schüssen werden die Pferde zweifellos Angst bekommen. Um mögliche Unfälle zu vermeiden, mögen bitte die ankommenden Herrschaften den Kutschern im Voraus befehlen, vom Bock und den Vorreitern von den Pferden nicht abzusteigen ...“[105] Die zarischen Sicherheitsorgane hatten wirklich an alles gedacht. Niemand sollte den feierlichen Akt stören.

Wie vorgeschrieben, erreichte der Trauerzug um 2 Uhr am Morgen des 20. Januar 1813 das Stadtgebiet von St. Petersburg. Trotz der ungewöhnlichen Stunde und der Tatsache, dass in jener Nacht minus 30 Grad Celsius herrschten, begleitete eine große Menschenmenge den Sarg in die St. Peter und Pauls-Kirche auf dem Newski-Prospekt. Bei dem Bau handelte es sich nicht um die heutige St. Peters-Kirche, sondern um ein Gebäude, das 1730 unter dem Patronat des aus Oldenburg stammenden Feldmarschalls Burchard Christoph Graf von Münnich errichtet worden war. Diese Kirche stand nur bis zum Jahre 1832.

Alles lief exakt nach den ausgearbeiteten Ordnungen und Direktiven ab. Am 22. Januar 1813 fand die eigentliche Trauerzeremonie und Beisetzung statt. Am Vormittag fuhren Peter von Holstein-Oldenburg und dessen Sohn August nach Zarskoje Selo zu Katharina. Maria Fjodorowna und Katharina trafen im Laufe des Nachmittags in Petersburg ein. Katharina stieg bei ihren Söhnen im Anitschkow-Palast ab. Unter Anwesenheit der kaiserlichen Familie, zahlreicher Gäste und einer großen Menschenmenge fand die feierliche Beisetzung statt. Der Hof verkündete eine dreimonatige Trauer, die zwischen dem 19. und dem 24. Februar unterbrochen und am 17. März 1813 beendet wurde. Die Kosten für die Trauerfeier und Beisetzung betrugen insgesamt etwa 110 350 Rubel. Georgs sterbliche Hülle ruhte bis zum Jahre 1826 in Petersburg. Dann brachte man sie nach Oldenburg und setzte sie dort bei.

154

Für Katharina bedeutete das Ableben Georgs das Ende einer persönlich insgesamt glücklichen Ehe. In Georg hatte sie einen Halt besessen. Diese Stütze wurde ihr urplötzlich entrissen und Katharina stürzte in ein tiefes seelisches Loch. Viele Menschen bezweifelten, dass sie sich aus der traumatischen Starre je wieder befreien könnte. Aber nur wenige Zeitzeugen kannten die wahre Energie, den Willen und die Unberechenbarkeit dieser durchaus herrschsüchtigen Frau wirklich. Der Wille zu neuen Taten erwachte mit dem gleichen Ungestüm, mit dem er im Dezember 1812 abgebrochen war. Etwas hintergründig, melancholisch und zugleich bereits wieder mit koketter rhetorischer Suggestivwirkung erinnerte sich Katharina bereits Ende Januar 1813 an ihre Jahre in Twer: „Twer wird mir immer teuer bleiben; es ist der Ort wo ich so glückliche Tage, und, ich darf es Ihnen sagen, wohl die glücklichsten Tage meines Lebens verbracht habe, denn ich glaube nicht, dass mir deren noch viele beschieden sein werden." [106] Wer die junge Frau über Jahre beobachtete, der musste ihr hinsichtlich des Eheglücks zustimmen. Ihre politischen Leidenschaften und die Eingriffe in die Politik deuteten jedoch nicht darauf hin, dass sie in absehbarer Zeit resignieren würde. Es sei denn, dass sie selbst Erkenntnisse über ihren Gesundheitszustand besaß, die sie keinem anderen Menschen vermittelte, nicht einmal ihrem Bruder.

Es vergingen nur wenige Wochen und Katharina entdeckte, dass ihr die schwarze Trauerkleidung ganz vorzüglich zu Gesichte stand. Der Krieg war noch nicht zu Ende, man konnte noch viel erleben und arrangieren. Sie selbst war trotz ihrer ernsten Erkrankung noch nicht an das Ende des Lebens gelangt. Russland war noch nicht der Herr Europas und der Bruder Alexander schickte sich gerade erst an, seine Soldaten nach Westeuropa marschieren zu lassen. Hatte der Vater Paul I. nicht ebenfalls dem Traum nachgegangen, zum Retter Europas aufzusteigen? Katharina erahnte und erblickte sehr schnell neue Tätigkeitsfelder für den Kaiser, für Russland und für sich selbst. Die Suche nach einem respektablen gekrönten Ehepartner trat in eine neue Phase ein. Zu Hause war Katharina seit dem Dezember 1812 die verwitwete Prinzessin von Holstein-Oldenburg, die für sich und ihre Nachkommen ein für alle Mal auf jeglichen Thronanspruch verzichtet hatte. Ihre einzige Perspektive für ein anspruchsvolles Leben lag in Europa.

Kapitel V

Politische Badereisen einer ehrgeizigen Großfürstin und Witwe durch Europa

Der politische Auftrag

Die Vertreibung der Großen Armee Napoleons aus Russland und der plötzliche Tod Prinz Georgs wirkten auf Katharina im doppelten Sinne verhängnisvoll. Der besonnene Georg hatte ihren exaltierten politischen Ambitionen ein gewisses Maß an Ruhe und äußerlicher Zurückhaltung verliehen. Mit Georg durfte sie in Twer die Tugend der Bescheidenheit üben. Katharinas aufgeregtes Wesen benötigte Georgs Stütze in der unmittelbaren täglichen Umgebung. Dieser Halt fehlte ihr jetzt. Der Kaiser stand im Felde. Ihr blieb nur noch die Mutter, an die sie sich wieder enger anschloss, wohl wissend, dass Maria Fjodorowna nichts unversucht lassen würde, der Tochter erneut zu einem ihr würdigen Gemahl zu verhelfen.

Andererseits verließ der Krieg die russische Erde. Er kehrte nun nach Westeuropa zurück, auf ein Terrain, das Katharina persönlich nie erlebt hatte, dessen politische Mechanismen die Großfürstin nicht kannte. Was wusste sie konkret von den Intrigen des Fürsten Metternich auf der Wiener Hofburg oder von den künftigen politischen Plänen Englands, Preußens und Österreichs? Sie beurteilte die europäische Politik nach den für sie erschließbaren russischen Reichsinteressen. Sie ahnte wohl, dass die Fortsetzung des Kriegs bis zur Vernichtung Napoleons für sie selbst neue politische Horizonte, vielleicht sogar die Ehe mit einem neuen königlichen oder kaiserlichen Partner eröffnen konnte. Wie das geschehen sollte oder wer das sein könnte, blieb ihr noch verschlossen. Zunächst ging es nur um ein Ziel: Der liebe, sentimentale und zunehmend von seinem eigenen Mythos als Friedensengel Europas überzeugte kaiserliche Bruder Alexander musste anhaltend und nachdrücklich bei dieser Rolle bleiben – das bedurfte nach Katharinas Überzeugung ihrer ständigen Nähe zum Kaiser. Nur wenn Alexander als Sieger in Paris einziehen konnte, besaßen die Leiden des Vaterländischen Kriegs und der Tod Georgs einen zumindest politischen und patriotischen Sinn. Für sie selbst würde dann schon eine Krone abfallen, die reicher verziert war, als die eines Herzogs von Oldenburg. So spiegelten sich in den persönlichen

Wünschen Katharinas die machtpolitischen Interessen der russischen Reichspolitik.

Die folgenden Monate mussten außerdem zeigen, mit welcher Wirkung eine neue politische Aufgabe Katharinas krankhafte Störungen unterdrücken konnte, ob ihr dominierender Einfluss auf den Kaiser nicht gelitten hatte und welchen Nutzen sie selbst tatsächlich aus ihrer ungebremsten Betriebsamkeit ziehen konnte. Es handelte sich in gewisser Weise um ein Vabanquespiel, dessen Regeln Katharina kaum kannte. Dieser Umstand fiel am Beginn des Jahres 1813 besonders auffällig ins Gewicht, weil damals noch kein verantwortungsbewusster Politiker oder Militär exakt vorhersagen konnte, wie sich der weitere Lauf des Krieges, geschweige denn die künftigen politischen Konstellationen in Europa entwickeln würden.

Alle diese Umstände bewirkten, dass die Monate Januar und Februar 1813 für Katharina außerordentlich widersprüchlich verliefen: Extrem starke Anfälle von körperlicher Starre wechselten mit hilflosen Versuchen einer persönlichen Selbstbesinnung, vagen Zukunftsplänen, Ansätzen für ihre bekannte Leidenschaft nach Intrigen, aber auch bereits wieder recht bestimmten Vorstellungen für die Zukunft, verbunden mit koketter Eigenliebe. In jenen Wochen schälte sich eine deutliche Tendenz heraus: Wo der Krieg und der Kaiser waren, musste sich auch Katharina aufhalten! Unbedingt! Man konnte ja das Nützliche mit dem Praktischen verbinden und dabei auch etwas für die eigene Genesung tun. Natürlich durfte niemand den Eindruck gewinnen, Katharina besäße die Funktion einer ideologischen und disziplinierenden Korsettstange für einen regierenden Kaiser, dem man in seinen politischen Handlungen nie so recht trauen konnte. Aber das charakterisierte Katharina als typisches Kind der russischen kaiserlichen Familie: Die eigene Idee der regierenden Dynastie galt in Russland als unumstößliches Gesetz. Dass es im Ausland einflussreiche Monarchen und Politiker geben konnte, denen das Wort einer russischen Großfürstin nicht besonders viel bedeutete, konnte sie sich nicht vorstellen. Das einstige vergebliche Werben um den österreichischen Kaiser Franz oder einen der Erzherzöge hatte zumindest bei Katharina keine tieferen Spuren hinterlassen. So folgte vom Beginn des Jahres 1813 bis zum Herbst 1814 eine Zeit, in der Katharina überall dort zu finden war, wo der Krieg seine schreckliche Ernte einbrachte, wo politische Entscheidungen für die Zukunft Europas vorbereitet und gefällt werden sollten, wo man vielleicht sogar selbst eine politische Rolle spielen konnte.

Am 23. Februar 1813 schrieb Alexander aus Kalisch an Katharina:

„Liebe Freundin, ich glaubte den Kopf zu verlieren infolge der Menge der Geschäfte, die ich dieser Tage erledigen musste: die Allianz mit den Preußen, militärische Anordnungen, die sich daraus ergeben, das Eintreffen des Generals Scharnhorst, des englischen Botschafters, drei Kuriere aus Kopenhagen, Stockholm, Russland, die Ankunft von Lebzeltern, Wrangels ... die Einnahme von Berlin und was militärisch darauf verfügt werden musste, und das alles im Lauf weniger Tage, sodass ich an meinen Schreibtisch wie festgenagelt saß, oder Konferenzen mit diesen Herren hatte. Jetzt habe ich nun zur Feder gegriffen, um dir zu schreiben, es ist aber 12½ Uhr nach Mitternacht und einer der Herren, der mich eben verlassen hat, war seit 8 Uhr abends bei mir."[107] Wie in den Zeiten des Vaterländischen Kriegs schrieb der Kaiser in naiver Unbefangenheit an Katharina. Er informierte sie über die ihm besonders wichtig erscheinenden politischen Ereignisse und ging geduldig auf ihre vielen größeren und kleineren Sorgen und Anliegen ein, die ganz natürlich aus ihrer veränderten Hofhaltung, der Aufgabe Twers als Wohnsitz und der weiteren Versorgung ihrer Söhne resultierten.

Trotz Krankheit und Trauer fing sich Katharina relativ bald wieder. Es vergingen nach der Beisetzung Georgs kaum vier Wochen und ihre Briefe enthielten wieder anzügliche personalpolitische Anspielungen, sodass der Kaiser sie etwas gereizt in die Schranken wies, er hätte genug Arbeit. Aber was sollte er tun? Er hatte sich nie gegen seine Schwester durchsetzen können – falls er das überhaupt wollte. Ihre Vorstellungen von den kaiserlichen Ehepartnern in Österreich waren auch nicht an seinen Einsprüchen, sondern an den konkreten politischen Umständen, d. h., am Eingreifen Napoleons gescheitert. Diese Schwester war trotz aller Leiden resolut genug, seinen gutherzigen Beruhigungsversuchen den moralischen Vorwurf entgegenzusetzen: „Es geht mir nicht besser, ich werde täglich schwächer."[108] Mit jeder leidensvollen Klage der Schwester stieg das Bild des gemeuchelten Vaters in ihm auf.

Die beste Lösung bestand letztlich für alle Beteiligten wieder einmal darin, dass Katharina ihren Willen bekam. Sie wollte auf Reisen gehen – heraus aus der inneren Einsamkeit, heran an den Kriegsschauplatz und in die Nähe des Kaisers, damit dieser nicht irgendwelchen Intrigen zum Opfer fiel, unter der Kontrolle durch die Familie blieb und so bald wie möglich als „Engel" in Frankreichs Hauptstadt einziehen konnte. Maria Fjodorowna und Katharina waren sich auch darin einig, die junge Witwe sollte einen neuen Ansatz zu glücklicherer Wiederverheiratung starten. Dabei durfte sie auf die Erfahrungen der in Weimar verheirateten Schwester Maria zurückgreifen. Es ist nicht uninteressant, dass Mutter und Tochter den Entschluss zur Auslandsreise Katharinas bereits im Januar 1813 fassten – unabhängig von Trauerritual und vom konkreten Krankheitsverlauf. Die Staatsraison und der fliehende Napoleon verlangten Katharinas unerbittliche Pflichterfüllung. Sie wusste sehr wohl, welche Argumente sie zum jeweiligen Zeitpunkt gegenüber konkreten Personen einsetzen musste, um die für ihre eigenen Interessen beste Wirkung zu erzielen – trotz der schweren Krankheit.

Die Prinzessin von Holstein-Oldenburg besaß auf Grund ihrer Stellung, ihrer politischen Ziele und ihres schwierigen Charakters nur wenige Freunde, denen sie sich anvertraute. Zu den Persönlichkeiten, die es ehrlich mit ihr meinten und ihrer Eigenliebe nicht schmeichelten, um sie zu benutzen oder auf das politische Glatteis zu führen, gehörte der General Franz Devolant. Der gebürtige Holländer war vor Jahren als Ingenieur für Wasserbauten in russische Dienste getreten. Der Kaiser hatte ihn 1812 zum Stellvertreter Georgs von Holstein-Oldenburg ernannt. Nach dessen Tod übernahm Devolant die Gesamtverantwortung für das russische Straßenwesen zu Lande und auf dem Wasser. Durch seine freundliche und menschliche Art gewann er Katharinas Vertrauen. Dem Holländer konnte man mit listigem Augenaufschlag offenbaren, was anderen Menschen verborgen bleiben musste. Briefe an und von Devolant begleiteten Katharina in den folgenden Jahren auf all ihren Reisen.

Devolant blieb der einzige Mensch außerhalb der Familie, dem Katharina ihre Abreise überlegt ankündigte. Am 17. Februar 1813 schrieb sie ihm: „Wenn Nachrichten von mir irgendeine Teilnahme bei Ihnen erwecken können, so sage ich Ihnen, dass ich in vier Wochen abreisen und auf der Durchreise in den österreichischen Ländern mich aufhalten werde. Ich gedenke über Pskow, Minsk und Dubno zu reisen. Die Wege werden schlecht sein, doch das hat nichts zu sagen, ich brauche nicht zu eilen." Ebenfalls noch im Februar bekannte sie dem Freund: „Meine Gesundheit ist ziemlich gut, mit Ausnahme der Schwäche und fast täglicher Ohnmachten."[109] Später, als Katharina bereits in Böhmen weilte, offenbarte sie Devolant ihre Verachtung über das ihr verordnete, als offizielles Alibi für die Reise dienende Kurprogramm: „Man veranlasst mich, Bäder zu gebrauchen, aber ich glaube nicht an ihre Wirkung; das Reisen wird mir mehr helfen als eine Kur. Ich begreife überhaupt nicht, wie es Liebhaber des Badelebens geben kann, das doch gewiss das müßigste und allerermüdendste ist, das ich mir denken kann."[110]

Die in Lebensbeschreibungen über Katharina wiederholt diskutierte

Frage, ob die Reisen nach dem März 1813 ihrer Genesung dienen oder politischen Zwecken folgten, kann aus der Sicht der kaiserlichen Familie eindeutig beantwortet werden. Katharina eilte ihrer politischen Zielbestimmung entgegen. Sie wollte trotz der gesundheitlichen Probleme nach wie vor alles tun, um Napoleon zu schlagen, ihren Bruder zum Helden Europas aufsteigen zu lassen und selbst daraus mit einer neuen Ehe Gewinn ziehen. Die Gesundheit vernachlässigte die Großfürstin mit tragischem Leichtsinn. Entweder ihre Leiden sind übertrieben dargestellt worden oder Katharina hat an ihrer Gesundheit gefrevelt – zugunsten eines höheren Prinzips. Gewiss gab es in Europa eine aristokratische Badekultur. Man traf sich in Karlsbad oder Teplitz und pflegte dort gesellschaftliche wie politische Kontakte. Wenn Katharina tatsächlich so krank war, wie Zeitzeugen es beschrieben, hätten ihr die Krim oder der Kaukasus sehr gut getan. Allein der Gedanke, auf dem deutschen Kriegsschauplatz Ruhe für eine Badekur zu finden, erscheint für das Jahr 1813 relativ absurd. Mit dem vorauseilenden Blick auf ihren frühen Tod muss man sagen, dass sie sich selbst der autokratischen Disziplin geopfert hat, ohne einen einzigen Schritt zu bereuen.

Im März 1813 brach Katharina in Petersburg auf. Die allgemeine Zielrichtung zeigte nach Böhmen, Prag und vor allem – nach Wien. Alexander hielt sich mit russischen Truppen in Sachsen und Böhmen auf. Die berühmten böhmischen Kurbäder stützten Katharinas Alibi. In Wien konnte man vielleicht auf eine Neuauflage alter Träume hoffen. Es gab da noch den Erzherzog Karl! Die Petersburger Diplomaten verstanden inzwischen, ohne das Haus Österreich würde es nicht gelingen, in Europa jene Koalition zu schmieden, die den endgültigen Sieg über Napoleon bringen konnte. Katharina nahm ihre politische Mission, zu der es gehörte, alles, was sie sah und erlebte, aufmerksam zu beobachten und darüber zu berichten, vom ersten Reisetag an außergewöhnlich ernst. Es ist möglich, dass General Devolant in dieser Hinsicht nicht nur ein vertrauter Briefpartner, sondern auch ein unverfänglicher Informationsempfänger für das Kaiserhaus war.

Am 28. März 1813 war Katharina bereits in Siblow und schrieb an Devolant: „… Am Tage vor meiner Abreise erhielt ich einen Brief von dem Kaiser, in welchem er mir erlaubt, ihm meine Meinung über die Verkehrswege zu sagen. Sie wissen, dass ich ihm schrieb, ich habe etwas auf dem Herzen, und so bin ich entschlossen, mit ihm von dem zu reden, wovon wir beide überzeugt sind, und wenn Ihnen noch Gedanken in Betreff dieses wichtigen Zweiges der Verwaltung gekommen sind, so teilen Sie mir dieselben mit! Von Surasch bis hierher sind die

Spuren der Verwüstung schrecklich: niedergebrannte, zerstörte Häuser, überall Hospitäler, Gerippe von Pferden, eine Menge neuer Kirchhöfe, eine schreckliche Armut und jämmerliche Pferde. Lieber General, unser armes Vaterland hat schrecklich gelitten! ... Was mich betrifft, so bin ich die Ohnmachten noch nicht los geworden, aber die reine Luft, denke ich, wird mir gut tun. Morgen werde ich durch Mohilew reisen, ohne mich dort aufzuhalten; am Ende der Woche muss ich in Kiew sein."[111]

Vier Tage nach ihrer Ankunft in Prag ging der erste Stimmungsbericht am 20. April von der Moldau an General Devolant ab. Es war merkwürdig, dass der Brief mit keiner Silbe auf den eine Woche zuvor erfolgten Tod des Feldmarschalls Kutusow in Bunzlau einging. Stattdessen Worte zur überragenden Bedeutung Alexanders I.: „Ungeachtet all meiner Bitten, mein Inkognito zu bewahren, hatte der Kaiser (Franz I. – Anm. d. Autors) befohlen, mir dieselben Ehren zu erweisen, wie ihm selbst, und so wurde ich unter dem Rufe der Soldaten sowohl als der Einwohner: ‚Vivat, vivat Alexander!' glänzend empfangen. Dies zeigt zur Genüge die Stimmung der Gemüter! Niemand verbirgt sie auch und unsern Kaiser nennt man laut den Retter Europas. Ich hoffe, ihn bald wiederzusehen; ich habe einen Kurier an ihn abgesandt, um seine Weisungen darüber zu erhalten." Es schlossen sich persönliche Bemerkungen zur allgemeinen Stimmung an: „Seien Sie überzeugt, dass ich die Verkehrswege nicht vergessen werde. Ich werde überaus glücklich sein, wenn ich irgend einmal meine Anhänglichkeit und Hochachtung gegen denjenigen an den Tag legen kann, der jetzt nicht mehr ist und der das Glück meines Lebens ausmachte. Meine Reise war glücklich, das Wetter blieb die ganze Zeit schön und mein Kleiner (Katharinas Sohn Alexander – Anm. d. Autors) entwickelt sich immer mehr." Abschließend folgten Bemerkungen zur politischen Lage in Prag und zum weiteren Vorgehen: „Gegenwärtig befinden sich hier: der König von Sachsen mit seiner ganzen Familie und allen seinen Kostbarkeiten; wir sind aber noch nicht miteinander bekannt, denn wie es scheint hat er sich noch nicht entschieden, auf welche Seite er sich stellen soll, – ferner der frühere Kurfürst von Kassel und sein Bruder, der Landgraf Friedrich, den ich heute Abend sah (sonderbare Leute das!), der Großherzog von Würzburg, den ich noch sehen werde. Es ist etwas von der Art des babylonischen Turmbaus, ein Gedränge von Freunden und Feinden. Mein Aufenthalt hier wird sich auf etwa zehn Tage erstrecken; ich habe auch im Sinn, die Schwester (Maria) in Teplitz zu besuchen."[112]

Katharina setzte in dem Brief die unmissverständlichen politischen Akzente ihres Reiseauftrags, die von den rührigen Beamten der österreichischen Geheimpolizei nicht minder deutlich verstanden wurden. Vom ersten Tage ihrer Reise an observierten sie Katharina. Jeder ihrer Schritte unterlag sorgfältigen Beurteilungen und Kommentaren der Wiener und Prager Hofkanzleien. Ein Brief vom 30. März 1813 legt davon Zeugnis ab. Graf Alois von Ugarte schrieb an den Oberst-Burgraf von Prag, Franz Anton von Kolowrat-Liebsteinsky: „Nach einer dem Herrn Staatsminister der auswärtigen Angelegenheiten Grafen von Metternich zugekommenen Anzeige, soll die Frau Großfürstin von Russland Katharina Pavlowna am 20/8 dieses von Petersburg abgereist sein, um sich unter dem Namen der Gräfin Romanow über Brody, Lemberg, Teschen, Olmütz, Prag nach Eger zum Gebrauchs der dortigen Wasser zu begeben. Da gemäß Eröffnung des oben erwähnten Herrn Ministers vom 28ten und Empfang 30ten dieses, die allerhöchste Willensmeinung dahin gehet, dass Ihre kaiserliche Hoheit mit aller möglichen Auszeichnung jedoch mit steter Berücksichtigung ihres Inkognitos empfangen und behandelt werden, so wird diese höchste Willensmeinung dem Herrn Grafen, zu seiner Wissenschaft und Darnachachtung mit dem Beisatz bekannt gemacht, dass man unter einem dem galizischen Herrn Landesgouverneur den Auftrag erteile, dem Herrn Grafen, sobald er unmittelbar von der Grenzen aus, die näheren Umstände über die Reise Route der Prinzessin, ihr Gefolge, die erforderliche Anzahl von Pferden erfahren wird, hiervon ohne Verzug in die Kenntnis zu setzen.

Der Herr Graf wird daher besorgt sein, dass dortlandes die Anstalten zur unbeanständen Beförderung Ihrer kaiser.-en Hoheit und zu angemessenen Empfang und Behandlung derselben an allen Orten, wo sie zu verweilen gedenket, getroffen werden, in welcher Hinsicht es am zweckdienlichsten sein wird, wenn ein Kreis- oder Gubernialbeamter die Prinzessin an der Grenzen empfangen und entweder von Kreis zu Kreis oder einer, und derselben durch die ganze Provinz begleiten, um über die genaue Erfüllung der getroffenen Anstalten zu machen, und überhaupt alles, was Ihre kaiserl.-e Hoheit zur größeren Bequemlichkeit oder Annehmlichkeit ihrer Reise noch wünschen könnten, anzuordnen. In allen größeren Städten, wo Hochdieselben verweilen werden, wird es angemessen sein, wenn vor den höheren Zivilbehörden sowie vom Hofkriegsrate auch das Militär hierzu die Weisung erhalten wird, um die Erlaubnis angesucht würde, Ihrer kaiserl.-en Hoheit aufzuwarten, und ihre all(er)fälligen Befehle einholen zu dürfen. Dem Herrn Grafen wird aber noch insbesondere aufgetragen, nichts außer Acht zu lassen, was zur Annehmlichkeit des Aufenthalts dieser Fürstin zu Eger beitragen könnte, alles jedoch nur insoweit es das von Höchstderselben angenommene Inkognito und ihr Trauerstand gestattet, oder dass sie sich nicht eine oder die andere Auszeichnung gänzlich verbitte …"[113]

Die umständliche und barocke österreichische Kanzleisprache reflektierte mit allem Respekt vor dem hohen Stand der Observierten den Standard alltäglicher Kontrollen und Überwachungen eines Landes, das sich im Kriege befand und fremde Truppen auf seinem Territorium dulden musste. Selbstverständlich suchte der russische Geheimdienst nach Gegenmitteln zur Entschärfung der österreichischen Kontrollen. Mit der Begründung, die Großfürstin wäre schwach und bedürfte äußerster Rücksichtnahme, änderten die Organisatoren mehrfach die Reiseroute und warfen alle Zeitpläne über den Haufen. Die österreichischen Beamten konnten stets nur vage angeben, wann und wo Katharina konkret eintreffen würde. Sie selbst verbat sich größere offizielle Ehrenbezeugungen. Die österreichische Polizei geriet mitunter in arge Verlegenheit, wenn sie ihrer staatsbürgerlichen Pflicht nachkommen wollte.

In größeren Städten, z. B. in Olmütz oder Prag, brachte man Katharina nicht offiziell auf den Burgen unter, sondern gab ihr, das offizielle Inkognito respektierend, repräsentative Privatquartiere. Falls die Wirtsleute nicht direkt mit der Polizei kooperierten, erschwerte das die Überwachung. Außerdem legte die Großfürstin Eigenwilligkeiten an den Tag, deren Befriedigung den Einsatz zusätzlicher Kräfte verlangte. So schickte sie ihren eigenen Küchenwagen in Radzywilow nach Petersburg zurück. Die Speisen mussten auf der nächsten Station sorgfältig vorbereitet werden. Dazu fuhr ein Sekretär allein voraus, der über die erforderlichen Produkte und deren Preise verhandelte und alles zubereiten ließ. Damit entzog sich der Sekretär aber auch der polizeilichen Kontrolle, die sich auf die Hauptperson konzentrieren musste. Katharina führte keine Ausrüstung für die Mahlzeiten bei sich, sodass Tischdecken, Geschirr, Bestecke, Kerzen u. a. m. jeweils auf den Reisestationen bei allen möglichen fremden Leuten beschafft werden mussten. Sie liebte saubere und gut möblierte Zimmer. Für Mittagsaufenthalte benötigte sie allein vier Zimmer, Abends für sich selbst und ihren 3 Jahre alten Sohn Alexander sechs Zimmer. Außerdem verlangte sie mehrere weitere Räume für ihre Begleitung und Dienerschaft. Die Auswahl der Quartiere und Übernachtungen war schwierig, weil Katharina nicht gerne bei prominenten oder hochgestellten Persönlichkeiten übernachten wollte. Sie blieb lieber allein, unabhängig und weitestgehend unkontrollierbar. Es fiel den österreichischen Polizisten und Agenten auf, dass Katharina alle Leistungen, die sie empfing, sofort bar bezahlen ließ. Sie lebte ganz in ihrem Inkognito – das natürlich nur selten gewahrt blieb. Sie liebte frische Blumen an allen Aufenthaltsorten. Die Beamten fanden in ihrem Eifer sogar heraus, dass man ihr mit Eis und Früchten Freude bereiten konnte.

Am 16. April 1813 war Katharina in Prag eingetroffen. Kolowrat informierte Wien noch am selben Tag – drei Tage bevor Katharina ihren ersten Bericht an Devolant schickte: „Mit dieser (wichtigen) Meldung verbinde ich zugleich die ehrfurchtsvolle Anzeige, dass eben heute Ihre kais. Hoheit Katharina Pawlowna in Prag um 5 ¾ Uhr eingetroffen und im Maltheser Grandprioratschen Hause abgestiegen ist, welches durch die bereitwillige Mitwirkung mehrerer Partikuliers elegant möbliert worden war und wo ich und der kommandierende Hr. General, nachdem wir von den k. sächsischen Majestäten zurückgekehrt waren, Höchstdieselbe empfingen. Sie schien zufrieden mit ihrer Reisebeförderung, und der Aufmerksamkeit, die man ihr durch Böhmen erwiesen hatte, und dankte dafür verbindlichst. Ich hatte dieser hohen Reisenden zur Leitung der Reisenanstalten den Gubernialrat Grafen v. Ugarte entgegengesendet, welcher mir die anverwahrten beiden Berichte vom 26ten d. M. erstattete, die über dieselbe mehrere Bemerkungen und zugleich die Vermutung enthalten, dass die Fr. Großfürstin einige Tage in Prag verweilen und vielleicht dann nicht gleich die Tour nach Eger, sondern erst nach Teplitz zum Besuch der Fr. Erbprinzessin von Weimar nehmen dürfte, eine Vermutung, die ich nach den gegen mich gemachten Äußerungen der Frau Großfürstin teile. Sie sendet heute Nacht noch einen Offizier von ihrer Suite mit Briefen nach Dresden an S. Majestät den Kaiser Alexander, und ersuchte mich für die Zukunft die Besorgung ihrer Korrespondenz-Beförderung nach Teplitz zu übernehmen. Über die Anwesenheit des Königs von Sachsen in Prag schien sie etwas betroffen und fragte mich wiederholt, ob sie wohl von langer Dauer sein und der König nicht bald wieder nach Dresden zurückkehren werde? Eine Frage, die ich nicht zu beantworten im Stande war. Übrigens ist sie sehr mit den Kriegsrüstungen beschäftigt, welche sie in die Österreichischen Staaten vorgenommen zu haben glaubte, und suchte schon während der Reise hierüber die genaueste Auskunft von dem sie gleichfalls begleitenden k. k. Generalmajor Freiherr v. Koller einzuziehen. Was immer in ihrer Angelegenheit sich ereignen wird, behalte ich mir vor, Euer Exzellenz nebst den sonstigen Wahrnehmungen anzuzeigen und habe die Ehre mit u.s.w."[114]

Die äußeren Umstände der Reise Katharinas bereiteten den österreichischen Behörden bereits genügend Probleme. Gar zu gern hätten sie gewusst, worüber sich Katharina mit ihren hochgestellten Gesprächspartnern unterhielt. Das aber war noch schwieriger in Erfahrung zu bringen, weil die Großfürstin durch ihre immerwährend freundliche und diskrete Schwester Maria zusätzliche Begleitung und Rückendeckung erhielt. Maria reiste aus dem 1813 durch den Krieg bedrohten Weimar nach Böhmen. Gemeinsam zogen die beiden Schwestern ihre politischen Fäden – mit unterschiedlichem Temperament, aber einheitlich in der Verschwiegenheit. Die örtlichen Verwaltungen meldeten jede Bewegung der Damen sofort nach Wien und gerieten nicht selten in Verlegenheit. Am 27. April 1813 meldete Graf Kolowrat aus Prag, noch am selben Tage würde sich Katharina in Teplitz mit ihrem inkognito aus Dresden anreisenden Bruder Alexander treffen. Der Kaiser wollte am gleichen Tage wieder die Rückreise nach Dresden antreten. Wer sollte die Gespräche überwachen? Teplitz war in jenen Monaten der Sammelpunkt vieler alliierter Monarchen und Fürsten. Politik und Intrige blühten in dem verträumten Kurort an der Elbe. Dort konnte sich Katharina wohl und in ihrem Element fühlen.

Das geheime Treffen fand wirklich statt. Am folgenden Tag, dem 28. April 1813, schrieb Kolowrat erneut an den Freiherrn von Hager nach Wien: „… Ich eile Eurer Exzellenz in der Anlage eine mir soeben mit Estafette zugekommene Meldung des Kreiskommissärs Hoch vom gestrigen Tage vorzulegen, welche die Bestätigung enthält, dass S-e Majestät der Kaiser Alexander am 27ten d. M. wirklich in Teplitz unter dem Namen eines Grafen von Romanow eingetroffen sind." Kolowrat missbilligte, dass man Alexander auf eine Weise empfangen hatte, die seinem Inkognito widersprach. Man sollte den Monarchen zwar die Ehre erweisen, aber ihr Inkognito wahren. Im Grunde genommen bestand der Ärger jedoch in der eigenen Unkenntnis über den Inhalt der Gespräche zwischen den kaiserlichen Geschwistern. Nach Kolowrats Informationen würde Katharina für einige Zeit in Prag verweilen: „Sie lebt hier bloß als Gräfin Romanow, hat sich alle besondere Ehrenbezeugungen u. Aufwartungen verbeten, will jedoch alle Umgebungen u. Merkwürdigkeiten Prags besehen. Dabei ist ihr Benehmen so – dass sie einen sehr günstigen Eindruck auf das Publikum macht und jedermann sich hierbei drängt, um sie zu sehen wie sie ausfährt… Sie nimmt jede Aufmerksamkeit sehr gut auf, scheint eine sehr geistvolle Frau zu sein u. ganz bestimmt auch politische Zwecke bei ihrer heutigen Reise zu haben." [115] Wenn er nur gewusst hätte, worin der politische Auftrag der Reise bestand! Aber seine Neugier konnte befriedigt werden.

Bis zum 6. Mai 1813 hatte Kolowrat die notwendigen Informationen zusammen. Er stützte sich primär auf einen ausführlichen Bericht von Ugarte, der Katharina als ständiger Aufpasser begleitete. Kolowrat fasste Ugartes Rapport noch einmal mit eigenen Worten zusammen: „Politik ist der Gegenstand ihres lebhaftesten Interesses, dem alle anderen Rücksichten untergeordnet zu sein scheinen. Indem sie einerseits über die Anstalten u. die Stimmung in den kais.-österr. Staaten die genausten Beobachtungen zu machen bemüht war, ließ sie keine Gelegenheit vorbeigehen, um die ohnedies für Russland herrschende Stimmung noch mehr zu gewinnen und vorzüglich angesehene Militär- oder in höhern Ämtern stehende Personen an sich zu ziehen. Sie ließ sich nach und nach alle hier befindlichen k. k. Generäle und selbst die Obersten der hier befindlichen Regimenter vorstellen, forschte mit möglichster Genauigkeit nach ihrer Stimmung der Armee überhaupt und nach den Rüstungen, welche in Werke sind. Übrigens sah sie den hier befindlichen Herrn Fürsten v. Hessen und die Gemahlin des Ministers Stein öfter. Gegenwärtig, wo sie zwar durch eigenhändiges Schreiben S. Majestät des Kaisers Alexander von dem Siege unterrichtet ist, den die Russen und Preußen am 3ten d. M. bei Lützen davon getragen haben wollen, diese Nachricht jedoch bezweifelt, da ihr mehrere widersprechende Gerüchte über diese Schlacht zu Ohren gekommen sind, wünscht sie sich der Person des Kaisers Alexander zu nähern, und ihren Einfluss auf denselben möglichst geltend zu machen, damit er sich in seinen Plänen selbst durch ungünstige Ereignisse nicht irre machen lasse und seine, so ihrer Äußerung nach, für ganz Europa wohltätigen Absichten mit Festigkeit und unerschütterlicher Beharrlichkeit durchsetze. Mehreren Äußerungen zu Folge, die ihr hier und die in Gesprächen, wo sie eifriger wurde, entschlüpften, mutet sie weder dem Kaiser v. Russland noch dem König v. Preußen jene Stärke des Charakters und jene Ausdauer zu, welche die gegenwärtigen Umstände erfordern und durch die allein nach ihrer Überzeugung die Pläne des Kaisers Napoleon auf die Oberherrschaft von Europa vereitelt werden können. In diesem Geiste scheint sie dermal auf beide Monarchen wirken zu wollen. Heute eröffnete sie ihren Umgebungen, dass nun Österreich mit Russland gemeinschaftliche Sache machen werde, und man daher selbst dann, wenn ein kleiner Unfall den russischen Waffen begegnen sollte, zu den besten Hoffnungen berichtigt sei. Ihren Äußerungen zu Folge ist sie gesonnen, sich dermal nur 8 Tage in Teplitz aufzuhalten und von da nach Karlsbad zu gehen, um die Brunnenkur zu gebrauchen. Ich habe sowohl für ihre weitere Reise als hinsichtlich der unvermerkten Beobachtung ihrer Person sowohl als ihrer Umgebungen bereits alles Nötige eingeleitet und werde nicht säumen, E. E. von Zeit zu Zeit die Beobachtungsresultate vorzulegen."[116]

Wenn es eines weiteren Beweises für den machtpolitischen Charakter der Reise Katharinas bedurft hätte, hier lag er vor, sorgfältig ermittelt von den Beamten Metternichs: Katharina hielt ihren Bruder nach wie vor für schwach und sah ihre Aufgabe darin, ihn in dem festen, religiös motivierten Glauben an seine Rettermission in Europa zu stärken. Dieses Ziel verfolgte sie seit Tilsit und gemeinsam mit der Mutter in den unterschiedlichsten Varianten und passte es stets den neuen Bedingungen an – kurz vor dem erhofften endgültigen Sieg über Napoleon. Das zweite Ziel des Aufenthalts bestand in der Gewinnung Österreichs für den Kampf gegen Napoleon. Katharinas Mission verriet, dass man in Russland relativ wenig über die militärpolitische Situation in Österreich wusste. Sie selbst bediente sich nachrichtendienstlicher Methoden, um die notwendigen Informationen zu beschaffen. Die Gespräche, die Katharina in Prag führte, hätte man in anderen Fällen schlicht als Spionage und als Versuch bezeichnet, eine fremde politische Macht im eigenen Interesse zu beeinflussen.

Entgegen den Nachrichten der Wiener Beobachter vermerkte Katharina allerdings – und das bleibt ein Rätsel –, dass sie ihren Bruder bei dieser Reise nach Teplitz überhaupt nicht getroffen hätte. Am 17. Mai 1813 schrieb sie aus Prag: „Ich habe den Kaiser nicht gesehen; meine Reise nach Teplitz war erfolglos. Wichtige Ereignisse schoben das Hauptquartier zurück, und ich konnte nur einen Tag dort bleiben, da der Feind nur einen Tagesmarsch von uns entfernt war. Die Schwester und ich fuhren hierher, und das Leben hier gefällt uns sehr …" Katharina fuhr sogar fort: „Ich schrieb meinem Bruder, um zu erfahren, ob ich hoffen dürfe, ihn noch vor meiner Abreise nach Karlsbad zu sehen, welche, wie ich denke, in etwa zwei Wochen stattfinden wird."[117]

Wer hat denn in diesem Falle geschwindelt und aus welchem Grunde? Kolowrat kann die vielen Fakten nicht einfach erfunden haben. Vielleicht sollte der Brief Katharinas die österreichische Briefzensur in die Irre führen? Kaiser Alexander hat im September 1808 auch einen Brief von Weimar aus an Katharina geschickt und darin über Gespräche mit Maria berichtet, obwohl sich Maria zu jenem Zeitpunkt nachweislich in Petersburg aufgehalten hat. Es bleiben Fragen offen und interessante Fakten übrig: Katharina bemühte sich in Teplitz intensiv um die Aufklärung österreichischer militärischer Rüstungen. Sie handelte gemeinsam mit ihrer sanftmütigen Schwester Maria aus Weimar. Anschließend begaben sich beide Damen nach Prag. Der Aufenthalt in der Stadt an der Moldau erstreckte sich vom 10. Mai 1813 bis zum Monatsende. Sie wohnten in einer Privatwohnung. Die Damen sammelten eifrig alle Informationen über das politische und militärische Leben in Prag und gaben ihre Kenntnisse in Briefen an den Kaiser weiter. Die Briefe wurden durch Kuriere befördert und konnten von der österreichischen Polizei nicht eingesehen werden. Dennoch blieben die Schwestern Tag und Nacht von neugierigen Augen und Ohren umgeben, denen kaum ein Detail entging.

Ein Beispiel für die alltäglichen Intrigen dokumentierte die Bekanntschaft mit dem österreichischen General Freiherr von Koller. Angeblich genoss der General das bedingungslose Vertrauen der Großfürstin, die jedes seiner Worte für eine Offenbarung gehalten haben soll. Die These scheint bei Katharinas Charakter, Mission und höfischen Erfahrung wenig glaubhaft. Der österreichische Erzherzog Johann – einst von Katharina umworben und wohl noch immer interessiert an der jungen Witwe – diffamierte Koller als hinterhältigen Spion und Intriganten. Kaiser Alexander lobte den General in höchsten Tönen, weil Katharina ihm begeistert berichtete, wie viele Informationen sie durch Koller erhielt. Selbst der Burggraf von Böhmen, Kolowrat, hatte den Auftrag, Katharina mit besonderer Einfühlsamkeit auszuhorchen. Angeblich würde sie in ihrer politischen Naivität viel Nützliches ausplaudern. Am Ende diffamierte und bespitzelte jeder jeden. Jeder belog den anderen und es ist bei diesem Verwirrspiel müßig, die Wahrheit in den jeweiligen Reden zu suchen. Entscheidend blieb für Russland das Ergebnis: Es musste – auch mit List und Tücke – gelingen, Österreich in den Kreis der Alliierten gegen Napoleon einzuschließen.

In diesem eminent politischen Zusammenhang spielte das Treffen in Opočno eine wichtige Rolle. Am 12. Juni 1813 konnte Kolowrat der Hofburg die interessante Neuigkeit melden: „... Die gestern hier erfolgte Ankunft des Herzogs v. Oldenburg, eines Schwagers Ihrer kaiserl. Hoheit der verwitweten Frau Herzogin v. Oldenburg, hat beide hier anwesenden Frauen Großfürstinnen bestimmt, morgen früh von hier nach Oppotschno (Opočno – Anm. d. Autors) an der gläzischen Grenze abzureisen, wo Hochdieselben eine Zusammenkunft mit S-r. Majestät dem Kaiser v. Russland haben werden. Da mir bekannt war, dass es der Wunsch S-r. Majestät unsers allergnädigsten Kaisers war; dass diese Zusammenkunft in Oppotschno vor sich gehe, so habe ich sogleich S. Exzellenz den

Hr. Minister Grafen v. Metternich von der morgen erfolgenden Reise der Frauen Großfürstinnen in die Kenntnis gesetzt und hiervon zugleich dem Hr. Feldmarschall Fürsten v. Schwarzenberg die nötige Eröffnung gemacht, um die erforderlichen Einleitungen wegen Aufstellung einer Ehrenwache in Oppotschno treffen zu können. Übrigens habe ich den Hr. Grafen v. Ugarte den Frauen Großfürstinnen zur Begleitung mitgegeben und ihn angewiesen, nicht nur auf die zweckmäßige Leitung der Reiseanstalten auf der Route nach Oppotschno Einfluss zu nehmen, sondern sich auch vorzüglich angelegen sein zu lassen, alle Vorfallenheiten während der Anwesenheit dieser hohen Herrschaften in Oppotschno der genauesten Beobachtung zu unterziehen und hierüber an mich Relation zu erstatten."[118]

Das erste Treffen in Teplitz hatte dem Kaiser Alexander den Rücken bei der weiteren Kriegsführung stärken sollen. Nun kam es zu einer neuen Begegnung mit Katharina – in Opočno, am 17. und 18. Juni 1813. Es war ein entscheidendes Treffen für das Zustandekommen der russisch-österreichischen Koalition, bei dem Katharina und die Schwester Maria ein Höchstmaß an politischem Verstand bewiesen. Sie kannten jedoch auch keine Skrupel. Österreich war damals neutral und wollte erfahren, wie sich Russland die künftige Neuordnung Deutschlands vorstellte. Russland wollte Österreich als Bündnispartner gegen Napoleon gewinnen. Die Beratung führte zu konkreten Vorstellungen über einen künftigen Friedensvertrag mit Frankreich. Russland erhielt bei den Gesprächen noch keine Sicherheit, ob Österreich tatsächlich zu einem konkreten Bündnis bereit war. Am 20. Juni 1813 erteilte Alexander seiner Schwester den nicht misszuverstehenden Auftrag, Metternich zu bestechen. Alexander schrieb wörtlich an Katharina: „Ich bedaure, dass du mir noch nichts über Metternich gesagt hast und darüber, was notwendig ist, um ihn ganz für uns zu haben; ich verfüge über die notwendigen Mittel, du brauchst also nicht zu sparen."[119] Er schickte 1700 Dukaten und ermunterte sie, mit der von ihr eingeschlagenen Taktik fortzufahren, weil diese die sicherste von allen sei. Welche Taktik er damit meinte, verschwieg der Kaiser, aber es ist zumindest leicht vorstellbar, dass sich Metternich gegenüber den Reizen einer schönen Frau und deren gut gefüllter Börse nicht gleichgültig verhalten hat. Metternichs Empfänglichkeit für weibliche Reize war ja weiß Gott kein Geheimnis. Nur wenige Tage später erklärte Österreich an Frankreich den Krieg. Katharinas Diplomatie hat zumindest einen kleinen Beitrag zu der Entscheidung Österreichs geleistet.

Metternichs Position ist in Opočno allerdings nicht einfach gewesen.

Der russische Druck auf den österreichischen Außenminister, der keine wohlwollende Haltung zu Russland einnahm, war groß. Joseph von Hudelist, österreichischer Staatsrat, schrieb in jenen Tagen an Metternich: „Euer Exzellenz mögen in Opočno einen harten Stand gehabt haben, einer gegen so viele, worunter noch ein paar so schöne und gefährliche Damen wie die beiden Großfürstinnen waren, die durchaus nichts von Frieden (mit Napoleon – Anm. d. Autors) wissen wollen."[120] Textstellen aus Briefen Alexanders belegen es: Opočno bildete für Katharina keinen Einzelfall. Die Großfürstin übte sich in der Kunst der Bestechung oft und fleißig. Anflüge naiver Plauderei durfte man bei ihr nicht erwarten. Sie konnte sich allerdings gut verstellen und leichtgläubige Männer umgarnen. Es gab genügend einflussreiche Menschen, die den Kontakt zu ihr suchten und wissen wollten, welche weiteren Pläne das russische Kaiserhaus in dem in Mitteldeutschland auf und ab wogenden Krieg verfolgte.

Katharina galt selbst kritischen Menschen, wie dem Freiherrn vom Stein, den sie in Prag traf oder Goethe, mit dem es im Juni zu einer Begegnung in Teplitz kam, bei allen höflichen Komplimenten vor allem als politisch engagierte Frau. Stein wusste ebenso wie Katharina, wie hart und unbarmherzig das politische Geschäft war, zumal im Kriege. Bereits in dieser Zeit, als es im August 1813 zur russisch-österreichischen Koalition kam, begann Metternich seine Fäden für die Nachkriegsordnung zu spinnen. Russland sollte zwar die Last des Krieges tragen, er gönnte Alexander auch den militärischen Ruhm eines Befreiers. Aber die künftige politische Gestaltung Deutschlands und Europas sollte Russland nicht als die stärkste Kontinentalmacht sehen. Katharina kannte dagegen nur ein Ziel: Der heldenhafte Bruder sollte die Rolle des christlichen Befreiers in Europa spielen und Russland seine Macht bis an den Rhein ausweiten. Diese unterschiedlichen Interessen ließen Metternich und Katharina fortan immer wieder die Klingen kreuzen, einander argwöhnisch beobachten und jede sich bietende Möglichkeit nutzen, einander den nächsten politischen Schachzug zu verderben. Das Verhältnis Metternichs zu Katharina bildete allerdings nicht die entscheidende Konfliktebene im Kampf um Europas Zukunft. Katharinas politischer Einfluss reichte selbst in Russland nicht so weit, dass sie die Politik bestimmen konnte. Aber Metternich musste in dem großen politischen Schachspiel stets mit den Angriffen des Läufers Katharina rechnen und diese parieren, zumal die junge Dame nach dem Abschluss der Koalition mit Österreich wieder auf eine alte Idee zurückgriff.

Sie zog aus der sich wandelnden Situation eine eigentlich gar nicht überraschende Schlussfolgerung. In den folgenden Briefen berichtete sie ihrem Bruder erstmals wieder über Männer, die sie aus den unterschiedlichsten Gründen als potenzielle Aspiranten für eine neue Ehe prüfte. Prinz Georg war noch kein dreiviertel Jahr tot! Zu den Anwärtern gehörten u. a. der Herzog von Cambridge, Erzherzog Karl von Österreich, ein Prinz von Preußen und der Erbprinz der Niederlande sowie der ihr von Alexander empfohlene Erbprinz von Nassau und der Herzog von Clarence. Die Interessen Katharinas schienen noch in keine eindeutige Richtung zu gehen – der Krieg war noch nicht entschieden und alle wichtigen Probleme einer Nachkriegsordnung vollkommen offen. Die Grundtendenz neuer Heiratspläne zeigte zwei Richtungen an: Nach Wien und nach London.

Vorerst fuhren die Großfürstinnen nach Karlsbad. Am 11. Juli 1813 schrieb Katharina voller Verdruss an General Devolant: „Mein Schwiegervater ist schon drei oder vier Tage hier – das ist das einzige Vergnügen, welches mir Karlsbad gewährt. Die Stadt ist klein, in einem Tale gelegen, das von ziemlich hohen Bergen eingeengt ist, welche mit Tannenwald bedeckt sind. Es gibt Leute, welche diese Lage wunderschön finden; ich bin nicht ihrer Meinung und ich begreife nicht, wie sich Liebhaber des Badelebens finden können, welches doch gewiss das allerermüdendste und müßigste ist, das ich mir denken kann. Die hiesigen Wasser bringen mir mehr Schaden als Nutzen; die Verhältnisse liegen aber so, dass es mir kaum möglich sein wird, die von Eger zu gebrauchen. In diesem Fall gedenke ich mich nach Ungarn zu begeben, wo es sehr kräftige Wasser gibt und das Klima milder ist. Das hiesige Klima aber kommt dem unseren gleich: man muss heizen und kann es nicht wagen, das Fenster offen zu lassen. Man sagt, es sei die Folge irgendeines entfernten Erdbebens."[121] Wer musste im Juli heizen? Katharina langweilte sich und drängte zurück an die Orte möglicher politischer Entscheidungen.

Solange der Krieg in Mitteldeutschland tobte, eignete sich das Territorium der Donaumonarchie hervorragend für politische Aktionen. Von Opočno eilte sie gemeinsam mit Maria, erfüllt vom Stolz über ihre diplomatischen Leistungen, nach Teplitz, Karlsbad und zurück nach Prag. Monarchen und Politiker der Krieg führenden Länder trafen sich an der Moldau. Napoleon kam nicht mehr entscheidend aus der Defensive heraus. Man musste Vorkehrungen für die Sicherung des eigenen Hab und Guts in der Nachkriegsperiode treffen. Prag war im Sommer 1813 ein fruchtbares Feld für die Propagandistin und Diplomatin Katharina. Russische Soldaten verteidigten nicht mehr die Moskwa, sie biwakierten bereits an der Elbe. Katharinas Sinn stand nicht mehr nach dem verschämten Schein-Inkognito in verschwiegenen Privatquartieren. Kolowrat informierte am 12. August mehrere Dienststellen: „Ich erhalte soeben die offizielle Anzeige, dass Ihre kaiserliche Hoheiten die Frauen Großfürstinnen Katharina Pawlowna, verwitwete Herzogin v. Oldenburg, und die Erbprinzessin von Weimar und zwar Erstere am 13ten d. M. vormittags, Letztere am 14ten d. M. ebenfalls vormittags in Prag eintreffen und die kais. Burg beziehen werden. Da nun diese beiden Frau Großfürstinnen zu der itzt besagten Eigenschaft, unter keinem Inkognito mehr hier erscheinen und denselben daher die ihnen gebührende Auszeichnung und schuldige Aufmerksamkeit erwiesen werden soll, so eile ich hiervon Eurer Exzellenz die Eröffnung in der Absicht zu machen, um hinsichtlich der militärischen Ehrenbezeugungen das Beliebige gefälligst veranlassen zu wollen."[122]

Das russisch-österreichische Bündnis und der für Russland positive Kriegsverlauf führten bei Katharina zu einem Wendepunkt in ihrer Mission und in ihrem politischen Selbstbewusstsein. Bisher musste man vorsichtig und möglichst unauffällig operieren. Mit Österreich als Koalitionär konnten bereits erste Siegesbanner gehisst werden. Für Metternich bedeutete das: Noch mehr Vorsicht vor dieser Frau! Kolowrat wusste um seine Pflichten. Er fügte der Meldung über die Ankunft Katharinas in Prag hinzu: „Übrigens wird der Hr. Stadthauptmann sie unvermerkt einer geheimen Beobachtung unterziehen u. mir die Resultate von Zeit zu Zeit vorlegen."[123]

Österreichs wie Russlands Geheimagenten beobachteten – die Diplomaten und Militärs verhandelten. Am 9. September 1813 verbündeten sich Russland, Preußen und Österreich im Vertrag von Teplitz gegen Napoleon. Eigentlich hatte Katharina jenen Teil ihrer Mission erfüllt, der sich auf das Zustandekommen dieser Allianz erstreckte. Sie konnte sich verstärkt der Auswahl eines künftigen Gemahls widmen. Erneut zielte sie in jene Richtung, die zum Gipfel ihrer Sehnsucht wies: an den Kaiserhof in Wien. Im Herbst 1813 gab es auch kein Hindernis mehr, sich selbst an Ort und Stelle von den Chancen zu überzeugen bzw. das Glück in die eigene Hand zu nehmen.

Nach dem Abschluss des Bündnisvertrags fuhr Katharina nach Wien und freundete sich mit der Kaiserin Maria Ludovica an. Diese Konstellation erschien ein wenig seltsam. Katharina hatte sich ja vergeblich um eine Ehe mit Kaiser Franz I. oder einem der Erzherzöge bemüht. Nun suchte Katharina ausgerechnet die Nähe Maria Ludovicas, deren Stelle sie einst liebend gerne selbst eingenommen hätte, um sie vielleicht als

Vermittlerin einer Ehe mit dem Erzherzog Karl einzuschalten. Aber wer wollte schon in moralischen Fragen beckmessern, wenn es um die große europäische Politik ging! In den Jahren nach Austerlitz waren die Beziehungen Russlands und Österreichs mehr als fragil. Jetzt, am Rande der Niederlage Napoleons, benötigte Russland die österreichische Allianz dringender denn je. Um so größere Chancen konnte sich Katharina ausrechnen, doch noch in das Haus Habsburg einzuheiraten. Allerdings, wie in den Jahren 1807/08 kalkulierte sie die realen politischen Wünsche der wahrhaft Mächtigen ungenügend ein. Ihr Bild von Alexander dem Kontinentalhelden, an dem sie nachhaltig arbeitete, berücksichtigte dessen politische Ansichten nicht genügend. Und Metternich? Sie hatte ihn im Sommer bestechen können, weil Österreich das Bündnis mit Russland brauchte. Katharina erkannte nicht, dass Metternich insgeheim bereits eifrig an einem künftigen Europa baute, in dem Russland keine zentrale politische Rolle mehr spielen würde. Ob Maria Ludovica unter diesen Bedingungen die rechte Ansprechpartnerin für Katharinas Ehewünsche sein konnte, war allerdings sehr fragwürdig.

Immerhin. Katharina, Maria Pawlowna und Maria Ludovica verstanden einander prächtig und pflegten ihre gemeinsame Aversion gegen Napoleon. Nur in der Ehefrage wollten sie nicht auf das rechte Verständnis bei den beiden Kaisern und schon gar nicht bei Metternich stoßen. Alexander und Metternich taktierten zurückhaltend, Kaiser Franz schrieb seiner Gemahlin, Katharina ernte für ihr sicheres, ungezwungenes und munteres Auftreten zwar viel Anerkennung und Aufmerksamkeit, man dürfe aber nicht übersehen, dass sie in ihrer „Gesichtsbildung" und im Wesen mehr und mehr dem hässlichen Vater ähnelte. Maria Ludovica verteidigte Katharina mit weiblicher Vehemenz und Übertreibung. Am 10. Oktober 1813 schrieb sie ihrem Gemahl: „Da du mich befragst, welche der beiden Schwestern den Vorzug bei mir erhält, so muss ich mich für die Catharina (erklären) und so liebenswürdig die Marie ist, bin ich überzeugt, dass in der Länge die Catherine dir viel anständiger wäre; niemand(en) auf der Welt hat man falscher beurteilt als sie, niemand(dem) ist der Geist der Intrige und der Herrschsucht fremder als ihr." [124]

Die List der Frauen fuhr noch andere Geschütze auf. Metternich musste verwundert feststellen, dass ein hartnäckiges Gerücht ohne seine persönliche Steuerung die Runde machte: Karl und Katharina seien wie für einander geschaffen und als künftiges Paar zu betrachten. Das sarkastische Wort von der lustigen Witwe begleitete dieses Gerücht und Kaiser Alexander gab dem Drängen der Schwester wieder einmal nach.

Das Gerücht sollte eine Legitimation erfahren. Da Alexander noch immer die Rolle eines Oberbefehlshabers im Felde als höchste moralische Pflicht ansah – er selbst hatte trotz aller Widerstände seit Jahren nach dieser Rolle gestrebt –, schlug er vor, Erzherzog Karl sollte die alliierten Truppen in den Kampf gegen Napoleon führen. Mit Ruhm überhäuft, könnte er am Ende ein würdiger Ehemann Katharinas werden. Doch wieder einmal vereitelten Politiker den schönen Plan.

Metternichs Stellung galt am Wiener Hof nicht als unumstritten. Aus der kaiserlichen Familie erwuchs ihm mancher Widerstand. Er konnte es sich angesichts der unentschiedenen militärpolitischen Situation gar nicht leisten, einen der Erzherzöge zu privilegieren – schon gar nicht wegen der hochfliegenden Phantasien einer verwitweten Prinzessin von Holstein-Oldenburg. Metternich lehnte Alexanders Vorschlag ab und erweckte dadurch dessen zusätzliches Misstrauen. Gleichzeitig zog sich Metternich die Gegnerschaft des Erzherzogs Karl zu, denn der strebte nicht nur nach dem Oberbefehl, sondern auch nach der Ehe mit Katharina. Das Heiratsprojekt war so eng mit dem weiteren Kriegsverlauf verknüpft, dass selbst die spontane und ungeduldige Katharina zunächst abwarten musste. In Wien konnte sie vorerst nichts weiter ausrichten, also entschloss sie sich zur Rückkehr nach Prag. Sie schied nicht gerade als Freundin Metternichs. Der atmete auf, als ihm Hudelist am 7. September 1813 meldete, die russischen Großfürstinnen würden demnächst wieder nach Prag gehen. Metternich reagierte mit dem Seufzer: „Gott gebe ihnen Segen auf die Reise."[125]

Er freute sich zu früh. Wenige Tage später meldete Hudelist, der russische Botschafter Graf Stackelberg habe den Großfürstinnen ein Diner gegeben, bei dem zwar nicht Erzherzog Karl, dafür aber der Palatinus Erzherzog Johann und der Kronprinz Wilhelm von Württemberg anwesend waren. Metternich war sofort hellwach: Johann hatte bereits fünf Jahre zuvor auf der Heiratsliste Katharinas ganz oben gestanden und auch der Württemberger gehörte damals zum Kreis der in Frage kommenden Eheaspiranten. Alles war noch möglich und man musste die Augen offen halten, zumal die Kriegslage mit zunehmender Geschwindigkeit wechselte. Katharina verließ Wien, ohne eine sichtbare Entscheidung getroffen zu haben: Vielleicht Karl, vielleicht doch wieder Johann oder gar Wilhelm? Wer schaut schon in das Herz einer Frau, zumal, wenn sie von einem mitunter wörtlich zu verstehenden krankhaften Ehrgeiz nach Macht und Einfluss getrieben wurde?

Der Krieg holte Katharina sehr schnell ein. Auf der Reise nach Prag erhielt sie in Linz die Nachricht von der Völkerschlacht bei Leipzig. Die Alliierten bezwangen den Usurpator. Der Rheinbund zerfiel und die geschlagenen Franzosen flohen aus Deutschland, verfolgt von den Kavalleriekorps der verbündeten Mächte. Böhmen zählte nicht mehr zu den Kommandobasen Alexanders. Aus militärpolitischer Perspektive erübrigte sich dort Katharinas weitere Anwesenheit. Sie änderte sofort ihre Pläne und fuhr über Prag und Eger nach Weimar.

Beim Zwischenhalt in Prag schrieb Katharina am 1. November 1813 einen aufschlussreichen Brief an Devolant. In der gewohnt freundlichen Art ihrer Ansprache an den General teilte sie ihm ihre Beobachtungen zum Bau und zur Unterhaltung von Flüssen, Brücken und Kanälen in Österreich mit und flocht interessante Details über die Motive und Wege ihrer eigenen Handlungen ein.

Besonders mit dem Erzherzog Johann hätte sie sich in Wien detailliert über die Wasserbaukunst unterhalten und festgestellt, dass sich die Russen in dieser Hinsicht nicht verstecken müssten: „Ich bitte Sie, mir das ganze System des Marienkanals mit den Profilen u.s.w. für Spezialisten zeichnen zu lassen. In diesen Tagen werde ich meinen Bruder sehen und ihn um die Erlaubnis bitten, diese Risse dem Erzherzog Johann, dem Vorstand des Ingenieurwesens, überreichen zu dürfen, einem Fürsten, der würdig ist, dieselben zu schätzen." Katharina schickte sich offensichtlich an, dem alten Prinzip Peters des Großen zu folgen und ausländische Spezialisten für die russische Wirtschaftsentwicklung zu gewinnen.

Nach diesen einleitenden Worten gelangte sie zum eigentlichen Thema: „Die Russen sind in der Mode, lieber General, wie alle, denen das Glück lächelt. Der Kaiser erobert durch seinen Umgang aller Herzen. Die Einzelheiten der Leipziger Schlacht sind Ihnen bekannt, darum rede ich nicht davon. Am meisten überrascht mich durch ihre Großartigkeit die Tatsache, dass jetzt russische Heere von der Festung Petropawlowsk bis zu den Ufern des Rheins aufgestellt sind und dass es Leute gibt, die von Kamtschatka bis vor die Mauern von Frankfurt gekommen sind." Das bedeutete für ihre selbst gewählte Mission: „Aber jetzt gilt es nicht, von den Erfolgen trunken zu sein; im Gegenteil, es gilt jetzt zu ernten. Nachdem Russland Ströme von Blut vergossen hat, muss es infolgedessen seine Macht und besonders seine Oberherrschaft auf künftige Zeiten sicherstellen. Niemand, Sie müssen das schon lange wissen, ist eifersüchtiger auf den Ruhm unseres Volkes als ich. Je mehr Völker ich sehe, desto mehr überzeuge ich mich, dass es das Erste unter ihnen ist." Aber sie gestand ihrem Freund auch offen: „Auf die Weisung des Bruders werden wir, die Schwester und ich, übermorgen nach Hof und von dort, wie ich denke, nach Weimar reisen. Es würde mir schwer sein, Ihnen etwas Bestimmtes über meine weiteren Pläne zu sagen: sie sind allen Zufälligkeiten des Kriegs und der Politik unterworfen. Meine Gesundheit ist etwas besser, doch sind die Anfälle noch dieselben."[126]

Tatsächlich folgte Katharina in jenen Wochen ausschließlich den Spuren des Kriegs, primär, um den Bruder in seiner Entschlusskraft ständig neu zu motivieren. Fremde Einflüsse wollte sie abwehren. Der Engel Europas – das war die Idee Maria Fjodorownas und Katharinas. Niemand sollte das ideale Leitbild zerstören oder Russlands Kaiserhaus an der Macht über Europa hindern. Die alliierten Truppen drangen nach der Völkerschlacht bei Leipzig weiter in Richtung West- und Südwestdeutschland vor. In dieser strategischen Orientierung bewegte sich auch Katharina.

Ende 1813 reiste sie von Weimar aus an den königlichen Hof nach Stuttgart. Dort traf sie am 16. Dezember ein. Stuttgart schien Katharina ein guter Ort für weitere Unternehmungen zu sein. Die Stadt lag an der großen Heerstraße nach Paris. Aus Württemberg kam ihre Mutter, Katharina war also wohl gelitten. Der Kronprinz Wilhelm zählte zu den potenziellen Heiratskandidaten. In Stuttgart konnte man sich wohlfühlen und König Friedrich I. gehörte zu jenen Monarchen, die sich im eigenen Interesse Gedanken um die Zukunft Europas machen mussten. Solche Partner suchten Russland und Katharina. Erzherzog Karl galt zwar nach wie vor als favorisierter Ehekandidat, doch Österreich zog sich unter Metternichs Einfluss langsam von einer allzu starken Unterstützung Russlands zurück. Es mussten weitere Optionen erkundet werden.

Katharinas Tante, die Königin Mathilde, übermittelte die Wünsche ihres Bruders, des englischen Regenten Georg, die Großfürstin möge doch einen englischen Prinzen heiraten. In Russland wusste man, wie wichtig der englische Alliierte für den Kampf gegen Napoleon war. Freiherr vom Stein hatte Alexander I. wiederholt zu einer Festigung des Bündnisses mit England gedrängt. Aber Katharina bedachte die geopolitischen Chancen der Kontinentalmacht Russland und vermochte in dem fragilen Partner auf der Insel höchstens einen lästigen Konkurrenten zu sehen, der Russlands Ruhm gemeinsam mit Österreich behindern konnte. Außerdem hatte Speranski im englischen Konstitutionalismus

Maria Fjoderowna (1759–1828), geb. Prinzessin Sophia Dorothea v. Württemberg, 2. Gemahlin Zar Pauls I., Mutter von Katharina Pawlowna. – Miniatur auf Elfenbein, um 1800, von P. G. Jarkow. Pawlowsk, Großer Palast.

Paul I. Petrowitsch, Kaiser von Russland 1796–1801, Vater von Katharina Pawlowna. – Gemälde von Wladimir L. Borowikowsky 1799/1800. Moskau, Tretjakow-Galerie.

Katharina Pawlowna (1788–1819) im Alter von etwa 7 Jahren. –
Gemälde von Dimitri G. Lewizki um 1795.

Gatschina: „Schloss, Weißer See und Venuspavillon". – Aquarell von Andrei J. Martynow um 1800. Gatschina, Marmorpalast.

Pawlowsk: Schlosspark. – Aquarell von Alexander Bugrejew 1803. Pawlowsk, Großer Palast

Alexander I. Pawlowitsch (1777–1825), Kaiser von Russland 1801–1825, geliebter Bruder Katharina Pawlownas. – Gemälde von François Gérard 1814. Rueil-Malmaison, Musée Nat. du Château.

Dreikaiserschlacht bei Austerlitz am 2. Dezember 1805: Napoleon I. besiegt die Truppen des russischen Kaisers Alexander I. und des österreichischen Kaisers Franz I. – Kol. Holzstich um 1860.

Franz I., Kaiser von Österreich 1804–1836: Nachdem 1807 seine
2. Gemahlin verstorben war, setzte Katharina alles daran,
ihre Nachfolgerin und damit Kaiserin von Österreich zu werden.
Doch das Heiratsprojekt misslang. –
Gemälde von Leopold Kupelwieser 1837. Laxenburg, Franzensburg.

*1808 heiratete Katharina Pawlowna Georg Prinz von Holstein-
Oldenburg (1784–1812). – Lithografie von H. J. Hesterich nach
einem Gemälde von Oleg Kiprinsky, Twer 1811.*

Großfürstin Katharina Pawlowna. – Lichtdruck nach einer Miniatur von Jean-Baptiste Isabey.

Konstantin Friedrich Peter (1812–1881) und Friedrich Paul
Alexander (1810–1829), die beiden Söhne Katharina Pawlownas
aus ihrer Ehe mit Georg Prinz von Holstein-Oldenburg. –
Kopie von Bernhard D. Funke 1830 nach Originalgemälde von
Rudolf Suhrland (1827). Schloss Eutin.

Der von Katharina Pawlowna gehasste Reformer und Vertraute ihres Bruders Alexander I., Michail M. Speranski (1772–1839). – Miniatur auf Elfenbein von P. A. Iwanow 1806.

Nikolaj Karamsin (1766–1826), Schriftsteller und Historiker, favorisiert von Katharina Pawlowna wegen seiner konservativen und antinapoleonischen Haltung. – Kupferstich von C. B. Laguiche um 1820.

Brand von Moskau 15.– 20. September 1812. – Farb. Aquatinta von Johann Lorenz Ugendas 1813.

Wiener Kongress: Kaiser Franz I. von Österreich empfängt Kaiser Alexander I. und König Friedrich Wilhelm III. von Preußen vor Wien am 25. September 1814. Anwesend auf dem Wiener Kongress war auch Katharina. – Kol. Lithografie von Franz Wolf nach Johann Nepomuk Hoechle.

*Wilhelm I. (1781–1864), König von Württemberg 1816–1864, 2. Gemahl
von Katharina Pawlowna. – Gemälde von Joseph Stieler, um 1816.
Schloss Ludwigsburg.*

*Als Königin von Württemberg (1816–1819)
wurde Katharina wegen ihres sozialen Engagements
von der Bevölkerung sehr verehrt.*

Das von Katharina im Jahr 1818 gegründete „Königin-Katharina-Stift" in Stuttgart, eine Schule „für die Bildung und Erziehung der Töchter höherer Stände". – Stich um 1900.

Wilhelm I. auf dem von Katharina und ihm 1818 ins Leben gerufenen Cannstatter Volksfest. – Aquarell von Louis Braun 1862.

1824 ließ Wilhelm I. die sterblichen Überreste Katharinas aus der Fürstengruft in der Stiftskirche in die von Hofbaumeister Giovanni Salucci 1820–1824 errichtete Grabkapelle auf dem Rotenberg bei Stuttgart überführen. Auch Wilhelm I. wurde nach seinem Tod (1864) dort bestattet.

ein Vorbild für Russland gesehen und damit den Widerspruch Katharinas angestachelt. Politische Pragmatik und Kompromissfähigkeit gehörten nun einmal nicht zu ihren Stärken.

In Stuttgart traf sie zum zweiten Mal auf den Kronprinzen Wilhelm. Der einstige Heirats-Aspirant mit den russischen Kindheitserfahrungen, den Napoleon und König Friedrich zur Ehe mit der bayerischen Prinzessin Charlotte gezwungen hatten, der sich pro und nunmehr, nach dem Übertritt Württembergs vom Rheinbund auf die Seite der Alliierten, contra Napoleon als glänzender Feldherr erwies, galt als politisch und militärisch überaus ehrgeiziger Mensch. Man hielt ihn allgemein für selbstherrlich, machtbewusst und durchsetzungsfähig. Es gab Persönlichkeiten wie den Freiherrn vom Stein, die den künftigen König Württembergs höherer Aufgaben im kommenden neuen deutschen Reich für fähig hielten. Katharina witterte instinktiv eine neue Chance für sich selbst. Wilhelm und Katharina „konvenierten" miteinander auf Anhieb. Wilhelm wollte sich stehenden Fußes von Charlotte scheiden lassen. Aber gewichtige Hindernisse verhinderten die spontane Umsetzung des schnellen Gedankens. Napoleon musste erst einmal geschlagen werden und die neue politische Ordnung in Deutschland verlangte von Württemberg die sensible Berücksichtigung bayerischer Interessen.

Katharina, die Frau impulsiver Entschlüsse, offenbarte sich ihrem Bruder. Der aber riet bis in den Sommer 1814 hinein zu striktester Geheimhaltung. Die Schwester musste sich damit begnügen, das Projekt mit den ihr zur Verfügung stehenden Mitteln zu forcieren, ohne den Anschein zu erwecken, Erzherzog Karl von Österreich sei bereits aus dem Rennen ausgeschieden.

Katharina umgarnte zunächst mit rechtem Geschick den Vater Wilhelms. König Friedrich I., dessen exaltierte und ungebärdige Regierungsart manchen Kritiker auf den Plan rief, besaß ein großes Interesse an stabilen politischen (und finanziellen) Verhältnissen zu Russland. Maria Fjodorowna trug bereits das Ihre dazu bei, aber man musste an die Zukunft denken. Katharina und der König sprachen viel und korrespondierten ausführlich miteinander. Friedrich I. sagte ihr ganz offen, dass das wirtschaftlich und militärisch gebeutelte kleine Württemberg auf Russland als Schutzmacht baute und darauf hoffte, dass Russland den territorialen Wünschen Bayerns und Österreichs gegenüber Württemberg entgegenwirkte. Die Großfürstin sah sich schon einmal gründlich im Lande um und erwies namentlich den wissenschaftlichen und kulturellen Errungenschaften ihre Reverenz – ganz wie es sich beim Staatsbesuch eines weiblichen Mitglieds der russischen Kaiserfamilie geziemte.

Sie besuchte artig die königliche öffentliche Bibliothek und das Atelier des Bildhauers Johann Heinrich von Dannecker.

Unter den gegebenen Umständen schien es auch selbstverständlich, dass sich der König und Katharina in ihren Briefen mit Ausdrücken gegenseitiger höchster Wertschätzung bedachten. Jeder wollte beim anderen etwas erreichen. Der König äußerte sich anerkennend über den politischen Sachverstand und die Intelligenz Katharinas. Jene aber lobte die Erfolge der Alliierten und vor allem den militärischen Ruhm des Kronprinzen. Die inneren Verhältnisse Württembergs, die Verfassungsdebatten oder die wirtschaftliche Notlage standen noch nicht im Zentrum der Aufmerksamkeit Katharinas. Sie interessierte sich in jenen Wochen für die Kriegsführung und vor allem für die Verwirklichung der politischen und geistigen Ziele Russlands durch Alexander I. Ein Ausflug von Stuttgart nach Schaffhausen sollte sich als bedeutungsvoll erweisen! Außerdem sah sie eine Gefahr auf sich zukommen – in Gestalt einer Frau! Katharinas Einfluss auf die geistigen und geistlichen Wertevorstellungen des Kaisers schien seit der Speranski-Affäre ungebrochen, trotz mancher Meinungsverschiedenheit und unabhängig davon, welche ihrer Gedanken der Kaiser wirklich umsetzte.

Ende 1813 operierte Alexander im deutschen südwestlichen Raum. Der in Württemberg starke Einfluss des Pietismus konnte seinen mystischen Vorstellungen neue Nahrung verleihen und dabei durfte Alexander auf keinen Fall in die falschen Hände geraten. Die Gefahr besaß einen konkreten Namen. Seit dem Sommer 1813 hörte Alexander, vermittelt durch seinen Sekretär Alexander Sturdza und dessen Schwester Roxana, Gemahlin des Grafen Edeling, der Russlands Interessen an den sächsischen Höfen vertrat, von der Heilslehre der baltischen Predigerin Juliane von Krüdener. Barbara Juliane Baronin von Krüdener, geborene Vietinghoff, eine Livländerin, war in Riga mit der Herrnhuter-Bewegung in Berührung gekommen und unter deren Einfluss nach Baden gereist. In Karlsruhe nahm sie Kontakte zu den Mystikern Jung-Stilling und Oberlin auf. Sie hatte sich vor längerer Zeit von ihrem Ehemann getrennt. Juliane Krüdener verstieg sich mit Vorliebe in die pseudokünstlerische Welt des trivialen Boulevardromans. Entscheidender war jedoch, dass sie zu einer begeisterten und exaltierten Anhängerin der pietistischen Bewegung wurde. Sie verkündete die baldige Wiederkunft des Herrn Jesus Christus. Aufgrund einer ebenso neurotischen wie erotisch-religiösen Vision predigte sie das baldige Erscheinen des Herrn auf dem Berge Ararat im Kaukasus. Die Krüdener rief die badischen und württembergischen Pietisten auf, alles stehen und liegen zu lassen, in den

Kaukasus zu eilen, dort die Ankunft des Herrn zu erwarten und dadurch zu Mitbegründern des Gottesreichs auf Erden zu werden. Die Predigten riefen in Baden und Württemberg schon genügend Probleme hervor, besaßen im konkreten Fall jedoch eine besondere Brisanz.

Je näher die Niederlage Napoleons rückte, umso mehr verband die seit 1802 verwitwete Baronin das Bild ihrer Heilsgestalt mit der Person des russischen Kaisers Alexander I. Über Monate hinweg suchte Frau von Krüdener den persönlichen Kontakt zum russischen Kaiser. Katharina sah die Gefahr einer zumindest geistigen Nebenbuhlerin auf sich zukommen, einer Frau, die ihr den Einfluss auf den Bruder streitig machen konnte.

Am 18. Dezember 1813 fuhr Katharina auf den Wunsch Alexanders hin nach Schaffhausen in die Schweiz. Der Kaiser beorderte die Schwester auch zu deren Schutz in die Schweiz, denn sie schrieb an General Devolant: „Kolmar ist genommen, der einzelnen Erfolge ist es eine Menge, und sie bilden ein großes und schönes Ganzes, das wir einzig den Talenten und der Festigkeit des Kaisers verdanken. Jeder hört mit Vergnügen die Segnungen, mit denen man ihn überschüttet und die er in allen Beziehungen verdient. Was mich betrifft, so bin ich jetzt auf die Weisung des Kaisers in der Schweiz, ohne dass ich gerade weiß, wie lange ich hier bleiben und wohin ich mich begeben werde, solange Davout den Norden versperrt; am liebsten würde ich mich nach Oldenburg begeben."[127]

Am 21. Dezember kam Katharina in Schaffhausen an. Sie blieb bis zum 12. Januar 1814 und traf dort zunächst auf Johann Georg Müller, Professor und Theologe, einen Freund Johann Gottfried Herders – einen geistvollen und frommen Menschen. Müller war einst per pedes zu Herder nach Weimar gewandert. Er informierte Katharina über die innerschweizerischen politischen Verhältnisse. Sie erzählte über die russische Kultur und was ihr die Werke Schillers bedeuteten. Der entscheidende Punkt ihrer Gespräche berührte theologische Fragen und zielte exakt auf jene Probleme, die mit der christlich-mystischen Vision Alexanders über die künftige Gestaltung Europas in Verbindung standen. In einer Zeit, in welcher der Kaiser, von Sieg zu Sieg eilend, in der Bibel die entscheidenden Wegweisungen suchte, konnte ein Mann wie Müller für Katharina von außerordentlicher Bedeutung werden. Man musste ihm nur die richtigen Worte und Aufgaben suggerieren. Johann Georg Müller besaß für Katharina in der konkreten Situation nicht die marginale Rolle eines geistvollen, aber letztlich bedeutungslosen Gesprächspartners. Der Gelehrte lieferte ihr politische Informationen über Südwestdeutschland, die Schweiz und Frankreich. Er passte mit seinen Ansichten und Plänen hervorragend in ihr eigenes Konzept von der durch Alexander symbolisierten Größe Russlands in Europa. Den Kontakt vermittelte ganz unverfänglich ihr Leibarzt Bach. Mit der Theologie Müllers konnte Katharina den Versuch unternehmen, den Einfluss der Frau von Krüdener auf Alexander bereits im Keime zu ersticken.

Die Großfürstin lud Müller zu einem ersten Gespräch ein. Der Professor zierte sich zunächst, die militärpolitische Situation der Schweiz schien noch vollkommen offen. Während des gemeinsamen Essens ließ die Großfürstin ihren Gast über die Schweiz reden, fragte nach, tastete sich vorsichtig an ihr eigentliches Anliegen heran. Auch als man sich am 24. Dezember zum Mittagessen traf, blieb die Distanz bestehen. Müller erwähnte in seinem Tagebuch lediglich als Nebenbemerkung, dass man auch über Religion gesprochen hätte und fügte erleichtert seufzend hinzu: „O, wie unendlich glücklicher bin ich bei Habermus und Kraut am Tische der lieben Meinigen!"[128]

Erst am 2. Januar 1814 brach das Eis. Endlich näherte sich Katharina ihrem Ziel. Sie sprachen über die Kultur, Religion und Politik Russlands. Katharina lobte die historischen und theologischen Studien Müllers und schmeichelte dem Autor, man merkte seinen Schriften an, dass sie vom Herzen kämen. Sie warf ein, dass es nach den langen und schweren Kriegen wohl schwer möglich sein würde, den politischen Status quo ante wiederherzustellen und leitete sofort wieder zur Religion und zu Alexander über. Der Kaiser hätte in Russland sehr viel für die geistige und geistliche Bildung des Volkes geleistet, aber der orthodoxe Ritus und die Geistlichkeit ständen einer Reformierung der Volksbildung entgegen. Überhaupt wäre der Kaiser wegen der vernichtenden Kriege sehr unglücklich. Katharina freute sich über die anerkennenden Worte Müllers zur Politik Alexanders und Russlands und schloss den Theologen vollends für sich auf, als sie ihm Einblicke in ihre eigene geistige und politische Welt erlaubte. Bei kritischer Betrachtung erwecken Katharinas oberflächliche Bemerkungen allerdings den Eindruck geradezu sträflicher Schwatzhaftigkeit und purer Angeberei.

Müller war doch für Katharina kein Partner, dem man geheimste Wünsche anvertraute, es sei denn, sie verfolgte ein bestimmtes Ziel. Müller aber war begeistert und freute sich wie ein Kind, dass er Teilhaber so interessanter Geheimnisse wurde. Die Großfürstin erzählte unter dem Siegel der Verschwiegenheit, Napoleon hätte sie sehr gerne heiraten wollen. Alexander wäre auch einverstanden gewesen, aber sie selbst hätte sich, unterstützt von ihrer Mutter, energisch geweigert. Mit dem

Kaiser Franz I. hätte sie in Prag vereinbart, Österreich würde an der Seite Russlands in den Krieg eintreten, wenn sie selbst erst einmal den Thron als Kaiserin Katharina III. bestiegen hätte. „Sie würde der Zweiten im Guten und Großen wenig nachstehen." [129] Dichtung und Wahrheit! Dem biederen Herrn Müller stieg das Blut in den Kopf. Mein Gott, er stand inmitten der großen europäischen Politik und plauderte mit einer Beinahe-Kaiserin!

Leibarzt Bach kontrollierte die Wirkung der Worte Katharinas auf Müller und meldete einen vollen Erfolg. Der Professor war überzeugt, dass nur wahrhaft große Menschen den Ansprüchen an einen russischen Herrscher gerecht werden könnten. Mit sentimentaler Hingabe und verschämter Deutlichkeit hielt er Katharina für eine derartige Persönlichkeit: „Die Großfürstin hat viel politische Einsicht. Sie lacht, wenn man sagt, dass die Russen diesmal Befreier Europas seien. ‚Die Gemeinen tun freilich ihre Sache gut, aber die Anführer.' – Ihr Mann, der Oldenburger, war ein herrlicher Mann; sie lebten wie Lämmer zusammen. Vorige Woche feierte sie das Anniversarium seines Todestags in tiefer Stille. (Er starb vor einem Jahr, um Weihnachten. Er hatte die Spitäler zu viel besucht.) Seit seinem Tode liegt sie in keinem Bett, sondern schläft (auch hier) nur auf einem kleinen, schmalen Sofa; arbeitet, schreibt, liest bis abends 10 Uhr und steht morgens 5 wieder auf ..." [130] Hier lebte eine wahre Führungspersönlichkeit, die nach den Jahren Napoleonischer Diktatur auch ein Herz für die Schweizer Demokraten haben würde! Der Boden war hinreichend beackert, Katharina konnte zum eigentlichen Anliegen vorstoßen.

Am 5. Januar 1814 brachte Müller seiner Gastgeberin die pädagogisch-politischen Ansichten Pestalozzis näher und leitete von dem Pädagogen zu religiösen Erziehungsproblemen über. Mit ebenso vertraulicher wie verschwörerischer Geste lächelte Katharina Müller an: In einem freimaurerischen Buch hätte sie gelesen und für gut befunden, „Jesus sei uns von Gott gesendet worden, uns als Muster der Tugend zu dienen; ..." Müller griff das angebotene Thema bereitwillig auf: „... ein Wesen aus einer höheren Welt, von Gott gesandt, sei Jesus unstreitig, ...". Dann sagte er die entscheidenden Worte: „... aber w e r der Sohn sei, wisse niemand als der Vater!" Zu diesem Punkt wollte ihn Katharina führen. Mit entwaffnender Offenheit fragte sie nach, wie er auf diese Idee gekommen wäre. Müller antwortete ebenso freimütig, der Gedanke stammte von seiner Schwester und von seinem Bruder, dem bekannten Historiker. Katharina war mit diesem Resultat erst einmal zufrieden. Sie beschloss das Gespräch: „... ich suche Männer von Geist und Seele, und einen solchen fand ich in Ihnen. ..."[131] Man verstand sich ohne weitere Worte: Alexander I. konnte der von Gott gesandte Sohn, der Befreier Europas sein! Das zu belegen bedurfte es der reinen christlichen Lehre und nicht einer obskuren livländischen Bußpredigerin. Die Bibel war das Maß aller Dinge. Der Professor aus Schaffhausen konnte Katharina helfen, in Alexander das Verständnis für den einzig wahren Weg zur Vollendung seiner europäischen Mission zu festigen. Die Geschichte wiederholte sich unter neuen Bedingungen. Müller wurde Katharinas Karamsin, Müller arbeitete an einem neuen Buch „Vom Glauben des Christen" und legte Katharina die bereits fertigen Passagen zur Durchsicht vor – wie einst Karamsin in Twer die Manuskripte zur Geschichte Russlands vorgetragen hatte.

Da fehlte eigentlich nur noch der Kaiser auf der Szene. Der erschien am 7. Januar 1814 wie auf ein Stichwort in Schaffhausen. Katharina unternahm mit ihm Ausflüge und Spaziergänge. Sie traktierte den Bruder mit den religiösen Facetten seiner Befreiermission in Europa. Es ging immer wieder um die russische Macht auf dem Kontinent. Wenn Alexander der russischen politischen Dominanz ein mystisches Kleid geben wollte – bitte sehr: Selbst in der Schweiz, aus der einst sein einflussreicher und liberaler Erzieher La Harpe gekommen war, fanden sich Bewunderer für die christliche Sendung Alexanders. Katharina schien Erfolg zu haben. Bereits am nächsten Tag kam Leibarzt Bach zu Müller und zeigte diesem an, er könnte in den nächsten Tagen mit einer Einladung zum Kaiser rechnen. Das Treffen fand tatsächlich am Abend des 9. Januars statt.

Zunächst dozierte Müller sehr gelehrt und sehr servil, dass alle Revolutionen aus dem Abfall vom christlichen Glauben resultierten. Nur jene Monarchen, die selbst Anstand, Sitte und Moral ausstrahlten, erreichten auch ihre Untertanen und stimulierten diese zu Gott gefälligen Werken. Alexander konnte da nur zustimmen. Katharina forcierte das Gespräch und warf ein, Müller hätte letztlich eine vorzügliche Glaubensdefinition erarbeitet. Alexander fragte skeptisch, ob Müller diese Definition vielleicht aus der Literatur entlehnt hätte. Aber Katharina führte Regie: „Nein, er kam so im Gespräch darauf." Wie von ungefähr. Müller konnte jetzt ungehindert reden: „... wenn man sich bewusst sei, in einer g u t e n Sache, zum Besten der Menschen, mit Überzeugung und nach G o t t e s W i l l e n zu handeln, so gebe das den wahren getrosten Mut, dass wir auf Gottes Seite seien, und es gelinge. Wenn wir Alle, Jeder in seinem Stand und Beruf, uns am liebsten als Werkzeuge der höchsten Macht, Weisheit und Liebe ansehen, so erhalte dieses unsere

Heiterkeit und Zuversicht, und an Gottes Segen fehle es nicht." Der Schweizer, präpariert von Katharina, rührte geschickt an die Seele Alexanders. Der konnte sich in seinem Willen bestätigt dünken. Es sprudelte nur so aus ihm heraus:

„Napoleon", sagte er, „wird allgemein als ein gènie supérieur im Militärischen und Politischen anerkannt; er zog mit über 400 000, mit der Kraft des halben Europa, gegen uns – an wem ist seine Macht zuerst gebrochen? An K u t u s o w, einem sehr mittelmäßigen und miserablen General, der nur e i n Auge und einen ungeheuren Bauch hatte und mehr mit Damen elegant zu sein wusste, und an einigen mehr als gewöhnlich kalten Nächten. Als der Krieg wieder anfing, wurden wir bei Lützen zwar nicht geschlagen, mussten uns aber doch, obwohl in schönster Ordnung, zurückziehen, weil wir zu schwach waren. Der Waffenstillstand kam. Da erschien aus Nordamerika M o r e a u ! Da, dachten wir, haben wir endlich ein Kriegsgenie, das es mit ihm aufnehmen kann, einen Mann wie Turenne und Eugen! Was geschah? In der ersten Schlacht, patsch, da lag er tot!! Hätte er länger gelebt und es wäre uns gelungen, was hätten wir gesagt? Das hat Moreau getan! Nein, die Vorsehung wollte n i c h t i h m die Ehre geben, dass wir glauben, Menschen haben es getan! S i e will's tun. Da kamen die Österreicher zu uns, und so ging's fort."

„Aber bei Leipzig", warf die Großfürstin vorlaut ein, „haben Sie doch Alle das Ihre tapfer getan!" Mit liebenswürdiger, ungekünstelter Bescheidenheit entfernte er das Lob. „Was? Was?" – und bruschelte so etwas, als wäre es etwas Geringfügiges – „Sie reden als Weib!" Das war neu – eine öffentliche Abmahnung der Schwester. Aber die nahm es gelassen und protestierte mit keiner Silbe.[132] Vielleicht kannte sie den Ton ja bereits und im Übrigen hatte Katharina im Sommer 1812 ebenfalls nicht mit kräftigen Worten gegenüber dem Bruder gegeizt.

Müller nutzte die kleine Verlegenheitspause und brachte die Rede auf die Schweiz. Alexander, dieses Mal nicht von der Schwester unterbrochen, versprach, sich für die Wiederherstellung von Ruhe und Ordnung in der Schweiz einzusetzen. Man sollte eine Konstitution einführen und gar nicht erst versuchen, die alten Zustände wiederherzustellen. Alles weitere würde sich finden.

Das Gespräch kam nicht noch einmal auf den göttlichen Sendungsauftrag der Monarchen oder auf Müllers Schriften und Definitionen zurück. Wenn Katharina gehofft hatte, der Kaiser würde auf Müllers Glaubensschriften spontan positiv reagieren, erlebte sie eine Enttäuschung. Er reagierte ähnlich abweisend wie seinerzeit auf Karamsins russische Geschichte. Vielleicht kehrte Katharina allzu offen die Missionarin hervor und Alexander wollte sich nicht bevormunden lassen. Die Großfürstin musste sich in Geduld üben und weitere Überzeugungsarbeit leisten. Darum gestaltete sie den Abschied am 11. Januar 1814 für Müller möglichst versöhnlich. Nachdem der Kaiser in der Mittagsstunde abgereist war, bestellte Katharina den Theologen auf halb acht Uhr abends zu sich. Sie empfing ihn besonders aufmerksam und ergriff sofort die Initiative: „‚Haben Sie geglaubt, ich werde abreisen, ohne Sie zu sehen?‘ “, frug sie freundlich verweisend. Sie hatte mir sagen lassen, ich solle mein Manuskript: Z ü g e v o m C h a r a k t e r J e s u, mitbringen. Sie las ungefähr einen Bogen mit viel Aufmerksamkeit; ich soll es für sie kopieren oder abdrucken lassen und es ihr schicken.“

Nach dieser Demonstration des persönlichen Interesses kam sie zum eigentlichen Anliegen: „Der Kaiser, mit welchem sie gestern eine Unterredung hierüber gehabt, wünsche, dass ich eine Reihe von Vorlesungen über christliche Lehren und Pflichten für diesen Zweck schreiben möchte; es müsse aber allemal ein biblischer Text voranstehen. Fänden sich dieselben dem Zwecke gemäß, so wolle sie der Kaiser ins Russische übersetzen lassen und die Vorlesung derselben nach jedem vollendeten Gottesdienst einführen. Er habe schon etwas der Art durch einige seiner Geistlichen verfertigen lassen, es sei aber nicht geraten.“ Müller konnte stolz sein, einen so hohen Auftrag zu erhalten. Es fragte sich lediglich, ob der Kaiser tatsächlich wünschte, dass Johann Georg Müller aus Schaffhausen die Regeln seiner christlichen Ideale als Befreier Europas formulierte.

Aus dem weiteren Verlauf der Geschichte ist vielmehr anzunehmen, dass Katharina diesen Auftrag einfach erfunden und Müller benutzt hat, um ihren eigenen Einfluss auf Alexander zu festigen. Müller sollte die Manuskripte weder an den Kaiser noch an die russisch-orthodoxe Kirche, sondern ausschließlich an Katharina selbst senden: „Das Manuskript soll ich an sie, die Großfürstin, schicken. Ich sagte ihr, da sie meistens über die Pflichten der Christen redete, dass ich die positiven Lehren nicht von der Philosophie trennen könne, und erklärte es ihr; es war ihr sehr recht.“ Inhaltliche Probleme wollte Katharina nicht weiter diskutieren und Bedenken Müllers wischte sie vom Tisch: „Dann sagte ich ihr, dass diese Arbeit für mich, der ich das russische Volk gar nicht kenne, sehr schwierig sei; sie beharrte aber darauf, und ich versprach ihr, wenigstens Proben zu schicken.“ Katharina stachelte Müllers Ehrgeiz an und setzte ein wenig naiv fort: „Der Kaiser kenne die Bibel sehr gut und liebe sie, er habe sogar schon mit Juden über das Evangelium disputiert." Es schien ihr nicht recht, dass Müller an diesem Punkte an den einstmals liberalen Lehrer La Harpe erinnerte. Sie wischte den Gedanken einfach fort. Alexander wäre vor vielen Jahren ein „esprit fort" – ein aufgeklärter Geist – gewesen. Sie selbst habe La Harpe als kleines Mädchen kaum erlebt. Jetzt aber liebte der Kaiser die Religion ungemein „und möchte gern eine bessere Kenntnis derselben unter seinem Volk verbreiten."

Müller schien überzeugt und so begeistert von der frommen Frau Großfürstin, dass er in seine Tagebuchaufzeichnungen – abweichend vom Gesprächsverlauf – einen kurzen Exkurs über Katharinas asketische Lebensweise einflocht: „Sie war gewöhnlich ganz simpel, schwarzseiden gekleidet, ihr prächtiges dunkelbraunes gelocktes Haar zierte das schöne weiße und rote Gesicht und die runde Stirn, auf welcher sich keine Spur von Kränklichkeit zeigt, da sie doch in hohem Grade an den Nerven leidet, woran ihre äußerst strenge Lebensart (gewöhnlich nur 2–3 Stunden Nachtruhe auf einem schmalen Sofa) und das beständige Lesen und Schreiben von früh 5 bis oft nachts 1–2 Uhr und ihr dezidierter Ungehorsam gegen den braven Arzt viele Schuld haben mag. Diesmal war sie, noch vom Morgen her, in schwarzen Samt gekleidet, hatte schöne Ringe an den Fingern und einen weißen Kopfputz, der sie prächtig kleidete." Eine Tatsache bestätigte der Exkurs: Katharina ging mit ihren gesundheitlichen Reserven mehr als leichtsinnig um und sie war anhaltend leidend. Die Stunde des Abschieds nahte und man versprach einander, das Schicksal der geplanten frommen Schrift in künftigen Korrespondenzen abzuklären. Für den Moment schien Katharinas Mission nicht besonders erfolgreich zu verlaufen. Sie musste geduldig abwarten, die Zeit würde es schon richten.

Müller war nicht nur ein Mann der Theologie. Er machte sich, wozu er eigentlich gar nicht berufen war, Gedanken über die eheliche Zukunft Katharinas. Natürlich sah er die Frau im positivsten Lichte, ausgestattet mit allen Eigenschaften einer bedeutsamen Persönlichkeit. Sie hatte ihm offensichtlich nicht nur leichtfertig anvertraut, dass sie gar zu gerne Katharina III. geworden wäre, sondern weitere Blicke in ihre Intimsphäre erlaubt. Müller notierte: „Für den Erzherzog Karl ist sie sehr eingenommen, sprach auch einige Mal mit besonderer Lebhaftigkeit und Wärme von ihm zu mir, unter anderem über sein Buch ‚Grundsätze der Strategie': das Militärische verstehe sie nicht, aber die Züge seines Herzens machten den Verfasser höchst liebenswürdig." Müller besaß da eine andere Auffassung, die er auch nur aus den unmittelbaren Begegnungen mit Katharina gewonnen haben konnte: „Ich wollte, der brave Friedrich Wilhelm erhielte sie." [133] Er meinte den württembergischen Kronprinzen Wilhelm. Was hatte sie dem armen Müller nur alles erzählt!

Neue Heiratspläne: Vielleicht doch der Kronprinz von Württemberg?

Tatsächlich unternahm der Kronprinz Wilhelm in jenen Wochen ernste Anstrengungen, um sich von der bayerischen Prinzessin Charlotte scheiden zu lassen. Metternich merkte sofort und hellwach auf. Katharina Pawlownas Blicke nach Württemberg blieben ihm kein Geheimnis. Die Frau zählte zur „Cohorte armèe des femmes", die dem politischen Spiel Metternichs damals viel zu schaffen machte. Was bahnte sich da an?

Anfang Januar 1814 kehrte Charlotte Auguste an den elterlichen Hof in Bayern zurück. König Max Joseph I. von Bayern schrieb an seinen Minister Montgelas: „Sehen Sie zu, was man beim Papst tun kann. Meine Tochter wird glücklicher sein, aber trotzdem ist es eine peinliche Angelegenheit. Der Kronprinz ist un vilain homme..." [134] Die Verhandlungen, die in den folgenden Monaten beim Vatikan stattfanden, gingen vom bayerischen König und nicht von Württemberg aus. Das entscheidende Motiv für den Antrag zur Auflösung der Ehe bestand darin, dass diese unter politischem Zwang geschlossen worden war. Die ersten Schritte, die es Wilhelm ermöglichen konnten, eines Tages Katharina zu heiraten, waren gegangen, aber der Weg blieb noch weit.

König Friedrich I. unterstützte die Trennung. Er lobte das Anbändeln seines Sohnes mit Katharina aus drei unterschiedlichen Gründen: Katharina war die Tochter seiner Schwester; Maria Fjodorowna und Katharina hatten sich einer Ehe mit Napoleon vehement widersetzt, während Friedrich I. seine Tochter Katharina mit Napoleons Bruder Jérôme verheiratet hatte. Jetzt standen die politischen Zeichen gegen Napoleon. Da konnte eine Hochzeit mit der Russin, noch dazu mit einer, die Napoleon Widerstand geleistet hatte, politisch nützlich werden; Maria Fjodorowna war sogar bereit, zugunsten des Württembergers an Habsburg gerichtete Heiratswünsche zurückzustellen. Der König von Württemberg konnte über eine Ehe seines Sohnes mit Katharina das eigene ramponierte Image aufpolieren und obendrein Vorteile für den Kampf um die Nachkriegsordnung erlangen.

Vorerst blieben viele Fragen offen, Napoleon musste erst einmal geschlagen werden. Friedrich I., Wilhelm und Katharina befriedigten ihre neu entdeckte Zuneigung in den folgenden Monaten durch eine ausführliche Korrespondenz. Am 30. Januar 1814 schrieb Katharina an

Friedrich I. über den Kronprinzen, der sich im Feldzug der Alliierten von 1813/14 ebenso durch waghalsige Aktionen wie überlegte Feldherrnkunst auszeichnete: „Der Ruhm, mit dem sich der Kronprinz bedeckt, entzückt mich, die Freundschaft, die Er mir entgegengebracht hat, hat die meine gewonnen. Glaubt, Majestät, dass alles, was Eure Majestät interessieren kann, gerade auch mein volles Interesse hat."[135] Das klang gewiss sehr nach persönlicher Sympathie, enthielt aber noch keine feste Verpflichtung oder gar ein Eheversprechen. In dieser zugleich freundlichen wie unverbindlichen Harmonie vergingen die nächsten Monate. Man musste den Ausgang des Kriegs abwarten. Katharina schrieb fleißig nach Württemberg, ließ sich jedoch nicht fest an den Ort binden. Der Krieg, die Aufsicht über Alexander, die russische Reichspolitik und die Frage, ob sich vielleicht doch noch eine günstigere Ehevariante finden ließ, trieb sie quer durch Deutschland. Manchmal geriet das Motiv einer Heilung versprechenden Bäderreise vollkommen in Vergessenheit.

Von Schaffhausen kehrte Katharina am 14. Januar wieder nach Stuttgart zurück. Zwei Tage später fuhr sie über Frankfurt am Main, Kassel, Göttingen, Hannover und Bremen nach Oldenburg. Sie blieb dort bis zum 13. März. In Oldenburg besuchte Katharina ihren Schwiegervater, der nach den Siegen über Napoleon wieder in sein Land zurückgekehrt war. Auf all ihren Wegen erinnerte Katharina den Bruder ständig an die russische Mission in Europa: „Gottes Wille geschehe, nicht der unsrige, die wir doch nur Blinde sind."[136] Sie repräsentierte auf der Reise das mächtige Russland, das gemeinsam mit den Alliierten den Korsen vor sich herjagte. Getreu den Aufgaben einer russischen Großfürstin und ganz in der Tradition Peters des Großen interessierte sie sich an jedem Ort nach dem standesgemäßen und würdevollen Empfang für die aktuellen Probleme der Lebensführung, Sozialpolitik, Kunst und Wissenschaft.

Zum Beispiel in Göttingen: Sie besuchte die Universität und die erste kommunale Sparkasse Deutschlands, die 1801 durch den Senator Justus Christoph Grunewald als „Spar- und Leihkasse" gegründet worden war. Müller hatte ihr in Schaffhausen ebenfalls von den für die einfachen Menschen nützlichen Einrichtungen berichtet, die sie aus den Erzählungen Georgs von Oldenburg kannte. Holstein-Oldenburg hatte derartige Institutionen im 18. Jahrhundert nach englischem und schweizerischem Vorbild eingerichtet. An der Universität Göttingen lernte sie die Gelehrten Blumenbach und Eichhorn kennen. Sie gewann in den Gesprächen die Erkenntnis, dass deren Überlegungen ein Seismogramm für die öffentliche Meinung in Deutschland waren. Die Göttinger Professoren sprachen über ein geeintes deutsches Vaterland nach dem liberalen Verfassungsideal Englands. So dachte auch der ihr gut bekannte Freiherr vom Stein. Aber Katharina zog aus diesem Wissen noch keine praktischen Schlussfolgerungen für ihre eigene Zukunft, schon gar nicht im Hinblick auf eine Position zu den Verfassungsdebatten in Württemberg. Sie besaß jedoch die Fähigkeit, sich jedes Detail zu merken. Wer wusste schon, wozu man sein Wissen noch gebrauchen konnte?

Vor den Toren Bremens nahm die Großfürstin eine Parade russischer Truppen ab, als wäre sie der Kaiser persönlich. Am 1. Februar 1814 traf sie in Oldenburg ein. Der Aufenthalt in Oldenburg besaß einen klar verständlichen Sinn. Oldenburg hatte die französische Last abgeschüttelt. Katharina dokumentierte die russische Präsenz in Norddeutschland und den dynastischen Gleichklang von Holsteinern und Romanows. Außerdem mussten handfeste erbrechtliche Fragen beantwortet werden. Der Ehevertrag von 1809 hatte die Möglichkeit einer Wiederverheiratung nach dem Ableben eines der Ehepartner vorgesehen. Katharina musste sich in dieser Frage – da es um viel Geld und politischen Einfluss ging – mit Peter von Holstein-Oldenburg verständigen. Die Avancen aus dem Jahre 1813 in Richtung Österreich und Württemberg hatten es unübersehbar gezeigt. Die Großfürstin wollte ernsthaft und auf hohem Niveau heiraten! Außerdem mussten die erbrechtlichen Ansprüche der beiden Söhne Peter und Alexander ständig beachtet werden, obwohl es in dieser Frage niemals zu Konflikten zwischen den beteiligten Seiten gekommen ist.

Man empfing sie in Oldenburg mit allen Huldigungen, die ihrem dynastischen und politischen Stand entsprachen. Weder Katharina noch der Administrator zögerten lange, ehe sie zur Kernfrage der Visite kamen. Die Klärung der finanziellen Verbindlichkeiten aus dem Ehevertrag bildete keinen Streitpunkt, alles war vereinbart und beide Seiten respektierten den Vertrag. Die Frage einer künftigen Ehe genoss Priorität und durfte nicht durch eine kleinliche Erbsenzählerei in Oldenburg behindert werden. Es ging um Russlands Macht in Europa, an der Oldenburg auch künftig partizipieren wollte. Katharina hatte da schon eine weitsichtige Idee. Wenn es gelänge, jenen Interessen Nachhaltigkeit zu verleihen, die eine Wiedervereinigung der belgischen Niederlande mit dem Hause Habsburg anstrebten, konnte man mit gleichem Ernst eine Kandidatur des Erzherzogs Karl als Statthalter in den Niederlanden unterstützen. Trotz aller Avancen aus Stuttgart: Karl stand noch immer auf der Prioritätenliste ganz oben. Katharina als Statthalterin Habsburgs in den Niederlanden. Das durfte man eine zündende Idee nennen!

Katharina wollte auf keinen Fall nach Russland zurückkehren. Eine verwitwete Prinzessin von Holstein-Oldenburg besaß am russischen Kaiserhof keine besondere Reputation – trotz der schwesterlichen Nähe zum Kaiser. Peter wäre es recht gewesen, wenn die ehemalige Schwiegertochter quasi in der Nachbarschaft regiert hätte. Er teilte sein positives Votum sogar Kaiser Alexander mit und der befragte, wie es die Vorschrift verlangte, die Mutter Maria Fjodorowna. Katharinas Idee war mithin nicht nur ihrem eigenen Kopf entsprungen, sondern kollektive Überlegung des russischen Kaiserhauses. Die Kaiserinwitwe, die sich bis dato so sehr um eine dynastische Verbindung mit Österreich bemüht hatte, lehnte den Vorschlag ab. Sie argumentierte, ihre Tochter Alexandra hatte seinerzeit den Palatinus Erbherzog Joseph geheiratet. Die griechisch-orthodoxe Religion verbot, dass zwei Schwestern zwei Brüder heiraten durften. Das Argument schien hier vorgeschoben, selbst wenn es kirchenrechtlich unanfechtbar war. Alexandra war im Jahre 1801 verstorben. Sie hatte keine Kinder hinterlassen. Maria Fjodorowna blieb unerbittlich. Weder Alexander noch Katharina wagten einen Widerspruch. Die Mutter war sicherlich eine fromme Frau, in der Ehefrage dominierten reichspolitische Motive. Sie hatte die Erfolglosigkeit der Werbungen von 1807/08 nicht vergessen. Österreich musste 1814 als Bündnispartner gegen Napoleon nicht länger umworben werden. Der Gedanke an eine habsburgische Rückkehr in die Niederlande war sehr unsicher und Metternich war kein Freund Russlands. Württemberg war Maria Fjodorownas Heimat, eine dynastische Ehe mit dem Hause Württemberg führte Russlands politischen Einfluss bis unmittelbar an die Grenzen Frankreichs. Da ließ sie sich nicht beirren, schon gar nicht durch eine politische Intrige.

Angeblich wollte das Töchterlein den Dingen nicht tatenlos zusehen, sondern selber Schicksal spielen. Die Geschichte wurde wie folgt verbreitet: Katharina hatte 1813 in mehreren persönlichen Begegnungen ihre Wirkung auf den Fürsten Metternich erprobt und mitgeholfen, Österreich für die Allianz zu gewinnen. Warum sollte sie diese Karte jetzt nicht wieder ziehen? Sie veranlasste Metternich, auf verschlungenen Wegen eine Botschaft nach Petersburg zu senden, aus der hervorging, wie sehr Kaiser Franz I. eine Ehe Katharinas mit Karl begrüßen würde. Als Gegenleistung soll Katharina Metternich geheime Informationen über die politischen Ansichten Alexanders I. zugespielt haben. –

So berichtete es die Gräfin Lieven, die Gemahlin des russischen Gesandten in London, General Lieven, der beim Sturz Kaiser Pauls I. im Jahre 1801 eine undurchsichtige Rolle gespielt hatte. Lieven steckte die Information dann dem Kaiser Alexander zu. Der Vorgang roch nach einer waschechten Intrige, mit der nicht nur Russlands Kaiser gegen seine Schwester aufgebracht werden sollte. Die Gräfin Lieven, wenige Jahre später die Geliebte Metternichs, spielte in der Affäre eine dubiose Rolle. Metternich intrigierte gegen Russlands Einfluss in Europa, die Gräfin half ihm dabei und diese Angelegenheit bildete den Auftakt zu weiteren Skandalen, die sich kurz darauf in London entladen sollten.

Dabei zog diese eine Intrige bereits genügend negative Folgen für das Ansehen Katharinas nach sich. Die österreichischen Erzherzöge Johann und Karl, die der Bannstrahl Maria Fjodorownas vor allem traf, äußerten sich künftig wenig schmeichelhaft über Katharina. Als düpierte Liebhaber suchten sie nach eigener Rechtfertigung. Johann sprach im Falle Katharinas von einer Mischung aus Falschheit, Offenheit, kindlicher Gutmütigkeit und Verschlagenheit. Er schrieb resignierend in sein Tagebuch: „Die gute Frau wird nie einen glücklichen Augenblick haben. Ich kenne die Frau, schätze sie und glaube so ziemlich zu verstehen, wie man mit ihr umgehen soll: Dies verstehen aber die wenigsten. Mir ist es sehr leid, dass sie nicht in unser Haus kommt. Mit Carl'n ist es aus, Joseph hindert das Gesetz, und von uns anderen kann es nach dem Vorgefallenen niemand tun. Ich hätte sie für mich erhalten, wenn ich es gewollt hätte." In einer späteren Tagebuchnotiz fügte Johann sehr treffend hinzu: „Die Großfürstin wollte Carl'n in einer Stellung, wo er eine Rolle spielte, nicht ruhig in Wien. Dies geschah nicht." [137]

Die Urteile entstanden über einen längeren Zeitraum hinweg. Obwohl die Wahrscheinlichkeit einer Statthalterschaft Karls in den Niederlanden wenig Aussicht auf Realität besaß, obwohl Maria Fjodorownas Ablehnung gegenüber Österreich unverrückbar blieb und obwohl die Ehekandidatur Wilhelms von Württemberg mehr und mehr in den Mittelpunkt des öffentlichen Interesses rückte, hielt Katharina die mögliche Variante einer baldigen Ehe mit Erzherzog Karl noch lange aufrecht. Darum reiste sie von Oldenburg demonstrativ in die Niederlande. Sie zeigte ihre wache Aufmerksamkeit für das Land und verband dieses aktuelle dynastische Anliegen mit den Traditionen russischer Großmachtpolitik Peters des Großen in Europa.

Vor der Abreise erhielt Katharina noch einen Brief von Müller, den dieser am 26. Januar 1814 in Schaffhausen geschrieben hatte. Er berichtete über die verfassungspolitischen Probleme und Entwicklungen in der

Schweiz und appellierte an Katharina, sie möge ihren Einfluss auf Alexander verstärken, damit dieser sich für eine stabile Nachkriegsordnung in der Schweiz einsetzte. Müller erinnerte etwas verlegen an die Schrift über den christlichen Glauben, die sie in Russland verbreiten wollte. Die Sache geriet peinlich: Er wusste nicht, wie er das russische Publikum ansprechen sollte. Überhaupt wären seine Gedanken noch nicht so klar formuliert, dass er sie in absehbarer Zeit zum Druck geben könnte. Er dankte Katharina für deren Aufmerksamkeit gegenüber seinen Studien – die Sache drohte im Sande zu verlaufen. Aber die Großfürstin hatte es sich nun einmal in den Kopf gesetzt, ihren Bruder mit Müllers Darlegungen dem Einfluss aller möglicher Heilslehren zu entziehen. Sie schrieb Müller einen Brief, in dem sie seine Ideen eingehend lobte. Er sollte in seinen Anstrengungen nicht nachlassen und laufend über den Stand der Dinge informieren.

Aus Oldenburg ging am 9. Februar 1814 noch ein weiterer wichtiger Brief auf die Reise – der bereits zum Ritual gewordene Reisebericht an General Devolant: „Ich reise am 1. März nach Holland, wo ich zwei Wochen zubringen werde, um die Merkwürdigkeiten dieses berühmten, dem Meer geraubten Stückchen Landes zu sehen. Von dort gedenke ich auf zwei Monate nach England zu reisen und gegen den Sommer werde ich nach Böhmen zurückkehren, um die dortigen Bäder zu gebrauchen. Sie werden sagen, dass ich hin und her flattere; das ist wahr, aber ich habe jetzt nichts Besseres zu tun." Das war natürlich reine Koketterie, denn Katharina kannte ihre Aufgabe: „Aber was sagen Sie von unseren Heeren, die jetzt vor den Mauern von Paris stehen? Das sind Resultate, die wir allein dem Kaiser verdanken; sein Ruhm ist wohlverdient, denn nie hat ein Fürst solch große Taten vollbracht mit solcher Großmut und Bescheidenheit." Ihre eigene Rolle sah sie dagegen bescheiden: „Ich bin jetzt in der Heimat des Prinzen. Als ich hierher kam, war ich außerordentlich aufgeregt; sein Vater und sein Bruder aber empfingen mich mit der früheren Liebe und Freundschaft. Die Stadt Oldenburg ist hübsch, besonders aber sehr heiter; die Einwohner haben unter der französischen Herrschaft sehr gelitten." [138] Das klang alles sehr glatt, freundlich und unkompliziert. Der gute Freund und Vertraute Devolant! So ganz reinen Wein schenkte ihm Katharina allerdings nicht ein, weder über die Gründe eines Ausflugs nach Holland noch über die Absichten, die sie in England verfolgen wollte.

Dann reiste sie ab – am 1. März 1814. In Holland hatte sich Peter der Große einst das handwerkliche Rüstzeug für die Reformierung Russlands geholt. Dieser Gedanke beschäftigte Katharina sehr. Aus Rotterdam schrieb sie an Devolant einen ausführlichen Bericht, der all ihre Gedanken und Erlebnisse zusammenfasste: „... Als Peter I. dieses Land zum Muster wählte für dasjenige, welches er umbilden wollte, wählte er gut und bewies damit seinen großen Geist, dass er für unser Land die holländischen Sitten und Gewohnheiten annehmbarer fand als die deutschen. Meine Reise ging über Almelo, Kampen und Harderwyk. Ich reiste auch nach Zeist, um die Mährischen Brüder zu besuchen, sah Utrecht, Harlem, Leyden, Haag, Delft, Rotterdam und schiffe mich morgen in Helvoetsluis ein. Ich habe auch Saardam und Brook gesehen und versichere Sie, dass ich Ihrem Vaterland die Palme des Vorrangs erteile. In Beziehung auf Ordnung, Betriebsamkeit und Arbeitsliebe ist Holland ohne Zweifel das Land, welches dem Menschengeist am meisten Ehre macht, denn nirgends zeigte er so viel Beharrlichkeit: Die Dörfer gleichen den Städten, die Städte aber werden auf eine Weise unterhalten, von der man sich bei uns gar keinen Begriff macht. Sie kennen meine Vorliebe für die Regelmäßigkeit; hier fand sie ihre vollkommene Befriedigung: Gärten, Alleen, Kanäle, alles nach der Schnur; es herrscht hier ein vortrefflicher Geist.

Die holländische Revolution ist eine der interessantesten und merkwürdigsten Tatsachen in der Geschichte. Das Haus Oranien triumphiert, und der regierende Fürst könnte sich einer unbeschränkten Herrschaft erfreuen; ich weiß aber nicht, ob seine Energie dazu hinreichend wäre. Ich möchte Ihnen die neue Verfassung schicken, die am Ende des Monats verkündigt wird; sie bildet aber noch ein Geheimnis ... Man ist hier im höchsten Grade verstimmt gegen die Franzosen. Die Holländer haben aber auch von diesem verfluchten Volk viel zu leiden gehabt: alle Kapitalien haben sich auf den dritten Teil vermindert. Wie Ihnen bekannt ist, lieber General, sammle ich gern Honig nach Bienenart: Ich möchte Sie fragen, sind Ihnen die neuen Windmühlen zur Austrocknung der Wiesen durch Hebung des Wassers auf verschiedene Höhen bekannt? Es scheint mir, dass wir sie anwenden könnten zur Austrocknung unserer Sümpfe im Gouvernement Nowgorod u.s.w. Weiter schiene es mir von Nutzen zu sein, ein Kapital zu stiften, um junge Leute hierher zu senden zur praktischen Erlernung der Erbauung von Dämmen, Schleusen, Mühlen u.s.w., auch des Zimmerns und Schreinerhandwerks. Antworten Sie mir in dieser Hinsicht, und wir werden sehen. Ich bin ziemlich umhergereist in der Welt, aber noch nirgends habe ich solche naturhistorischen Schätze und Sammlungen gesehen, wie man sie in diesem Lande bei Privatpersonen findet. Sie würden auch Ihre Freude daran haben ...“[139]

Katharina musste nur ein Land besuchen und erwies sich sofort als perfekte Kennerin und sachkundige Ratgeberin für alle Fragen des Lebens. Sie eiferte Peter dem Großen nach und bewies damit unumstößlich ihre eigenen Führungsqualitäten.

Londoner Affären

So eindrucksvoll der Besuch im Lande der Grachten und Tulpen auch verlief, er blieb eine Episode, eine Reminiszenz an die Größe Russlands und vertiefte die komplizierten Verwicklungen, in die sich Katharina mit ihren politischen Ambitionen und heiklen Heiratsplänen begeben hatte, nicht weiter. Das blieb dem anschließenden Aufenthalt in England vorbehalten. England und London im Sommer 1814. Katharinas Visite hat widersprüchliche Interpretationen hervorgerufen. Zeitgenossen und Historiker haben die Londoner Ereignisse je nach ihrer politischen Stellung zum russischen Kaiserhaus, zur britischen Krone, zu Österreich oder zu den eigenen politischen Absichten differenziert beurteilt. In einem Punkte waren sie sich nahezu einig: Die russische Großfürstin hatte in Russland, in Böhmen, in Wien oder in Oldenburg durch ihre Eigenwilligkeit und die bisweilen kaum verhüllte Herrschsucht für Furore gesorgt. In England kam es zum offenen Skandal. Über die Handlungsmotive der Akteure und über deren Verantwortung für die skandalösen Ereignisse gingen die Ansichten auseinander.

Die Großfürstin reiste nicht zur persönlichen Erbauung und auch nicht zur Gesundung ihres kranken Körpers, sondern aus politischen Gründen nach England. Während die alliierten Armeen Paris zustrebten, suchte Russland seine Position in England zu stärken. Österreich sollte es nach den russischen Wünschen nicht gelingen, London und Petersburg auf Distanz zu halten, um dadurch Russlands Position in Europa zu schwächen. Der russische Kaiser besaß mit dem Botschafter Lieven eine zwielichtige Persönlichkeit im Lande der Briten und seine Gemahlin Dorothea umschwärmte nicht nur Metternich, sondern auch einflussreiche englische Aristokraten und Politiker. Katharina eilte als Vorauskommando ihres Bruders nach London, um mit ihrem Nimbus als „Vertraute" des Kaisers für Russland zu werben und den Briten zu verstehen zu geben, das Russland und dessen Kaiser die Sieger über Napoleon und die neuen Herren Europas waren.

Katharina reiste mit einem Koffer voller Aufträge an die Themse, selbstbewusst und in der Illusion, man wartete dort bereits auf die Schwester des russischen Kaisers, um ihr jeden Wunsch von den Augen abzulesen. Sie beherrschte seit ihrer Kindheit die englische Sprache, Verständigungsprobleme waren daher kaum zu erwarten. Bevor sie den Kanal überquerte, erhielt sie bereits ein Signal, das auf kommende Probleme aufmerksam machte. Leider verstand sie die Zeichen nicht. Katharinas Tante Mathilde von Württemberg hatte ein halbes Jahr zuvor auf Wilhelm Heinrich Herzog von Clarence als möglichen Ehekandidaten hingewiesen. Der asthmatische und an Gicht leidende Herzog, der jüngere Bruder des Prinzregenten Georg (ab 1820 König Georg IV.), kam Katharina über das Wasser entgegen und bot ihr ganz unprogrammgemäß die Ehe an.

Katharina machte sich über den Herzog lustig: „Bloß ein einfacher Matrose, der Geschichten erzählt, bei denen man sich totlachen kann, und dabei viele derbe Sachen, wenn sie auch nicht ohne Witz sind. Obwohl er in einer anständigen Distanz um den Topf herumschnüffelte, tat ich so, als ob ich ihn nicht verstünde …"[140] Sie lehnte das Angebot der gemeinsamen Kanalüberfahrt auf einer Fregatte Seiner Majestät strikt ab, obwohl britische Kriegsschiffe keineswegs als sündige Liebesfallen galten. Einen leichten Anflug von Unruhe streifte sie ab: Wie die Reise nach England auch ausgehen würde, Katharina würde bestimmt nicht als Duchess of Clarence auf das Festland zurückkehren! Welche Folgen die Abweisung des fröhlichen Herzogs haben könnten, darüber dachte sie nicht weiter nach.

Katharina wurde bei der Überfahrt ganz erbärmlich seekrank und war froh, als sie endlich wieder festes Land unter den Füßen spürte. Das Ehepaar Lieven holte die Großfürstin im Hafen von Sheerness mit Kutschen und einer Eskorte ab, um sie nach London zu begleiten. Katharina mochte den Botschafter Lieven und dessen Frau eigentlich recht gut leiden und schrieb an Alexander: „Ich finde die Lievens genau so, wie ich sie verlassen habe … Der Gatte scheint sehr angesehen zu sein, er sagt mir, dass man den Wunsch hat, mich gut aufzunehmen und dir Verehrung zu bezeugen – sogar durch die Opposition." Frau von Lieven beobachtete die ankommende Witwe aufmerksam und fand sie „sehr voll von Russlands Ruhm und bemüht, den Vorteil davon in England auszunützen, gierig nach allem, besonders nach den Menschen, und höchst ungeduldig, die Bekanntschaft des Regenten zu machen."[141] Die Beobachtung entsprach dem allgemeinen Charakterbild Katharinas und enthielt noch keine abwertende Aussage. Frau von Lieven behielt ihre Gedanken dennoch für sich und gab der Großfürstin keinen Anlass, irgendeine Art von Misstrauen aufkommen zu lassen, die Freundlichkeit könnte vielleicht gespielt sein.

Katharina reiste auf eigenen Wunsch inkognito und darum brachte man sie im Pulteney-Hotel in Picadilly unter, das die Gesandtschaft zu dem „enormen Preis von 210 Guineen die Woche" gemietet hatte. In dem Hotel machte ihr auch der Regent seine erste Aufwartung. Als er ankam, hatte Katharina ihre Toilette noch nicht beendet. Der Regent betrat bereits das Wohnzimmer, als sie unvollständig angekleidet hereinstürzte. Die Unterhaltung blieb nervös und unkonzentriert. Nach einer Viertelstunde kamen die beiden unzufrieden und mürrisch auf die Treppe hinaus und der Regent flüsterte Frau von Lieven mit außergewöhnlich trockenem britischen Humor ins Ohr: „Ihre Großfürstin ist keine Schönheit." Katharina höre das offensichtlich und zischte Frau von Lieven empört zu: „Ihr Prinz ist ungezogen."[142] In diesem Falle hatte Katharina vollkommen recht.

Es war nur eine erste Verstimmung, doch ein zweiter Zwischenfall folgte auf dem Fuße. Der Regent gab am selben Tag zu Katharinas Ehren im Carlton House ein Diner. Sie erschien im schwarzen Trauerkleid, das sie seit Georgs Tod ständig trug, obwohl die Pflichten des Trauerjahres längst vorüber waren. Der Regent ließ sich zu ungenierten Bemerkungen über ihre Trauer und ihren Kummer hinreißen. Er sagte sogar wenig galant und mit spitzer Zunge, dass sie sich sicherlich bald trösten würde. Katharina starrte ihn nur mit hochmütigem Schweigen an. Wieder wollte keine rechte Unterhaltung in Gang kommen. Als italienische Musiker auftraten, erklärte die Großfürstin, Musik mache sie krank. Man schickte die Musiker aus dem Saal. Alle schwiegen verlegen und der ganze Abend war verdorben.

Die Situation schien grotesk. Katharina weilte mit einer politischen Mission in London, bei der es auch um ihre eigene Zukunft ging. Aber sie ärgerte und verletzte den Regenten, wo sie nur konnte. Die Minister behandelte sie herablassend, die Vertreter der parlamentarischen Opposition dagegen offen und freundlich. Bei einer russischen Großfürstin, die ihren kaiserlichen Bruder permanent im Sinne der Selbstherrschaft bearbeitete, war das unverständlich. Besonders ungezogen verhielt sie sich gegenüber Lady Hertford, der Favoritin des Regenten. Der Tochter des Regenten, Prinzessin Charlotte, begegnete sie dagegen ausgesprochen freundlich, weil diese mit ihrem Vater auf schlechtem Fuße stand. Auf einem Empfang bei Lord Liverpool belauschte die Fürstin Lieven die folgende Unterhaltung zwischen dem Regenten und Katharina über dessen Tochter Charlotte von Wales: „Weshalb halten Sie denn Ihre Tochter gefangen, Eure Hoheit?" „Meine Tochter ist zu jung, Fürstin, um in Gesellschaft zu gehen." „Sie ist nicht so jung, dass Sie ihr nicht bereits einen Gatten ausgesucht hätten." „Sie wird erst in zwei Jahren heiraten." „Wenn sie das tut, hoffe ich, wird sie sich für ihr jetziges Gefängnis entschädigen." „Wenn sie verheiratet ist, wird sie tun, was ihrem Gatten gefällt. Gegenwärtig tut sie, was ich wünsche." Katharina entgegnete maliziös: „Eure Hoheit, zwischen einem Gatten und seiner Frau kann es nur einen Willen geben." Der Regent geriet über ein derartiges Maß an Selbstgefälligkeit in Wut und bemerkte erzürnt zu Frau von Lieven: „Das ist unerträglich." [143]

Unerträglich erschien dem Regenten nicht so sehr das Selbstbewusstsein Katharinas, sondern die Tatsache, dass diese sich für die Ehe Charlottes mit dem Prinzen Leopold von Sachsen-Coburg-Gotha einsetzte. Aus dem Prinzen ging später (1831) der König der Belgier hervor. Katharina würde wohl nicht selbst in den habsburgischen Niederlanden herrschen können, aber sie half wenigstens frühzeitig mit, dass die Besetzung des Throns nicht gänzlich ohne russischen Einfluss erfolgte. An dieser Stelle lag ein zweites Problem. Charlotte sollte nach des Vaters Willen den Erbprinzen der Niederlande heiraten. Sie sträubte sich und suchte aus diesem Grunde die Unterstützung durch Katharina. Es war nicht schwer, Katharina vorzuwerfen, sie vereitele auf diesem Wege eine holländisch-englische Annäherung. Das entsprach durchaus den Tatsachen. Russland hatte sich auch in Katharinas Interesse für die österreichisch-holländische Verbindung ausgesprochen. Die Fürstin Lieven konnte ungehindert ausstreuen, Katharina wünschte die niederländische Krone für sich selbst. Dementsprechend gereizt reagierte der britische Regent. Frau von Lieven war von der Wahrheit gar nicht weit entfernt und beschädigte dennoch das russisch-englische Verhältnis – mit freundlicher Unterstützung durch die Ungeschicklichkeiten und diplomatischen Fehlleistungen Katharinas.

Als Alexander I. Ende Mai 1814 nach England kam, machte er gemeinsam mit Katharina aus der Not eine Tugend: Russland favorisierte fortan die Vermählung der russischen Großfürstin Anna Pawlowna mit dem niederländischen Thronfolger – letztlich mit Erfolg und sehr zum Ärger Englands, aber auch Österreichs. Die Ehen der späteren Könige der Niederlande und der Belgier wurden mit aktiver Unterstützung durch Katharina arrangiert. Sie selbst musste ein weiteres Mal auf eigene Pläne zum Erwerb eines standesgemäßen Throns verzichten, wie schon so oft in ihrem Leben. Zwar machte ihr neben dem Herzog von Clarence auch dessen Bruder, Augustus Herzog von Sussex, den Hof und wollte sie ebenfalls gerne heiraten. Katharina wies beide jedoch schnöde ab. Die Stimmung am Hofe wandte sich immer massiver gegen die Großfürstin.

Lord Liverpool äußerte sich: „Leute, die sich nicht zu benehmen wissen, sollten besser zuhause bleiben." Der Regent schrieb verächtlich: „Die Großfürstin sieht nicht gut aus, hat eine platte kalmückische Nase und unruhige Augen."[144] Katharina agierte so voller Ungeniertheit und bar jeder Anstandsregel, dass sich Botschafter Lieven einschalten musste und ihr sagte, wenn sie sich nicht an die höfische Ordnung hielte, sähe er sich außerstande, die Geschäfte seiner Regierung weiter zu führen. Er würde den Kaiser dementsprechend informieren müssen. Katharina mäßigte sich notgedrungen. Den Widerspruch verzieh sie Lieven nicht. Sie ignorierte ihn, und Frau von Lieven musste seine Aufgaben erfüllen, z. B. die gezielten Einladungen zu Diners vorbereiten, die Katharina gab.

Katharina merkte nicht einmal, wie sie sich mit ihrer Formlosigkeit und Großmannssucht mehr und mehr in die Hände der Frau von Lieven manövrierte. Sie begriff nicht, dass Frau von Lieven ein hinterhältiges Doppelspiel betrieb. Dorothea von Lieven musste der Großfürstin gefällig sein und jeden Wunsch erfüllen. Andererseits hasste sie Katharina, weil diese in der Gesellschaft weit über der Botschaftergattin stand. Frau von Lieven besaß den brennenden Ehrgeiz, zur höchsten Spitze der Aristokratie, zum „inneren Zirkel" der Macht zu gehören. Das brachte sie dem britischen Königshaus, aber auch dem Herzog von Wellington und dem einflussreichen Politiker Robert Castlereagh sehr nahe. Castlereagh war der Partner Metternichs, wenn es darum ging, Russland an den Rand Europas zu drücken. Die Fürstin Lieven, keineswegs schön aber voll innerer Glut, wurde zwar erst im Jahre 1818 die Geliebte Metternichs, aber bereits im London des Jahres 1814 betrieb sie auf Grund ihrer eigenen Leidenschaft und der Nähe zum britischen Königshaus dessen Politik. Das Spiel lief ohne besonders komplizierte Regeln ab: Frau von Lieven kannte die Angriffsflächen Katharinas und lockte diese in fatale Situationen, in denen sie sich unmöglich benahm. Katharina trat als höchste Repräsentantin des Russischen Reichs auf – mit diesem Land und seiner ungezogenen Kaiserfamilie konnte man doch kein politisches Geschäft betreiben! Diese Erkenntnis schürte Frau von Lieven nach Kräften, tatkräftig von der mutwilligen Katharina unterstützt.

Nur Kaiser Alexander konnte wieder Ordnung in die Dinge bringen, die Schwester und Frau von Lieven zurechtweisen und Russlands Ansehen aufpolieren. Er war als Sieger an der Spitze alliierter Truppen in Paris eingezogen und wurde allseits als der Retter Europas gefeiert. Das britische Königshaus rechnete es sich zur Ehre an, die siegreichen Monarchen Europas mit Alexander I. in London willkommen zu heißen. Die Fürstin Lieven bereitete den Staatsakt auf ihre Weise vor und desavouierte Katharina nach Kräften. Sie schaffte es, den Grundstein für eine distanzierte Haltung Englands gegenüber Russland zu legen. Metternich, der ebenfalls in London erwartet wurde, durfte sich vergnügt die Hände reiben, Katharina trug selbst nicht unwesentlich zu der misslichen Lage bei. Der wahre Grund für die Differenzen lag nicht in Katharinas gesellschaftlichem Fehlverhalten, sondern in dem langen Arm Metternichs und dessen Konzeption, Russland aus der Gestaltung der Nachkriegsordnung so weit wie möglich auszuschließen. Alle Berichte über die „Entgleisungen" Katharinas sind mehr oder weniger durch die Fürstin Lieven formuliert oder zumindest beeinflusst worden. Die Darstellungen über die Londoner Ereignisse sind wenig objektiv und erlauben kaum ein reales Bild über die Ereignisse und deren Hintergründe.

Katharina hatte am 31. März 1814 vom Einzug der Alliierten in Paris erfahren. Die Nachricht elektrisierte sie. Seit dem Tode Georgs hatte sie nicht ohne Koketterie schwarze Trauerkleidung getragen. Die legte sie jetzt demonstrativ ab. Es war sicherlich auch eine politische Geste, denn zur Darstellung ihres „Engels" als dem strahlenden Sieger passte der schwarze Trauersamt nicht mehr so recht. Außerdem veränderten sich mit dem Sieg über Napoleon die politischen Voraussetzungen für eine neue Ehe in einem durchaus positiven Sinne. Die Schwester des glorreichen Alexander durfte einem neuen Heiratskandidaten, der selbstverständlich aus dem Kreis der Kriegshelden kommen sollte, unmöglich als schwarze Witwe entgegentreten. Von Karl war nur noch theoretisch die Rede. Zu den überragenden Feldherrn zählte ein anderer Kandidat: Kronprinz Wilhelm von Württemberg! Der berühmte österreichische Feldmarschall Radetzky äußerte sich später, dass Wilhelm der einzige wirklich tüchtige General der Verbündeten im Krieg gegen Napoleon gewesen ist und dass er seine Fähigkeiten namentlich in der Frühjahrskampagne von 1814 unter Beweis gestellt hat. Das war auch für Katharina der Mann der Stunde – wie gut, dass sie ihn seit Jahren mit Aufmerksamkeit verfolgte.

Kronprinz Wilhelm kam ebenfalls Anfang Juni 1814 nach England. Er gehörte zur Begleitung Alexanders I. und des preußischen Königs Friedrich Wilhelm III. Katharina fand durch Wilhelm doch noch ein hoffnungsfrohes Feld für ihren unstillbaren Aktivismus. Sie begann ein leidenschaftliches Verhältnis mit dem Kronprinzen. Was in persönlicher Hinsicht wie der Beginn einer heißen Liebe aussah, die nur in einer glücklichen Ehe enden konnte, erwies sich auf dem politischen Feld sehr bald als Bestandteil der Diskussionen über die machtpolitischen Prioritäten im künftigen Europa. Obwohl europäische Politiker und Diplomaten das Londoner Treffen als nicht sonderlich erfolgreich beurteilten, Alexander I. und Katharina mussten gar nicht so pessimistisch sein. Der Kaiser kehrte trotz aller Ärgernisse mit gewichtigen Ergebnissen nach Hause zurück. Er öffnete auf der Insel die Tore zu drei dynastischen Ehen, die Russlands Stellung in Europa festigen würden: Großfürstin Anna sollte den künftigen König der Niederlande heiraten, Großfürst Nikolaus die Tochter des preußischen Königs Charlotte und Katharina den Württemberger Kronprinzen – drei Kinder, drei Kronen. Das war sicherlich auch für Maria Fjodorowna eine prächtige Ausbeute.

Ein kurzer Blick zurück: Katharina war ihrem Bruder vor dessen Ankunft in England auf den Kontinent entgegengeeilt, hatte ihn über die Lage informiert und kam mit ihm – abermals entsetzlich seekrank – wieder nach England zurück. In Alexanders Begleitung befand sich auch der Kronprinz Wilhelm von Württemberg, der während des Frühjahrsfeldzugs 1814 ein Armeekorps befehligt hatte. Wilhelms Stiefmutter war die Schwester Georgs IV. Der Kronprinz genoss ob seiner verwandtschaftlichen Beziehungen großes Ansehen am englischen Hof und wurde mit Anerkennungen überhäuft. Er galt als einer der großen militärischen Helden beim Niederringen Napoleons. Wilhelm trug aber auch die Last eines Vetters Katharinas und die bezog ihn in ihre Ehepläne bereits fester ein als er ahnte.

Katharinas Interesse an Wilhelm verstärkte sich in dem Maße, wie die Hoffnung auf die Habsburger Niederlande und den Erzherzog Karl bröckelten. Der württembergische Diplomat Graf Beroldingen berichtete, dass Katharina in England voller Ungeduld auf Wilhelm wartete. Dass sie seine Leistungen im Krieg öffentlich und überschwänglich lobte, passte ins eigene politische Kalkül, warb für Sympathie am Londoner Hof und hielt gleichzeitig die englischen Prinzen, die so eifrig um sie buhlten, auf Distanz.

Katharina kannte keine Kompromisse. Nach der Ankunft in Portsmouth begann Katharina ein leidenschaftliches Verhältnis mit dem verheirateten Wilhelm. Die Großfürstin muss ihn regelrecht vergewaltigt haben, obwohl der Kriegsheld keineswegs als ein Kind von Traurigkeit galt und ob seiner zahlreichen Eskapaden beim schönen Geschlecht in der Männerwelt einen bemerkenswerten Ruf genoss. Monate später, als aus dem ersten glühenden Rausch die politische Affäre mit all ihren Querelen erwuchs, klagte Wilhelm voller Ingrimm, warum er sich nur wegen der Schwäche eines Augenblicks derartigen Qualen aussetzen musste! In England schienen die beiden Turteltauben von Stund an unzertrennlich, der Himmel hing voller Geigen. Und am Ende der Lon-

don-Visite überquerten die Liebenden gemeinsam den Kanal zur Rück-
kehr auf das Festland. Katharina fuhr dann mit ihrem stets üppigen
Hofstaat, aber ohne Wilhelm und ohne sichtlich erkennbares Ziel, über
Brüssel und Aachen nach Köln. Dort traf sie wieder auf Wilhelm, der
Alexander I. und König Friedrich I. auf einer anderen Reiseroute beglei-
tet hatte. Zielstrebig, wenn auch auf allerlei Umwegen, steuerte man in
Richtung Wien, um bei dem dortigen Kongress auch in dynastischer
Hinsicht „Nägel mit Köpfen" zu machen.

Hinter den Kulissen und auf der politischen Bühne setzte ein zähes
Tauziehen ein, in dem Werte, Preise, Absichten und Chancen einer Ehe
Katharinas mit Wilhelm sorgfältig abgewogen wurden. Natürlich setzte
die Großfürstin zuerst den Bruder über ihren neuesten Eheplan ins Bild.
Wie bei allen diesbezüglichen Vorhaben aus der Vergangenheit machte
Alexander Einwände geltend. Was die Schwester ihm da als neuesten
innigsten Herzenswunsch offerierte, war schon lange kein Geheimnis
mehr. Er wusste, dass König Friedrich I. in Petersburg bei Maria Fjodorowna seit Monaten für die Ehe warb. Das passte Alexander nicht.
Außerdem war Wilhelm noch immer mit Charlotte von Bayern verheiratet. Bevor diese Ehe nicht nach allen Regeln des Gesetzes und der Kirche geschieden war, wollte er über das Thema nicht sprechen. Katharina
tat nicht gut daran, in aller Öffentlichkeit einen verheirateten Mann
anzuhimmeln.

Zwischen Katharina und Wilhelm existierte ohne Frage eine gegenseitige persönliche Zuneigung. Sie trafen sich in ihren Charakteren, in
denen der Wille zum Herrschen und zur Macht ebenso ausgeprägt waren
wie die Unruhe, Unstetigkeit und Spontaneität. Ihr Entschluss zur Bindung folgte jedoch auf beiden Seiten primär politisch-dynastischen Interessen. Das vorsichtige Abwägen, welche Eheschließung für Russland
und für Württemberg besonders günstig sein könnte, hielt auch nach
den heißen Liebesschwüren von England über die nächsten Monate hinweg an. Besonders pikant war an diesen Überlegungen, dass sie sich in
Österreich kreuzten. Während man der Öffentlichkeit das harmonische
Bild suggerierte, Wilhelm und Katharina wären ein Herz und eine Seele
und der Rest auf dem Weg zu ihrem Glück wäre lediglich lästige For-
malität, spielte Katharina weiterhin mit einer Ehekandidatur des Erzherzogs Karl. Wilhelm dachte seinerseits darüber nach, ob er nicht besser die österreichische Erzherzogin Leopoldine (die spätere Kaiserin von
Brasilien) heiraten sollte. Er wollte Württembergs Verhältnis zu Österreich nicht belasten. Der schlaue Metternich hatte ihn wissen lassen,
die Ehe Katharinas mit Erzherzog Karl wäre beschlossene Sache. Wil-

helm fragte den Freiherrn vom Stein um Rat. Der riet ihm ganz brutal, eine gesunde Frau mit einem gesunden Körper zu heiraten, die auch gesunde Kinder zur Welt bringen könnte. Stein spielte sowohl auf die ererbte psychische Belastung Katharinas als auch auf ihre immer wieder auftretenden Ohnmachten und Krämpfe an. Wilhelm sah seine Zweifel bestätigt: Wenn er keine gesunden Erben bekam, würde am Ende das „schwarze Schaf" der Familie, der in Paris lebende Bruder Paul, den Thron in Stuttgart für sich reklamieren.

Es ging jedoch um mehr als die Württemberger Krone. Wer sollte die Führungspositionen im künftigen Deutschen Reich einnehmen? Freiherr vom Stein gehörte zu jenen einflussreichen Persönlichkeiten, die an eine starke Zentralgewalt im künftigen einheitlichen Deutschen Reich dachten. Welche Gestalt dieses Reich annehmen sollte, worin die Inhalte seiner Verfassung bestehen würden, welche Rolle Preußen, Österreich, Bayern sowie die vielen Mittel- und Kleinstaaten spielen würden – diese Fragen schienen im Sommer 1814 noch völlig offen. Stein baute zur Durchsetzung seiner Ideen auf die Kraft und den Einfluss Russlands. Obwohl er die Gesundheit Katharinas skeptisch beurteilte, die militärischen und politischen Führungsqualitäten Wilhelms, verbunden mit der durch Katharina repräsentierten Macht des Russischen Reichs – das wäre eine politische Bastion, an der selbst Metternich nicht vorbeikäme. Metternich dachte anders. Er suchte nach Mitteln und Wegen, wie die konservative Ordnung des Reichs auf der Grundlage einer neuen europäischen Kräftebalance gewahrt werden könnte.

Katharina kannte Steins Reichsideen. Sie erfasste auch den politischen Willen des Kronprinzen Wilhelm. Aber sie verfocht seit sieben Jahren den Plan, sich auf höchster Ebene mit den Habsburgern zu verbinden. Das alles galt es abzuwägen und die Entscheidungen so zu treffen, dass der größtmögliche Nutzen für Russland und für sie selbst heraussprang. Außerdem musste noch das Hindernis der Ehe Wilhelms mit Charlotte überwunden werden. Es schien von Woche zu Woche deutlicher sichtbar, dass das Problem vor dem nach Wien einberufenen Kongress nicht mehr gelöst werden konnte. An der schönen blauen Donau würde man weitersehen – schließlich war dieses nicht die einzige dynastische Frage, die dort gelöst werden sollte.

Die Großfürstin machte währenddessen aus der Not eine Tugend. Sie bedauerte in einem Brief an General Devolant, dass Deutschland aus so vielen kleinen Stückchen bestand – womit sie wohl meinte, dass sie, falls sie nach Württemberg heiraten sollte, doch eigentlich eher berufen wäre, über ein großes Territorium zu herrschen. Ein deutlicher Hinweis, dass Katharina die Heirat nach Württemberg als einen Abschied von ihren Lebensträumen betrachtete. Sie fuhr von Köln aus zu einem erneuten Kuraufenthalt in die böhmischen Bäder, um im September rechtzeitig zur Eröffnung des Kongresses in Wien einzutreffen.

In jenen Wochen schrieben Wilhelm und Katharina einander zahlreiche Briefe, die alle um das entscheidende Problem kreisten. Am 10. August 1814 erklärte Wilhelm seiner „chère Cousine", dass die Ehe mit Charlotte zwar „nur für die Welt" bestanden habe, er wäre aber nun einmal gebunden und die Wiedererlangung der Freiheit „bedarf langer Zeit und vieler Förmlichkeiten …"[145] Gleichzeitig quälte ihn die Ungewissheit, ob sich Katharina nicht doch für den Erzherzog Karl entscheiden würde. Er schrieb entsagungsvoll und pathetisch: „Mein Herz krampft sich zusammen, wenn ich an all das denke, was für Vorwürfe müsste ich mir machen, Sie durch meine Schwäche in Portsmouth an mich gerissen zu haben. All dieser Kummer, all diese Leiden, welch unglückliche Folgen kann ein einziger Augenblick mit sich bringen. Wenn das also alles so werden soll, dann bitte vergessen Sie mich, ich beschwöre Sie, so schnell als möglich … Ach lassen Sie mich Sie dann von Ferne bewundern, gestatten Sie mir, mich an der Bewunderung zu erfreuen, die die ganze Welt Ihnen entgegenbringen wird. Sie werden stets das Idol meines Lebens sein. Alle meine Gedanken sind jetzt traurig, aber in Unglück oder Glück ist meine Neigung, Sie zu lieben, für mich ebenso unwiderstehlich, wie ich das lieben muss, was schön und groß ist."[146]

So ganz ernst kann die verliebte Klage nicht gemeint gewesen sein, wenn er sie denn wirklich begehrte. Katharina ließ keine Ausflüchte gelten und drängte von Franzensbad aus zur Eile: „Ich lebe viel mehr in Ihnen als in mir, denn Sie sind für mich die höchste Liebe, für die ich keinen Namen weiß, die mich zur Seligkeit gerufen hat. Nie will ich meiner herrlichen Bestimmung unwürdig werden, mein ganzes Leben, mein Denken, mein Tun sei Dankopfer für das Glück, das mir zuteil geworden ist."[147]

So ergreifend die Herzensergüsse auch klangen, weder Wilhelm noch Katharina können so naiv gewesen sein, dass die gefühlvollen Worte allein ihr süßes Geheimnis blieben. In Franzensbad befand sich Katharina im Bereich der geheimen Postlogen Metternichs. Ihre Briefe wurden abgefangen, gelesen und Metternich zur Kenntnis gegeben. So erfuhr dieser, dass aus der russisch-österreichischen Verbindung mit Katharina und Karl offensichtlich nichts werden würde. Metternich schickte General Koller zu Alexander I., um die Lage an Ort und Stelle zu sondieren. Nach dem Bericht Kollers lenkte Alexander die Aufmerksamkeit auf die russisch-österreichischen Gegensätze, die es verhinderten, dass Österreich auf dem bevorstehenden Wiener Kongress den russischen Wünschen in Polen Rechnung tragen würde. Vor allem durch Metternich befürchtete Alexander entscheidenden Widerstand. Er hielt den österreichischen Minister für einen einflussreichen, hasserfüllten und gefährlichen Gegner russischer Interessen, der alles tun würde, die russischen Nachkriegswünsche zu vereiteln.

Vor diesem Hintergrund erwächst die Vermutung, dass Katharinas drängende Briefe an Wilhelm ein Teil jener russischen Taktik waren, Österreich zum Einlenken zu bewegen und über eine Verbindung zwischen Erzherzog Karl und Katharina österreichische Zugeständnisse in der polnischen Frage zu erwirken. Eines wusste Metternich genau: Hinter dem Kronprinzen Wilhelm stand die zentrale Reichsidee des Freiherrn vom Stein, der nach wie vor in Russland den Garanten für die praktische Umsetzung dieser Idee erblickte. Allein aus der Sicht dieser Verquickung politischer und dynastischer Fragen versprach der Wiener Kongress ein turbulentes Ereignis zu werden.

Kapitel VI

Katharina Pawlowna auf dem Wiener Kongress und die Entscheidung für Wilhelm von Württemberg

Der Kongress tanzt nicht nur

Der Wiener Kongress sollte nicht nur nach dem Willen Russlands ein prächtiges Schauspiel von edlen Monarchen und fleißigen Diplomaten im Dienste des europäischen Friedens und einer stabilen politischen Zukunft werden. Seine Entschlussfreudigkeit diktierte allerdings in nicht unbeträchtlichem Maße der geschlagene und auf die Insel Elba verbannte Napoleon. Europa benötigte nach den Jahrzehnten blutiger Revolutions- und Eroberungskriege eine sichere politische Gestalt und eine neue politische Ordnung. Es gab bestimmt den Willen zur Vermeidung der Fehler aus dem 18. Jahrhundert. Damals war die machtpolitische Balance durch permanent wechselnde Allianzen absoluter Monarchen in einer fragilen Schwebe gehalten worden – begleitet von immer neuen und neuen Kriegen.

Im Herbst 1814 besaßen nur wenige Persönlichkeiten mehr oder weniger klare Vorstellungen, wie das Deutschland und Europa von morgen aussehen sollte. Russlands Kaiser schwebte eine konservativ-christliche Gemeinschaft voller Ideale vor. Alexanders politischer Gegenspieler, der Pragmatiker Metternich, hielt es nicht für möglich, die Ereignisse der vorausgegangenen zwei Jahrzehnte vollständig zu ignorieren. Nach seiner Vorstellung sollte die künftige Ordnung Europas auf der Bewahrung konservativer Werte beruhen, auf dem entschlossenen Kampf gegen jegliche freiheitlich-liberale und nationale Bewegung. Der Freiherr vom Stein, dessen Wunsch nach einem starken deutschen Zentralstaat vielen Politikern, namentlich Metternich oder Friedrich Wilhelm III. suspekt erschien, wurde zwar ob seiner Kenntnisse und Fähigkeiten konsultiert, an den Entscheidungen besaß er kaum einen Anteil.

Wenige Tage vor ihrer Ankunft in Wien übermittelte Katharina aus Brünn einen ersten vorauseilenden Stimmungsbericht an General Devolant: „Auf Befehl des Kaisers erwarte ich hier seine Ankunft in Wien, wo ich die Zeit des Kongresses zuzubringen gedenke, und dann werde ich wahrscheinlich nach Russland zurückkehren. Auf diese Versammlung in Wien kommen die Potentaten aller Länder und Farben zusammen, was für uns müßige Zuschauer ein sehr interessantes Schauspiel darbieten wird. Es werden erscheinen: die Könige von Dänemark, Preußen, Bayern und Württemberg, die Kronprinzen von Schweden und Württemberg, fast alle deutschen Regenten und Prinzen mit ihrem Gefolge, ohne alle Diplomaten Europas zu rechnen; ferner eine Menge von Fremden, welche durch dieses Schauspiel und die bevorstehenden Festlichkeiten angelockt werden."[148]

Katharina als müßige Betrachterin? Das Treffen hätte durchaus einen geeigneten Rahmen für ihre Ansprüche bilden können. Allein, eine entscheidende Hauptrolle spielte die verwitwete Prinzessin von Oldenburg in Wien tatsächlich nicht. Die vielfältigen Kaiserinnen-Träume, die Speranski-Affäre, die pathetische Verteidigung Moskaus und nicht zuletzt das Auftreten in London hatten zwar ein ausgeprägtes machtpolitisches Engagement dokumentiert, aber letztlich doch nur geringe Qualitäten in der politischen Strategie offenbart.

Katharina gab sich in Wien große Mühe, die russischen Machtpositionen zu vertreten, musste sich indes darauf bescheiden, Oldenburgs dynastischen Rang zu erhöhen und vor allem, ihre eigene Zukunft zu sichern. Am Beginn des Kongresses war noch immer nicht geklärt, ob sie den österreichischen Erzherzog Karl oder den Kronprinzen von Württemberg heiraten sollte. Ihre Eingriffe in die große Politik zeitigten keine Erfolge. Die Gegensätze zwischen den russischen und den österreichischen Wünschen, vor allem in der polnischen Frage, konnten von Katharina nicht beeinflusst werden. Sie beschuldigte Metternich, gegen den Willen des österreichischen Kaisers zu handeln. Die Intrige hatte keinen Erfolg. Franz I. missbilligte offiziell Metternichs ablehnende Haltung gegenüber Russland, ließ ihn aber weiter gewähren. Er verbat es sich, dass ausländische Mächte oder Personen in die österreichische Politik eingriffen. Ein Makel blieb an der Großfürstin haften: Metternich pflegte gegenüber Katharina fortan eine lebhafte Rachsucht. Er würde ihr den hinterhältigen Eingriff noch einmal heimzahlen! Katharina dagegen brauchte Metternich: Die Heiratsprojekte Österreich und Württemberg verharrten in der Schwebe. Der Kronprinz aus Württemberg zeigte sich weder in persönlicher noch in politischer Beziehung gegenüber Metternich besonders kooperativ. Außerdem hatten sich die Aversionen zwischen Alexander I. und Metternich derart vertieft, dass sie über Monate hinweg kein Wort miteinander wechselten. In dieser Situation zeugte der Angriff Katharinas gegen Metternich garantiert von keiner ausgeprägten staatsfraulichen Weisheit.

Aber die Großfürstin musste sich andererseits auch noch keine besonderen Sorgen machen. Das große Spiel um Deutschland und Europa begann erst. Offiziell wurde das Treffen ohnehin erst im November 1814 eröffnet. Katharina beteiligte sich auf Empfängen, Bällen und Lustbarkeiten mancherlei Art an dem launigen diplomatischen Spiel voller Intrigen. Die Kongressdamen, politisch ambitionierte Aristokratinnen, brave Ehefrauen aufgeregter Monarchen und Fürsten oder die unvermeidlichen Kokotten – sie alle amüsierten sich und Katharina genoss obendrein ihre privilegierte Position als Schwester Alexanders I. Man umschmeichelte sie, hofierte sie und suchte sie für eigene Zwecke auszunutzen.

Wenn ein Fürst Koslowski herausfand, dass niemals ein Diadem eine schönere Stirn geziert hätte als im Falle Katharina Pawlownas, dann ist das einfach ein artiges Kompliment gewesen. Der Fürst wird sich gehütet haben, alle anderen schönen Frauen vor den Kopf zu stoßen. Jede erhob den Anspruch für sich, die schönste und begehrenswerteste Frau des Kongresses zu sein. Maria Pawlowna, die ebenfalls nach Wien gekommen war, und Katharina bildeten da keine Ausnahme – die sanfte Ehefrau aus Weimar und die Witwe auf kaiserlich-königlicher Partnersuche. Die beiden Schwestern gaben sich besonders lebendig und faszinierend. Katharina wusste ihre Bildung, ihre weit gespannten Interessen und ihre politischen Ziele geschickt als Mittel zur Popularitätssteigerung einzusetzen. Die Wochen in London hatten auch ihr manche Einsicht abgerungen. Man durfte seine Gefühle nicht immer gleich offen zur Schau stellen. Davon profitierten nur die Gegenspieler.

Karl von Nostitz, ehemaliger Adjutant des Preußenprinzen Louis Ferdinand, erlebte Katharina auf dem Kongress. Er bescheinigte ihr Schönheit, Dreistigkeit und einen herrischen Stolz: „Sie hat besonders schöne Partien, als Mund, Gestalt, das brennende Auge; ihr Geist ist sehr gebildet, aufgeweckt und scharf, ihre Sprache aber nicht weiblich genug, mehr in Sentenzen und Phrasen. Ich sehe in dieser Prinzessin Peter den Großen, Katharina und Alexander, je nach den Eindrücken ihrer folgenden Seiten, bald greller, bald sanfter gemischt."[149] Nur das Erbe Kaiser Pauls wollte der wackere Nostitz nicht erwähnen. Der in russische Dienste getretene Kavallerieoffizier zierte sich da aus menschlich verständlichen Gründen.

Die beiden Großfürstinnen Maria und Katharina traten oft gemeinsam auf und der Kontrast ihrer beider Charaktere stach dadurch umso deutlicher hervor. Allerdings vermochte auch die sanftmütige Maria grobe Worte zu gebrauchen, wenn es um die russischen Interessen ging oder wenn ihr Schwiegervater Karl August besitzrechtliche Ziele zur Erweiterung seines Herzogtums anstrebte, die mit den russischen Ambitionen in Sachsen und Preußen disharmonierten. Mit gleicher Schärfe focht Katharina für die Erhebung Oldenburgs zum Großherzogtum.

Katharina wusste sich prächtig darzustellen. Es war kein Zufall, dass das glanzvollste Fest des ganzen Kongresses Katharina zu Ehren an deren Namenstag, dem 6. Dezember 1814, im Palais des Fürsten Rasumowski gegeben wurde. Die ganze Wiener Gesellschaft traf sich mit ihren aristokratischen Gästen in dem üppig dekorierten und im Kerzenlicht funkelnden Palast. Die Reitbahn wurde zum Ballsaal. Das eigens aus Petersburg angereiste Corps de ballet inszenierte ein russisches Fest mit Rückblicken in die Welt der Zigeuner, der ägyptischen Pharaonen und der altrussischen Bojaren. Katharina durfte sich für eine Nacht als die ungekrönte Königin des Kongresses fühlen. Zu den besonders erlauchten Ballbesuchern gehörte der in ganz Europa gerühmte österreichische Generalfeldmarschall Fürst von Ligne, einst enger Vertrauter Katharinas der Großen. Eine Woche nach dem Ball starb der Fürst. In der Sylvesternacht brannte das Palais Rasumowskis nieder. Ligne hinterließ der Welt den klassisch gewordenen Vergleich zwischen den Schwestern Maria und Katharina Pawlowna: „Die Großfürstin Maria fesselt die Herzen an sich, Katharina aber nimmt sie im Sturm." In der Tat: Rasumowski wurde von Alexander I. dank der Intervention Katharinas für den abgebrannten Palast großzügig entschädigt und durfte sich auf kaiserliche Kosten eine neue Residenz bauen lassen. Zum Dank soll Katharina im Jahre 1815 gemeinsam mit dem Freiherrn vom Stein eine Intrige angezettelt haben: Andrei Rasumowski sollte nach ihrem Willen russischer Staatskanzler werden und Russlands Unterstützung für Steins deutsche Struktur- und Verfassungspläne sichern. Beide Vorhaben scheiterten.

Natürlich genoss Katharina auf dem Kongress den Ruhm ihres Bruders. Ihr gegenseitiges Verständnis schien zwar ungebrochen, aber nicht mehr so intensiv wie in den vorausgegangenen Jahren. Katharinas Einfluss auf die christlich-mystischen Visionen Alexanders, ihr Versuch, ihn mit dem Beharren auf den Grundwerten des autokratischen Konservatismus an sich zu fesseln, zeitigte nicht die Erfolge, die sie sich wünschte. Gerade in Wien hörte Alexander in den ihn bewegenden religiösen Fragen mehr auf Roxana Sturza als auf die eigene Schwester.

Katharina wurde für die russische Präsentation und für politische Intrige benötigt. Das Hauptziel ihrer Anwesenheit bestand darin, sie auf dem Wiener Heiratsmarkt unter die Haube zu bringen. In wenigen Tagen und Wochen schälte sich – auch bei Katharina selbst – die Überzeugung heraus, dass die Witwe des Prinzen von Oldenburg nur noch zu jenen zahlreichen Prinzen und Prinzessinnen gehörte, die für die Stärkung jeweiliger machtpolitischer Interessen feilgeboten wurden. Sie musste mit einem bitteren Beigeschmack registrieren, dass sie einem Metternich nicht gewachsen war. Der russisch-österreichische Gegensatz in der Polenfrage schien kaum geeignet, eine Ehe mit dem Erzherzog Karl zu forcieren. Da diese Möglichkeit vom russischen Kaiserhof jedoch beharrlich weiter verfolgt wurde, reagierten die österreichischen Politiker giftig. Die vielen negativen Urteile, die der Wiener Kongress über Katharina hervorbrachte, waren ein Dokument antirussischer Stimmungen und des Bemühens, Russlands Kaiser in den Augen der Öffentlichkeit zu diskreditieren. Katharinas persönliches Verhalten leistete dem, wie bereits in London, mitunter kräftigen Vorschub. Aus dieser fatalen Kombination gegenseitiger Reichsinteressen und individuellen Fehlverhaltens resultierten dann solche tendenziösen Dossiers der Wiener Polizeihofstelle: „Die Oldenburg ist ein ganz anderer Teufel als der Kaiser. In dieser Familie gibt es kein Herz. Die Oldenburg hat in Russland die Opinion und die Armee für sich, ohne die Oldenburg wäre Kaiser Alexander nie über den Rhein gegangen. Die Oldenburg wird dem Kaiser einen bösen Streich spielen. Die Armee und die Männer hängen an der Oldenburg, sie wird, ehe man sich's versieht, auf dem russischen Thron sitzen ...″[150]

Diese Behauptungen entbehrten zwar einer realer Grundlage. Indes, einmal ein Gerücht ausgestreut, konnte es mitunter Wunder bewirken. Die Dossiers der Geheimpolizei dienten schließlich der politischen Meinungsbildung. Die abfälligen Bemerkungen über Katharina zielten nicht nur auf den österreichisch-russischen Dissens in der Polenfrage, sondern vielmehr auf innerdeutsche Probleme. In Wien verdichtete sich natürlich unter dem Einfluss des Freiherrn vom Stein die politisch sehr umstrittene Ansicht, dass der talentierte Feldherr Wilhelm von Württemberg eines Tages vielleicht an die Spitze eines geeinten deutschen Reichs treten könnte. Der Wirklichkeitssinn dieses Gedankens mag dahingestellt bleiben. Stein brachte viel Zeit und Kraft für diese Idee auf. Alle Erfahrungen in der deutschen Geschichte sprachen bis dahin eher gegen einen verfassten deutschen Zentralstaat. Stein stützte sich bei seinen Anregungen, die er durchaus im föderalen Sinne modifizierte, ganz wesentlich auf die Kontinentalmacht Russland, ohne die Wendungen der russischen Politik nach dem Sieg über Napoleon genau zu kennen.

Aus politischen Gründen hielt Russland die Möglichkeit einer Ehe

Katharinas mit dem Erzherzog Karl bis in das Jahr 1815 hinein aufrecht. Zumindest wurde dieser Eindruck in der Öffentlichkeit am Leben erhalten. Indessen entschied sich das russische Kaiserhaus wesentlich früher für eine Ehe mit Wilhelm von Württemberg. Die Mitteilung Elisabeths von Staegemann an ihren Gemahl vom 9. November 1814, seit etwa zwei Wochen wäre bekannt, dass Wilhelm und Katharina einander liebten, spiegelte nicht die wahren Ereignisse wider. Selbst Stein kannte nicht alle wahren Hintergründe. Unter dem 9. November 1814 notierte er in sein Tagebuch: „Die Vermählung des Kronprinzen von Württemberg mit der Großfürstin Katharina ist entschieden, die Einwilligung der Kaiserin Mutter durch die Vermittlung des Kaisers erhalten worden. Sie hat dem Kronprinzen, der ihre Zuneigung bei dem Aufenthalte in London sich erwarb, die Verbindung mit dem Erzherzog Karl und ihr Etablissement in Russland aufgeopfert."[151] Die Verbindung sollte weiter geheim bleiben, aber die Liebenden hätten sich auf einer Gesellschaft verraten. Am 17. November wusste die ganze Wiener Gesellschaft, dass Wilhelm und Katharina einander heiraten sollten.

Nur Metternichs Spione wussten seit langem, was wirklich gespielt wurde. Die Ehe Wilhelms mit Charlotte von Bayern war bereits am 31. August 1814 durch ein königliches Ehegericht für nichtig erklärt worden: „Dass zwischen den gedachten Höchsten Personen (Wilhelm und Charlotte – Anm. d. Autors) keine Ehe bestehe, demnach das von Höchstdenselben am 8ten Juni 1808 eingegangene Ehebündnis wegen Mangels an den wesentlichen Erfordernissen, wie hiermit geschiehet, als nichtig zu erklären und aufzuheben, und beiden Höchsten Teilen zu gestatten sei, Sich unter Beobachtung der Gesetze Höchst Ihres Königlichen Hauses und Religions-Bekenntnisses anderwärts zu verehelichen."[152]

Maria Fjodorowna hatte die Information bereits im Vorfeld erhalten, denn noch vor der Annullierung schrieb sie ihrem Bruder Friedrich I. von Württemberg, wie sehr sie mit einer Ehe zwischen Wilhelm und Katharina einverstanden wäre. Sie legte zwei wichtige Vorbehalte ein: Die Heirat sollte nicht vor dem Frühjahr 1815 erfolgen und der Papst in Rom musste Wilhelms bisherige Ehe definitiv für ungültig erklären. Da Maria Fjodorowna stets betonte, dass ihr nur das reine Glück ihrer Kinder am Herzen lag, durfte nichts an eine Scheidung Wilhelms erinnern. Der „Ruhm des Namens" hätte eine derartige Altlast nicht vertragen. Der schöne Schein musste gewahrt bleiben. Die Nichtigkeitserklärung durch das königliche Ehegericht hatte dem bereits Rechnung getragen: Vor dem Gesetz ist Wilhelm nicht verheiratet gewesen – die Kurie sollte diesen Zustand besiegeln. Außerdem verlangte Maria Fjodorowna die sofortige Heimkehr Katharinas nach Russland. Es wäre der Moral abträglich, wenn sie sich gemeinsam mit Wilhelm, mit dem sie ja quasi verlobt wäre, in der Stadt Wien aufhielte. Moral hin oder her. Entweder der Kongress entwickelte sich gar zu reizvoll für Katharina oder sie wollte die Version einer Ehe mit Karl immer noch nicht ganz fallen lassen. Alexander wusste jedenfalls um den Brief der Mutter, billigte ihn – und tat nichts, seine Schwester zur Abreise aus Wien zu bewegen. Auch Katharina selbst unternahm keinen Schritt, dem Willen der Mutter stehenden Fußes zu folgen. Für die Großfürstin schienen die Verlockungen in Wien wichtiger als der mütterliche Ruf. Der wortgewaltige Freiherr vom Stein vertrat die russischen Interessen so beherzt und hielt Wilhelm als möglichen künftigen deutschen Kaiser im Spiel. Da musste man Obacht geben und konnte das Nützliche mit dem Praktischen verbinden: Katharina erhielt die Chance, vielleicht in Württemberg und im Deutschen Reich zu regieren. Man musste Geduld haben, abwarten und möglichst viele Fäden in die Hand bekommen. Das ging jedoch nur, wenn man die Arena nicht verließ.

Österreichs Kaiser und Metternich beobachteten Steins Aktivitäten und Russlands Interessen mit sorgfältiger Aufmerksamkeit. Es entging ihnen nicht, dass die Freundschaft zwischen Stein und Wilhelm/Katharina gegen Ende 1814 deutlich an Intensität gewann. Vielleicht streute man in der Wiener Hofburg bewusst ein Gerücht: Das künftige deutsche Kaiserpaar und dessen wichtigster Berater konferierten über die deutsche Verfassung! Karl von Nostitz notierte mit auffallender Tendenz: „Durch ihre Verbindung mit dem Kronprinzen von Württemberg kommen zwei strebende, gebietende Geister zusammen, die die Welt nach ihrer Art einrichten werden. Das Projekt des Generalats der tief im Hintergrund schlummernden Reichsarmee soll dem Kronprinzen die erste Stufe seiner öffentlichen Gewalt werden, die er vielleicht gern mit der Kaiserkrone einmal krönen möchte."[153]

Metternichs Berater Friedrich von Gentz witterte eine für Österreich heraufziehende Gefahr. Er urteilte, der Kronprinz sei „ein durch seinen Geist, seine militärischen Talente, seine Tapferkeit und seine Heldentaten im letzten Feldzug ausgezeichneter Mann; allein gerade diese Eigenschaften machen ihn umso gefährlicher, weil er gleichzeitig einen ungemein ehrgeizigen, unsteten, ränkevollen und rachsüchtigen, wenig Vertrauen erweckenden Charakter besitzt. Man kann auch nicht sagen, dass die Großfürstin sanfter und ruhiger Gemütsart ist. Diese beiden hochstehenden Persönlichkeiten könnten daher, ihren Einfluss auf den

Kaiser benutzend, eines Tages viel unternehmen und zu manchen Um-wälzungen beitragen."[154] Gentz war kein Mensch, der sich lediglich abstrakten politischen Gedankenspielen hingab oder persönlichen Anti-pathien freien Lauf ließ.

Metternich musste sehr wachsam sein. Die Russen wollten nicht nur Polen an sich reißen, sondern auch noch eine Option auf die deutsche Kaiserkrone erwerben, während Österreich am Ende gar mit leeren Händen dastehen würde. Die Sympathiegefühle der habsburgischen Erz-herzöge für Katharina in allen Ehren, im Mittelpunkt standen die poli-tischen Interessen Österreichs, und die erheischten keineswegs ein starkes zentral regiertes Deutsches Reich mit einem Württemberger an der Spitze, der überdies die Interessen Russlands vertrat.

Wenn Erzherzog Johann Katharina in dieser Situation eine unglück-liche Ehe vorhersagte, dann beruhte das erst in nachgeordneter Linie auf einer realistischen Beurteilung ihres schwierigen Charakters. Johann artikulierte nicht schlechthin die gekränkte Eitelkeit eines abgewie-senen Liebhabers aus dem Hause Habsburg. Er übte österreichische Staatsdisziplin. Außerdem kostete der Erzherzog genüsslich und unver-schämt die Tatsache aus, dass Wilhelm in Wien zur großen Schar der Liebhaber Fürstin Bagrations gehörte, die ob ihres Lustwandels den Spottnamen „der schöne nackte Engel" trug. Johanns Anspielung besaß eine aufreizende Pikanterie. Besagte Dame war die Witwe des 1812 bei Borodino gefallenen Fürsten Bagration – mit dem Katharina Pawlowna vor Jahren eine flammende Affäre hatte.

Kaiser Alexander und Metternich gehörten ebenfalls zu den eifrigen Besuchern der sündigen Fürstin. Vielleicht waren sie deshalb nicht besonders gut auf Wilhelm zu sprechen – die Fürstin Bagration beher-bergte eine Informations- und Schaltstelle der russischen Geheimpoli-zei. Überdies verfolgte Wilhelm bei aller Bereitschaft zur Ehe mit Russ-lands Großfürstin und zur Anerkennung russischer Sympathien für die Steinschen Reichsideen eigenständige politische Ziele, die Alexander in Harnisch brachten und über die er sich beim Freiherrn vom Stein bitter beklagte. Noch bevor die Ehe geschlossen wurde, musste Alexander nachdrücklich darauf hinweisen, dass ihm an einem guten Verhältnis zu seinem künftigen Schwager gelegen wäre. Die Erklärung bewirkte allerdings nicht viel. Der König von Württemberg und dessen Thron-folger verlangten nicht mehr und nicht weniger als ihre monarchi-schen Kollegen: Der europäische Kongress bot die Chance zur Macht- und Gebietserweiterung der mittleren und kleinen Fürstentümer. Reichs- und Landesinteressen harmonierten in diesem Punkt nicht miteinander und so blieb über die folgenden Monate hinweg auch zwischen Wilhelm, Katharina und Alexander I. eine empfindliche Reibungsfläche erhalten.

In diesen Differenzen lag ebenfalls ein Grund dafür, dass in der Öffentlichkeit weiterhin die mögliche Verbindung zum Hause Habsburg propagiert und die erzherzoglichen Kandidaten im Ungewissen gelassen wurden. Mit gleicher Emsigkeit bereitete man intern die Eheschließung mit Wilhelm vor. König Friedrich I. intensivierte die Kontakte zu Katharina. Er hoffte, dass sie seine territorialen Ansprüche in Wien vertreten würde. In zahlreichen Briefen festigten König und Großfürstin ihre Beziehungen. Sie arbeiteten gemeinsam an den Vorbereitungen zur Eheschließung. Als der König Schritte veranlasste, damit der Briefaustausch zwischen Wilhelm und Katharina beschleunigt werden konnte, schrieb die Braut in spe am 14. November 1814 beziehungsreich aus Wien: „Entsprechend der Erlaubnis Eurer Majestät nehme ich mir die Freiheit, an Euch das Portrait Eurer Nichte (also ihr eigenes – Anm. d. Autors) zu senden wie sie sein sollte und zu ihrem Kummer nicht ist; ich bitte Sie, es demjenigen zu zeigen, der das Original völlig an sich gerissen hat und es (das Portrait) daraufhin von mir erhält, um seine Toilette zu vollenden …"[155] Drei Wochen später bezeichnete sie sich bereits als die seinen Sohn liebende und ihm besonders eng verbundene Schwiegertochter. König Friedrich konnte mit dem Gang der Dinge durchaus zufrieden sein, obgleich bis zum Ziel noch mannigfache Hürden genommen werden mussten.

Das erste Hindernis bildete das Verhältnis zwischen Katharina und Wilhelm selbst. Sie liebten sich stürmisch und hingebungsvoll, mit einer sinnlichen Leidenschaft, die sich in Briefen, Billets und hingeworfenen Notizen widerspiegelt. Aber diese Liebe stand unter starken Belastungen. Die Ungewissheit Wilhelms über Katharinas wahre Beziehungen zu den Erzherzögen, die noch nicht endgültig vollzogene Trennung von der bayerischen Prinzessin, die russisch-österreichischen Konflikte, die Zukunft Deutschlands, aber auch die mitunter bizarren charakterlichen Merkmale beider Protagonisten machen es schwer, von einem reinen und ungetrübten Glück zu sprechen. Einmal schrieb Wilhelm unter Bezug auf die Scheidung von Charlotte: „Ohne den Skandal zu fürchten, antworte ich Ihnen, dass ich mich freimachen werde von der Kommission gegenüber meinem Vater; ich hoffe das zu erraten, was Sie erahnen lassen, in meiner Vorstellung ist es ein Herz, das sich Ihnen ganz hingibt… Sie sehen, dass ich mich selbst anklage, aber ich zähle mit ganzem Vertrauen auf die Milde und die Nachsicht eines Richters, den ich niemals zu sehr lieben könnte!!!"[156] Ein anderes Mal fügte er hinzu: „Warum, liebe Freundin, haben Sie mir nicht das Geschenk gegeben, dass Sie kommen, um mir Sie selbst zu gönnen, es wäre darin ein noch höherer Wert gewesen; es (das Geschenk) macht mir immer großes Vergnügen, es verlässt mich nie und ich werde Ihnen darum diesen Abend meinen aufrichtigen Dank aussprechen ... ich werde Ihnen stets aufrichtig zugeneigt bleiben, wie zum Beleg, wer mir die beste Freundschaft in meinem Leben bewiesen hat; Adieu, ganz der Ihre solange ich lebe."[157]

Wilhelm meinte den Satz ehrlich. Gleichzeitig lebten beide in den Traditionen der höfischen Welt des 18. Jahrhunderts, aus der sie sich beim besten Willen nicht lösen konnten. Die ganze adelsstolze Atmosphäre auf dem Wiener Kongress wirkte in dieser Hinsicht trotz der vielen Bälle und Empfänge wie ein altertümliches Gefängnis. Jeder tratschte über jeden und wenn man in irgendeiner Suppe ein Haar fand, machte die Kongressöffentlichkeit daraus einen Perückenwald. Weder Wilhelm noch Katharina waren Persönlichkeiten, die ihren Weg unbeeinflusst gehen konnten. Ihre eigene ungeklärte Lage bildete im politischen Kontext den idealen Nährboden für jegliche Art von Gerüchten und Geschwätz. Manchmal musste man im politischen Interesse auch etwas erfinden.

Katharina wohnte während des Kongresses in der Wiener Hofburg. Sie lebte in einer geschlossenen und kontrollierten Welt, in der nicht einmal die Geheimpolizei freie Entfaltungsmöglichkeiten besaß. Daraus ließ sich prächtig das zwielichtige Image einer mit allen Wassern gewaschenen Intrigantin, der man nicht auf die Schliche kommen könnte, fabrizieren. Im russischen Lager war Katharina ob ihres besonderen Verhältnisses zum Kaiser ebenfalls nicht von jedermann wohl gelitten. Ihre Launen und Extravaganzen wurden zu Gesamtcharakteristiken stilisiert. Wenn Katharina z. B. ihren Wilhelm von einem Treffen auslud, weil er nicht pünktlich erschienen war, unterstellte man ihr ein generelles Übermaß an Herrschsucht, Frauenstolz und Reizbarkeit, ohne auch nur im Geringsten nach den Gründen für ihr Verhalten im konkreten Fall zu fragen.

Außerdem freuten sich bestimmte österreichische Politiker, wenn sie Zeichen von Missstimmung zwischen Katharina und Wilhelm registrieren konnten. Noch im Dezember 1814 glaubte man am Wiener Hof, dass Katharina viel Mühe darauf verwandte, Alexander im österreichischen Interesse zu beeinflussen. Das war ein Irrtum. Katharina und Wilhelm besaßen zwar ihre individuellen Eigenheiten, schätzten manche politische Situation auch nicht richtig ein, aber Katharina legte sich mehr und mehr auf die Steinsche Reichsidee fest. In einer flüchtigen Notiz schrieb sie nieder: „Wer souffliert unserem Kaiser? Metternich! Und dieser ist durch Castlereagh aufgehetzt, der selbst wieder ein Werkzeug jener Sekte ist, von der Humboldt einer der hauptsächlichsten und tätigsten Führer ist; diese Sekte will den Umsturz aller Throne, und da die wichtigsten die Österreichs und Russlands sind, will er (Humboldt) mit ihnen den Anfang machen. Metternich beurteilt die Lage unrichtig, doch will er das Gute. Man will ihn stürzen; es wird gelingen ..." [158]

Mit derartigen subjektiven Sentenzen rief Katharina die Verwunderung ihres Bräutigams, noch mehr allerdings den Ärger ihres Bruders hervor. Der schätzte ihre Meinung im vertrauten Gespräch, aber keine direkte Einmischung in die Politik. Als sie sich sogar gegenüber dem Freiherrn vom Stein offenherzig und kritisch über Alexander äußerte und Stein sein Wissen dem Kaiser hinterbrachte, sah dieser seine eigene Autorität gefährdet und reagierte abweisend. Katharinas und Alexanders Beziehungen hatten seit 1812 mehrfach Spannungen ertragen müssen. Er hatte oft verziehen, abgewiegelt oder sie einfach gewähren lassen, wohl wissend, dass ihr Einfluss auf die Reichspolitik letztlich gering blieb. In dem Wiener Mikrokosmos, in dem die Verleumdungen und Intrigen blühten und jede Halbinformation zur politischen Strategie mutierte, musste der Kaiser reagieren.

Er konnte den Unwillen gegenüber seiner Schwester und deren Bräutigam nicht länger verbergen. Alexander behandelte beide so ungnädig und abweisend, dass Katharina verärgert abreisen wollte. Wäre nur der liebe Wilhelm nicht gewesen! Sie blieb – gemeinsam mit dem Kronprinzen und entgegen dem Wunsch der verehrten Mutter. Sie harrte aus, obwohl sie selbst ganz üblen Nachreden ausgesetzt wurde. Namentlich die Fürstin Bagration, die weiß Gott über umfangreiche Informationen verfügte, goss Kübel voller verbalem Unrat über Katharina aus: Wilhelm wollte die Fürstin heiraten und nicht Katharina, er wäre ihr erster Anbeter; Wilhelm sei von Russland und seiner Braut enttäuscht, weil er nicht den gewünschten territorialen Zugewinn am Rhein bekäme; das zukunftsträchtige Kommando über die Reichsarmee stände überhaupt nicht mehr zur Debatte, Wilhelms Sympathien wendeten sich mehr und mehr Österreich zu ...

Katharina auf dem Wege nach Stuttgart

Die Rückkehr Napoleons von der Insel Elba beendete im März 1815 vorerst alle bisherigen Szenarien, politischen Spiele und Intrigen. Der Wiener Kongress fuhr wie ein aufgeschreckter Hühnerschwarm auseinander. Bislang hatte Napoleon bei jedem Eheprojekt Katharinas indirekt die Regie geführt oder zumindest durch seine Handlungen dessen Verlauf mitbestimmt. Sein großer Schatten schien auch dieses Mal nicht von ihr zu weichen. Wilhelm reiste am 10. April 1815 aus Wien ab – auf einige Meilen begleitet von der Fürstin Bagration. Er schrieb Katharina zärtliche Briefe und brachte sie von dem Gedanken ab, ihm nach Südwestdeutschland zu folgen. Sie schrieb an König Friedrich, der Gedanke, Wilhelm könnte etwas zustoßen, wäre für sie entsetzlich. Er hätte ihr nach den schmerzlichen Erfahrungen ihrer Jugend eine neue Zukunft eröffnet und ihre Gesundheit stabilisiert. Sie schickte ihm als Talisman einen Schal und Wilhelm bedankte sich überschwänglich. Er wollte zu ihr „fliegen" und sie von ganzem Herzen umarmen.

Katharina hielt nichts mehr in Wien. Sie unternahm eine kurze Reise an das Grab ihrer Schwester Alexandra in Ungarn – begleitet vom österreichischen Erzherzog Johann. Im Juni 1815 kam sie in Stuttgart an. Während Wilhelm am Oberrhein neue Truppen aufstellte, plauderte sein Oberhofmeister, Ernst von Phull, dessen galante Abenteuer in Wien aus, ohne Katharina sichtbar zu beeindrucken. Sie fuhr nach Weimar zur Schwester Maria und anschließend nach Wiesbaden. Sie gönnte sich eine Badekur und dachte wohl nicht mehr an die mütterliche Bitte zur Heimkehr.

Im Grunde war Katharina seit ihrer Abreise aus Russland nicht zur Ruhe gekommen. Die aufregenden Erlebnisse im europäischen Befreiungskrieg von 1813/14, die ärgerliche Visite in London, der Wiener Kongress und die anhaltenden politischen wie persönlichen Spannungen um eine neue Ehe, das alles zehrte an den Kräften der kranken und zu psychischen Extremen neigenden Frau. Es war ohnehin erstaunlich, wie die sie das riesige Programm absolvieren konnte. Eine Erholungspause schien dringend geboten, zumal mit der Niederlage Napoleons bei Waterloo im Juni 1815 die größte Gefahr gebannt war. Sie musste neue Kräfte sammeln: Der Wiener Kongress verlangte einen Abschluss, Alexanders heilige Mission in Europa war noch nicht erfüllt, die neue Ehe mit Wilhelm noch nicht geschlossen.

Ein glücklicher Zufall führte Katharina in Wiesbaden mit Goethe zusammen. Goethe, von dem Maria so viel Gutes und Erhabenes berich-

231

tete, dem sie bereits im Sommer 1813 in Teplitz begegnet war, der kluge und geniale Goethe, mit ihm konnte man die Ereignisse der Zeit debattieren, abgeklärte Weltoffenheit genießen und zu sich selbst finden. Katharina hatte sich auf ihren Reisen durch Europa an den jeweiligen Aufenthaltsorten für Fragen der Sozialpolitik, Kunst, Literatur, Religion und Wissenschaft interessiert. Ein spezifisches Interesse ist dabei jedoch nicht deutlich geworden. Maria in Weimar, die liebte und pflegte die Musik. So oft sie nur konnte, traf sie Goethe und sprach mit ihm über alle sie bewegenden künstlerischen Fragen, über die Antike ebenso wie über die Kunstgeschichte oder die moderne Literatur. Katharina hatte ihre Hofhaltung in Twer ebenfalls mit Musik und Dichtung ausgefüllt. Auf ihren Reisen beschäftigte sie sich indes primär mit politischen Fragen – und den jeweiligen Heiratsprojekten.

Katharina galt in Russland höchstens als Wortführerin des konservativen Moskauer Adels. Ihr politisches Bild blieb auf die Großmachtrolle des autokratischen Russlands begrenzt. Ihr konservatives Denken hätte im Jahre 1815 bei Goethe sogar auf Verständnis stoßen können. Seit Maria Pawlowna in Weimar lebte, stand Goethe dem russischen Kaiserhaus recht nahe. Im Sommer 1813 hatte Goethe ausreichend Gelegenheit, die beiden Schwestern miteinander zu vergleichen. Bei Katharina schien er ein gewisses Unbehagen zu empfinden. Er hielt sich deutlich mit zugespitzten Bewertungen zurück, die er sich gegenüber fürstlichen Herrschaften ohnehin nicht erlaubte. Im November 1813 schickte Goethe einen Boten mit einem Brief an Katharina auf die Reise, dem er sybillinisch anempfahl, „sich persönlich von den Vorzügen einer Dame zu überzeugen, die durch Worte und Beschreibung nicht zu schildern sind."[159] Die Vorbehalte wurden deutlicher, wenn er schrieb: „Die beiden Schwestern deuten, wie Zwillinge, auf einander hin und machen zusammen eine gar schöne Familiengruppe. Doch kenne ich jene (Katharina) zu wenig, um sie mit der unsrigen, die mir bekannter ist, parallelisieren zu können."[160] Im vorsichtigen politischen Sprachgebrauch Goethes kam eine derartige Bemerkung einer inneren Distanz gleich, hatte er sich doch im Zusammenhang mit der Anwesenheit Marias in Weimar ausführlich über die Petersburger Familienverhältnisse informiert.

Im August 1815 folgte dann das Treffen in Wiesbaden. Katharina lud Goethe zum Essen ein. Goethe verlor über diese Begegnung in seinen Aufzeichnungen kein kommentierendes Wort. Lediglich die Tatsache des Treffens hielt er fest. Gegenüber dem Kunstkenner und Freund Sulpiz Boisserée bekannte Goethe ärgerlich, es gäbe wenig Gemeinsam-

keiten zwischen Dichtern, Künstlern und den hohen Herrschaften. Boisserée verglich die nur allgemein apostrophierten „hohen Herrschaften"
mit dem Wasser, das die ungewöhnlichsten Formen hervorbringen kann.
Man dürfte ihm nicht trauen, weil es immer Wasser bliebe. Goethe
bemerkte dazu, man dürfte die fürstlichen Herrschaften nicht zu hypo-
chondrisch sehen, sondern eher als Naturkräfte. Bei diesen allgemein-
philosophischen Erkenntnissen verharrte der Ärger. Erst Monate später
kam Goethe im Oktober 1815 bei Boisserée noch einmal auf das Treffen
mit Katharina zurück, beschränkte sich jedoch auf die karge Bemerkung,
die Dame sei von Maria Pawlowna sehr unterschiedlich – viel politischer, womit er durchaus den Kern des Problems traf.

Goethe hütete sich, den wahren Grund seiner Abneigung zu nennen.
In Wahrheit hatte Katharina den Meister mit der Bemerkung brüskiert,
für Kunst hätte sie überhaupt kein Interesse. Nur die Architektur wäre
wichtig, weil man durch diese viele Menschen in Lohn und Brot bringen
und den Monarchen in Pracht und Glanz erstrahlen lassen könnte.
Goethe muss über ein derartiges Maß an Ignoranz und Einfalt gegenüber den Künsten entsetzt gewesen sein. Er bewahrte Gelassenheit und
Nachsicht gegenüber einer Dame aus dem russischen Kaiserhaus, die
offensichtlich unter der Last ihres eigenen Schicksals litt. Goethe beschränkte sich später auf eine sinnfällige Anekdote: „Sie hatte Geist,
doch führte dieser sie in ihren Äußerungen oft zu weit. So hat sie zu
Weimar in der Bibliothek, als der Bibliothekar ihr malabarische Dokumente vorzeigte und auf ihr Verlangen den Inhalt zu wissen, denselben
nicht anzugeben vermochte, weil er die Sprache nicht verstehe, ausge-
rufen: Ein Bibliothekar, und versteht nicht malabarisch! Als ob ein Bibliothekar, bemerkte Goethe, alle Sprachen der Welt verstehen sollte."
Als der Erzähler dieser Anekdote, der Kriminalrat Johann Sebastian Grüner aus Eger, ein beliebter Gesprächspartner Goethes, 1825 die Weimarer Bibliothek besichtigte, warnte ihn Goethe lächelnd: „Fordern Sie
nichts Unmögliches, wie die geistreiche Prinzessin von Oldenburg hier
es tat."[161] 1825 lebte Katharina nicht mehr und Goethe konnte die
Anekdote mit der weisen und besinnlichen Erinnerung an eine Fürstin
erzählen, über die er sich einst zwar aufgeregt hatte, deren Schwester
jedoch in Weimar noch immer den Beweis lieferte, dass die Romanows
sehr wohl den Sinn von Dichtung und Kunst erfassen konnten.

Wenn Goethe in seinen Beobachtungen Recht hatte, dann blieb die
Begegnung von Wiesbaden für die Prinzessin von Oldenburg eine Episode am Rande. Man hatte den großen Goethe getroffen, nett geplaudert
und ging zur Tagesordnung über. Tatsächlich bestimmten Katharinas

Denken und Handeln im zweiten Halbjahr 1815 Themen, die fern beschaulicher Elogen mit Goethe lagen. Es hätte der jungen Frau indes nicht schlecht zu Gesicht gestanden, sich ein wenig an dessen Weisheit zu orientieren – Maria profitierte davon ja auch.

Nach dem Sieg der Alliierten bei Waterloo waren der Herzog von Wellington und Marschall „Vorwärts"-Blücher als Sieger in Paris eingezogen. Russlands und Alexanders Rolle als „rettende Engel" begann sichtlich zu verblassen. Die russischen Politiker und Diplomaten mussten bei der Fortsetzung und dem Abschluss des Wiener Kongresses alle Kräfte aufwenden, die bis zum Frühjahr 1814 erreichten Gewinne nicht zu verspielen. Die Gegner standen nicht nur im Lager Österreichs oder Preußens. Kaiser Alexander I. selbst verfing sich mehr und mehr in den seit langem verfolgten religiös-mystischen Verästelungen seines Denkens, setzte sich im Herbst 1815 zumindest für eine gewisse Zeit gänzlich der Heilslehre Frau von Krüdeners aus, verzichtete auf eine aktive Teilnahme an der praktischen Politik und schrieb in gedrehten Formulierungen an dem Dokument, das als „Heilige Allianz" im September 1815 in Wien unterschrieben wurde. Lediglich der Kunst Metternichs war es zu danken, dass die „Heilige Allianz" eine politisch-praktikable Grundordnung erlaubte, die letztlich sogar Europa dienen konnte.

Katharina sah sich bisweilen an die Situation vom Sommer und Herbst 1812 erinnert. Damals hatte sie ihrem Bruder gegen die auf Moskau marschierende Große Armee den Rücken gestärkt. Sie hatte ihr Handeln für Russland und den Kaiser mit der Besinnung auf die christlichen Werte der Bibel und der russischen konservativen Autokratie, gestützt auf den starken Moskauer Adel, verbunden. Im Sommer und Herbst 1815 kam es darauf an, die einmal in Europa errungene politische Macht nicht gleich wieder zu verlieren. Russland musste um seiner selbst willen ein starker militärpolitischer Faktor in Europa bleiben! Das gelang nicht, wenn Russlands Kaiser den pseudoreligiösen Heilslehren einer baltischen Bußpredigerin erlag. Der von Gott gesandte und gesalbte Kaiser musste auf den Pfad der Tugend zurückgeführt werden. Katharina sah zwei Möglichkeiten zur persönlichen Einflussnahme auf den Kaiser. Eine baldige Eheschließung mit dem Kronprinzen von Württemberg konnte die Achse Stuttgart – Petersburg festigen. Die Vorstellung, Wilhelm mit russischer Hilfe zum Regenten eines künftigen Deutschen Reichs zu profilieren, war trotz der Gegenpositionen Metternichs und des Eigenwillens der deutschen kleinstaatlichen Fürsten noch nicht zu den Akten gelegt. Und gegen die geistigen Verirrungen Frau von Krüdeners konnte vielleicht doch noch die Bekanntschaft mit Johann Georg Müller helfen, der seinerzeit das inzwischen in Vergessenheit geratene und von Alexander kaum estimierte Projekt „Vom Glauben der Christen" vorgeschlagen hatte.

Den ganzen Sommer 1815 wechselten Katharina und Wilhelm zärtliche Briefe und Billets. Wilhelms Tändelei mit der Fürstin Bagration schien Katharina nicht zu belasten. Sie gingen vom offiziellen „Sie" zum vertrauten „Du" über. In Briefen an ihren künftigen Schwiegervater Friedrich I. nannte Katharina Wilhelm ihren „lieben Fritz". Die Liebesbeweise schienen eindeutig. Wilhelm an Katharina: „Tausend Dank liebe Freundin für den Schal, ich hoffe dass er mir als Schutz dienen und mich glücklich in die Arme zurückführen wird, die ich über alles liebe; adieu, ich bin in Abmarsch ...!" „... Ich wünschte zu dir zu fliegen und dich von ganzem Herzen zu umarmen, das wäre die beste Medizin, meine Krankheit ist nichts weiter als eine Nervenentzündung, die mir vor allem die Augen angreift ..."[162] Katharina über Wilhelm: „... eine Jugend, die fast ganz in schmerzlichen Erfahrungen vergangen ist, hat mich die Hoffnung an das Glück verlieren lassen; die Zuneigung des Kronprinzen ließ sie aber wieder aufleben. Ich sah eine angenehme Zukunft voraus und ich genas zunehmend; ... Falls ihm ein Unglück zustoßen sollte – dieses Gefühl ist entsetzlich."[163]

Auf dieser anrührenden gegenseitigen Hingabe lastete noch immer die Hypothek der Ehe Wilhelms mit Charlotte, die nur durch ein württembergisches Ehegericht juristisch für nichtig erklärt worden war. Sowohl vom Petersburger, als auch vom bayerischen Hof erklang die strikte Forderung nach einer Annullierung dieser Ehe durch den Papst in Rom. Katharina, gewohnt, ihren Willen mit Nachdruck und Tempo durchzusetzen, zeigte sich zunehmend ungeduldig und nervös. Am 30. September 1815 drängte sie Friedrich I., er sollte ihrem Bruder endlich klar machen, dass Wilhelm im juristischen Sinne frei wäre und wieder heiraten könnte. Wenn Charlotte als Katholikin auf einer Nichtigkeitserklärung durch den Papst bestünde, wäre das deren private Angelegenheit. Vier Tage später musste Katharina erneut zur Kenntnis nehmen, dass nicht nur der bayerische Hof, sondern die Mutter und der Bruder ganz energisch auf dieser päpstlichen Erklärung bestanden – mit Rücksicht auf das religiöse Empfinden in Russland. Was wäre das für eine Ehe, die jeder katholische Monarch in Europa Nase rümpfend als fragwürdig betrachten könnte? Hatte nicht der russische Kaiser Alexander I. gerade mit der „Heiligen Allianz" die Bibel und die Gesetze christlicher Verbundenheit zur Grundnorm der europäischen Solidarität und Brüderlichkeit erklärt? Da konnte Katharina wohl schlecht ausscheren und eigenwillig den Papst übergehen.

Aber die Großfürstin ließ zur Durchsetzung ihres Willens weder Konventionen noch Disziplin gelten. Sie handelte mit einer gewissen Bedenkenlosigkeit und Wilhelm stand ihr dabei nicht nach. Im Oktober 1815 fand in Frankfurt am Main die Inaugurierung der Deutschen Bundesversammlung statt. Wichtige deutsche Fürsten und Politiker gaben sich ein Stelldichein. Das war ein würdiger Rahmen, ganz nach den Wünschen Wilhelms und Katharinas hinsichtlich ihrer künftigen Rolle in der Reichspolitik. Demonstrativ gaben sie sich in Frankfurt das Ja-Wort. Der Papst hatte noch immer kein Votum abgegeben.

Katharina trat in Frankfurt als unantastbare und souveräne Fürstin auf, deren Meinung über jeden Zweifel erhaben schien. Fürst Pückler hat später eine eindrucksvolle Momentaufnahme hinterlassen: „Ich habe immer die vortreffliche Erziehung und mannigfachen Kenntnisse bewundert, welche die russischen Prinzessinnen auszeichnen. Bei der verstorbenen Königin von Württemberg konnte man es Gelehrsamkeit nennen. Ich hatte dieser Fürstin einst in Frankfurt einen Brief zu überbringen und blieb, nachdem ich ihn übergeben, auf ihren Befehl im Zirkel stehen, bis die Übrigen entlassen sein würden. Ein Professor der Pestalozzischen Schule war der Erste, welcher an die Reihe kam und selbst weniger von seinem System zu wissen schien als die Königin (damals noch Großfürstin Katharine), da sie seine weitschweifigen Antworten mehrere Male mit der größten Klarheit rektifizierte. Ein Diplomat folgte und erhielt ebenso in seiner Sphäre, soweit die allgemeine Unterhaltung es gestattete, die feinsten und gewandtesten Antworten. Hierauf begann sie ein gründliches Gespräch mit einem berühmten Ökonomen aus A. ... und zuletzt schlossen tiefsinnige und glänzende Reflexionen in einer lebhaften Kontroverse mit einem bekannten Philosophen die merkwürdige Audienz."[164] – Eine Frau von enzyklopädischem Wissen und imperialer Größe!

Gewiss besaß Katharina ein breites Wissen. Sie hatte viele Reisen unternommen. Der Umgang mit Menschen unterschiedlichster Profession gehörte zu ihrem Alltag. Hinter ihrem Auftreten schimmerte allerdings auch ein gutes Stück Arroganz der Mächtigen durch, die sich geboren fühlen, stets etwas Wichtiges und vor allem Endgültiges sagen zu müssen. In dieser Hinsicht glich sie ihrem angebeteten Wilhelm. Der deutsche Historiker Heinrich von Treitschke legte die Motive für das selbstbewusste Auftreten dar: „Das junge Paar verstand einen solchen Nimbus geistiger Größe um sich zu verbreiten, dass selbst nüchterne

Männer meinten, von dem Stuttgarter Hofe werde dereinst ein neues Zeitalter über Deutschland ausgehen, und manche sahen in dem Prinzen schon den künftigen deutschen Kaiser."[165] Sie lebte also doch, die Idee vom künftigen württembergischen Kaiserpaar – Monate nach dem Abschluss des Wiener Kongresses, trotz der „Heiligen Allianz" und im Oktober 1815 auf dem Bundeskongress. Andernfalls hätten Katharina und Wilhelm nicht diese Szene genutzt, um sich das Ja-Wort für die Ehe zu geben.

Wilhelm durfte nach den Tagen von Frankfurt bei Maria Fjodorowna offiziell um Katharinas Hand anhalten. An König Friedrich I. erging die Mitteilung, sie hätten sich in allen Fragen einer künftigen Ehe geeinigt. Es wäre an der Zeit, einen offiziellen Heiratsvertrag vorzubereiten und abzuschließen. König Friedrich konnte sein Glück kaum fassen. Nur das erlösende Wort aus Rom blieb immer noch aus. Die Verhandlungen zur Ehenichtigkeitserklärung durch den Heiligen Stuhl zogen sich auch für Wilhelm ungebührlich in die Länge. Er wollte Katharina so schnell wie möglich heiraten. Die Verärgerung über die Verzögerungen nahm zu. Aber der Vatikan ließ sich Zeit. Der Heilige Stuhl (Staatssekretär Ercole Consalvi) verlangte nachdrücklich eine präzise Erklärung Wilhelms, warum die erste Ehe nicht vollzogen wurde, sondern lediglich auf dem Papier stand. Das württembergische Ehegericht wollte bei seinen Verhandlungen bereits wissen, ob die Eltern Druck auf die Kinder ausgeübt hätten. Jetzt kamen die gleichen bohrenden Fragen aus dem Vatikan. Wilhelm erklärte am 5. Oktober 1815, dass er die Ehe mit Charlotte von Bayern unter dem Druck politischer Verhältnisse geschlossen hatte. Napoleon wollte ihn zur Ehe mit einer Französin veranlassen. Darum hätte er von Anfang an eine Abneigung dagegen gehabt, die Ehe mit Charlotte zu vollziehen. Die Gemahlin träfe keinerlei eigene Schuld. Nach eventuellen Seitensprüngen Wilhelms fragte der Vatikan nicht.

Natürlich bedurfte es im Oktober 1815 keines persönlichen Muts oder gar einer Bereitschaft zum politischen Risiko, die Verantwortung für jedwede Fehlentscheidung aus der Vergangenheit Napoleon Bonaparte anzulasten. Der politische Charakter der Ehe Wilhelms mit Charlotte ist zu keiner Zeit unbekannt geblieben. Im Herbst 1815 ließ sich daraus sogar zusätzliches politisches Kapital schlagen. Russland gehörte zu den Siegermächten in Europa. Das Zögern des Vatikans resultierte in diesem Kontext nicht aus ungeklärten Fragen der Vergangenheit des Kronprinzen Wilhelm. Der Heilige Stuhl demonstrierte vielmehr religiös-politische Souveränität gegenüber dem griechisch-orthodoxen Russischen Reich. In Wien hatten die Monarchen im September 1815 die Gründungsurkunde der „Heiligen Allianz" unterzeichnet. Russlands Kaiser strebte nach einem christlichen Tugendbund der durch die Kriege geläuterten Fürsten, für die nur noch der europäische Friede zwischen Staaten konservativer Grundordnung gelten sollte. Der Heilige Stuhl unterzeichnete das Dokument nicht, weil er in der „Heiligen Allianz" einen Angriff auf seine eigenen Prärogative erblickte.

Russlands Kaiser sollte ruhig ein wenig warten und die Macht der katholischen Kirche begreifen, zumal dieser Kaiser sich bei der Abfassung des Programms der „Heiligen Allianz" weniger mit den Lehren der heiligen Mutter Kirche als mit deren Verwerfungen durch Frau Juliane von Krüdener befasst hatte. Vielleicht hat den Vatikan auch ein zweites Motiv beherrscht: Wenn die Überlegungen, in Wilhelm einen möglichen deutschen Kaiser zu sehen, tatsächlich realen Boden gewinnen sollten, schadete es gar nichts, dass er bereits im Vorfeld den hartnäckigen Willen des Heiligen Stuhls kennenlernte.

Katharina konnte in dieser schwebenden politischen Lage wenig zur Beschleunigung ihrer eigenen Dinge beitragen. Sie drängte den Bruder und den künftigen Schwiegerpapa zur intensiveren Einflussnahme, bestärkte ihren Bräutigam in seinem Willen zur Heirat, reiste nach Petersburg, um die Mutter weiter zu beeinflussen und sie führte den Kampf gegen Alexanders intensive Hinwendung zu Frau von Krüdener.

1813/14 hatte sie Alexanders Sympathien für Frau von Krüdeners Heilslehre mit Müllers Hilfe nicht dämpfen können. Müller hatte die angekündigte Schrift über den Glauben der Christen auch nicht bis zum Herbst 1815 geliefert. Stattdessen war Frau von Krüdener hinter Alexander her gereist und im Juni 1815 hatte sie ihn nahe Heilbronn sogar persönlich aufgesucht. In den folgenden Wochen war sie Alexander nicht von der Seite gewichen und hatte ihm sogar grundsätzliche Passagen zur „Heiligen Allianz" in die Feder diktiert: Gerechtigkeit, Liebe und Friedseligkeit als Maxime innerer und äußerer politischer Beziehungen in Europa! Für eine kurze Zeit drohte Frau von Krüdener Alexanders Neigung zu mystischer Religiosität zu überwuchern. Das geschah gerade in jenen Monaten, in denen Katharina mit besonderer Spannung auf die Entscheidung aus Rom wartete und sich nach mehreren Zwischenaufenthalten in Stuttgart, Wiesbaden und Weimar auf die Rückreise nach Russland vorbereitete – um Wilhelm zu heiraten.

Es wirkte wie ein Wink des Himmels, als sich Müller Ende Oktober 1815 endlich aus Schaffhausen meldete. Der Brief erreichte die Adressatin in Berlin, kurz vor der endgültigen Rückreise nach Russland. Alexander I. hatte Anfang Oktober einen Brief aus Brüssel geschickt, in dem er seine Enttäuschung darüber äußerte, dass die Alliierten ihm und den russischen Interessen beim zweiten Einzug in Paris nicht mehr jenen Respekt bezeugten, den er sich erhoffte. In vagen Formulierungen schrieb er, dass sich Frau von Krüdener in Paris derart aufdringlich betragen hätte, dass er keine weiteren Kontakte mit ihr wünschte. Aus der Ferne ließ sich jedoch nicht beurteilen, ob der Kaiser lediglich die Frau nicht weiter treffen wollte und inwieweit die Einflüsterungen der Krüdener bei ihm nachwirkten. Darum las Katharina den Brief Müllers mit innerer Befriedigung.

Der Professor hatte in einer Zeitung gelesen, dass seine Gönnerin demnächst nach Russland heimkehrte und da wollte er noch einmal an ihr gemeinsames Publikationsprojekt erinnern. Voller Stolz teilte er mit, dass die Arbeiten an dem von Katharina und Alexander erbetenen Text abgeschlossen seien. Der erste Teil war bereits im September 1815 unter dem Titel „Vom Glauben der Christen" in der Schweiz veröffentlicht worden. Der Autor hatte in der Arbeit diskret mit keiner Silbe erwähnt, dass es sich quasi um ein Auftragswerk des russischen Kaiserhauses handelte. Jetzt wies Müller mit schmeichelnden Worten über das christliche Wesen Katharinas darauf hin, dass er das Buch sehr gern in die russische Sprache übersetzt sehen würde, wenn nicht ganz, so zumindest in Teilen. Er machte sich anheischig, die dafür am besten geeigneten Textstellen zu benennen – obwohl er früher geklagt hatte, er wüsste nicht, wie er die russischen Gläubigen ansprechen sollte. Müller bat um „höchstdero Befehl", Katharina ein Exemplar senden zu dürfen und er wollte dann auch die Kühnheit wagen, ihr ein Exemplar für den Kaiser mitzuschicken.

Katharina informierte ihren Bruder umgehend über den Brief. Anschließend reiste sie nach Petersburg ab. Auf dem Wege schrieb sie am 18. November aus Königsberg an Müller: „Den Tag vor meiner Abreise aus Berlin bekam ich Ihren Brief vom 27. Oct und freute mich herzlich darüber, weil Ihr langes Stillschweigen vermuten ließ, Sie hätten mich aus Ihrem Gedächtnis verloren, sofort meldete ich dem Kaiser, meinem Bruder, dass Sie seinem Wunsche nach Ihre Gedanken über die heiligsten Gegenstände niedergeschrieben hatten und erfragte Seine Befehle, wie Sie ihm diese zuschicken sollten, ich bekam den Auftrag, Herr Professor, Sie zu bitten, unter meiner Adresse das Exemplar für S. M. den Kaiser als auch das für mich bestimmte an den Russischen Gesandten am Württembergischen Hofe Grafen Golowkin zu senden, dem ich heute dieses Schreiben übertrage mit der Ankündigung der zu erwartenden Pakete."

Wie sehr wird Müller das Herz geklopft haben, als er weiterlas: „Der Kaiser will Ihr Werk übersetzen lassen, also wären Ihre Anmerkungen über die zweckmäßigsten Stellen sehr wünschenswert. Ich für meine Person verspreche mir manche erbauliche Stunde daraus, und wird der uns nicht zum wahren Freund, der die Gefühle in uns rege macht, welche zum höchsten Ziele zur innigsten unveränderlichsten Glückseligkeit führen? Ein Christ und zugleich ein mächtiger Fürst sein, ist eine seltene Erscheinung in der menschlichen Geschichte, wir sehen sie doch jetzt vor Augen, indem bloß der reinste Sinn, das heiligste Streben bei dem Kaiser herrscht, und die Gnade Gottes lässt sich in ihm erkennen, indem sie ihm stets neue Kräfte in und durch die Reinigung seiner wunderbar fortschreitende Seele gibt. Nicht Schwester-Liebe lässt mich dieses sagen, sondern Wahrheits-Liebe."

Katharina mahnte ihren Briefpartner: „Schreiben Sie mir oft, Herr Professor, die Abwesenheit hat bei mir keinen Einfluss in Rücksicht der Gefühle, und die, welche ich für Sie hege, bleiben unveränderlich. Bald hoffe ich in Ihrer Nähe zu sein und vielleicht auch Sie wiederzusehen. Rechnen Sie stets auf die Gesinnungen der vollkommensten Hochachtung, mit der ich verbleibe. Ihre wohlgeneigte Catharina."[166]

Katharina übergab ihren Brief an den Gesandten Golowkin zur Erledigung. Golowkin erfüllte seine Pflicht. Am 11. Dezember 1815 schickte er den Brief an Müller nach Schaffhausen weiter und kündigte an, dass er Mitte Januar 1816 aus Lausanne nach Stuttgart zurückkehren und auf dieser Reise Müller in Schaffhausen persönlich aufsuchen würde. Müller mochte in seinem Eifer nicht so lange warten. Im Dezember 1815 reiste Kronprinz Wilhelm zur Brautwerbung nach Petersburg. Müller wandte sich an dessen Vertrauten Cotta und der verhalf ihm zu einem Kontakt mit einem Angehörigen aus dem Gefolges Wilhelms. So gelangte das christliche Werk pünktlich nach Petersburg und Müller durfte obendrein einen Brief an Katharina mitgeben. Der Professor verlieh seinem Anliegen in dem Brief besonderen Nachdruck, indem er ein Schreckensbild vom alten Europa zeichnete: Hervorgerufen durch die französische Aufklärung, wenden sich die Menschen von Gott ab. Das führt zum Verfall aller Sitten in Politik, Geist und Gesellschaft. Aber die „seitherigen Gerichte über Europa" , d. h., die Kriege gegen Napoleon, haben auch zu neuen christlichen Hoffnungen im nördlichen Deutschland und in England geführt. Darum hielt er die von ihm vorgelegte Arbeit für so wichtig. Er beschwor Katharina: „Das Christentum als eine Erscheinung in der Menschheitsgeschichte zu betrachten, – den Glauben der Christen ganz nur so, wie Christus und die Apostel ihn lehrten, in seiner wahren

Gestalt darzustellen, anwendbar für alle Menschen, die Bedürfnisse des Geistes und Herzens befriedigend, der gesunden Vernunft nicht widersprechend, und als das kraftvollste Hilfsmittel gegen die Verderbnisse der Zeit, – dieses, Gnädige Fürstin, ist der Zweck meiner Arbeit...'' [167] Müller hielt an den Erkenntnissen aus dem Jahre 1814 fest, obwohl sich die politischen Gewichte längst verlagert hatten. Er sah in Alexander I. unverrückbar jene Persönlichkeit Europas, welche die Kräfte einer Rückkehr zu christlichen Idealen vereinen konnte. Außerdem dachte Müller sehr praktisch: Er sah die dynastische Verbindung zwischen Russland und Württemberg kommen, er selbst fühlte sich weiterhin mitten im Spiel der Mächtigen!

Darin lag der einzige realistische Ansatz in dem neu belebten Briefwechsel. Katharinas Zukunft führte sie nach Württemberg und damit in die Nähe Müllers. Die erhabene Idee von der christlich begründeten Engelsrolle Alexanders, von der sich Katharina und Johann Georg Müller 1813/14 so viel versprochen hatten, flackerte hier nur noch einmal auf. Der russische Kaiser ließ sich letztlich durch den Müllerschen „Glauben der Christen" nicht überzeugen. Das Werk erschien in Russland nicht. Der Kaiser pflegte keinerlei Beziehungen zu dem emsigen Autor. An dieser Stelle traten die Grenzen der Einflussmöglichkeiten Katharinas auf den Kaiser deutlich hervor. Frau von Krüdener fiel nicht in Ungnade, weil Katharina und Müller den Kaiser mit ihrer Glaubensinterpretation fesseln konnten, sondern weil die Dame aus dem Baltikum den Bogen überspannt hatte. Alexander las die Bibel. Er benötigte keine neue Heilslehre, weder von der Krüdener, noch von Katharina, noch von einem Herrn Müller aus der Schweiz. Nach der Gründung der „Heiligen Allianz" zog sich Alexander ohnehin von der praktischen Politik zurück und nahm Katharina dadurch entscheidende Handlungsmotivationen. Aber die unermüdliche Großfürstin fand ohnehin in Württemberg ein neues und reiches Betätigungsfeld.

Russisch-Württemberger Geschäfte und Hochzeit in St. Petersburg

Die letzte politische Badereise lag hinter Katharina: Heidelberg, Frankfurt, Weimar, Wiesbaden und Berlin – die Stationen gehörten vorerst der Vergangenheit an. In Berlin nahm sie gemeinsam mit Alexander I. an der Verlobung ihres Bruders Nikolai mit der preußischen Prinzessin Charlotte teil. Während des Aufenthalts an der Spree konnten die eigenen Ehepläne noch einmal gründlich im großen Familienkreis besprochen werden. Katharinas künftiger Schwiegervater Friedrich I. begleitete die

Großfürstin und deren Sohn Alexander, der in den letzten Monaten bei Tante Maria in Weimar gelebt hatte, bis nach Frankfurt an der Oder. Friedrich wird noch einmal eindringlich gesagt haben, was er Kaiser Alexander am 2. Juli 1815 schriftlich mitgeteilt hatte: Württemberg betrachtete Russland als einen sicheren Hort, um das durch den Krieg gebeutelte Land wieder auf die Beine zu stellen. Russland sollte politische Hilfestellung leisten, damit die südwestdeutschen Staaten künftig keine Furcht mehr vor einem mächtigen Nachbarn Frankreich haben mussten. Am 8. November 1815 verabschiedeten sie sich. Über den Willen zur Ehe mit dem Württemberger Kronprinzen war alles gesagt. Man musste die Dinge jetzt zum exakten juristischen, kirchlichen und rituellen Abschluss führen.

Nahezu drei Jahre hatte die Großfürstin im mittleren und westlichen Europa verbracht. Auf der langen und beschwerlichen Fahrt durch die winterliche ostpreußische und russische Landschaft konnte sie die Ereignisse noch einmal vor dem inneren Auge Revue passieren lassen. Eine lange Zeit zum Ausruhen gab es für sie jedoch nicht. Das hätte ihrem Naturell widersprochen und sie wusste, Petersburg würde nur eine vorübergehende Zwischenstation auf dem Weg zurück nach Württemberg sein. Sie fuhr nach Hause, um dort ihren Bräutigam standesgemäß im Schoße der Familie zu empfangen, den Ehevertrag vorzubereiten, die Erbschaft ihrer Söhne zu regeln, die Entscheidung des Papstes abzuwarten und – um nach Erledigung aller Formalitäten sofort zu heiraten.

Am 2. Dezember 1815 traf Katharina mit dem kleinen Alexander in St. Petersburg ein. Wilhelm folgte ihr auf dem Fuße. Acht Tage nach ihrer Ankunft meldete Katharina an König Friedrich: „Der Kaiser behandelt den Kronprinzen mit vielen Aufmerksamkeiten, meine Mutter ebenfalls, die anderen Familienmitglieder sind äußerst vertraulich und gemütlich, die Öffentlichkeit findet das Wesen des Prinzen sehr edel ... Meine Mutter findet ihn sehr geistreich; das kann ich Euch versichern, Majestät, ich habe noch nie weder einen Schwiegersohn noch einen Prinzen irgendeiner Familie gesehen, der fortwährend so zuvorkommend behandelt worden wäre, wie man Eurem Sohn gegenüber auftritt ... Meine Kinder gefallen Fritz, worüber ich sehr glücklich bin, allgemein kann ich Eurer Majestät versichern, dass ich nichts anderes als nur erfreuliche Themen mitteilen kann ..."[168] Welch ein Glück für die Verliebten: Der Kaiser hatte bereits die Termine für die Verlobung und für die Hochzeit auf den 27. Dezember und auf den 8. Januar russischer Zeitrechnung, d. h. auf den 8. und auf den 20. Januar 1816 nach dem in Deutschland gültigen Gregorianischen Kalender festgelegt.

Bis dahin musste noch ein gutes Stück Arbeit bewältigt werden. Man ging ausgesprochen freundlich miteinander um, bezeugte einander gegenseitige Hochachtung, aber die optimistischen Mitteilungen Katharinas an Friedrich I. entsprachen nicht so ganz den realen Tatsachen. Die politischen Konflikte waren nicht ausgeräumt. Wilhelm beharrte auf seiner Ansicht, alle abgetrennten Provinzen, auch das Elsass und Lothringen, müssten wieder mit den entsprechenden deutschen Staaten vereint werden. Der zweite Pariser Frieden vom 20. November 1815 führte Frankreichs Grenzen auf den Stand von 1790 zurück. Das Elsass blieb bei Frankreich. Die vaterländischen deutschen Reichspatrioten – auf die Wilhelm setzen musste, wollte er einmal Kaiser werden – konnten sich mit dieser europäischen Entscheidung, die von Russland mitgetragen wurde, nicht abfinden. Die Fürsten der Mittelstaaten besaßen kaum andere Möglichkeiten, ihre Gebiete zu erweitern. Gegen die hohen moralischen Prinzipien der „Heiligen Allianz" wollten sie nicht verstoßen. Aber die Schutzmächte der „Heiligen Allianz" nahmen es in der praktischen Politik mit der christlichen Bruderliebe gottlob auch nicht so genau.

Dieser Konflikt konnte nicht beigelegt werden, auch nicht zwischen Wilhelm und Alexander I. Katharina bemühte sich um eine Versachlichung und Vermittlung, aber noch wenige Tage vor der Hochzeit soll Alexander in sie gedrungen sein, ihr Ehevorhaben doch besser aufzugeben. Der Freiherr Eugen von Maucler gehörte zur württembergischen Delegation, die den Ehevertrag aushandelte. Er berichtete in diesem Zusammenhang über ein höchst interessantes Detail. Katharina soll Alexander gefragt haben, ob er ihr für den Fall, dass sie Wilhelm nicht heiraten dürfte, eidlich versichern könnte, „sich nie und zu keiner Zeit von ihr zu trennen." [169]

Die Glaubwürdigkeit der Mitteilung resultiert aus der Integrität Mauclers und aus Indizien. Katharina hatte ihren Bruder, wenn es ihr notwendig erschien, stets erpresst – körperlich und politisch. Sie hatte sich den Verzicht auf die österreichische Kaiserwürde 1809 gut bezahlen lassen. Das persönliche Verhältnis zwischen den Geschwistern besaß vor Jahren einen sündigen Anflug des moralisch Unerlaubten. Katharina wollte sich angesichts der Gefahr der Bedeutungslosigkeit und Isolation absichern: Verzichtete sie auf Wilhelm, blieb sie die verwitwete Prinzessin von Holstein-Oldenburg, die zwar vermögensrechtlich nach dem ersten Ehevertrag ohne materielle Sorgen leben konnte, jedoch fortan im Russischen Reich keine politische Rolle mehr spielen durfte. Der Kaiser war müde geworden und wollte sich von der Politik zurückziehen, von all den Querelen, die ihn seit Jahren begleiteten und belasteten. Er wollte beschaulich in der Bibel Trost suchen und sich irgendwann auch mit seiner Gemahlin Elisabeth aussöhnen, mit der ihn bislang kaum etwas verband. Also ließ er seine halsstarrige und anstrengende Schwester ziehen. Wer war der Kaiser Russlands – und wer war der Kronprinz im kleinen Württemberg?! Vielleicht besaß sie noch eine Chance auf die Krone einer deutschen Kaiserin. Vielleicht! Darin konnte sich Alexander sicher sein: Das liebe Schwesterlein würde auch den letzten Strohhalm ergreifen, um eine Krone zu erhaschen. Aber erpressen lassen wollte er sich nicht mehr, auch nicht durch sein „süßes Äffchen".

Es existierte weiterhin ein ungelöstes Problem. Ein Vergleich der Daten führt zu der Erkenntnis, Kaiser Alexander und die Kaiserinwitwe Maria Fjodorowna, die so beharrlich auf der Zustimmung des Papstes zur Scheidung Wilhelms von Charlotte bestanden, legten die Termine für Verlobung und Eheschließung fest, bevor eine definitive Nachricht vom Heiligen Stuhl einging. Die Verhandlungen zogen sich nun seit nahezu zwei Jahren hin. Der bayerische Hofbischof Heffelin und der Provikar von Ellwangen, Monsignore Keller, besprachen den Fall mit dem Staatssekretär Ercole Consalvi. König Friedrich I. verdächtigte seinen bayerischen Bruder bereits, er verschleppte die Angelegenheit bewusst. Erst im Oktober 1815 bat die Kurie den Kronprinzen Wilhelm um dessen Stellungnahme. Eine endgültige Entscheidung fiel durch das Kardinalskollegium am 11. Januar 1816! Dem Antrag auf Nichtigkeit der Ehe Wilhelm – Charlotte wurde „Höchstglaubensinstanzlich" entsprochen. Da waren Wilhelm und Katharina bereits offiziell verlobt. Das war ein offener Verstoß gegen die eigenen moralischen Grundsätze.

Es blieb die Regelung der Beziehungen durch den Ehevertrag. Friedrich I. entsandte den Grafen Heinrich von Wintzingerode – er sollte Gesandter in Petersburg werden –, den Staatsrat Eugen von Maucler und den Legationsrat Schaul zu den Verhandlungen an die Newa. Die russische Seite vertrat der Geheime Rat und Staatssekretär für Auswärtige Angelegenheiten, Graf von Nesselrode. Während der Gespräche traten keine vermögens- oder erbrechtlichen Probleme auf, die zu einer Verzögerung führen konnten. Eine Besonderheit des zwischen den Herrn Nesselrode und Wintzingerode vereinbarten Vertragsinhalts resultierte im Vergleich zu ähnlich gelagerten Eheverträgen des russischen Kaiserhauses aus der Tatsache, dass Katharina zum zweiten Male heiratete. Die entsprechenden vermögensrechtlichen Artikel aus dem ersten Ehevertrag mit Georg von Oldenburg wurden für sie und ihre beiden Söhne wirksam. Die zweite Besonderheit war dadurch vorgeprägt, dass für

Katharinas erste Ehe das Hausgesetz der Romanows außer Kraft gesetzt und sie mit weit über das übliche Maß hinausgehenden Einkünften aus ihren Apanagen ausgerüstet wurde. Von diesen erhöhten Summen gingen die zu vererbenden Vermögensteilungen aus – sowohl für sie selbst, falls sie jemals eine dritte Ehe eingehen sollte, als auch für ihre beiden Söhne.[170]

Katharina konnte aus dieser günstigen Ausgangslage leicht zustimmen, dass von der einen Million Rubel, die sie als „normale" Mitgift in die neue Ehe einbrachte, die Hälfte sofort auf ihre beiden Söhne übertragen wurde. Sie zeigte in diesem Falle keine besondere Großzügigkeit, sondern folgte den erbrechtlichen Bestimmungen des ersten Ehevertrags, zumal ihre Söhne das Geld nicht zur freien Verfügung erhielten. Die halbe Million wanderte zu einem Zinssatz von 5 % in die Kaiserliche Bank. Katharina blieb aus dem ererbten Vermögen ihrer ersten Ehe und den kontinuierlich weiter laufenden Zahlungen des Kaiserhauses genügend Geld zur eigenen Verwendung übrig. Die jährlich fließenden Dotationen unterschieden sich in ihrer Höhe nicht von denen, die der Ehevertrag mit Georg von Oldenburg festgelegt hatte. Darüber hinaus erhielt Katharina einen Bonus, der keiner ihrer Schwestern zuteil wurde: Ihr Petersburger Palast wurde verkauft und aus dem Erlös bekam Katharina eine Million Rubel in Form von Bankassignaten, die ausdrücklich als Teil der Mitgift und zu ihrer persönlichen Verwendung in den Ehevertrag aufgenommen wurde. Selbst wenn man die halbe Million für die beiden Söhne abrechnete, überstieg Katharinas Brautschatz an Geld die Summen ihrer Schwestern Alexandra, Jelena oder Maria um etwa das Dreifache. Dazu gesellte sich die übliche Aussteuer mit Möbeln, Geschirr, Wäsche, Kirchengeräten oder Schmuck, deren Wert man gut und gerne noch einmal mit einer Million Rubel beziffern durfte.

Der Vertrag diente ausschließlich der finanziellen und materiellen Absicherung der Braut und ihrer Kinder. Katharina erhielt neben allen anderen Dotationen durch den Kaiser und die Mutter auch in der zweiten Ehe noch die Hälfte der 1809 wesentlich überhöht gewährten Apanageeinnahmen weiter.

Für die 500 000 Rubel, die Katharina als Grundsumme der Mitgift in die Ehe brachte, musste König Friedrich I. zur Sicherheit eine Hypothek in gleicher Höhe aufnehmen (bei der Verheiratung Maria Pawlownas nach Weimar musste Herzog Karl August das schuldenfreie Amt Allstedt verpfänden). Der Ehemann durfte seiner Gemahlin jährlich einen Betrag von 24 000 Gulden zur freien Verfügung gewähren. Die beiden Söhne aus ihrer ersten Ehe hatten der Mutter an den Hof in Württemberg zu folgen, die Kosten ihrer Erziehung trug der König von Württemberg. Der König musste auch für die Hofhaltung Katharinas aufkommen. Eine Ausnahme bildete der Unterhalt für die griechisch-orthodoxe Kapelle. Der Ehepakt garantierte Katharina die freie Ausübung ihrer Religion. An allen ihren Wohnsitzen sollten Kapellen eingerichtet werden. Ein Priester, Psalmisten und Sänger versorgten die Gottesdienste. Deren Kosten bestritt Katharina aus eigenen Mitteln. Gleichzeitig verpflichtete sie der Vertrag, ihren Gemahl zu allen lutherischen Feiertagen und Festlichkeiten in dessen Kirche zu begleiten. Dieser Pflicht unterlagen alle Prinzessinnen der Romanows, die an ausländische Höfe heirateten. Katharina und Wilhelm verzichteten für sich und ihre Nachkommen auf jegliche Thronansprüche in Russland.

Überdies enthielt der Ehevertrag zahlreiche detaillierte erb- und vermögensrechtliche Bestimmungen für alle nur denkbaren Situationen: Falls Katharina zuerst sterben sollte, falls Wilhelm zuerst sterben sollte, falls einer der Überlebenden wieder heiraten würde oder falls der überlebende Partner sich in einem anderen Lande niederlassen würde. Bei diesen Bestimmungen ging es ausschließlich um den jeweils zu vererbenden Besitz an Geld und Gut. Aus den Festlegungen sind einige Grundrichtungen der russischen Ehephilosophie ablesbar.

Der Kronprinz Wilhelm und der württembergische Hof trugen in jedem Falle die finanzielle Verantwortung für den Unterhalt der Großfürstin, deren Kinder aus erster Ehe und etwaiger eigener Nachkommen. Die zu vererbenden Mittel Katharinas mussten während ihres Lebens mit größtmöglichem Gewinn in den russischen Kaiserlichen Banken angelegt werden – sofern sie nicht durch die tägliche Lebensführung verbraucht wurden. Nach dem Tode Katharinas waren die Kinder aus der ersten und aus der zweiten Ehe die Meistbegünstigten. Sie erhielten den Löwenanteil aus dem Erbe. Das angesammelte und zu vererbende Kapital floss am Ende immer wieder in die Banken der Familie Romanow zurück, ohne dass die Erben dadurch ihres Eigentums verlustig gingen.

Das Haus Württemberg unterlag härteren Bestimmungen. Nach dem Ableben Katharinas musste die Hälfte jener 500 000 Rubel, die sie als Mitgift einbrachte, an das russische Kaiserhaus zurückgezahlt werden. Sollte sich der König von Württemberg außerstande sehen, die Rückzahlungen in den vereinbarten Fristen vorzunehmen, hatte er zusätzliche Verzugszinsen zu entrichten. Die Mitgift stand dem Württemberger Hof lediglich zum Nießbrauch zur Verfügung und musste an die Kinder übertragen werden, wenn diese heirateten oder die Volljährigkeit erreichten. Sollten aus der neuen Ehe keine Kinder hervorgehen, erbten

Katharinas Kinder aus erster Ehe. Nach deren Tod ging ihr gesamtes Vermögen an das russische Kaiserhaus zurück. Nicht umsonst enthielt der Vertrag die Zusatzklausel: Sollte Katharina vor ihrem Mann sterben, werden alle Vormundschaftsfragen für die Kinder zwischen den beiden Höfen in freundschaftlichem Einvernehmen neu geregelt. Vorerst vereinbarte man nur, dass die Vormundschaft im Falle ihres vorzeitigen Ablebens an den Großvater, den regierenden Großherzog von Holstein-Oldenburg, übergehen sollte. Kaiser Alexander I. hatte zu dieser Frage bereits am 22. Dezember 1815 eine spezielle Verordnung erlassen, deren Inhalt Eingang in den Ehevertrag fand.

Die große Aufmerksamkeit, die der Vertrag der Möglichkeit eines frühen Ablebens Katharinas schenkte, resultierte nach den verfügbaren Quellen aus der Sorge um den materiellen Besitz der Romanows. Der Ehevertrag mit dem Hause Württemberg enthielt in dieser Hinsicht keine schärferen Formulierungen als die früheren Abkommen mit Sachsen-Weimar-Eisenach oder Mecklenburg-Schwerin. Der Gesundheitszustand Katharinas wirkte sich nicht nachweisbar auf den Vertragsinhalt aus. Dessen Besonderheiten ergaben sich ausschließlich aus der Tatsache, dass Katharina zum zweiten Mal heiratete und zwei Kinder besaß.

Es gab eine weitere Abweichung von der Norm: Jeder Ehepartner musste für seine Schulden selbst aufkommen und konnte nicht damit rechnen, eigene Schulden durch Zuwendungen der anderen Seite zu begleichen. Es wird Anlass gegeben haben, diesen Punkt, der später tatsächlich bedeutungsvoll werden sollte, ausdrücklich in den Vertrag aufzunehmen, denn in den Vereinbarungen mit Weimar oder Schwerin hatte es keine vergleichbaren Regelungen gegeben.

Finanziell zog in jedem Falle der künftige Ehemann den kürzeren. Dennoch konnte der geschickte Nießbrauch an der Mitgift gewinnbringend sein. Württemberg war im Jahre 1815 ein so armes und ausgeblutetes Land, dass jeder Pfennig zählte, um die Wirtschaft wieder in Gang zu bringen. Aus dieser Sicht bot die Ehe nicht nur eine positive politische Hoffnung für Württemberg. Wer rechnete schon damit, dass der jungen Braut kein langes Leben beschieden sein würde? Nur sie selbst wusste um den diszipliniert verborgenen schwierigen Zustand ihres Körpers und ihrer Seele.

Der Ehevertrag ging davon aus, dass beide Partner die Ehe freiwillig eingingen und keinem Zwange unterworfen waren. Um nicht den Eindruck zu erwecken, der Kaiserhof diktiere die Bestimmungen, verwies der Vertrag darauf, dass die erbrechtlichen Festlegungen den einschlägigen Verfügungen des Königs von Württemberg vom 7. Januar 1808 entsprachen. Daran gibt es sachlich keinen Zweifel. Dennoch führte Petersburg die Feder. Aus all den achtzehn Artikeln des Vertragstextes, der am 22. Januar 1816 endgültig zur Unterschrift vorlag, ging die Freiwilligkeit der Brautleute hervor. Der Text enthielt selbstverständlich keinen Hinweis auf die Motivlage. Die Selbstzeugnisse Katharinas und Wilhelms sprachen für die Zeit zwischen Juni 1814 und Januar 1816 nur von einem Motiv: Sie liebten und begehrten einander, hielten sich nach Charakter, Wesen und Weltsicht für zueinander passend und waren auch bereit, die Schwächen des anderen zu tolerieren. Aus den Briefen und Notizen, die sie wechselten, kann selbst der kritische Betrachter nur schlussfolgern: Niemals gab es ein Brautpaar, das idealer füreinander bestimmt schien.

Die große Liebe war zwischen 1813 und 1815 trotz mancher Irrwege und Scheingefechte gewachsen und gereift – justament, als die politischen Karten in Europa neu gemischt wurden. Die Paten des heißen Ehewunsches waren vor allem König Friedrich I. von Württemberg, dessen Schwester Maria Fjodorowna als Mutter der Braut, der Freiherr vom Stein und – in der Rolle des Bösewichts – Clemens Wenzel von Metternich. Die Ehe Wilhelms und Katharinas vereinte unterschiedliche politische Optionen. König Friedrich I. suchte die feste politische Stütze gegen Frankreich, für eigene Gebietserweiterungen und gegen die innere soziale Not. Maria Fjodorownas Heimat lag in Württemberg. Sie hat es nur zu gerne gesehen, wenn die Cousine den Vetter heiratete. Sie hatte alle Töchter bisher mit mehr oder weniger Erfolg in Europa verteilt. Wenn Kronprinz Wilhelm tatsächlich als Aspirant auf eine künftige deutsche Kaiserkrone galt, die zudem die Schutzmacht Russland hinter sich wusste, dann besaß er in Katharina die ideale Partnerin. Der Freiherr vom Stein hatte in Wien zwar erkennen müssen, dass seine Vorstellungen vom einigen Deutschen Reich nicht erfüllt werden konnten, aber aufgeschoben war bekanntlich nicht aufgehoben. Metternich dagegen wirkte froh und erleichtert, dass sich Katharinas Aufmerksamkeit von den Habsburger Erzherzögen abwandte. Für eine realistische Politik Württembergs im Deutschen Bund unter Österreichs Führung wollte er schon sorgen. Weil aber Katharina und Wilhelm niemals den Eindruck von willenlosen Schachfiguren hinterließen, war wachsame Vorsicht geboten.

Kronprinz Wilhelm schien von seiner deutschen Mission überzeugt. Politisch folgte er vorerst noch dem Vater, zumindest in der Sicht auf Russland. Eine Führungsrolle strebte er in jedem Falle an. Die Schwester des russischen Kaisers konnte dabei hilfreich sein, ohne dass Wilhelm unbedingt auf seine gewohnten Lebensfreuden verzichten musste. Der

Petersburger Hof gab sich auch nur nach außen prüde und moralisch. Die Braut war ehrgeizig und eher von hochfliegenden politischen Ideen als von der biederen Rolle reiner landesmütterlicher Liebe erfüllt. Ihr gesamtes Leben hatte seit dem Jahre 1807 der Politik gegolten. In den Jahren 1813/15 hatte sie kühne politische Aktionen gewagt, Intrigen gesponnen und ein ungezwungenes Leben geführt. Der Lebenstraum, die Kaiserkrone, blieb ihr bisher versagt. Königin von Württemberg musste keine zweite Wahl bedeuten, wenn der Gemahl den Drang zu Höherem in sich spürte. Sie wollte ihn schon anstacheln. Da würde sie auch jenes Maß an Disziplin an den Tag legen können, das ihr die Erziehung vermittelt hatte: Eine Monarchin sorgte sich um die öffentliche Wohlfahrt, um Kunst und Literatur und schuf ihrem Gemahl einen Rahmen, der ihn auf dem Weg nach oben nur nützlich sein konnte. Das Russische Reich repräsentierte sie in jedem Fall. Katharina hat sich in diesem Sinne niemals direkt geäußert. Vielleicht hat sie nicht einmal so zielgerichtet gedacht. Aber diese Positionen resultierten aus der Logik ihres gesamten Lebens.

Am 12. (24.) Januar 1816 fand in Petersburg die Hochzeit statt. Ob Katharina lieber in Stuttgart oder gar in Paris geheiratet hätte, mag dahingestellt bleiben. In der Familie Maria Fjodorownas hat keine Tochter außerhalb Petersburgs geheiratet. Wenn Katharina andere exaltierte Wünsche hegte, musste sie diese unterdrücken. Die kaiserliche Familie verheiratete ihre Töchter sozusagen am häuslichen Herd. Das geschah aus Prinzip und weil man sich bei den Familienfeiern nicht in die Karten sehen lassen wollte. Eugen von Maucler legte in seinen Erinnerungen an die Hochzeitsfeierlichkeiten besonderen Wert auf die Charakterisierung der einzelnen Familienmitglieder. Während der Kaiser, Maria Fjodorowna und selbstverständlich Katharina über jeden Anflug von Kritik oder Ironie erhaben waren, schilderte Maucler den Großfürsten Konstantin, dessen Ehe mit einer Coburger Prinzessin missglückt war, ganz ungeschminkt als einen kleinen hässlichen Mann mit widerlicher Stimme. Maria Pawlowna aus Weimar galt ihm als eine schöne und höfliche Frau, die besonders freundliche Beziehungen zu Katharina unterhielt. Marias Gemahl Karl Friedrich diente dagegen dem ganzen Hof zur Belustigung. Besonders vernichtend geriet das Urteil über die Großfürstin Anna: Weder hübsch noch anmutig. Annas Bräutigam, der Prinz von Oranien, war zwar hässlich, besaß jedoch sehr gute Umgangsformen. Den Großfürsten Nikolai, der ein Jahr später die preußische Prinzessin Charlotte heiratete, betrachtete Maucler dagegen als einen schönen Jüngling mit bedeutendem Gesicht.

Der Gast aus Stuttgart verlieh den Mitgliedern der kaiserlichen Familie ein menschliches Gesicht. Er wird seine Beobachtungen und Wertungen den betreffenden Personen aus gutem Grunde nicht mitgeteilt haben. Immerhin verstand er wohl, dass die Heiratspolitik Maria Fjodorownas Württemberg als einen wichtigen Knotenpunkt für das dynastische Netz der Romanows in Europa betrachtete. Weimar, Württemberg, Holland, Preußen, die Stationen bildeten ein beachtliches Gegengewicht zur Wiener Hofburg.

Die Hochzeit selbst entsprach dem am Petersburger Hof allgemein üblichen Standard mit kirchlicher Trauung, Tafeln, Bällen, Böllerschüssen und Geschenken nach allen Seiten. Der Ehevertrag war unterschrieben, man feierte ein schönes Fest, freute sich allenthalben am Glück der verliebten Kinder und ging wieder zur Tagesordnung über. Die Gaben fielen reichlich aus. Allein Eugen von Maucler erhielt Geschenke im Werte von 7 000 bis 8 000 Gulden. Er konnte seine Schulden bezahlen, zur weiteren Kapitalbildung reichte es nicht. Drei Tage nach der Hochzeit trat er die Heimreise an.

Katharina und Wilhelm blieben in Petersburg. Es gehörte sich so, dass man die ersten Ehewochen in der Nähe der Mutter verbrachte – meist in Pawlowsk. Das Paar blieb noch bis zur Vermählung der Schwester Anna Pawlowna mit dem Kronprinzen Wilhelm der Niederlande im Februar 1816. In London war diese Ehe erstmals besprochen worden, nachdem Katharinas Vorstellungen einer eigenen Herrschaft über die Habsburger Niederlande nicht mehr realisierbar erschienen. Russland setzte sich zumindest auf diese Weise durch. Großfürstin Anna avancierte später zur Königin der Niederlande. Ihre Tochter Sophie heiratete 1842 den Großherzog Karl Alexander von Sachsen-Weimar-Eisenach. Karl Alexander war der Sohn Maria Pawlownas, der freundlichen Schwester Katharinas. Maria Fjodorowna konnte stolz sein. Innerhalb eines Monats brachte sie zwei ihrer Töchter in aussichtsreichen Positionen unter die Haube: in Württemberg und in den Niederlanden.

Die Hochzeit Katharinas und Wilhelms wurde nicht nur in Petersburg gefeiert. König Friedrich I. wollte nicht nachstehen, wenn das Glück seines Kronprinzen und Württembergs auf dem Spiele stand. Die Geld und Segen verheißende Schwiegertochter rechtfertigte jeden Aufwand. Schade, dass Friedrich Schiller nicht mehr lebte. Der einst mit seiner schwäbischen Heimat verbundene Dichter hatte 1804 in Weimar beim festlichen Einzug Maria Pawlownas in der „Huldigung der Künste" die großen Erwartungen in treffende Worte gefasst. Vorerst mussten Gottesdienste, Festessen, Theateraufführungen, Konzerte oder Feuerwerke genügen. Am 7. Februar 1816 gab der König die Hochzeit feierlich und offiziell bekannt. Zehn Tage später ratifizierte Württemberg den Ehevertrag.

Während die Wagenkolonne mit der Aussteuer Katharinas den weiten Weg durch das winterliche Osteuropa nahm und Württemberg zustrebte und das Kronprinzen-Palais für die Ankunft vorbereitet wurde, rüsteten auch Wilhelm, Katharina und deren Söhne Alexander und Peter zur Fahrt nach Stuttgart. Am 12. (24.) März erfolgte die Abreise aus Petersburg. Am 13. April 1816 zogen Wilhelm und Katharina feierlich in Stuttgart ein. Es begann das nächste und zugleich letzte Kapitel im unruhigen Leben der russischen Großfürstin.

Kapitel VII

Königin Katharina von Württemberg – Mythos und Realität

Gewöhnung an ein kleines und armes Königreich

Das Königreich Württemberg empfing die Kronprinzessin mit großen Erwartungen. Bunte Girlanden, kunstvolle Obeliske aus Sperrholz, Kinder mit lieblichen Gedichten, Frauenchöre, Postreiter, Studenten und Soldaten säumten den feierlichen Einzug, ganz den damals üblichen Gepflogenheiten des Umgangs fürstlicher Herrschaften mit ihrem Volk entsprechend. Katharina und ihr Gemahl nahmen die fröhlichen Huldigungen freundlich entgegen. Der König Friedrich I. pflegte einen poltrigen Umgang mit seinen Untertanen. Er lag mit den Ständen im heftigen Verfassungsstreit. Das Volk litt nach all den Kriegsjahren bittere Not, aber es blickte voller Zuversicht auf den als reformfreudig bekannten Kronprinzen und auf die als besonders reich geltende Großfürstin aus dem fernen Russland.

Katharina kam aus einer Welt des Glanzes und des Luxus in den armen deutschen Südwesten. Im Unterschied zu ihrer Schwester Maria aber, die sich im Jahre 1804 nur langsam an das provinzielle Weimar gewöhnen konnte, hatte Katharina in ihrem Leben und bei ihren Reisen durch das vom Krieg gezeichnete Europa bereits viel gesehen und erlebt. Sie nahm die Dinge wie sie kamen und übte sich deshalb in demonstrativer Bescheidenheit.

Als das Paar nach Stuttgart kam, waren die Renovierungsarbeiten an dem Kronprinzenpalais in der oberen Königstraße noch nicht abgeschlossen. Katharina und Wilhelm wohnten zunächst mit den beiden Kindern im Schloss des Prinzen Paul. Nachdem Katharinas Trousseau auf zahlreichen Pferdewagen heil aus Russland angekommen war, wurde er im Palais ausgestellt und die Stuttgarter durften die kostbare Aussteuer besichtigen. Die Bürger und Dorfleute staunten nicht schlecht, über welch einen Reichtum an Möbeln, Geschirr, Wäsche, Schmuck, Kleidern, Schuhen, Pelzen und allerlei modischem Beiwerk eine russische Großfürstin verfügte.

Katharina fiel jedoch keineswegs durch eine verschwenderische Lebensweise auf. Im Mai 1816 erhielt sie das oberhalb von Cannstatt am oberen Neckar gelegene Landhaus Bellevue mit einem hübschen Park als Geburtstagsgeschenk. Katharina führte wie einst in Twer einen streng geordneten und sparsamen Haushalt. Ihre Mitarbeiter und Dienstleute kamen vorwiegend aus Württemberg. Dennoch hielt Katharina an einigen vertrauten Menschen aus Russland fest. Dazu gehörten die englischen Betreuerinnen für die beiden Söhne, eine Kammerfrau und der Kammerdiener des Prinzen Georg. Dazu gesellten sich ferner die Oberhofmeisterin und ein Oberhofmeister. Fräulein von Baur, Tochter eines in Russland verdienten Ingenieurgenerals, ernannte Wilhelm zur Hofdame Katharinas. Der Bibliothekar, Lektor und Lehrer Staatsrat von Born sollte den Kindern die russische Sprache und Kultur nahe bringen. Born hatte früher den Prinzen Georg in die russische Sprache eingeführt und in dessen Twerer Kanzlei gearbeitet. Auch der Privatsekretär Georgs, Herr von Buschmann, blieb in Katharinas Diensten, erledigte die Korrespondenzen und hielt die Verbindung nach Russland. Der orthodoxe Geistliche und die Psalmisten waren für den geistlichen Beistand und die Gottesdienste verantwortlich.

Die ersten Monate vergingen für Katharina in Stuttgart wie im Fluge. Sie musste sich im Lande vorstellen, den Hofstaat und die Kirche einrichten, das junge Eheleben pflegen, für die Kinder sorgen und langsam eine Beziehung zu der neuen Heimat aufbauen. Wenige Wochen nach dem Einzug feierte die königliche Familie am 16. Mai mit ihren Untertanen den 28. Geburtstag Katharinas. Man rühmte sie als schön, wohlgestaltet, intelligent und entschlussfreudig. Zum Geburtstag meldete sich auch Johann Georg Müller aus Schaffhausen wieder, gleichsam, als wollte er eine Brücke zwischen dem vorherigen Leben und der neuen Wirklichkeit schlagen. Es war immer wieder erstaunlich, wie aufmerksam Müller jede Veränderung im Leben Katharinas registrierte und für die eigene Wichtigkeit zu nutzen suchte. Er erinnerte – taktisch allerdings nicht gerade geschickt – daran, dass er Katharina das Buch über den Glauben der Christen zur Verfügung gestellt und auch dem Kaiser übersandt hatte. Nun, da der zweite und letzte Teil in der Schweiz gedruckt war, offerierte er ein neues Exemplar. Abermals legte er besonderen Wert darauf, dass sie ein Buch mit einem Empfehlungsbrief an den Kaiser in Russland weitergab. Müller merkte vorsorglich jene Passagen und Teile an, die er für eine Übersetzung in die russische Sprache besonders geeignet hielt. Nachdem er so die tiefe religiöse Verbindung zwischen ihnen betont hatte, von der er glaubte, sie hätte Auswirkungen auf die russische Reichspolitik, erteilte Müller praktische Ratschläge, wie sich Katharina künftig verhalten sollte:

„Euer Kaiserl. Hoheit leben nun in einem Lande, das nicht nur zu den schönsten und fruchtbarsten in ganz Deutschland gehört und bewohnt ist von einem fleißigen, talentreichen und gutmütigen Volk, aus welchem seit drei Jahrhunderten eine Reihe ausgezeichnet großer Geister in verschiedenen Fächern der Wissenschaften sowohl als der Künste ausgegangen sind, sondern bei welchem eine angeerbte Anhänglichkeit, Achtung und Liebe für die Religion herrscht: und das eben darum auch gewohnt ist, seinen Regenten treu ergeben zu sein und Ew. Kais. Hoheit mit Liebe und Ergebenheit zuvorkommen werden." Über diese allgemeine Laudatio hinaus, die einer russischen Großfürstin angenehm klingen musste, vermittelte Müller auch Orientierungshilfen: „Die Anstalten für Kultur und Wissenschaft, für Erhaltung der Religion, für Unterstützung der Armut und Bildung der Jugend sind ausgezeichnet gut, wie sie es wohl an irgendeinem Ort in dem Grade sind." Katharina sollte sich mit all ihrer Tatkraft und ihren reichhaltigen Mitteln eben diesen „Anstalten" widmen. Dort fände sie ein gut gebautes Fundament, auf dem sichtbare Erfolge erreicht werden konnten. Und: „Es werde einer väterlich gesinnten Regierung gelingen, „durch Verbesserung der inneren Kräfte des Landes seine Unabhängigkeit sowohl als die Selbstständigkeit und Originalität seiner Einwohner sicherzustellen."[171]

Das waren interessante Ratschläge, die exakt in jene Richtung zielten, die Katharina und Müller in den Vorjahren diskutiert hatten: Die christlich beseelte Monarchin übte sich, ganz den Traditionen der Heiligen Elisabeth in Thüringen verpflichtet, in der öffentlichen Wohltätigkeit. Das Bild entsprach selbst am Beginn des 19. Jahrhunderts dem aristokratischen Selbstverständnis der russischen kaiserlichen Familie und musste durch Müller nicht erst geweckt werden. Wichtig war lediglich, dass er Katharina ausdrücklich darauf hinwies, in Württemberg konnte sie auf diesem Wege sehr erfolgreich sein. Sie musste nichts Neues erfinden, sondern konnte auf einer bereits bestehenden praktischen Sozialarbeit aufbauen.

Nach wenigen Wochen, am 15. Juni 1816, überbrachte Herr von Buschmann die Antwort der Kronprinzessin. Sie bedankte sich im Namen ihres russischen Vaterlandes für den zweiten Teil der Vorlesungen und informierte Müller, dass sie ein Exemplar an ihren kaiserlichen Bruder geschickt habe. Insgesamt schien das Kapitel einer christlichen Bekehrung Alexanders für sie jedoch abgeschlossen. Dann griff sie Müllers Gedanken auf: „Württemberg bietet dem denkenden, dem fühlenden Menschen viel Stolz, Gott scheint es reichlich begabt zu haben, mögen nur seine Erschaffenen nicht die Väterliche Güte erkennen, ein frommer Sinn herrscht doch im Ganzen und durch den muss man viel wirken können."[172] Das war im Grunde eine kritische Bemerkung an ihre neuen Untertanen: Die Württemberger sind ein stolzes und begabtes Volk, deren geistig-politische Wortführer den Paternalismus und den rigiden Konstitutionalismus ihres Königs nicht begreifen wollen. Das Volk ist in seiner Mehrheit fromm und gottesfürchtig. Durch fürstliche Wohltaten für dieses gläubige Volk wird man viel zur Bewahrung des monarchischen Prinzips in den anhaltenden konstitutionellen Debatten bewirken können! Das war eine politische Aussage und sie traf durchaus das Wesen der Dinge.

Im fernen thüringischen Weimar konzipierte die Schwester Maria unter dem Eindruck ähnlicher wirtschaftlicher Nachkriegsnot und einer an nationalliberalem und demokratischem Ideengut überschäumenden Verfassungsdebatte in der gleichen Zeit die Grundlagen für das „Patriotische Institut der Frauenvereine" – einer Wohltätigkeitsorganisation, die sich ihren Zielen nach auf das einfache Volk orientierte und ein zentralistisches Gegenmodell zu den demokratischen Intensionen der Weimarer und Jenaer Intellektuellen und Studenten schuf. In Württemberg lagen die Voraussetzungen etwas anders. Maria kannte Weimar seit dem Jahre 1804. Trotz der über Jahre währenden Flucht vor Napoleon und den Leiden des Krieges wusste sie nach ihrer Rückkehr Ende 1815, welche Aufgaben bewältigt werden konnten und mussten. Die ersten Organisationsformen für das Patriotische Institut gab es bereits im Jahre 1813.

Katharina kam ohne Vorbereitungen in ein bettelarmes Land. Der Wunsch, wohltätig sein zu wollen, entsprang dem vom russischen Kaiserhaus genährten politischen Kalkül und gehorchte den Realitäten. Württembergs Volk stand vor einer sozialen Katastrophe. Wenn nichts geschah, geriet das Königreich in Gefahr. Die Verfassungsdiskussion oszillierte auch nicht, wie in Sachsen-Weimar-Eisenach, zwischen demokratisch denkenden Intellektuellen und konservativen Kräften der Staatsregierung. In Württemberg stritten die Stände gegen den König, wobei die paradoxe Situation entstand, dass die vom König gewaltsam oktroyierte Verfassung bei Wahrung des monarchischen Prinzips fortschrittlicher war, als der Widerstand jenes Teils der Stände, der für die Wiederherstellung „des guten alten Rechts" kämpfte.

Alle diese Fragen gehörten zu den Voraussetzungen für die konkreten Aufgaben, die Katharina für sich selbst definieren musste und bei deren Lösung sie in jedem Falle die Hilfe ihres Gemahls benötigte. Welches Problem sie auch angreifen mochte: In Württemberg regierte König

Friedrich I., der seiner Schwiegertochter wohl außerordentlich zugetan war, ihr bereitwillig viele Wünsche erfüllte, der aber niemanden an seiner despotischen Autorität rütteln ließ. Selbst wenn Friedrich eines Tages nicht mehr leben sollte, dann würde König Wilhelm regieren und nicht die Königin Katharina. Friedrich und Wilhelm tendierten generell nicht zu übermäßigen Sensibilitäten im Umgang mit Frauen, wie Katharina es bei ihrem Bruder gewöhnt war. Es hing für Katharinas Erfolg oder Misserfolg viel davon ab, wie das Verhältnis zwischen den Ehepartnern ausfiel, eine Frage, die zunächst nicht ganz einfach zu beantworten war. Katharina liebte ihren Mann, obwohl er noch in der Werbezeit mehrfache „Seitensprünge" unternommen hatte. Damals hielten zahlreiche Fürsten neben der Ehefrau ihre Mätressen und niemand fand etwas dabei. Katharina kannte die Praxis zur Genüge aus Petersburg. Die Gemahlinnen mussten sich damit abfinden. Katharina hatte im Falle des Fürsten Bagration ebenfalls keine Skrupel empfunden – die Fürstin Bagration hielt sich dafür an Wilhelm schadlos. Selbst nach der Hochzeit ließ Wilhelm ebenfalls nicht von anderen Frauen ab – bei allem Respekt vor seiner jungen Gemahlin. Der Schauspielerin Auguste Brede machte er eindeutig „Anträge", stieß aber auf taube Ohren. In den folgenden Monaten übte sich Wilhelm pausenlos in Affären, ging aber hinreichend diskret vor, um seine in dieser Hinsicht offenbar empfindlich gewordene Gemahlin nicht zu verprellen. Das gelang nicht ganz. Bereits im Frühjahr 1817 wurde von leidenschaftlichen Ausbrüchen zwischen den Gatten zur Frage ehelicher Treue gesprochen. Der Eklat wurde vermieden. Nach außen schien alles eitel Freude und Sonne. Katharina wusste vor und nach der Eheschließung von den mehr oder weniger heimlichen Leidenschaften ihres Wilhelm.

Katharina und Wilhelm waren jeder für sich ein viel zu starker Charakter, als dass Konflikte ausbleiben konnten. Charakterlich eiserne Menschen neigen in Extremsituationen bekanntlich zu entschlossenen Reaktionen, die nicht immer vernünftig sein müssen. Die Frage stand zwischen den Partnern, auf welchen Gebieten man sich arrangieren konnte, wo die Disharmonien lagen und wie man die starken und die schwachen Seiten gegeneinander ausgleichen konnte. Wilhelm war ein eigensinniger und befehlsgewohnter Mann, dem die Partnerschaft mit einer intelligenten, selbstbewussten und nicht minder befehlsgewohnten Frau voller politischer Ambitionen nicht leicht fallen konnte. Er brauchte keine dumme Pute, die ihm das Wort redete und bei der er treiben konnte was er wollte. Dazu war Katharina nicht bereit. Sie glich charakterlich im Grunde ihrem Mann, war herrschsüchtig und willensstark. Was eine Schwester des Kaisers sagte, das galt in Russland. Sie hatte ja sogar ihren kaiserlichen Bruder zeitweilig beherrscht.

Offensichtlich war sie klüger als Wilhelm. Nach Charakter, Veranlagung und Willen hatte er eine Konkurrentin geheiratet, die ihm sehr schnell lästig werden konnte. Beide verband ein gemeinsames Ziel, das Varnhagen von Ense im Jahre 1818 treffend zusammenfasste. Dieses Ziel bildete das entscheidende Heiratsmotiv und galt fortan als Richtschnur für nahezu alle praktischen politischen Handlungen Katharinas und Wilhelms. König Wilhelm I. vertraute Varnhagen 1818 an, „dass sein eigener Ehrgeiz auf Vergrößerung wo nicht seines Landes, doch seines Ansehens und seiner Wirksamkeit gehe, und dass er glaube, die Zukunft trage noch viele Umwälzungen in ihrem Schoße, die ihn nicht unvorbereitet treffen sollten; den Anspruch als Oberbefehlshaber eines deutschen Kriegsheers einst im Feld aufzutreten, sprach er offen aus. Als Ergebnis von allem was ich sah und hörte war mir klar, dass es dem Könige, und noch mehr seiner Gemahlin, eigentlich in Württemberg zu enge sei, dass sie das Land nur als den festen Grund betrachteten, von welchem aus zu weiteren Dingen zu gelangen. Einem Könige, der sich Feldherrnberuf zutraute, einer Königin, welche sich nach Russland angehörig fühlte, Enkelin der großen Kaiserin Katharina war, und den kinderlosen Kaiser Alexander zum Bruder hatte, konnten diese weiteren Dinge sich in vielfacher Gestalt, und wie als größte so auch als glaublichste vorstellen."[173]

An der persönlichen Integrität Varnhagens bestehen keine Zweifel. Wenn er die Worte Wilhelms exakt wiedergegeben hat, dann darf daraus nicht nur dessen Anspruch auf höchste Würden im Deutschen Reich geschlussfolgert werden. Die Enkelin Katharinas der Großen und Schwester des kinderlosen (!) russischen Kaisers hegte 1818 offensichtlich heimliche Hoffnungen auf die russische Krone! Es war durchaus möglich, dass Katharina in ihren Wünschen verharren durfte, weil Alexander I. auch im Jahre 1818 entgegen den nachdrücklichen Forderungen seiner Mutter keine definitive Regelung für die russische Thronfolge nach seinem Tode traf. Erst als Katharina im Januar 1819 starb, bestimmte er sofort und endgültig den Bruder Nikolai zum Thronerben.

Zurück in das Württemberg des Jahres 1816: Beide Handlungsmotive, die auf den autokratischen Traditionen beruhende Wahrung des monarchischen Prinzips sowie der Blick auf eine dominierende Rolle in ganz Deutschland entsprachen dem Selbstverständnis Katharinas. Sie bildeten die Basis für das politische Zusammenspiel mit dem Kronprinzen. Nicht nur der – politisch relativ unbedeutende – Theologe Johann Georg

Müller bestärkte Katharina in ihrem Willen zur Macht. Seit dem Jahre 1812 sprach sie mit dem Freiherrn vom Stein mehrfach über die künftige Gestaltung Deutschlands. In der gleichen Zeit, in der Katharina mit Müller das Verhältnis von Macht und Religion diskutierte und Müller die Schrift vom Glauben der Christen vorschlug, traf Alexander I. in Basel den weithin bekannten schweizerischen Reformpädagogen Johann Heinrich Pestalozzi. Müller bot seine Schrift quasi selbst an und erhielt das Votum Katharinas. Alexander I. regte seinerseits Pestalozzi zu einer Denkschrift über das Verhältnis von Volkssouveränität und Fürstenherrschaft an.

1815, als sich in Württemberg der Verfassungsstreit zwischen dem König und den Ständen verschärfte, als die „Heilige Allianz" Konturen annahm und das politische Restaurationsmodell Metternichs erkennbar wurde, gab Pestalozzi die Schrift „An die Unschuld, den Ernst und den Edelmut meines Zeitalters und meines Vaterlandes" heraus. Die Schrift musste auf das Interesse Katharinas stoßen, weil sie ihren eigenen Überzeugungen, Handlungsmotiven und Zielen entsprach. Volkssouveränität und Fürstenherrschaft gewannen bei Pestalozzi gleiche Wertigkeit – während in ganz Deutschland liberale und nationaldemokratische Bürgerbewegungen aus dem Boden schossen. Der Monarch wurde für Pestalozzi wieder der „Vater". Die Macht des Throns mutierte zur heiligen Macht und der Dienst der Fürsten wurde ein heiliger Dienst, ganz im Sinne der „Heiligen Allianz". Der Fürst wurde wieder als der ideale Gesetzgeber des 18. Jahrhunderts verstanden, als die einigende Kraft, die sich für sein Volk opferte. Allein, die Überhöhung monarchischer Würden reflektierte weniger das System Metternichs, der im Grunde an den Traditionen des aufgeklärten Absolutismus festhielt. Pestalozzi spürte, dass seine Reflexionen über das Verhältnis von Volkssouveränität und Fürstenmacht der Tatsache entsprachen, dass der am Beginn des 19. Jahrhunderts erwachende Bürgersinn den eigenen Landesherrn im Kampf gegen Napoleon eine herausragende Bedeutung zumaß. Gestützt auf den russischen Kaiser wandten sich die Rheinbundfürsten von Napoleon ab und vereinigten sich als Alliierte an der Spitze ihrer Armeen auf den Schlachtfeldern! Es war ein heroisches Bild, das den Fürsten als volkstümliche Idealfigur erscheinen ließ. Diese Interpretation gefiel Katharina und entsprach ihrem Herrschaftsverständnis, soweit es die konkreten Verhältnisse in Württemberg berücksichtigte.

Pestalozzis Thesen stützten Katharinas Ziele noch in einer anderen Richtung. Ihr idealtypisches Bild vom wohltätigen Fürsten trug wesentlich stärkere christlich-pietistische Züge als aufgeklärte Tendenzen in sich. Der christliche Pietismus besaß im Königreich Württemberg Kraft und Tradition. Er war so tief verwurzelt, dass seine Anhänger durch ihre Zustimmung oder Ablehnung mit über den Erfolg der Innen- und Wirtschaftspolitik des Königs, aber auch der Anstrengungen Katharinas zur Hebung der öffentlichen Wohlfahrt entschieden.

Katharinas Ideengebäude setzte sich am Beginn der Württemberger Epoche aus sehr verschiedenen Komponenten zusammen: Sie wollte in der Logik der Evolution ihres bisherigen politischen Lebens und Willens handeln, orientierte sich gemeinsam mit Wilhelm an den Reichsideen des Freiherrn vom Stein, ließ den Petersburger Thron nicht aus den Augen und nahm die ethisch-politischen Lehren Müllers und Pestalozzis in sich auf. Die theoretischen Grundlagen und idealen Wünsche mussten mit einer realistischen Analyse über Württemberg, Deutschland, die Heilige Allianz und Russland verbunden werden, um das Machbare und Sinnvolle herauszufinden. Das galt für die Sozialpolitik, die Förderung von Kunst und Kultur, aber auch für die Erfüllung ihrer außenpolitischen Mission – die Interessen Russlands an den Grenzen zu Frankreich zu vertreten. Katharina sah noch nicht das Ende ihrer Träume von einem Kaiserthron gekommen. Stuttgart sollte nicht den Schlusspunkt setzen! Sie erging sich seit 1816 wiederholt in unbestimmten Andeutungen, dass sie für sich selbst mit keiner langen Lebenserwartung rechnete. Es gehört zu den Geheimnissen ihres Lebens und ist nicht mehr ergründbar, ob sie zu geeigneten Zeitpunkten mit dem düsteren Gedanken kokettierte oder ob sie wirklich von einem frühen Ableben überzeugt sein konnte. Ihre persönliche Lebensführung trug dem Schock von 1812 und den daraus erwachsenen gesundheitlichen Folgen keine Rechnung.

Unabhängig davon stellte Katharina mit ihrem praktischen und durchgreifenden Sinn für die Realitäten sehr schnell fest, wo im Lande die besonders drängenden Probleme lagen. Diese konzentrierten sich 1816 um die allgemeine soziale Notlage, um den politischen Streit für eine Verfassung und um die unbefriedigende Position Württembergs im Deutschen Bund. Die Kriege hatten Württemberg genügend Schaden zugefügt. 1816 riefen extreme Witterungsverhältnisse eine katastrophale Missernte hervor. Mitte Oktober begann der Winter. Getreide, Kartoffeln und Wein verdarben auf den Anbauflächen. Die Lebensmittelpreise stiegen in astronomische Höhen. Die Kriminalität wuchs und wuchs. Es gab sogar Fälle von Kannibalismus. Die königliche Regierung unternahm große Anstrengungen, um die Hungersnot zumindest ein wenig zu mildern. Sie verbot die Ausfuhr von Nahrungsmitteln, bekämpfte den

Wucherhandel und führte Getreide ein, das zu festgelegten Preisen an die Bevölkerung abgegeben wurde. Russland half mit Getreidelieferungen.

Im Winter und Frühjahr 1816/17 erreichte die Krise ihren Tiefpunkt. Alles noch verfügbare Getreide wurde erfasst, neue Höchstpreise wurden festgelegt, Bauern und Bäcker erhielten finanzielle Anreize, ihre Reserven zur Verfügung zu stellen. Die Stadtverwaltungen ließen öffentliche Suppenküchen einrichten, damit die Ärmsten der Armen nicht zugrunde gingen. Bis zu zehn Prozent der Bevölkerung konnten nicht mehr aus eigener Kraft überleben.

Die Hungerkrise rief in der Bevölkerung die unterschiedlichsten Wirkungen hervor – von Selbstmorden, Wahnsinn oder Resignation bis zum konzentrierten Willen, selbst einen Ausweg zu finden. Für Katharina war die Situation neu. Sie hatte die Schrecken des Krieges gesehen, aber der heimatliche russische Bauer lebte unter anderen Bedingungen. Der russische Bauer, gleich, ob frei, leibeigen oder der Krone gehörend, war bettelarm und extreme Notlagen gewohnt. Man zählte ihn nach „Seelen" und interessierte sich nur selten für seine Bedürfnisse. Monarchische soziale Wohltätigkeit konzentrierte sich in Russland primär auf die großen Ballungszentren Moskau und Petersburg. Altgläubige Religionsgruppen, die gegen die Armut des russischen Bauern revoltierten, galten als von der Orthodoxie Abtrünnige, als staatsfeindliche Häretiker.

In Württemberg gab es ein historisch gewachsenes städtisches Bürgertum, eine organisierte Arbeitsteilung zwischen Stadt und Land, eine Lebenskultur, die sich selbst unter den ärmsten Schichten noch weit von der Agonie des russischen Dorfes abhob. In Russland entdeckte die moderne Literatur erst den Bauern. In Schwaben priesen Dichter wie Ludwig Uhland oder Gustav Schwab die Traditionen des Landlebens und der Natur. Auch in Württemberg gab es unbequeme Religionsgemeinschaften, die letztlich produktiv in die gesellschaftliche Diskussion eingriffen und im konkreten Falle geeignet erschienen, die Vorstellungen Katharinas über eine elitär-paternalistische Wohltätigkeit mit den praktischen Erfordernissen und Möglichkeiten im Lande zu verbinden. Die Gespräche mit Müller und das Interesse für Pestalozzi führten Katharina zum südwestdeutschen Pietismus, der seit der französischen Revolution von 1789 aktiver geworden war.

Die Pietisten galten allgemein als tugendhaft, ordentlich und fleißig. Sie führten nach dem Vorbild ihrer jeweiligen Prediger ein unauffälliges „frommes Leben", glaubten an den baldigen Untergang der Menschheit, diskutierten mit den Hierarchen der lutherischen Amtskirche liturgische Meinungsverschiedenheiten oder kümmerten sich um die eigenen Wertevorstellungen der Menschen ihrer Umwelt. Sie lebten sowohl unauffällig als auch im Widerspruch zur Obrigkeit. Es gab selbstverständlich auch radikale Gruppierungen. Sie verweigerten den Kriegsdienst, den Eid auf den König und lehnten die kirchlichen Gottesdienste ab. Man beschuldigte sie des Ungehorsams und der Majestätsbeleidigung. Als die Spannungen zunahmen, suchten die radikalen Pietisten ihr Heil in der Auswanderung nach Nordamerika und auch nach Russland. Katharina II. hatte davon in Südrussland profitiert.

Die Hungersnot führte zu einem neuen Auswanderungsrekord. Im Jahre 1817 verließen zwischen Januar und Juli 17 200 Württemberger ihre Heimat in Richtung Amerika und Russland. Aber nicht etwa die Ärmsten der Armen zogen aus, sondern relativ vermögende Bauern und Handwerker, die in der Krise nicht ihren ganzen Besitz verlieren wollten. Die Situation schien für Katharina kompliziert. Mit relativ geringen konkreten Kenntnissen über Land und Leute ausgestattet, stand die junge Frau, die kurz nach ihrer Hochzeit schwanger wurde, mit all ihrem finanziellen Reichtum einer tief gehenden Wirtschaftskrise und dem Problem einer massenhaften Auswanderung gegenüber. Die Probleme konnten nur vom ganzen Land gelöst werden. Seit ihren Jahren in Twer wusste sie, dass Landbesitz streng verwaltet werden musste. In Württemberg herrschte der König nicht mehr absolut. Ein Ausweg musste unter Berücksichtigung der bodenständigen Traditionen, der vorhandenen sozialen Schichtungen und der gegebenen politischen Verhältnisse erfolgen. Das mütterliche Vorbild konnte nur bedingt helfen.

Das Eigenartige der Situation bestand gerade darin, dass Wirtschaftskrise und politischer Konflikt nicht voneinander getrennt werden konnten – weder durch den König, noch durch die Bevölkerung. Nur wenige haben dieses Problem präziser formuliert als der Freiherr vom Stein. Im Krisenjahr 1816/17 hat er mit kühlem Verstand beschrieben, wo die Chancen für ein erfolgreiches und glückliches Königspaar in Württemberg liegen konnten: Sie müssten gemeinsam eine Einigung mit den Ständen auf eine verbindliche Verfassung erreichen und parlamentarische Einrichtungen schaffen, die in den Nachbarstaaten Vorbildfunktion erlangten. Der wirtschaftlichen Misere konnte nach Steins Auffassung nur durch einen rigiden Sparkurs der Regierung, durch den energischen Kampf gegen Misswirtschaft und Korruption und durch das Korrigieren von Fehlentwicklungen begegnet werden. Das bedeutete, Wirtschaftskrisen wie der des Jahres 1816/17 konnte man künftig nur durch die Prävention begegnen. Die Menschen durften nicht auswandern. Sie mussten zu wachsender Produktivität und Eigeninitiative im Heimatland angehalten werden. Die Wirtschaft, der Staat und die öffentliche soziale Wohlfahrt durften nicht nur akute Löcher stopfen. Sie mussten Rahmenbedingungen für das soziale Engagement aller Bauern und Bürger schaffen. Sie sollten die Erkenntnis wecken, dass der Fleiß und der Reichtum des Einzelnen ein Maßstab für das Wohl der Gemeinschaft ist. Das konnte in politischer Hinsicht erreicht werden, wenn der König und die Stände zu einer Verfassung und einem Parlament gelangten, dem ein gesellschaftlicher Konsens zugrunde lag.

Die Zeit drängte. Der Hunger wartete nicht auf das Parlament. Der Verfassungsstreit ließ sich nicht einfach auflösen. In dieser Situation starb am 30. Oktober 1816 König Friedrich I. und hinterließ seinem Sohn ein Land mit ungelösten Konflikten. Wilhelm I. und Katharina bestiegen den Thron. Katharina brachte am selben Tage ihre Tochter Maria zur Welt. Wilhelm und Katharina übernahmen wahrlich ein schweres Erbe. Aber welches Symbol konnte mehr Hoffnung in sich tragen, als die Geburt eines Kindes.

Katharina trägt zum ersten Mal die Last einer Krone

Ein kurzer Blick zurück: Das Königreich Württemberg verdoppelte seine Fläche im Rahmen der von Napoleon verordneten Strukturbereinigung. Friedrich I. führte die alten und die neuen Lande Württembergs mit despotischer Hand zu einem zentralistischen, absolut regierten Staat zusammen. Die Flurbereinigung als solche erregte wenig Anstoß, sondern ihr gewaltsamer Vollzug. Die vom König verordnete Rechtsgleichheit aller Bürger glich einer allgemeinen Rechtsungleichheit, die keiner politischen Opposition Spielräume eröffnete. Als Napoleon stürzte, die nationalliberalen und demokratischen Freiheitsbewegungen in ganz Deutschland erwachten und die Verhandlungen zur Gründung des Deutschen Bunds die Möglichkeit ständischer Vertretungen und Konstitutionen erkennen ließen, ergriff Friedrich I. die Flucht nach vorn. Er berief zum 15. März 1815 eine Ständeversammlung nach Stuttgart ein und legte ihr seinen Verfassungsentwurf vor. Die Einberufung der Stände und die Ausschreibung von Wahlen rief eine aufgeregte Bewegung all jener Kräfte hervor, deren Oppositionsgeist der König seit Jahren unterdrückte. Von den mediatisierten Reichsständen bis zu überzeugten Altwürttembergern reichte der Protest gegen das Vorgehen des Königs. Man wollte kein Papier von des Königs Gnaden, sondern eine modernisierte Variante der altwürttembergischen Verfassung. Das „gute alte Recht" erwies sich als wirksamer Schlachtruf zur Vereinigung des Widerstands gegen den despotischen König. Eilig berief er seinen Thronfolger Wilhelm nach Stuttgart und der riet zur Nachgiebigkeit.

In den folgenden Monaten diskutierten die Stände mit den Vertretern der Königspartei intensiv und kontrovers über die Verfassungsfrage. König und Stände zogen alle Register staatlicher Obstruktion und frühparlamentarischer Handlungsfreiheiten – für und wider das „alte gute Recht", für und wider eine moderne Konstitution und Repräsentativkörperschaft. Keine Seite wollte nachgeben. Der König erreichte durch seine geschickte Verhandlungstaktik die Spaltung der zunächst geschlossenen Opposition. Er versprach u. a. die Revision aller seit 1806 erlassenen Gesetze. Die liberale öffentliche Meinung im Deutschen Bund schlug in den Jahren 1816/17 generell hohe Wellen. Konstitution und Parlament, das waren die entscheidenden politischen Schlagworte. Friedrich I. kümmerte sich nicht sonderlich um die Meinungen in Österreich, Russland oder Preußen, wie ihm der Deutsche Bund ohnehin relativ gleichgültig blieb. In Wien, Berlin oder Petersburg beobachtete man dagegen die Entwicklung in Württemberg sehr genau. Die zögerliche, aber notgedrungen wachsende Kompromissbereitschaft des Königs fand Sympathisanten in der liberal-demokratischen Öffentlichkeit Deutschlands und Württembergs. Noch war der Kampf um bürgerliche Freiheiten, um Gerechtigkeit für Alt- und Neuwürttemberger, um eine moderne Verfassung nicht entschieden.

Wilhelm und Katharina unternahmen im Sommer 1816 eine ausgedehnte Reise durch Oberschwaben und die Schweiz. Katharina erwartete ein Kind und sollte sich in Anbetracht ihrer nach wie vor angegriffenen Gesundheit schonen. Sie nahm jedoch auf den eigenen Zustand wenig Rücksicht. Erste Kritiker meldeten sich zu Wort.

Die Kronprinzessin interessierte sich buchstäblich für alle Fragen, nicht nur in der Landespolitik. Wissenschaft, Kunst, Technik, Pferdezucht, Architektur oder der gewöhnliche Alltag, überall wollte sie in die Gründe blicken. Das empfanden die Menschen in der Regel positiv, als Aufmerksamkeit und hoffnungsvolles Zeichen. Gleichzeitig fiel auf, dass Katharina zu buchstäblich jeder Frage eine abschließende Meinung artikulierte. Willensstärke wurde von ihr erwartet. Wenn diese jedoch in kleinliche Räsoniererei, Besserwisserei und Mäkelei ausartete, sich eines arroganten Stolzes bediente – so geschehen bei ihren Eingriffen in den Bau des Schlosses Rosenstein. Obwohl sie die Baupläne vorher genau studiert hatte, bemängelte sie die Ausführung auf Schritt und Tritt. Einzelnen Württembergern kamen zaghafte persönliche Zweifel an der sachlichen Kompetenz ihrer neuen Herrin. Man konzedierte ihr ihre lange Krankheit, die Umstände der Schwangerschaft und hoffte vor allem auf ihre Finanzmittel zur Beseitigung der Landesnot. Darin lagen zunächst genügend Entschuldigungsgründe.

Die Reise tat Katharina gut. Sie erholte sich und freute sich über eine neue Nachricht von Professor Müller aus Schaffhausen. Am 13. September 1816 antwortete Katharina aus dem Bellevue. Sie übermittelte den ausdrücklichen Dank des russischen Kaisers für die Übersendung der Schrift zum Glauben der Christen: „… jedes Streben zur Beförderung des Menschheitglücks wird von ihm mit Wärme aufgenommen, und was dringt diesem Ziel näher als eine vorurteilsfreie Erkenntnis der christlichen Religion, als Mensch schätzt der Kaiser Sie als Mensch – als Herrscher ehrt er den aufgeklärten Lehrer des Volks."[174] Eine russische Werkausgabe stand nicht mehr zur Diskussion.

Der 30. Oktober 1816 kam heran. König Friedrich I. starb – Katharina brachte die Tochter Maria Friederike zur Welt. Am gleichen Tage verkündete König Wilhelm I. ein Manifest. Er wandte sich direkt an die Stände und versprach die Weiterführung des Verfassungswerks. Er mahnte zur Treue und Pflichterfüllung aller Untertanen und betonte als wichtigstes Anliegen seiner Politik: „Die Wohlfahrt und das Glück der Uns anvertrauten Untertanen wird das einzige Ziel Unserer Bemühungen, und es wird Unser erstes Bestreben sein, die Erreichung dieser hohen Zwecke durch eine dem Zeitgeiste und den Bedürfnissen Unseres Volkes entsprechende, und seinen Wohlstand erhöhende Verfassung sicher zu stellen…"[175] Wilhelm erfüllte zumindest verbal die vielen Hoffnungen im Lande, die ihm einen neuen Kurs, eine Auflösung der verhärteten Fronten in der Verfassungsdiskussion zutrauten. Die Stände rechneten jetzt mehr denn je mit einer Wiederherstellung der altwürttembergischen Verfassung.

Wer das Thronmanifest gründlich las, der fand in den Worten vom „Zeitgeist" und den „Bedürfnissen" einen deutlichen Hinweis, dass Wilhelm keineswegs an eine Restituierung altwürttemberger Rechte und Pflichten dachte. Er hatte bereits in den vorausgegangenen Monaten keinen Hehl daraus gemacht, dass er die einst von Herzog Christoph (1515–1568) verordnete Konstitution für überholt hielt. Varnhagen von Ense verband Wilhelms Denkweisen ausdrücklich mit der Person Katharinas: „Sehr bedeutend erschien seine Gemahlin, die Königin Katharina, Schwester des russischen Kaisers, auf welchen sie nicht ohne Einfluss war und durch dieses Verhältnis das Ansehen Württembergs weit über das Maß seines eigenen Vermögens erhob."[176]

Wilhelm I. strebte die Lösung drängender wirtschaftspolitischer und sozialer Aufgaben an, die Konsolidierung einer modernen verfassten Bürgergesellschaft unter Wahrung der Autorität des Monarchen, die deutliche Erhöhung der Rolle Württembergs im Deutschen Bund und in der europäischen „Heiligen Allianz". Katharinas Konzentration auf die öffentliche soziale Wohlfahrt, Wirtschaft, Kultur und Wissenschaft fungierte von Beginn an als notwendiger Bestandteil des königlichen Gesamtkonzepts. Bei ihrem Wirken handelte es sich in keinem Fall um die abgehobene oder gar isolierte ideale Einzelleistung einer jenseits von Gut oder Böse stehenden mildtätigen Fürstin.

Im Großherzogtum Sachsen-Weimar-Eisenach, in dem die Verfassungsfrage und der Kampf um die Pressefreiheit zu einer ernsten politischen Krise führten (die ihren Ausdruck in der Kotzebue-Affäre fand), stellte die Schwester Maria ihr Konzept einer das Land umfassenden Wohltätigkeitsorganisation den Grundsätzen der liberal-demokratischen Verfassung entgegen und stärkte mit dem zentralistisch organisierten „Patriotischen Institut der Frauenvereine" das „monarchische Prinzip". Maria konnte sich auf die direkte Einflussnahme durch die kaiserliche Familie in Petersburg stützen. Alexander I. rief seinen Schwager Karl August von Sachsen-Weimar-Eisenach ob dessen Nachsicht gegenüber der liberalen Presse und den freiheitlichen Studenten mehrfach und ernsthaft zur Ordnung. In Württemberg liefen die Dinge anders. Johann Georg Müller schrieb anlässlich der Geburt der Prinzessin Maria Friederike ausdrücklich an die junge Mutter, dass das württembergische Volk vom König und von der Königin „die Gründung eines erneuerten Wohlstandes auf lange Zeiten hin zuversichtsvoll erwartet."[177] Württemberg rechnete nicht auf die isolierte mildtätige Einzelgabe der Fürstin – wie das in Weimar der Fall war –, sondern auf die Hebung des Wohlstands mittels der gesamten Staatspolitik.

Am 31. März 1817 eröffnete Wilhelm I. die Ständeversammlung mit einer Rede, in der er das Andenken seines Vaters ehrte und zugleich die Absicht verkündete, „durch eine Verfassung die Grenzen der Regierungs-Gewalt in den wichtigeren Angelegenheiten des Staates festzusetzen." Er steckte den politischen Gesamtrahmen ab: Württemberg war ein souveräner Gliedstaat des Deutschen Bundes und seine künftige Verfassung trage damit Verantwortung für ganz Europa. Wilhelm erklärte: „Ich habe mir umständlich den Entwurf ihrer Kommission vortragen lassen; ich habe das Gutachten meines Geheimen Raths angehört; ich habe Gründe und Gegengründe sorgfältig abgewogen, jedoch niemals aus dem Auge verloren, was der Geist unserer Zeit fordert und die gegenwärtige Gestaltung Europas und Deutschlands insbesondere zu berücksichtigen gebietet."[178] Wilhelm I. appellierte an die Stände, den von ihm vorgelegten Verfassungsentwurf anzunehmen, weil er die Traditionen Württembergs, dessen aktuelle Situation und die politischen Machtverhältnisse in der „Heiligen Allianz" und im Deutschen Bund berücksichtigte. Die einzelnen Landesteile sollten zu einem „rechtlichen Ganzen" vereinigt werden. Er betonte ausdrücklich die Freiheit der Person und des Eigentums, die Gleichheit vor dem Gesetz sowie die Freiheit der Rede und der Schrift. Er forderte die Beteiligung aller Stände an der Gesetzgebung und am öffentlichen Finanzhaushalt. Die Einführung eines Zweikammersystems sollte die Wiedereinrichtung unproduktiver Landtagsausschüsse von vornherein ausschließen. Der Landtag sollte in öffentlichen jährlichen Sitzungsperioden über die Staatsfinanzen beraten.

Diesem Entwurf stemmte sich die seit 1816 vertagte Ständeversammlung schroff entgegen. In ihren „Fundamentalpunkten" lehnte sie das Zweikammersystem ab und bestand auf der Weiterführung der permanent tagenden geheimen Ausschüsse. Die Altwürttemberger verbissen sich ohne Respekt vor den territorialen Veränderungen und den neuen politischen Bedingungen in den „Kampf ums alte Recht". Die Mediatisierten bildeten unter Berufung auf Artikel 14 der Deutschen Bundesakte den rechten Flügel dieser Fronde. Die Debatten arteten trotz aller Bemühungen der Verfassungskommission in Sophisterei und bornierten Eigennutz der Altrechtler aus, die ihrem antiquierten Starrsinn obendrein ein konfessionelles Gepräge gaben. Die Altrechtler standen gegen die „katholischen" Neuwürttemberger und die katholischen Mediatisierten suchte man gelegentlich gegen den bodenständigen protestantischen Adel auszuspielen.

König Wilhelm appellierte nachdrücklich an die politische Vernunft und forderte die Rücksichtnahme auf die neuen Bedingungen im Deutschen Bund – wie in Europa. Der Deutsche Bund vereinte seine Mitgliedsstaaten nur zu einem relativ lockeren Verteidigungsgebilde, in dem die großen Mächte kein sonderliches Hindernis für ihre eigene Politik fürchten mussten. Auch Württemberg legte im Deutschen Bund Wert auf die Akzeptanz seiner ungebrochenen Souveränität. Aber Württemberg war klein, mit geringer Bevölkerung und konnte bei neuen territorialen Ansprüchen weder auf eine Unterstützung durch Österreich noch aus Preußen oder Russland rechnen. Der ehrgeizige Monarch wollte sich nicht mit der für ihn deprimierenden Rolle eines Zaunkönigs am südwestlichen Rand Deutschlands abfinden. Darin schienen sich

Wilhelm und Katharina vollkommen einig, wenn auch aus unterschiedlichen Motiven.

Wilhelm glaubte noch immer fest daran, dass ihn seine Führungsqualitäten an die Spitze des künftigen Reichs tragen würden. Katharina sah in Wilhelm die letzte Chance ihres Lebens für die eigene Erhöhung in der aristokratischen Hierarchie. Wie gerne wollte sie doch eine Kaiserin werden, vergleichbar der großen Katharina von Russland. Wilhelms Konsequenz in der Verfassungsfrage zielte auf die politische und wirtschaftliche Stärkung der eigenen Souveränität im Deutschen Bund. Der entscheidende Widerstand ging von Österreich und von Metternich aus. Metternich hatte Katharina die Ehe mit einem der Erzherzöge verdorben. Das war ein Grund mehr, den Gemahl mit allen Mitteln in seiner Politik gegen Metternich zu unterstützen.

Als Wilhelm im März 1817 mit seinen Vorschlägen zur Wiederbelebung der Verfassungsdiskussion an die Öffentlichkeit trat, begann auch Katharina zu handeln. Seit dem Herbst 1816 bereitete sie die Gründung einer Wohltätigkeitsorganisation vor, die ganz Württemberg zusammenfassen sollte. Damals strebte das Land dem Tiefpunkt der Hungerkatastrophe entgegen: „Der Winter stand vor der Türe und musste vollends alles verschlingen, was der Arme noch zur Stillung des Hungers hätte aufbringen mögen. Aber dem Winter folgte noch eine lange Zeit bis zur Wiederkehr der Ernte, und diese lange Zeit war von keinem Troste erhellt, nur eine weite Öde der Verzweiflung dehnte sich vor dem bekümmerten Blick. Da saßen die Armen frierend, und haschten nach Kleie und Mehlstaub, um das elende Leben von einem Tage zum andern hinüberzuschleppen. Da standen sie und kochten Wurzeln, Gras und Heu zu kraftlosen Suppen. Stroh und Sägespäne sah man mahlen, Pferde schlachten, – die unnatürlichsten Nahrungsmittel als die willkommensten Labsale von wandelnden Gespenstern an sich gerissen. Die halbe Bevölkerung schlich bettelnd umher, die hohläugige, zerlumpte, sieche Armee des Hungers; die Kinder verließen die Eltern und schrien nach Brot vor fremden Türen, aus welchen sie der gleiche Jammer angrinste. Viele trieb die Not zum Wahnsinn, viele zum Verbrechen, wovon sie den Begriff verloren hatten."[179] Die Regierung warnte unermüdlich vor den Gefahren, die mit der Auswanderung in ein fernes und fremdes Land, dessen Sitten und Gewohnheiten man nicht kannte, verbunden waren. Allein die Agitation reichte nicht aus. Die Maßnahmen der Regierung mussten dringend durch eine kooperative Form öffentlicher Wohlfahrt ergänzt werden, aus welcher der hungernde Bauer und Bürger zwingend erkennen konnte: König, Königin, Administration und Unternehmer gaben sich alle nur erdenkliche Mühe, der großen Not, derer die Menschen aus eigener Kraft nicht mehr Herr werden konnten, Einhalt zu gebieten.

Katharina holte sich umfangreichen Rat bei jenen Persönlichkeiten, die auch in der Verfassungsdiskussion die politischen Positionen ihres Gemahls teilten. Gemeinsam entwarfen sie einen komplexen Plan für die Sozialfürsorge. Katharina wollte, dass „alle zum Helfen Bereite ... aneinander gekettet und Einheit und Zusammenhang in das große Geschäft der Menschenliebe gebracht werden, wenn nicht die Kräfte sich zersplittern und die einzelnen Wohltaten wie Tropfen im Meere zerrinnen sollten." Die Initiatoren wandten sich vor allem an die Frauen, waren diese doch „der Teil der menschlichen Gesellschaft, dessen hoher Beruf im Leben ist, zu helfen." [180] Die notwendigen Organisationsformen durften sich indes nicht allein auf die Frauen begrenzen, das hätte dem Grundsatz widersprochen: „Arbeit verschaffen hilft mehr, als Almosen geben." [181] Berater des Königshauses, wie der Verleger Johann Friedrich Freiherr von Cotta, der Bankier Rapp und der Geheimrat August von Hartmann, rieten der Königin von einem reinen Frauenverein ab. Wohltätigkeit ging alle Glieder der Gesellschaft an. Staatliche Institutionen und Wohlfahrtsorganisationen durften nicht gegeneinander arbeiten. Sie mussten miteinander kooperieren, sonst konnte das ganze System nicht wirksam werden: „Alle Armen, die Kraft zur Arbeit haben, müssen Gelegenheit und Auftrieb zur Arbeit haben. Alle Arbeitsunfähigen aber sollen nach ihren Umständen und Bedürfnissen versorgt werden." [182]

Die extreme soziale Not und der Verlauf der Verfassungsdiskussion zeigten, wie schwierig es sein würde, ein umfassendes Sozialsystem für das ganze Land zu organisieren. Katharina entwarf tatsächlich noch im Wochenbett einen Plan für die Hilfsorganisation. Als vordringlichste Aufgaben mussten Lebensmittel, Kleidung, Heizungsmaterial und Geld gesammelt werden. Amtsärzte sollten die medizinische Versorgung übernehmen. Sie konnte auf die in Württemberg vorhandenen Erfahrungen einer bereits bestehenden privaten Armenfürsorge aufbauen, deren Kapazitäten in der akuten Notlage leider nicht mehr ausreichten. Katharina legte ihre Vorstellungen mehreren Persönlichkeiten des öffentlichen Lebens vor, an deren Urteil ihr besonders gelegen war. Sie lud sieben Damen und zehn Herren ihrer Wahl auf den 29. Dezember 1816 zu einer Beratung und zur Gründung einer Zentralleitung für das Unternehmen ins Alte Schloss nach Stuttgart ein. Die Berater hatten mit der Königin gemeinsam gut vorgearbeitet. Sie studierten die Erfahrungen, die Lotter und Rieger mit den 1805 gegründeten Armengesellschaften gesammelt hatten. Sie überlegten bereits im Vorfeld eine dreigliedrige Struktur für den Wohltätigkeitsverein: eine Zentralleitung in der Hauptstadt, Bezirksleitungen in den Oberamtsstädten, Lokalvereine in den Gemeinden. Der Verein sollte sich auf konkrete Aufgaben konzentrieren: Aus Spenden, Zuwendungen und Kapitaleinnahmen sollte ein Armenfonds eingerichtet werden; unter den Begüterten sollte ein Sponsorensystem geschaffen werden; der Verein sollte nicht nur aus den territorialen Struktureinheiten bestehen. Die waren in erster Linie für die laufende Organisationsarbeit zuständig. Den Kern bildeten Werkstätten, Küchen, Asyle, Krankenstationen oder Schulen für die sozial Schwachen. Darum lautete die Einladung ganz schnörkellos: „Ihr bekannter Eifer für das Wohl Ihrer Mitmenschen und Ihre Mildtätigkeit bewegen mich, Ihnen Meinen mit Genehmigung des Königs, Meines Gemahls, entworfenen Plan zu einem Wohltätigkeitsverein mitzuteilen, dessen Zweck ist, den Dürftigen zu helfen. Ich füge die Bitte hinzu, Mir in diesem für den Staat so wichtigen Geschäft mit Rat und Tat beizustehen und hoffe, Sie werden diesen Beweis meiner persönlichen Achtung nicht ablehnen, sondern demselben entsprechen. ... Ich verbleibe Ihre wohlgeneigte Catharina."[183] Die Diskussion verlief offensichtlich positiv.

Am 6. Januar 1817 erfolgte die Gründung der Zentralleitung des Wohltätigkeitsvereins. Am gleichen Tag erging der Aufruf, im ganzen Königreich Lokalleitungen zu bilden, die in den zwölf Landvogteien bei den Oberämtern zusammengefasst und durch Spenden, einen Staatsbeitrag und Zuwendungen der Königin aus deren Privatschatulle handlungsfähig gemacht werden sollten. Der „Schwäbische Merkur" veröffentlichte den Aufruf am 13. Januar 1817: Das allgemeine Elend des Volkes sollte mit Hilfe des Vereins nicht nur für den Augenblick gelindert, sondern „künftig, wo möglich, in seinen ersten Keimen unterdrückt" werden.[184] Auf Vorschlag Cottas, Lotters und Pistorius' trat Katharina an die Spitze des wöchentlich tagenden Vorstands des Wohltätigkeitsvereins, damit dieser von Anfang an „bei Staatsbeamten, Oberämtern und Ministerien mehr Achtung und Unterstützung" genoss.[185] Die „Zentralleitung für die freiwilligen Wohltätigkeitsvereine" erwartete von den Oberamts- und Lokalleitungen, „dass sie sich aus gleichem religiösen Sinn und Eifer dem edlen Beruf, das Elend der Mitbürger auf alle Weise zu erleichtern, widmen werden ... Welche Anstände auch noch der Ausführung dieses wohltätigen Planes scheinbar im Wege stehen könnten, sie werden alle verschwinden, wenn wir hierdurch bekannt machen, dass unsere *Königin* mit einem kräftigen Willen an der Spitze des Zentralvereins steht und die Stifterin des ganzen Instituts ist."[186] Der Wink mit der königlichen Autorität war aus der sich zuspitzenden Notlage erklärbar. Christliche Nächstenliebe und Freiwilligkeit verlangten im konkreten Fall die administrative Kooperation mit dem Staat und seinen Dienern.

Am 7. Januar 1817 forderte ein königliches Zirkular alle Beamten der Landvogteien und Oberämter auf, die Arbeit des Wohltätigkeitsvereins durch aktive Handlungen zu unterstützen. Katharina schien dies eine notwendige Weisung. Sie klagte, dass die Staatsbeamten den Sinn der Neugründung nicht verstehen würden. Vielleicht waren die Beamten das Tempo der energischen Königin nicht gewohnt. Katharina leitete tatsächlich viele Sitzungen der Zentralleitung selbst. Für die Jahre 1817/18 verzeichneten die Hofdiarien 43 Sitzungstermine unter ihrer persönlichen Leitung oder Anwesenheit. Sie griff energisch durch, scheute sich nicht vor Auseinandersetzungen und lernte es auch, mit widersprechenden Meinungen zu leben.

Mitglieder der Zentralleitung visitierten die Oberämter. Katharina nahm die Berichte entgegen, kontrollierte und korrigierte die Ausführung der Beschlüsse. Sie unterschrieb die Protokolle mit „gelesen und genehmigt" und ihrem charakteristischen C. Der massive Einsatz zeitigte praktische Erfolge. Das Wohlfahrtswerk setzte sich durch, weil es nicht einseitig in den Grenzen eines privaten Sponsorings verharrte, sondern mit den staatlichen sozialpolitischen Aufgaben und Strukturen im ganzen Lande vernetzt wurde. Im Reskript vom 15. April 1817 machte der König den haupt- und ehrenamtlichen Funktionsträgern von Staat und Kirche die Mitgliedschaft in einer der Gliederungen des Wohltätigkeitsvereins zur Amtspflicht. Mangelnde Aufsicht über die Leistungen des Vereins wurde mit Strafe bedroht.

Das Patriotische Institut der Frauenvereine in Weimar wurde durch den Großherzog und durch das Gesetz legitimiert. In seiner praktischen Arbeit folgte es dem Prinzip der Freiwilligkeit. Es wurde von Maria Pawlowna autoritär geleitet und kontrolliert. Katharinas Wohltätigkeitsorganisation wurde mit der Kraft des Königs, der Administration und einflussreicher Bürger von Anfang an direkt in die staatliche Wirtschaftspolitik integriert. Dadurch konnte die Wirksamkeit und Stabilität des Vereins besser gefestigt und anhaltende Kritik minimiert werden. In Württemberg wagte es niemand, öffentlich von einer schamlosen Ausplünderung des Volkes im Namen der Wohltätigkeit zu sprechen, wie sich in Weimar die großherzogliche Schwiegermutter Maria Pawlownas ausdrückte. Angesichts der schlimmen Notlage besaß der König von Württemberg keine Alternative und Katharina erhielt eine konkrete

Aufgabe, die ihrem Naturell, der Disziplin und der Zukunft des Königreichs dienen konnte.

Im ganzen Lande entstanden Beschäftigungsanstalten. In Stuttgart wurde ein Industriewarenlager eingerichtet, in dem arme und mittellose Menschen versorgt und Geschenke wohltätiger Menschen verkauft wurden. Königin Katharina freute sich, „dass durch solche Arbeitsanstalten so manchem Staatsbürger Mittel verschafft wurden, ohne Verletzung des Ehrgefühls sein Leben nicht nur zu fristen, sondern auch nützlich hinzubringen."[187] Es entstanden Speise- und Unterstützungsanstalten, um der Kinderbettelei Einhalt zu gebieten. Das ganze Land wurde mit einem Wohltätigkeitsnetz überzogen, in welches auch die bestehenden privaten Sozialeinrichtungen, wie z. B. die von der Gesellschaft freiwilliger Armenfreunde 1807 und 1813 geschaffenen Kinderbeschäftigungsanstalten eingingen.

Die Tendenz zur engen Verzahnung öffentlicher, privater und staatlicher Fürsorgeeinrichtungen unter dem Dach des Wohltätigkeitsvereins wuchs mit fortschreitenden Erfolgen. König und Regierung engagierten sich von Beginn an so stark, dass bald die Stimmen überwogen, den Verein vollständig unter die Obhut des Staates zu stellen. Nach längerer Diskussion beschloss die Regierung im Mai 1818 auf Vorschlag des Innenministers Otto die Gründung einer Armenkommission als einer staatlichen Behörde zur „Obsorge für die gleichförmige Behandlung des Gemeinde-Beschäftigungs- und Industrie-Wesens". Beim Aufbau dieser Behörde spielte abermals der Geheimrat von Hartmann eine entscheidende Rolle. Die Armenkommission unterstand dem Innenministerium. Sie ersetzte nicht etwa die Zentralleitung, sondern galt als untrennbarer Bestandteil der Leitung des Wohltätigkeitsvereins. Katharina zeigte sich mit dieser Entwicklung voll einverstanden. Die Koordinierung entlastete sie von einem Übermaß an Arbeit, versprach eine größere Durchschlagskraft, nahm ihr jedoch auch etwas von dem Nimbus der erlauchten Wohltäterin. Das Volk von Württemberg hatte den Nutzen.

Ohne Zweifel hat sich Katharina mit der Wohltätigkeitsorganisation einen Namen in der Geschichte Württembergs erarbeitet. Sie hat hart gearbeitet und mit dazu beigetragen, dass Württemberg nach der guten Ernte des Jahres 1817 schneller aus dem wirtschaftlichen und sozialen Tief herauskommen konnte. Sie hat mit dem Wohltätigkeitsverein ein Beispiel geschaffen, wie sozialer Not auch in schwierigen Situationen vorgebeugt werden kann. Die bis in die Gegenwart anhaltende Popularität Katharinas resultiert daraus, dass der Wohltätigkeitsverein im Einklang und nach Abstimmung mit den staatlichen Erfordernissen in Politik und Wirtschaft arbeitete. Von Beginn an bezog der Verein Vertreter der Bürgergesellschaft in seine Tätigkeit ein. Er spielte keine exklusive Sonderrolle nach dem Prinzip: Sehr her, ich, die Königin, bin eure Wohltäterin! Der Wohltätigkeitsverein war weit mehr ein integrierender Bestandteil der gesamten staatlichen Wirtschafts- und Sozialpolitik, als eine herausragende aber isolierte Einzelleistung der Königin Katharina. Das sicherte ihm eine Zukunft, ohne die Leistungen Katharinas auch nur entfernt zu schmälern. Der Verein besaß durch das Engagement Katharinas eine umfassende politische Funktion, die sich in das Gesamtkonzept des Königs fügte und sogar darüber hinausging. Katharina blieb trotz Integration und Identifizierung mit den Zielen König Wilhelms I. wie ihre Schwester Maria in Weimar eine Anwältin der russischen Reichsinteressen auf deutschem Boden.

Marias „Patriotisches Institut der Frauenvereine" erfüllte in Weimar mit seiner sozialen Zielsetzung gewiss die gleichen Aufgaben wie Katharinas Wohltätigkeitsorganisation. Beide Vereine halfen mit, alte und neue Landesteile unter Überwindung wirtschaftlicher und tradierter Probleme zusammenzuführen und das ganze Staatswesen zu stärken. Sachsen-Weimar-Eisenach und Württemberg zeichneten sich durch weitere Ähnlichkeiten aus: Beide Fürsten – Carl August und Wilhelm I. – erreichten auf dem Wiener Kongress nicht die erwünschten territorialen Erweiterungen. Beide Fürsten meldeten Ansprüche als Wortführer der Mittelstaaten im Deutschen Bund an. In Württemberg und in Sachsen-Weimar-Eisenach nahmen die Verfassungsdiskussionen einen ähnlich zugespitzten Verlauf. Die Studenten an den Universitäten in Jena und in Tübingen erregten gesamtdeutsches Aufsehen und riefen den Zorn Metternichs hervor. Beide Staaten standen durch die Großfürstinnen unter der direkten Kontrolle des russischen Kaiserhauses.

Ihren Höhepunkt fand die russische Einmischungspolitik im Jahre 1818, als nahezu die gesamte Kaiserliche Familie im Umfeld des Aachener Kongresses der Heiligen Allianz in Weimar und Jena erschien. Auf dem Höhepunkt der Weimarer Verfassungskrise drückte das russische Kaiserhaus ganz persönlich auf die Einhaltung der Normen der „Heiligen Allianz" – allerdings mit mäßigem Erfolg. Nur das Patriotische Institut blieb als unumstößliche Konstante im Kampf gegen den „Jakobinismus" erhalten und übte finanzpolitischen Druck auf den Großherzog aus. Das Familientreffen der Romanows erreichte im gleichen Jahr 1818 auch Stuttgart. Wirtschaftliche Not, Verfassungsdebatten, eine erregte liberale Öffentlichkeit, die Gegnerschaft zu Metternich – das alles ähnelte den Weimarer Verhältnissen. Dennoch gab es beträchtliche

Unterschiede. Der König von Württemberg besaß in seinen Ansprüchen im Deutschen Bund ein größeres Gewicht als Carl August von Sachsen-Weimar-Eisenach. Das russische Kaiserhaus besaß dank der Herkunft Maria Fjodorownas eine feste familiäre Bindung nach Südwestdeutschland. Von der Königin Katharina, der selbstbewussten und energischen Frau, war keine Sympathie für übertriebene konstitutionelle Freiheiten zu befürchten. Da musste der Petersburger Hof nicht eingreifen.

Wilhelms eigenwillige Sonderwünsche für die Zukunft seiner Person und Württembergs waren sicherlich irgendwie zu regeln. Obendrein hatte sich das Verhältnis zwischen dem Freiherrn vom Stein, der Russland als Stütze seiner Reichsideen betrachtete, und dem russischen Kaiser bereits vor und während des Wiener Kongresses erheblich gelockert. Wenn Stein und Wilhelm I. gemeinsam künftigen Reichsideen nachhingen, stand dahinter nicht mehr unbedingt der Wille des russischen Kaisers. Im Gegenteil. Stein geriet bei den Monarchen und Regierungen Russlands, Österreichs und Preußens mehr und mehr in den Ruf, einer der geistigen Väter jenes nationalliberalen und demokratischen Aufruhrs zu sein, die den Gralshütern der Heiligen Allianz so viel Sorgen bereiteten.

Wenn Katharina und Wilhelm weiterhin enge Kontakte mit Stein pflegten, erweckte das nicht den uneingeschränkten Beifall in Petersburg. Störungen im restaurativen System der Heiligen Allianz genossen weder dort noch in Wien oder Berlin sonderliche Popularität. Selbst das Wohltätigkeitsmodell Katharinas wich beträchtlich von dem als positiv empfundenen Weimarer Beispiel ab. Katharina begab sich mit der Organisation in die Abhängigkeit von König und Regierung Württembergs. Zar Paul I. hatte seinerzeit eindeutig verfügt: Die öffentliche Wohlfahrt und Armenpflege untersteht der Gemahlin des autokratisch regierenden Herrschers. In Württemberg wurde der Wohltätigkeitsverein zur Angelegenheit des ganzen Staates. Katharina engagierte sich für ihren König und für Württemberg. Wilhelms Wünsche – und ihre eigenen Hoffnungen – schienen sich, so darf das Beispiel des Wohltätigkeitsvereins interpretiert werden, von den Grundsätzen und politischen Zielen Russlands zu entfernen. Wie sollte Katharina da die Interessen Russlands vertreten? Sie hatte nie besonders viel von der Stallorder gehalten. Mit Ausnahme der dramatischen Monate im Jahre 1812 blieben ihre politische Interessen relativ stark auf Persönlichkeiten bezogen und berücksichtigten vornehmlich die eigenen Wünsche. Das Verhältnis zum Kaiser, zur Mutter und vor allem die verschlungenen Wege ihrer Heiratsabsichten hatten das immer wieder demonstriert.

In Württemberg musste sie sich den politischen Ansprüchen Wilhelms unterordnen. Zwar kamen die Mutter und die Geschwister gelegentlich nach Württemberg, besonders im zweiten Halbjahr 1818, aber es fehlte das rechte russische Gegengewicht zu Wilhelm. Die Ursachen lagen in der Eigenwilligkeit des Königs, in dem schwindenden Interesse Alexanders I. an der praktischen Politik und vor allem darin, dass Katharinas Rolle als dynastisches Faustpfand Russlands im Kampf gegen Napoleon beendet war. Alexander I. entzog sich ihrem beherrschenden – bisweilen dämonischen – Einfluss. Er unterlag nicht mehr Katharinas Verführungskünsten. Sie wurde für ihren Bruder politisch uninteressant. Katharina musste bald begreifen, dass es aus Württemberg kein Entrinnen gab. Das entscheidende Problem lag darin, dass Wilhelms Chancen, an die Spitze des Reichs treten zu können, sichtbar schwanden. Diese Desillusionierung wirkte deprimierend.

Warum schreibt Katharina 1817 ein Testament?

Zunächst stürzte sich die Königin in die nahe liegenden Aufgaben und erweckte in der Öffentlichkeit den Eindruck, mit ihrem Gemahl eine persönlich und politisch ebenso harmonische wie ausgefüllte Ehe zu führen. Katharina und Wilhelm zeigten sich oft gemeinsam in der Öffentlichkeit. Sie besuchten Opern- und Theateraufführungen, Konzerte, Teegesellschaften oder Bälle im Schloss. In den Jahren 1817/18 nahmen sie – meist gemeinsam – an 83 Hoffesten und an 158 Inszenierungen des Hoftheaters teil. Die sonntäglichen Kirchgänge erfolgten natürlich getrennt. Nur bei besonderen festlichen Anlässen ging man zusammen in die Kirche.

Katharina kümmerte sich nicht nur intensiv um die Erziehung ihrer drei Kinder. Sie bemühte sich um ein gutes Verhältnis zur Familie ihres Gemahls. Das gelang ihr auch bei der Stiefmutter, Königin Charlotte Mathilde, und bei der Herzogin Henriette von Württemberg, der Tante ihres Mannes. Schwierig gestaltete sich die Beziehung zu Wilhelms Bruder Paul, dem sogar Alexander I. die zugebilligte Pension strich, weil er ihn für einen Deserteur hielt, der heimlich aus der russischen Armee entwichen war. Katharina setzte sich dennoch für Paul ein, aber Alexander, der seiner Schwester früher nie einen Wunsch abschlagen konnte, ließ sich diesmal nicht erweichen.

Katharinas Anstrengungen um innerfamiliären Sympathiegewinn stießen an eine unsichtbare Grenze. Sie brachte bis zum Sommer 1817 ein Kind zur Welt – eine Tochter. Der männliche Thronfolger blieb aus. Bei allem politischen und sozialen Engagement für Württemberg wusste Katharina aus der Geschichte der eigenen Dynastie, dass der gesunde Thronfolger die größte Erwartung war, die man an sie richtete. Dieses Problem hat sie außerordentlich belastet. Sie verfügte seit Jahren über eine schwache Konstitution. Im Juni 1817 entschloss sie sich zu einem Schritt, der ungewöhnlich und schwer erklärbar scheint. Königin Katharina von Württemberg schrieb ihr Testament. Das Dokument wirft drei grundsätzliche Fragen auf: Warum schrieb die junge 29-jährige Frau schon eineinhalb Jahre nach ihrer Eheschließung ein Testament? Warum wich sie darin von Regeln des Ehevertrags ab und warum offenbarte sie in dem Dokument die Schulden ihres Gemahls?

Ein Vergleich etwa mit der Schwester Maria Pawlowna in Weimar beantwortet diese Fragen nicht. Maria schrieb ihr Testament im Jahre 1857, im Alter von 71 Jahren, nachdem der Ehemann gestorben war und sie am Ende eines langen und erfüllten Lebens die Früchte ihrer Arbeit genießen konnte. Der Ehevertrag aus dem Jahre 1801 hatte alle erbrechtlichen Probleme fixiert. Für die testamentarische Bestätigung des Ehevertrags und den Abschied vom Leben ließ sie sich Zeit. Maria sah weder aus gesundheitlichen, noch aus finanziellen oder erbrechtlichen Gründen eine Veranlassung, ihren letzten Willen zu einem vorgezogenen Zeitpunkt zu formulieren. Sie häufte im Laufe ihres Lebens beträchtliche finanzielle Mittel aus russischen Zuwendungen an. Auch aus Petersburg kam niemals ein Signal zur vorzeitigen Abfassung eines Testaments.

Von der kaiserlichen Familie erhielt Katharina gleichfalls keine Aufforderung zu testamentarischen Verfügungen. Als sie im Juni 1817 ihren letzten Willen zu Papier brachte, erklärte sie, dass sie zum Augenblicke vollkommen wohl und gesund sei, dass sie jedoch angesichts der Vergänglichkeit irdischer Dinge den Fall eines möglichen Todes bedenken müsste. Das war ein Allgemeinplatz und keine befriedigende Begründung für ein Testament in ihrem damaligen Lebensalter. Es muss andere Gründe gegeben haben, zumal sich Katharina bereits Monate vorher in dieser Angelegenheit an ihren Gemahl wandte. Nach dem Württemberger Hausgesetz vom 1. Januar 1808 musste sie für das Testament die Genehmigung des Königs einholen. König Wilhelm I. erlaubte seiner jungen Gemahlin die Niederschrift am 19. Januar 1817.[188] Katharina erklärte, dass das Dokument ihren freien, bestimmten und letzten Willen zum Ausdruck brachte.

Sie ordnete im 1. Artikel an:

„Zu Unsern Erben setzen Wir Unsere jetzt lebende drei Kinder aus beiden Ehen ein und zwar namentlich: den Prinzen Friedrich Paul Alexander von Schleswig

Holstein Oldenburg, den Prinzen Friedrich Constantin Peter von Schleswig Holstein Oldenburg – Söhne Unseres verewigten ersten Gemahles, des Prinzen Georg von Schleswig Holstein Oldenburg, und die Prinzessin Maria Friederike Charlotte von Württemberg, Tochter Unseres jetzigen viel geliebten Gemahls, des Königs von Württemberg Majestät."

Höhe und Modus der Erbschaften hatten den Bestimmungen des Ehevertrags vom 22. Januar 1816 und den auf die Söhne bezogenen Anordnungen Kaiser Alexanders I. vom 22. Dezember 1815 zu folgen. Sollten aus der bestehenden Ehe mit Wilhelm I. weitere Kinder hervorgehen, würden sie die gleichen Erbrechte wie die Prinzessin Maria Friederike Charlotte von Württemberg genießen. Die Möglichkeit, dass aus der Ehe mit Wilhelm I. ein Sohn als Thronfolger hervorgehen könnte, dem besondere Privilegien einzuräumen waren – wie das später im Testament Maria Pawlownas geschah –, sah der letzte Wille Katharinas nicht vor.

Katharina verpflichtete ihren Gemahl, sich um die Erziehung ihrer beiden Söhne bis zu deren Volljährigkeit zu kümmern und nicht von den bestehenden Erziehungsrichtlinien abzuweichen. Den Kindern galt Katharinas Hauptsorge. Sie bestimmte ihr Erbe in Übereinstimmung mit dem Ehevertrag für alle nur möglichen Eventualfälle vor- oder nachzeitigen Ablebens der Kinder. Im Endergebnis ragten zwei Festlegungen heraus: Sollte Katharina kinderlos sterben, d. h. ihre Tochter vor ihr gehen müssen und keine weiteren Kinder geboren werden, dann würden die Söhne aus erster Ehe zwar den Erbteil der verstorbenen Tochter zugesprochen bekommen, aber Wilhelm I. behielte Zeit seines Lebens den Nießbrauch an diesem Vermögen. Sollten alle Kinder Katharinas nicht mehr am Leben sein, wenn sie selbst sterben müsste, würde ihr gesamtes persönliches Erbe an König Wilhelm I. fallen.

Diese Willensbekundung widersprach zumindest in Teilen den Bestimmungen des Artikels XIV. aus dem Ehevertrag, der für diesen Fall die Rückführung des gesamten Vermögens Katharinas an das russische Kaiserhaus vorsah. In dem Sinne wurde später auch bei den erbrechtlichen Bestimmungen in Weimar verfahren. König Wilhelm I. stand als letztem Glied der Erbkette in der Schlusskonsequenz das gesamte finanzielle Vermögen Katharinas zu, und das bisher obwaltende Prinzip der Unteilbarkeit des Vermögens der kaiserlichen Familie wurde von Katharina durchbrochen. Es ist nicht bekannt, ob es sich bei diesen Verfügungen um eine subjektive Eigenwilligkeit Katharinas handelte oder ob sie dem Wunsche des Königs folgte. Die hier bestimmte Erbfolge besaß im Jahre 1817 bei drei gesunden Kindern zwar nur eine theoretische Erlebenschance, aber sie wurde so und nicht anders formuliert.

Katharina fügte eine lange Liste an, in der ihre einzelnen Wertgegenstände an Möbeln, Schmuck, Kunstwerken, Erinnerungsstücken und dergleichen bestimmten Persönlichkeiten als Erbe zugeordnet wurden:

„1.) Unsern Kindern erster Ehe soll dasjenige Uns zugehörende Geschmeide zufallen, welches von ihrem verewigten durchlauchtigsten Vater, dem Prinzen Georg von Schleswig Holstein Oldenburg herrührt. Ins Besondere bestimmen Wir 2.) das Bild Unseres vielgeliebten Bruders, des Kaisers Alexander von Russland, welches durch einen großen Diamanten bedeckt wird und Uns von Seiner Kaiserlichen Majestät bei Gelegenheit Unserer ersten Vermählung verehrt worden ist, Unserem ältesten Sohne dem Prinzen Friedrich Paul Alexander von Schleswig Holstein Oldenburg und wollen, dass es in dem Herzoglich Oldenburgschen Hause als Fideikommiss angesehen und bewahrt und immerhin von dem ältesten Prinzen dieses Hauses besessen werde und zwar zunächst in der Linie Unseres ältesten Sohns, des kaum erwähnten Prinzen Friedrich Paul Alexander von Schleswig Holstein Oldenburg, sodann in der Linie Unseres zweiten Sohns des Prinzen Friedrich Constantin Peter von Schleswig Holstein Oldenburg und wenn auch diese in dem Mannsstamm aussterben sollte, nach Maßgabe der im Herzoglich Oldenburgschen Hause bestehenden Successions Ordnung. 3.) Derjenige Teil Unseres Schmuckes, welchen Wir von des jetzt regierenden und des verewigten Königs von Württemberg Majestäten zum Geschenke erhalten haben, soll Unserer Nachkommenschaft aus zweiter Ehe angehören und wir substituieren ihr in vorliegender Beziehung Unsern jetzigen viel geliebten Gemahl. 4.) Diejenige Uns zugehörige Edelsteine, über welche in vorstehenden Punkten nicht disponiert worden, sollen in zwei, ihrem Werte nach, gleiche Hälften geteilt werden. Die eine Hälfte bestimmen Wir Unsern Kindern erster Ehe und über die zweite Hälfte werden Wir weiter unten, näher verfügen (die zweite Hälfte gab sie dem König zur weiteren Verteilung – Anm. d. Autors). 5.) Unser Silber Zeug soll Unsern Kindern erster Ehe zustehen; dagegen vermachen Wir 6.) Unsern Putz, Tische (toilettes) nebst allen Zugehörungen, Unserer Nachkommenschaft aus zweiter Ehe. 7.) Unsern treuen Hund Prussak (der Preuße – Anm. d. Autors) wollen Wir nach Unserem Tode, Unseren Söhnen erster Ehe übergeben wissen."

Erhebliche Brisanz enthielt eine weitere Verfügung:

„Endlich überlassen und bestimmen Wir: 8.) Unserer Nachkommenschaft aus zweiter Ehe diejenige Summe, welche Wir im Frühjahre Ein Tausend Acht Hundert und Siebenzehn Unserem viel geliebten Gemahle, des Königs Wilhelm von Württemberg Majestät, Behufs der Abtragung Höchstderen älteren Privat Schulden angeliehen haben und deren Betrag in dem – diesem Testamente beigelegten versiegelten Zettel näher angegeben ist. Auf den Fall zur Zeit Unseres Ablebens, Unsere jetzige Ehe kinderlos wäre, substituieren Wir rücksichtlich der kaum gedachten (oben genannten – Anm. d. Autors) Summe, Unserer Nachkommenschaft zweiter Ehe, Unsern vielgeliebten Gemahle, des Königs Wilhelm von Württemberg Majestät."

Halten wir den Tatbestand sachlich fest: Katharina hatte ihrem Gemahl im Frühjahr 1817 zur Begleichung älterer Privatschulden Geld geliehen, obwohl der Ehevertrag im Artikel XI. eindeutig bestimmte, jeder Partner hätte für seine Schulden eigenständig aufzukommen. Katharina lieh ihrem Mann das Geld etwa zu dem gleichen Zeitpunkt, als er die Genehmigung zur Niederschrift des Testaments erteilte. Der dem Testament beigefügte versiegelte Zettel enthielt tatsächlich folgenden Text:

„In Beziehung auf Unser Testament vom 19. Juni 1817 und namentlich dessen Art. V. und dessen achten Punkt, erklären Wir Catharina Pawlowna von Gottes Gnaden Königin von Württemberg geborene Großfürstin von Russland, dass die Summe, welche Wir Unserem Gemahle, des Königs Wilhelm von Württemberg Majestät im Frühjahre Ein Tausend Acht Hundert und Siebenzehn zur Abtragung Höchstdessen älteren Privat Schulden anliehen, von vier und achtzig Tausend einhundert drei und sechzig Gulden neun und zwanzig Kreutzer betragen habe. Gegenwärtige Urkunde haben Wir eigenhändig unterzeichnet, Stuttgart den 19. Juni 1817. Catharina."

Das königliche Paar verstieß damit ein weiteres Mal gegen den Ehevertrag – letztlich wieder zum Nutzen Wilhelms I. Bei vorzeitigem Ableben Katharinas und der Tochter Maria musste er die geliehene Summe nicht zurückzahlen, sondern lediglich ein „Sühnegeld" entrichten. Katharina legte fest, dass die Zentralleitung des Wohltätigkeitsvereins 10 000 Gulden in Württemberger Währung erhalten sollte, „die von den Zinsen bezahlt werden sollen, die Unser jetziger Gemahl Uns aus den Kapitalien schuldet, welche Wir an Höchstdenselben zur Abtragung von Privatschulden ausgeliehen haben." D. h. Wilhelm zahlte bis zum Juni 1817 weder die Schulden an Katharina zurück, noch beglich er die auflaufenden Zinsen. Vielleicht konnte er ja eine Rückzahlung generell vermeiden. Katharinas Großzügigkeit gegenüber Wilhelm erreichte eine Größe, die man in Petersburg wohl nur schwer verstehen konnte. Es war logisch, dass sie ihm auch den Löwenanteil ihrer Möbel, Teppiche, Vasen, Leuchter, Spiegel, Uhren oder des Geschirrs und der Garderobe hinterließ. Er konnte die Gegenstände zur Erinnerung aufbewahren oder an Freunde und die Dienerschaft verteilen.

Die nachfolgende Anordnung sprengte alle bisherigen Dimensionen. Katharina vermachte ihrem Mann:

„Eine Million Rubel in russischen Bank-Assignationen, die bei dem Verkaufe des Uns in St. Petersburg zugehörig gewesenen Palastes, auf Unsern Anteil gefallen ist. Unser Wille hierbei geht dahin, dass dieses Legat auf keine Weise und namentlich weder durch Pensionen, die darauf angewiesen worden, noch durch Schulden beschwert, sondern rein und ohne allen Abzug an Unsern viel geliebten Gemahl ausbezahlt werden soll."

Wilhelm hatte bei einem vorzeitigen Ableben Katharinas eine Million Rubel zu erwarten! In der Schuldenfrage schrieb sie bis zu diesem Punkt stets von älteren Privatschulden Wilhelms. Jetzt folgte der Satz:

„Überhaupt ist es Unsere Absicht, dass die Schulden, welche von Uns contrahiert und bei Unserem Ableben etwa noch vorhanden sein könnten, von Unsern Kindern beider Ehen nach Maßgabe ihrer Erbanteile abgetragen werden sollen."

Wilhelm musste seine Schulden nicht aus der Million Rubel begleichen, sondern die Kinder hatten mit ihren Erbteilen dafür geradezustehen! Der König erhielt eine weitere stille Reserve:

„Diejenige Hälfte Unserer Edelsteine, über welche Wir Uns oben Art. V. und in dessen vierten Punkt die weitere Disposition vorbehalten haben, wenden Wir hiermit Unserem viel geliebten Gemahle, des Königs Wilhelm von Württemberg Majestät zu. Wir bitten Seine Majestät, diese Edelsteine nur im äußersten Notfall zu verkaufen oder sonst zu veräußern, und wollen, dass solche nach dem dereinstigen Ableben Unseres jetzigen Gemahls an Unsere Nachkommenschaft aus zweiter Ehe übergehen und dieser, Unsere Kinder erster Ehe substituiert sein sollen."

Dem Leser des Dokuments stockt in Kenntnis der für Württemberg nicht besonders vorteilhaften Bestimmungen im Ehevertrag der Atem: Wilhelm erhielt – teils theoretisch und teils praktisch – die Option auf einen großen Teil des Privatvermögens Katharinas, lediglich eingeschränkt durch die unabdingbaren erbrechtlichen Verbindlichkeiten für die überlebenden Kinder. Nur in einem einzigen Punkt berührte Katharina die Möglichkeit eines Vorzeitigen Ablebens ihres Gemahls. In diesem Falle sollten alle für ihn bestimmten Legate, einschließlich der Million Rubel an Bank-Assignaten, an ihre gemeinsamen Kinder übergehen – die beiden Söhne aus erster Ehe daraus jedoch keinen Nutzen ziehen dürfen.

Katharina traf darüber hinaus zahlreiche Sonderregelungen und schenkte ihren Familienmitgliedern in Württemberg und Russland, Freunden und Bekannten wertvolle Schmuckstücke und Andenken. Kaiser Alexander I., der ihr so nahe gestanden hatte, erhielt lediglich ein Portrait ihres ersten Gemahls Georg von Oldenburg und ein Bild ihrer Tante, der Herzogin Louise von Württemberg. Maria in Weimar bekam ein Armband, geflochten aus den Haaren ihrer Mutter. Selbst der österreichische Erzherzog Johann, einst Gemahl der Schwester Alexandra, erhielt einen schönen Stein aus Malachit, den Katharina von der russischen Fürstin Wolkonski als Geschenk bekommen hatte. Die Erblasserin bekräftigte am Ende, dass sie alle testamentarischen Bestimmungen wohl bedacht hätte und drückte die ernste Hoffnung aus, dass man ihren letzten Willen nach dem Ableben respektieren werde. Als Zeugen unterschrieben der Staatsminister und Oberste Hofmeister Katharinas, Levin Graf von Wintzingerode, der Staats- und Justizminister Geheimrat Otto Freiherr von der Lühe, der Staats- und Außenminister und Minister für Hofangelegenheiten Ferdinand Graf von Zeppelin, der Oberste Hofmeister des Königs, Carl Alexander Sigmund Freiherr von Seckendorff, der Kammerpräsident Geheimrat August von Hartmann sowie der Oberst Hofmeister des Königs, Eugen Freiherr von Maucler. Die russische Regierung wurde durch den Geheimrat Graf G. Golowkin, Kaiserlicher russischer Gesandter am Württemberger Hof, vertreten. Nachdem die Unterschriften geleistet waren, versiegelte der Notar das Testament und übergab es in das königliche Geheimarchiv.

Betrachtet man die ungewöhnlich frühe Niederschrift des Testaments vor dem Hintergrund der wirtschaftlichen Situation Württembergs, den politischen Bestrebungen des Königs im eigenen Land und in Deutschland sowie des Zustandes der Beziehungen zu Russland, so erschien sie durchaus sinnvoll: Sollte Katharina irgendetwas passieren, konnte ihr Geld für Württemberg genutzt werden. Der Ehevertrag legte nicht zwingend fest, dass seine Bestimmungen für alle Zeit unabänderlich bleiben müssten. Die deutliche finanzielle Stärkung des Königs aus dem Privatbesitz Katharinas berührte nicht jene Summen der Mitgift, die Württemberg mit der Eheschließung zugeflossen waren. Das vordringliche Erbrecht der Kinder wurde nicht geschmälert. Das Testament blieb keine Geheimsache zwischen Wilhelm und Katharina, die Regierungen Württembergs und Russlands bezeugten dessen Unanfechtbarkeit. Es blieben als kritische Punkte der frühe Termin und die Schulden des Königs. Das Testament gab keinen plausiblen Grund für die Niederschrift im Jahre 1817 und für die Schuldenregelung an. Die Motive erhellen lediglich aus den konkreten Ereignissen jener Wochen im ersten Halbjahr 1817. Indem Katharina ihrem Mann über den eigenen Tod hinaus den größten Teil ihres Privatvermögens zur Verfügung stellte, band sie sich fester an ihn und forderte, Gleiches mit Gleichem zu vergelten: Geld gegen Treue! Treue gegenüber dem Besitz und der Gemahlin! Katharina kannte die individuellen Sonderwege von Monarchen aus der eigenen Familie und wahrte genügend dynastische Disziplin, daraus keinen Skandal abzuleiten. Die Probleme mussten diskret und unauffällig, aber möglichst konsequent gelöst werden. Wenn es jedoch keine befriedigende Lösung gab und der König bei seinen Leidenschaften blieb, hatte man die Ärgernisse mit Anstand zu ertragen. Geld konnte viel bewirken. Ein Beleg für die Vermutung, Wilhelm hätte seine Gemahlin aus purem Eigennutz zu dem Testament veranlasst, ist nicht bekannt geworden.

Die Nachlassregelung kann gleichzeitig ein Test für die Stabilität der württembergisch-russischen Beziehungen gewesen sein. Der Petersburger Hof akzeptierte das Testament. Die kaiserliche Familie erhob keine Einwände, obwohl ihr bedeutende finanzielle Mittel verloren zu gehen drohten. Das war nicht üblich. Tatsächlich wurde der Graben zwischen Alexander und Katharina tiefer. Die praktische Politik interessierte den Kaiser immer weniger. Den ewigen Streit mit Österreich überließ er seinen Politikern und Diplomaten. Der jugendliche Held alterte und näherte sich zum ersten Mal seiner Gemahlin Elisabeth an, die ihm bis dahin völlig gleichgültig war. König Wilhelm I. und dessen gesamtdeutsche Ambitionen betrachtete er voller Misstrauen, wie ihm generell die nationalliberalen und demokratischen Strömungen im Deutschen Bund seit 1815 suspekt erschienen. Katharina war dem Ehrgeiz Wilhelms durchaus gewachsen und stachelte diesen weiter an. Damit konnte der einst so sehr in seine Schwester vernarrte Bruder nichts mehr anfangen. Damals, als Napoleon geschlagen werden musste, leistete die Schwester wertvolle Dienste. Sie wurde als Heiratskandidatin, als Diplomatin und selbst als persönliche Ratgeberin benötigt. Sie spielte diese Rollen gerne und verlieh ihnen jenen Hang zum Eigennutz, der sie selbst berühmt machte. Das alles gehörte der Vergangenheit an. Mochte Katharina mit ihrem privaten Geld anfangen, was sie wollte. In der kaiserlichen russischen Lombardsbank zu Petersburg lagen ohnehin etwa 2 Millionen Rubel in Geld und Papieren fest, die genügend Sicherheit für sie und ihre Kinder boten.

Im Alter von 29 Jahren entschließt man sich gewöhnlich nur zu einem Testament, wenn man selbst Ängste um die eigene Gesundheit und Zukunft empfindet. Bei Katharinas labilem Gesundheitszustand und ihrer rücksichtslosen Lebensweise darf man davon ausgehen, sie wollte konkreten ernsten Situationen ebenso konkret vorbeugen. Ihre Schwestern Alexandra und Jelena waren vorzeitig an den Belastungen einer jungen Ehe gestorben. Sie hatte bis 1817 unter schwierigen Bedingungen drei Kinder zur Welt gebracht. Dabei würde es nicht bleiben, solange der Thronfolger auf sich warten ließ. Jede neue Schwangerschaft brachte auch ein neues Risiko mit sich, das bei den ihr zur Verfügung stehenden natürlichen Reserven nicht kalkulierbar war. Im Grunde lief alles in einem Punkte zusammen: Katharina fühlte sich im Sommer 1817 gesundheitlich so angeschlagen, dass sie jederzeit mit dem Schlimmsten rechnete. Sie unternahm andererseits keine erkennbaren Schritte, sich zu schonen. – Aber sie schrieb ihr Testament.

Württemberg rüstet für die Zukunft des Landes: Katharinas soziales Engagement

Das Testament besaß nicht nur persönliche Bedeutung für die königliche Familie oder für die württembergisch-russischen Beziehungen. Katharina fühlte sich offensichtlich erleichtert, was auch ihrer Arbeit im Einklang mit der Gesamtentwicklung im Lande neuen Schwung verlieh. Das sozialpolitische Umfeld der Innenpolitik veränderte sich. Im Juni jenes Jahres 1817 konnte man bereits erkennen, dass Württemberg mit einer überdurchschnittlich guten Ernte rechnen durfte. Die sozialen Sicherungsmaßnahmen der Regierung und der Wohltätigkeitsorganisation erhielten eine stabilere Basis. Regierung und König erlangten festere Positionen für die Lösung politischer Grundfragen in der Verfassungsdebatte. Die Regierung und der Wohlfahrtsverein konnten von den unaufschiebbaren Notverordnungen zu einer gezielten Politik sozialer Prävention übergehen.

Im Sommer 1817 nahm Katharina in enger Kooperation mit dem König und der Regierung die Arbeit in drei Richtungen auf: Die Menschen mussten aus der Not lernen und selbst ein finanzielles Polster für künftig noch nicht vermeidbare Notsituationen schaffen; die beste Prophylaxe gegen die Not bestand in der Produktivitätssteigerung innerhalb der Landwirtschaft und des Gewerbes; Sparsamkeit und Effizienz konnten durch eine bessere Bildung aller Bevölkerungsschichten gefördert werden. Eine ausgewogene Verfassung konnte für diese Aufgaben die staatsrechtliche Grundlage legen. Die Regierung und die Stände hatten für einen entsprechenden Staatshaushalt zu sorgen und der Privatinitiative zur Stimulierung des Volksvermögens durften keine Grenzen gesetzt werden. Diesem Bereich wandte sich Katharina mit der gleichen Kraft zu, mit der sie bereits den Wohlfahrtsverein aus der Taufe gehoben hatte.

Sie ging einen schwierigen Weg. Allein die quälend kontroverse Verfassungsdiskussion zeigte, wie kompliziert es war, Alt- und Neuwürttemberg zu einem einheitlichen Ganzen zu verschmelzen. Am 2. Juni 1817, wenige Tage, bevor Katharina das Testament abschloss, wurde der königliche Verfassungsentwurf von den Ständen mit 67 gegen 42 Stimmen abgelehnt. Die Regierung löste die Ständeversammlung auf. Am 5. Juni 1817 verkündete der König in einem Manifest die provisorische Gültigkeit des vorgelegten Verfassungsentwurfs. In der „Sammlung der Regierungsblätter" hieß es, dass der Stände-Versammlung am 26. Mai 1817 ein Ultimatum zur Annahme der Verfassung durch Königliches

Reskript vorgelegt worden war. Nach der Ablehnung des Vorschlags hat ein Königliches Reskript die Ständeversammlung aufgelöst. „Der König erteilte hierin die wiederholte Zusicherung, dass Er Sein Volk schon jetzt der Wohltaten des Verfassungsentwurfes v. 3. März 1817 mit den Modifikationen des Königl. Rescripts v. 26. Mai, insoweit sich derselbe nicht auf eine landständische Repräsentation bezieht, teilhaftig machen werde ..."[189]

Die Erklärung bestätigte nur, dass die Verfassungsdebatte in einer Sackgasse steckte und der König bei der grundrechtlichen Vereinigung des Landes nicht vorankam. Aber die Verbesserung in der wirtschaftlichen Situation erlaubte es ihm, seine Ideen zur Verwaltungsreform des ganzen Landes umzusetzen und damit den Quertreibern in der abstrakt ausartenden Verfassungsdebatte den Boden durch praktische Umgestaltungen zu entziehen. Genau in dieses Konzept passten Katharinas Bemühungen um eine breit gefächerte soziale Prävention bei den kleinen Leuten. Die soziale und wirtschaftliche Stabilität des Landes wurde umso bedeutungsvoller, als Wilhelms Versuche, den Deutschen Bund fördernd in die Verfassungsdiskussion einzubeziehen, im Herbst 1817 scheiterten. Fürst Metternich und der Bundestag in Frankfurt besaßen nach dem Aufsehen erregenden Wartburgtreffen deutscher Studenten vom Oktober 1817 und den im ganzen Bund ausufernden freiheitlichen und demokratischen Demonstrationen kein Interesse, die in der Bundesakte gewährte Möglichkeit ständischer Parlamente als Regulativ zum monarchischen Prinzip zu forcieren.

Metternich riet dem König, die Verfassungsdiskussion auf die lange Bank zu schieben – was einer Absage an die bundespolitischen Ambitionen Wilhelms gleichkam, denn woraus sollte er seine Vorbildrolle schöpfen, wenn nicht aus einer mustergültigen Hausordnung in Württemberg! Das Land und dessen Probleme konnten nicht auf die lange Bank geschoben werden. Das Hungerjahr war im Herbst 1817 noch nicht überstanden. Katharina teilte die Ernsthaftigkeit der königlichen Bemühungen, stand in ihren eigenen Anstrengungen nicht nach und versuchte, wirtschaftliche und soziale Probleme im gesamten Landesinteresse zu lösen.

Nach dem hoffnungsvollen Beginn der Tätigkeit des Wohlfahrtsvereins und dem Abschluss der Arbeiten am Testament gönnte sich das Königspaar einige Ferientage. Es besuchte im September 1817 Baden-Baden, den Schwarzwald und die Schweiz. In Baden-Baden begegneten Wilhelm und Katharina Varnhagen von Ense, der das Treffen mit wohlwollendem Realismus beschrieb: „Sie hatte einen scharfen, klaren Verstand, der alles Gemeinnützige, alles auf Menschen und Verhältnisse Wirksame lebhaft ergriff und so leicht als richtig behandelte. Indes war sie zugleich entschiedene Herrscherin, gewohnt, ihren Willen mit der Gewissheit auszusprechen, dass die schleunigste Erfüllung folgen müsse, und sie fand es nur natürlich, mit Dienern, auch mit den höchsten, nicht viele Umstände zu machen. Von den vornehmsten Russen umgeben, die ihr aber, weil sie mit einem Deutschen einiges im Vertrauen sprechen wollte, zu nahe standen, sagte sie ganz unbefangen mit trockenem Befehl: „Weiter zurück!" Diese Mischung von Hoheit und Offenheit gab der schönen Frau, die doch zugleich die feinste Weltbildung besaß, einen außerordentlichen Reiz, und ihre Unterhaltung übte bisweilen einen wahren Zauber aus."[190] Das Königspaar warb um die Dienste Varnhagens und behandelte ihn freundlich.

Katharina ließ Schaffhausen auf der Reise nicht aus und traf sich mit ihrem Gesprächs- und Briefpartner Johann Georg Müller. Es war erstaunlich, dass sie immer wieder die Nähe dieses Mannes suchte. Vielleicht, weil er sie an Alexander I., an Russland und an ihre Mission zur geistlichen Erleuchtung des Bruders in den Jahren 1814/15 erinnerte. Tatsächlich fiel in dem Gespräch die wahrlich majestätische Bemerkung, dass man Frau Juliane von Krüdener, sollte sie in Württemberg auftauchen, postwendend ausweisen würde. Müller war sich der neuen Stellung Katharinas wohl bewusst. Er vermied es, selbst wenn die Zunge dabei brannte, zu sagen, dass Kaiser Alexander auf die Übersendung des Buchs zum Glauben der Christen nicht einmal geantwortet hatte. Bescheiden, wie wahre Gelehrte nun einmal sind, begnügte er sich mit dem Ruhm, den ihm das Buch im deutschsprachigen Raum eintrug. Außerdem, sagte er sich im Innern, wer wusste schon, wozu die freundliche Bekanntschaft mit der russischen kaiserlichen Familie noch einmal gut sein konnte. Im Grunde handelte es sich bei der Begegnung nur noch um einen Höflichkeitsbesuch, um eine Reminiszenz an die Vergangenheit. Katharina besaß für den wackeren Müller keine Verwendung mehr. Das sagte sie natürlich nicht direkt und Müller war stolz, gemeinsam mit dem Königspaar tafeln zu dürfen. Damit musste er sich für den Rest seines Lebens bescheiden. Es gab keine Briefe mehr von der Königin und keine weiteren Begegnungen. Müller starb wie Katharina im Jahre 1819. Die hochfliegenden Pläne von einst endeten ohne den gewünschten Erfolg.

Der Ausflug in den herbstlichen Schwarzwald tat Katharina gut. Sie stürzte sich anschließend mit doppeltem Elan in die Arbeit. Analog dem Beispiel Marias in Weimar beließ sie es nicht bei dem Wohltätigkeitsverein mit seinen vielfältigen regionalen und lokalen Gliederungen.

Katharina spannte mit staatlicher und unternehmerischer Hilfe ein soziales Netzwerk, dessen Knotenpunkte der Wohltätigkeitsverein, die Sparkassen, Krankenhäuser und Stiftungen bilden sollten. Sie verfuhr unter den konkreten Bedingungen Württembergs nach den gleichen Prinzipien wie Maria im Großherzogtum Sachsen-Weimar-Eisenach, etwa zeitgleich und mit verwandten politischen Zielstellungen. Der kritische Betrachter darf mit Fug und Recht annehmen, dass hier ein abgestimmtes Konzept des Hauses Romanow zugrunde lag, mit dem über die öffentliche Wohlfahrt Einfluss auf landespolitische Entwicklungen genommen wurde.

Vor dem Hintergrund jeweiliger spezifischer politischer Auseinandersetzungen gelangen den beiden Großfürstinnen soziale Projekte, die den Not leidenden Menschen dienten, die die Popularität der Fürstenhäuser im Volke stärkten und die einen wesentlichen Beitrag zur Festigung der Finanz- und Wirtschaftslage im Interesse des regierenden Hauses leisteten. Bei Maria Pawlowna sind diese Entwicklungen über einen langen Zeitraum nachvollziehbar. Sie baute ein eigenes Finanzimperium auf, ehe sie im Jahre 1828 die großherzogliche Würde errang. Niemals ließ sie sich die Zügel aus der Hand nehmen. In diesem Kontext besaß selbst das frühe Testament Katharinas einen positiven Sinn. Dieses sollte für den Fall ihres vorzeitigen Ablebens sichern, dass jene privaten Mittel, die in Weimar von Maria zum Ausbau ihres Mäzenatentums selbst und langfristig genutzt wurden, in Württemberg in die Hand König Wilhelms gelangten und von diesem getreu den Absichten Katharinas genutzt werden konnten. Das wäre eine selbstlose Konzeption gewesen.

Die Tragik Katharinas bestand im Vergleich zu ihrer Schwester darin, dass sie nur über zwei Jahre hinweg Grundlagen zu einem langfristigen und umfassenden Sozialwerk legen konnte. Den ersten Schritt ging sie mit dem Wohltätigkeitsverein. Der zweite Schritt knüpfte daran unmittelbar an und schloss weitergehende Überlegungen ein: Der Sparwille der kleinen Leute war zu fördern, um Vorsorge für Notzeiten zu schaffen. Die Produktivität der Landwirtschaft musste erhöht und der Wirkungskreis von Sozialleistungen erweitert werden. Ausgaben für Bildung und Erziehung waren Investitionen in die Zukunft. Fürstenhaus, Staat, Unternehmer und Gesellschaft mussten die Probleme gemeinsam anpacken und lösen. Für eine russische Großfürstin waren das erstaunliche Erkenntnisse, selbst wenn sie die für ihre Verhältnisse bestmögliche Ausbildung erhalten hatte und weit gereist war. Ihre Lernfähigkeit, die Bereitschaft, Lehren anzunehmen und ein eiserner Wille beschleunigten komplexe Problemlösungen.

Sparkassen gab es in Europa seit dem letzten Drittel des 18. Jahrhunderts. Die zunächst privaten Initiativen dienten von Anfang an der finanziellen Absicherung sozial unterprivilegierter Volksschichten. Durch kleine Einlagen einen Rückhalt für Notzeiten schaffen, das war eine Devise, die zuerst in der Schweiz und in England Fuß fasste. Sozialer Nutzen und die Möglichkeit zum Geld verdienen gingen bei den Gründern Hand in Hand. Katharina hatte davon in ihren Gesprächen mit Johann Georg Müller gehört und bei ihrem missglückten Besuch in England solche Sparinstitutionen besucht. 1787 war in Bern eine „Dienstenzinskasse" entstanden. 1792 gründete Isaak Iselin eine private Zinskasse in Basel. 1805 entstand eine Sparkasse in Zürich. Ersparniskassen gab es auch in St. Gallen, Aarau und Neufchâtel. Im Jahre 1814 berichtete das von Cotta in Stuttgart herausgegebene „Morgenblatt für die gebildeten Stände" über die Schweizer Sparkassen und lobte sie als Quellen für Sparsamkeit, Fleiß und Ordnung. Im gleichen Jahr besuchte Katharina die „Spar- und Leihkasse" in Göttingen. Den besten Anschauungsunterricht erhielt sie in der Heimat ihres Gemahls Georg. Die erste deutsche Landessparkasse entstand 1786 in Oldenburg. Bei der Oldenburger Ersparungskasse hieß es in der Gründungsverordnung, das Institut würde geschaffen, „damit Personen von geringem Stande und Vermögen in dem Herzogtum Oldenburg die ihnen bisher fehlende Gelegenheit erhalten, den kleinen Gewinn, welchen sie durch Fleiß und Arbeit über ihren notdürftigen Unterhalt erwerben können, zu zukünftigen Bedürfnissen sicher aufzubewahren und ohne Gefahr des Verlustes zinsbar zu nutzen."[191]

Nach den Kriegen gegen Napoleon litten die Menschen in ganz Deutschland Not. Württemberg oder Sachsen-Weimar-Eisenach waren nicht die einzigen Bundesstaaten, in denen damals Sparkassen gegründet wurden. Die Regierungen und regionalen Verwaltungen konnten die Probleme alleine nicht lösen. Die Sparkassen besaßen eine Doppelfunktion. Sie sollten die Eigeninitiative der einfachen Menschen zur Behebung ihrer Not auf lange Sicht fördern und den Staatshaushalt wie auch die kommunalen Ausgaben für soziale Leistungen entlasten. Im Jahre 1838 erging in Preußen das erste Sparkassenreglement. Es schrieb diese Doppelaufgabe ausdrücklich fest. Katharina verwirklichte das gleiche Anliegen in Württemberg bereits in den Jahren 1817/18.

Es waren nicht die testamentarischen Regelungen, sondern der Erfolg des Wohltätigkeitsvereins und die verbesserte Wirtschaftslage, die Katharina im Sommer 1817 veranlassten, sich den Sparkassen zuzuwenden. Am 27. August 1817 schrieb sie an den ihr vertrauten Gottlob Heinrich Rapp: „Sie werden also als Sachkundiger und Bankdirektor gebeten, Ihre Meinung über diesen Gegenstand zu äußern und die besten zu treffenden Vorkehrungen anzugeben."[192] Ein ähnliches Schreiben erhielt Cotta. Beide verfassten ein Gutachten und gelangten zu unterschiedlichen Vorschlägen. Der Hofbankdirektor sah in der Trägerschaft der Hofbank die günstigere Variante für eine Sparkasse, der Freiherr von Cotta plädierte als Verfechter liberaler Ideale für selbstständige kommunale Sparkassen. Katharina schloss sich dem von Cotta vorgeschlagenen Weg an. Sie erörterte das Problem von Beginn an in Verbindung mit dem Wohlfahrtsverein, der über zahlreiche regionale und kommunale Zweigstellen verfügte. Am 2. September 1817 beriet die Zentralleitung des Wohltätigkeitsvereins den Plan für die Sparkassen. Das Sitzungsprotokoll sagte aus: „Ihre Königl. Majestät haben aus mehreren Berichten die Bemerkung gemacht, dass der Vermögenszerfall mancher Personen in dem schlechten Umtrieb des Vermögens seinen Grund habe, und durch unsicheres Geldausleihen in kleinen Posten schon bedeutende Summen verloren gegangen seien. Daher hege sie die Absicht, den Staatsangehörigen es möglich zu machen, dass dieselben ihre Sparpfennige nicht ohne Interesse und an sicherem Orte niederlegen dürfen."[193] Der Begriff „sicherer Ort" definierte die konkrete Organisationsform noch nicht. In der Tat erhitzten sich die Gemüter über die Frage, wie das Prinzip der Sparsamkeit bei den armen Leuten, die Entlastung der öffentlichen Haushalte und die Erwirtschaftung von Gewinnen aus kleinen Einlagen am besten verwirklicht werden könnten. Man betrat in dieser Komplexität finanzpolitisches Neuland und musste gegensätzliche tradierte Pauschalmuster überwinden, die wiederum an Grundfragen aus dem Verfassungsstreit über die Einheit Württembergs rührten.

Am 24. Oktober 1817 erregte sich in der Sitzung der Zentralleitung des Wohltätigkeitsvereins die Gräfin von Zeppelin, Gattin des Staatsministers Ferdinand Ludwig von Zeppelin, „dass die Staatsbehörden wohl keine Zeit und keine Lust haben möchten, sich mit Maßregeln gegen die Verarmung zu beschäftigen, indem sonst die Idee mit der Sparkasse nicht erst jetzt zur Sprache kommen könnte."[194] Die spitze Bemerkung brachte den Unglauben an die Wirksamkeit von Sparkassen zum Ausdruck, war jedoch auch ein Beleg dafür, dass Katharinas Wünsche nicht widerspruchslos hingenommen wurden. Frau von Zeppelins Attacke gegen die Königin und gegen Cottas Vorschlag war im Übrigen nicht besonders geschickt. Der Gemahl besaß als Außenminister zwar keine hervorgehobene politische Bedeutung, aber er genoss das Vertrauen des Königs. Wenn Frau von Zeppelin eine verbale Breitseite gegen den

Wunsch der Königin feuerte, konnte die Position ihres Mannes gefährdet werden. Der Oberjustizrevisionsrat Georgii sekundierte der Frau von Zeppelin auch noch mit mokanter Herablassung, die Sparkasse könnte ja der Herr von Cotta oder wer sie sonst wollte, einrichten. Kannte der Mann denn nicht den Willen seiner Königin oder hatte diese sich noch nicht eindeutig festgelegt? Der Zwischenfall deutete zumindest an, dass sich die Damen und Herrn im Wohltätigkeitsverein bei ihren Entscheidungen für das Volk nicht in jedem Fall von den objektiven Landesinteressen leiten ließen.

Sogar Cotta, Mitglied der Zentralleitung des Wohltätigkeitsvereins, fühlte sich extrem provoziert und in der Sache wie in seiner Person angegriffen. Er reagierte nicht sehr souverän und verbarg sich hinter der Autorität Katharinas. Alles, was er in Sachen Sparkasse bisher unternommen hätte, wäre auf Befehl der Königin geschehen. Er fühlte sich getroffen, wenn er sah, wie er kompromittiert würde. Es war schade, dass das Ringen um eine notwendige Sache mit derartigen persönlichen Empfindlichkeiten belastet wurde, besonders, weil Cotta eine in Württemberg und Deutschland herausragende Persönlichkeit war.

Cotta verteidigte in der von ihm herausgegebenen Augsburger „Allgemeinen Zeitung" den Verfassungsentwurf des Königs und der Regierung mit allen Mitteln. Cotta galt als „echter Sohn des frühen Liberalismus."[195] Er verwarf die Intransigenz der altrechtlerischen Opposition, die nur um Worte stritt, wo es um wahre Freiheiten gehen sollte. Cotta hielt den König und die Regierung für liberaler als die Front der Verfassungsgegner und rief die Altrechtler immer wieder zur Ordnung. Er suchte die Mediatisierten für die aktive Verfassungsarbeit zu gewinnen und trat für das Zweikammersystem ein. Der König dankte ihm den großen persönlichen Einsatz und bestätigte am 7. November 1817 den Stand des Reichsadligen für Johann Heinrich Freiherr Cotta von Cottendorf.

Cotta genoss das persönliche Vertrauen des Königspaars. Aber er besaß auch seinen verletzbaren Stolz. Er arbeitete weiterhin im Vorstand des Wohltätigkeitsvereins mit. Bei den Sparkassen blieb er hart. Das Auftreten der Frau von Zeppelin hatte seine persönliche Eitelkeit zu sehr gekränkt. Katharina wollte ihn im April 1818 in den Vorstand der Sparkasse berufen – Cotta lehnte ab. Seinem politischen Einfluss hat das nicht geschadet – weder bei Katharina noch beim König. Er war ohnehin als Ratgeber für die Politik Wilhelms I. im Deutschen Bund nahezu unersetzbar.

Derweil liefen die Diskussionen weiter. Man stritt um die Begriffe

„Sparbank" oder „Sparkasse", um die Auswahl geeigneter Persönlichkeiten für den Vorstand, um Organisationsfragen und um die Idee an sich. Katharina ließ nicht locker und forcierte das Projekt so weit, dass es im Frühjahr 1818 in die Tat umgesetzt werden konnte. Die Königin fühlte sich in guter Hoffnung – in doppelter Hinsicht: Sie war seit dem Herbst 1817 erneut schwanger, hoffte zum zweiten Mal auf den erwünschten Thronfolger und die Idee der Sparkassen nahm im Verbund des Wohltätigkeitsvereins praktische Gestalt an.

Am 27. Februar 1818 erteilte der König die Genehmigung zur Gründung der Sparkasse. Im Regierungsblatt erschien eine recht abgehobene Bekanntmachung: „Es ist eine allgemeine Erfahrung, dass manche Arme immer nur deswegen arm bleiben, weil sie das Wenige, was sie besitzen, nicht zu Rat zu halten wissen, und dass kleine Einnahmen leichter verschleudert werden, wenn man keinen bestimmten Zweck dafür hat, ja dass auch selbst der sparsame Arme oft nur darum nicht in bessere Umstände kommt, weil er es nicht versteht, seine Ersparnisse klug und nützlich zu verwalten."[196] Für die Armut der kleinen Leute konnte die Obrigkeit deren mangelnden Sparwillen weiß Gott nicht verantwortlich machen. Im Übrigen widersprach eine derartige Annahme dem Sinn des bereits bestehenden Wohltätigkeitsvereins, der in jedem Falle nach der Devise „Hilfe zur Selbsthilfe" verfuhr. Sparkassen konnten nur ein weiteres wichtiges Element in der Sozialpolitik des Staates oder der Kommunen sein und entbanden die Regierung in keinem Fall von ihrer Fürsorgepflicht gegenüber den Bürgern niederer Schichten.

Katharina nahm die Dinge sachlich. Am 28. Februar 1818 ernannte sie die Vorstandsmitglieder für die Sparkasse: „Des Königs Majestät hat durch ein Allerhöchstes Dekret vom 27. d. M. das Anbringen der Zentralleitung des Wohltätigkeitsvereins wegen Errichtung einer Sparkasse zum Besten der ärmeren Volksklassen genehmigt und der Zentralleitung aufgetragen, die Anstalt zu gründen und in Tätigkeit zu setzen." Das war ein wichtiger Punkt: Die Zentralleitung des Wohltätigkeitsvereins erhielt den Auftrag zur Gründung und Organisierung der Sparkassen. Beide Organisationen stützten und bedingten einander. Gleichzeitig war der Wohltätigkeitsverein über die Armenkommission des Innenministeriums eng mit der Staatsverwaltung verflochten. Das ganze Unternehmen trug nach wenigen Monaten eher den Charakter vereinbarter und abgestimmter Aktionen von König, Staat und Administration, denn das Odium der mildtätigen Einzelleistung einer guten Königin.

Katharina mochte den Ruhm der Initiatorin tragen und sie gab tatsächlich nicht nur Anregungen, sondern handelte aktiv im Namen des

Königs. Sie schrieb nach vorausgegangener kontroverser Diskussion an die ernannten Vorstandsmitglieder: „Dies Institut erhält zwölf Vorsteher, welchen drei Mitglieder der Zentralleitung als Kommissairs beigegeben werden. Es ist mir bekannt, dass Sie durch Ihre Kenntnisse sowohl, als durch Ihren Eifer für das Beste des Landes sich vorzüglich eignen, einer der Vorsteher dieses Instituts zu sein, weshalb ich Sie mit Genehmigung des Königs dazu ernenne. Ich hoffe, Sie werden es als einen Beweis meiner persönlichen Achtung betrachten und durch Annahme des Antrags meiner Erwartung entsprechen. Indem ich Ihnen meinen Wunsch, baldmöglich(st) Ihre schriftliche Antwort zu bekommen, ausdrücke, verbleibe ich Ihnen wohlgewogen. Catharina." [197]. Das war ein klarer Auftrag des Königs, kurz und bündig von dessen Gemahlin formuliert, ohne Rhetorik und keinen Widerspruch duldend!

Von diesem Zeitpunkt an ging alles ganz schnell. Im März 1818 wurden die Statuten der Sparkasse beraten und Rapp zum ersten Vorsteher bestellt. Am 12. Mai 1818, dem Datum der offiziellen Gründungsurkunde der Sparkasse, erschien eine öffentliche Bekanntmachung im Regierungsblatt. Das Dokument bekräftigte, wie wichtig es war, die Ersparnisse der Armen sicher und nutzbringend anzulegen und dass sich diese Art der Geldanlage in anderen Ländern bewährt hat. Vom Nutzen der Einrichtung überzeugt, „haben Ihre Majestät die Königin die Veranlassung gegeben, eine ähnliche Anstalt für Württemberg zu errichten und nach bereits erfolgter Genehmigung Seiner Majestät des Königs unter dem Namen Württembergische Sparkasse in Stuttgart zu eröffnen." [198]

Katharina, der König und die Regierung formulierten nicht alle Faktoren, die den Sinn der Sparkasse ausmachten. Sie ließen sich vorerst nur von dem Grundsatz leiten, dass der Staat die Spartätigkeit der kleinen Leute fördern und die Sparer vor Verlusten schützen musste. Es war selbstverständlich, dass sich die Vorsteher der Kasse durch außerordentliche Integrität auszeichnen sollten und dass die Verfahren zu Ihrer Berufung oder Abberufung mit komplizierten Beurteilungen und Leistungskriterien gespickt wurden. Die Berufung von drei Kommissaren aus dem Wohltätigkeitsverein in den Sparkassenvorstand diente in besonderem Maße der gegenseitigen Verkettung beider Organisationen. Persönlichkeiten wie die Sparkassenkommissare Hofkammer-Direktor von Kohlhaas, Oberrechnungsrat Ludwig und Hofrat Pistorius boten die Gewähr, dass die Sparkassen-Satzung geflissentlich eingehalten wurde, dass überschüssige Einlagen mit einer Verzinsung von 4 % unverzüglich an die königliche Hofbank übergeben wurden und dass alle positiven und kritischen Entwicklungen der Sparkasse von der Zentralleitung des Wohltätigkeitsvereins begutachtet und mit entsprechenden Beschlüssen versehen wurden.

Es war kein willkürlicher Zufall, dass die Zentralleitung des Wohltätigkeitsvereins im Frühjahr 1818, als die Sparkasse konkrete Gestalt annahm, in einem Aufruf das umfassende Programm ihrer Absichten und Ziele umriss: „In die ganze Armenpflege soll eine Ordnung und Zweckmäßigkeit gebracht werden, wodurch die Quellen der Armut und Nahrungslosigkeit verstopft und die sittlichen Verderbnisse, die im Gefolge der Dürftigkeit zu sein pflegen, vertilgt werden. Alle Armen, die Kraft zur Arbeit haben, müssen Gelegenheit und Auftrieb zur Arbeit erhalten und es soll ihnen unmöglich gemacht werden, sich in Müßiggang zu nähren; alle Arbeitsunfähigen aber sollen nach ihren Umständen und Bedürfnissen versorgt werden. Dies ist das Ziel des Wohltätigkeitsvereins. In guten Jahren muss man dauernde Anstalten zur Beratung der Armen und Dürftigen treffen, damit in Jahren des Misswachses die Sorge für die Armut nicht lastig und drückend werde und am Ende gar unerschwingliche Forderungen herbeiführe." [199]

Mit dieser geistigen und materiellen Vorbereitung sowie auf der Grundlage eines bereits wieder greifenden wirtschaftlichen Aufschwungs konnte der Erfolg nicht ausbleiben. Das Königspaar ging durch seine symbolischen Einlagen mit gutem Beispiel voran. Vier Monate nach der Gründung konnte Katharina eine erste Bilanz ziehen: „Aus dem von den Kommissarien der Zentralleitung des Wohltätigkeitsvereins erstatteten Bericht über die Geschäftsführung der Sparkassenkommission von ihrer Entstehung an bis 30. September d. J. hat man die sehr günstigen Resultate kennen gelernt, welche die Bemühung und Sachkenntnis der Vorsteher unter Mitwirkung des Kassiers (des Kaufmanns Späth – Anm. d. Autors) hervorgebracht haben. Der gute Fortgang dieser Anstalt übertrifft die gehegten Erwartungen, und wem anders gebührt dafür der Dank des Publikums, als diesen Vorstehern, welche so viele Mühe der Erreichung des wohltätigen Zwecks gewidmet haben? Mögen sie dafür Ihren Lohn in dem Gefühl, vieles zum Besten Ihrer Mitmenschen beigetragen zu haben, finden, und nicht müde werden, in dem guten Werke fortzufahren, dessen Wert auch die Nachkommen dankbar erkennen werden ..." [200]

In den ersten vier Monaten legten 479 Sparer ihr Geld ein. 20 Kreditnehmer erhielten Finanzmittel. Es standen 24 648 fl. (Gulden) Aktiva 23 125 fl. Passiva gegenüber, sodass ein Gewinn von 1 500 fl. verblieb. Die in den folgenden Jahren veröffentlichten Bilanzen belegten, dass die Sparkasse nicht nur einen respektablen Anfangserfolg erzielte. 1819 legten bereits 1604 Sparer 88 904 fl. ein. Dagegen standen lediglich 61 Auszahlungsposten mit einer Gesamtsumme von 3 803 fl. Die Kapitalbildung schritt zügig voran – zum Nutzen der Wohltätigkeit, der königlichen Hofbank, der öffentlichen Haushalte und der Bürger Württembergs, die ihre kleinen Spargelder mit wachsendem Vertrauen in den Erfolg der Neugründung anlegten.

Vorleistungen für Wirtschaft und Bildung

Die Monate vom Frühjahr bis zum Spätherbst 1818 wurden für das Wohltätigkeitswerk Katharinas die produktivste Zeit. Ein Projekt reihte sich an das andere. Alle Unternehmungen standen miteinander in Verbindung. Dabei ist Katharina gerade in jenen Monaten die Arbeit besonders schwer gefallen. Ihre zweite Tochter, Sophie, kam am 17. Juni 1818 zur Welt. Die Schwangerschaft, die Geburt, die rastlose, bisweilen in ihrer Intensität überzogene Arbeitsleistung, flankiert von den nicht leichten persönlichen Beziehungen zum König, das alles zerrte an der instabilen Gesundheit Katharinas. Aber im politischen Vertrauen zu Wilhelm, gestützt auf kluge Ratgeber aus der adligen und Bürgergesellschaft sowie ausgestattet mit ihrem sprichwörtlichen eisernen Willen, ließen sie ein großes Pensum bewältigen. Wie anstrengend die Schwangerschaft und die Geburt der zweiten Tochter gewesen sein müssen, lässt sich allein daraus ablesen, dass Katharina, deren Terminkalender stets übervoll war, zwischen Ende Mai und Mitte August 1818 nur an wenigen Veranstaltungen des Hofs teilnahm.

Derweil breiteten sich der Wohltätigkeitsverein ebenso wie die Landessparkasse trotz des hinhaltenden Widerstands einzelner Vertreter der bürokratischen Administration und der quälenden Stagnation in der Verfassungsfrage im Lande weiter aus. Die konstitutionellen und administrativen Schwierigkeiten stimulierten Katharina offensichtlich bei der Erfüllung ihrer eigenen Mission. Sie scheute sich nicht, direkt in die Prärogative des Königs einzugreifen, lobte und tadelte Staatsbeamte, erteilte ihnen Anweisungen oder veranlasste die Wiederansiedlung von Aussiedlern. Sie konnte keine Beschäftigungsanstalten, Spinn- und Nähstuben ohne geeignete Räume einrichten. Diese mussten entweder private Sponsoren oder die Kommunen und Gemeinden zur Verfügung stellen. Mitunter übernahm der Wohltätigkeitsverein bereits bestehende private oder kommunale Einrichtungen. Die mussten saniert oder neu ausgestattet werden und das kostete viel Geld.

In Stuttgart gab es vor der Ankunft Katharinas zwei Anstalten zur Beschäftigung armer Kinder. Die schlossen sich jetzt dem Wohltätigkeitsverein an und erhielten später die Namen „Katharinenpflege" und „Marienpflege". Katharina gründete zusätzlich die „Armenschule" für vierhundert Jungen und Mädchen und förderte sie aus persönlichen Mitteln. Dabei kam ihr die Notwendigkeit spezieller Kinderrettungsanstalten zu Bewusstsein. Sie schrieb an die Vorsteher der Armenschule: „Zum Beweise meines Zutrauens will ich Ihnen einen Gedanken mitteilen, welchen die Erfahrungen aus der neuen Kinderbeschäftigungsanstalt in mir rege gemacht haben ... Sittenverderbnis der Kinder: nur eine moralische, anfangs mit Zwang verbundene Erziehung kann die bereits Verdorbenen ihrer wirklichen Bestimmung wiedergeben. Um diesen Zweck zu erreichen, müssen wir die Verirrten von den Unverdorbenen trennen ... Nehmen wir uns also der Moralisch-Kranken an, beschäftigen wir sie an einem abgelegenen Orte des Landes unter Aufsicht eines wahren Dieners der Religion, eines Geistlichen, der durch Ermahnungen ihnen die Liebe zur Tugend wieder einflößt, durch Unterricht ihre Geistesfähigkeit beschäftigt, durch Arbeit ihnen die Mittel der Erhaltung ihres künftigen Daseins gibt."[201] Bereits seit dem Sommer 1817 bestanden auch Überlegungen zur Einrichtung geeigneter Krankenanstalten. Ein königliches Reskript kündigte den Bau eines Krankenhauses an. Katharina erlebte die Realisierung nicht mehr, aber in der Gründungsurkunde von 1820 hieß es ausdrücklich: „Den Kranken stiften Obdach und Pflege, Catharinas eingedenk, Wilhelm und sein dankbares Volk."[202] Ein besonders anschauliches Beispiel, wie eng das Königspaar mit der Regierung, der Administration und den Wohltätigkeitsverbänden kooperierte, lieferte die Gründungsgeschichte der Universität Hohenheim und des Cannstatter Volksfestes.

Die Hungersnot des Jahres 1816/17 hatte die geringe Effizienz der Landwirtschaft dramatisch demonstriert. Etwa achtzig Prozent der 1,4 Millionen Württemberger lebten in und von der Landwirtschaft. Im Frühjahr 1817 tauchte erstmals der Gedanke an eine zentrale agrarische Leistungsschau auf. Landwirte sollten nicht nur ihre Produkte vorstellen, sondern die interessierte Öffentlichkeit über Techniken und Methoden im Ackerbau und in der Viehzucht informieren. Am 1. August 1817 entstand dann die „Centralstelle des landwirtschaftlichen Vereins", der im ganzen Land Zweigstellen einrichten sollte. Die strukturelle Analogie zum Wohltätigkeitsverein war unübersehbar. Der Gründungsaufruf hätte aus Katharinas Feder stammen können: „Der wesentliche Wohlstand Württembergs beruht auf Erzeugnissen seines Bodens. Nicht die Gewinnung der größtmöglichen, sondern zugleich der nützlichsten Produktionsmasse ist die Aufgabe, deren Lösung viel zu wenig beachtet wurde."[203] König und Königin teilten sich in diesem Falle die Leitung und übten ihren Einfluss auf die Gestaltung des Arbeitsprogramms der Centralstelle aus. Dessen einzelne Aufgaben variierten die gleichen Prinzipien, die dem Wohltätigkeitsverein und der Sparkasse zugrunde lagen: Vor allem der Staat hatte die Hindernisse zu überwinden, die der landwirtschaftlichen Produktion und dem ökonomischen Wachstum im Wege standen. Sache der Bürger und Bauern sollte es sein, für die Verbreitung allgemein gültiger Erfahrungen aus der praktischen Arbeit zu sorgen. Im Interesse langfristiger Wirkungen „steht der Centralstelle eine landwirtschaftliche Unterrichts- und Versuchsanstalt" zur Verfügung. Die besten Leistungen in Ackerbau und Viehzucht sollten vom Staat prämiert werden. Eine Fachzeitschrift würde die Arbeitsergebnisse kontinuierlich publizieren und es sollte regelmäßig ein landwirtschaftliches Fest veranstaltet werden.

Alle diese Aufgaben klangen modern, zeitlos und wurden – auch dank der erfindungsreichen Initiativen Katharinas – sehr schnell mit viel Bürgerfleiß in die Tat umgesetzt. Das Innenministerium arbeitete für die „Unterrichts- und Versuchsanstalt" ein Konzept aus, das der König genehmigte. Die zunächst als Basisobjekt in Aussicht genommene Domäne Denkendorf bei Esslingen erwies sich als zu klein. Man wählte das größere Hohenheim aus. Katharina setzte nach dem Ratschlag Hartmanns und Cottas den in preußischen Diensten stehenden Johann Nepomuk Hubert Schwerz als Direktor ein. Schwerz hatte durch einschlägige wissenschaftliche Arbeiten seine Qualifizierung für das Amt nachgewiesen.

Zum 1. Januar 1818 wurde die Leibeigenschaft der Bauern aufgehoben. Noch im Jahre 1818 sprach der Grundbesitzer Freiherr von Warnbühler die keineswegs isolierte Einzelmeinung aus: „Die Landwirtschaft auf den zahlreichen verpachteten Domänen und Privatgütern ist die schlechteste unter allen. Es fehlt ganz ein Stand gebildeter Ökonomen. Der Sinn für die Landwirtschaft liegt bei den großen Grundbesitzern in tiefem Schlummer. Allgemeines Interesse für die Landwirtschaft ist nirgends eine größere Seltenheit als in Württemberg."[204] Selbst wenn diese Aussage nach der vorausgegangenen krassen Notlage ein wenig holzschnittartig geriet, musste dringend etwas für die stabile Ernährung des ganzen Volkes getan werden.

Zur gleichen Zeit gingen die Arbeiten an einem Programm für das künftig jährlich durchzuführende Landwirtschaftsfest voran: Theorie und Praxis sollten also auf ebenso tiefgründiger wie breiter Ebene miteinander verbunden werden. Die Geburtsstunde des Cannstatter Festes rückte näher. Zunächst als Musterschau für die Viehzucht konzipiert, präsentierte die Regierung das Projekt am 23. September 1817 erstmals der Öffentlichkeit. Im Januar 1818 gab das Königspaar seinen Segen und am 31. März 1818 teilte die eigens ins Leben gerufene Stiftung im „Königlich-Württembergischen Staats- und Regierungsblatt" mit, dass künftig am 28. September eines jeden Jahres in Cannstatt ein landwirtschaftliches Fest organisiert wird – die bis auf den heutigen Tag populäre „Cannstatter Wasn".

Neben der allgemeinen Tierleistungsschau legte man auch den Zunfttag der Schiffer auf den 28. September. Besonderes Augenmerk richteten die Veranstalter auf Ergebnisse der Pferdezucht. Das dürfte Katharina gefallen haben. Pferde waren seit den Tagen von Twer ihre Leidenschaft. Am 12. Dezember 1817 hatte sie dem polnischen Grafen Rschewusky nach Konstantinopel geschrieben: „Aus einem Brief des Hofrats Butenew habe ich erfahren, dass Sie sich in Stambul befinden und sich unserer Begegnung in Radziwillow noch erinnern. Butenew schreibt mir unter anderem, dass Sie es nicht als eine zu große Mühe ansehen würden, für mich einige arabische Pferde zu erwerben. Sie würden mir damit den größten Gefallen erweisen. Ich liebe die Pferde außerordentlich, habe ihrer auch ziemlich viele und bemühe mich nach Kräften um die Verbesserung ihrer Rassen. Was ich besonders brauche, wird Ihnen Butenew sagen; besprechen Sie mit ihm, was Sie kaufen und wohin Sie es liefern sollen. Vergessen Sie nur nicht: drei Hengste und drei Stuten von der allerbesten Rasse und ohne jeglichen Fehler. Ich bitte Sie, die Versicherung hinzunehmen, dass mir Ihr liebenswürdiges Anerbieten auch dann im Gedächtnis bleiben wird, wenn unsere Pläne sich nicht verwirklichen sollten. Ich verbleibe mit Hochachtung und Ergebenheit Ihre Katharina."[205] Pferdezucht galt als ein besonders kostspieliges Vergnügen, aber Katharina gönnte sich ja sonst keinen Luxus, lebte bescheiden und investierte all ihre Kräfte in den wirtschaftlichen und sozialen Aufbau des Landes. Eine Aktion griff in die andere. Die Königin bestach durch die Fähigkeit zum komplexen politischen Denken und durch den scharfsinnigen Blick für das real Mögliche und Machbare. Diese Eigenschaften hatte sie in den vorausgegangenen Jahren nicht immer demonstriert.

Schwerz kam im Sommer 1818 nach Stuttgart und begann mit der Lösung der ihm übertragenen Aufgabe, tatkräftig gefördert durch die Königin. Am 20. November eröffnete er die „Unterrichts- und Versuchsanstalt" mit einer Ansprache vor den Lehrern und den ersten zehn Zöglingen, die mit den Lehrern im Schloss Hohenheim wohnten. Der Direktor war ein Pragmatiker, den der Wunsch nach Unabhängigkeit, Freiheit und wirtschaftlicher Selbstständigkeit leitete. Er sagte bei der Eröffnung mit einer wohl realistischen Anspielung auf die Verhältnisse in Württemberg: „Der Kaufmann, welchem der Wechsel der Geschäfte und die Gefahr eines nicht verschuldeten Umsturzes sein Gewerbe verbittern, der Gelehrte, der am Schreibtische seiner Gesundheit zusetzt und ein sieches Alter erwirbt, der Staatsmann, den die Last der Geschäfte erdrückt, der Höfling, der im Vorzimmer seines Fürsten verwittert, der Krieger, der unter dem beschwerlichen Dienst der Waffe ergraut, jeder, gehen Sie durch welchen Stand Sie wollen, seufzt vor Überdruss und Ekel, jeder wünscht sich ein unabhängigeres und ruhigeres Los."[206] Dieses Bild mögen nicht alle Zuhörer begeistert in sich aufgenommen haben, aber der Direktor verstand sein Fach und füllte es nutzbringend aus. Schwerz führte die Anstalt über zehn Jahre und legte die Grundlagen, dass diese sich über die Jahrzehnte hinweg zur landwirtschaftlichen Akademie, Hochschule und endlich am Beginn des 20. Jahrhunderts zur Universität Hohenheim entwickeln konnte.

In einem Punkt unterschieden sich Katharinas Jahre in Württemberg ganz wesentlich von ihrem vorausgegangenen Leben: Sie hatte zwar die Hoffnung nicht aufgegeben, mit Wilhelm in die europäische Politik zurückkehren zu können. Aber jenes Maß an egoistischer Eigenliebe, Selbstsucht und mitunter bizarrer Exaltiertheit, mit der Katharina den Unwillen von Monarchen und Diplomaten hervorgerufen hatte, ihre politische Naivität und das ausgeprägte Intrigantentum, wichen einem klügeren Überlegen und einer ausgewogenen Berücksichtigung objektiver Erfordernisse. Vor der Zeit in Württemberg genoss die Schwester des russischen Kaisers dessen Autorität im Notfall als wohlfeilen Schild. Die verwitwete Prinzessin von Oldenburg trug Verantwortung für ihre eigenen Kinder. Die Königin von Württemberg eignete sich das Verantwortungsbewusstsein ihrer Mutter an. Dazu zwangen sie das selbst gewählte politische Ziel, die konkreten Umstände, vor allem jedoch die Tatsache, dass sie es in Württemberg mit geistvollen, selbstbewussten und entscheidungswilligen Persönlichkeiten zu tun bekam, die das Wort einer russischen Großfürstin nicht per se akzeptierten. Katharina musste sich auseinander setzen, streiten, Kompromisse eingehen, ihre Königswürde durch Kompetenz in Sachfragen bestätigen. Sie reifte an den Aufgaben und durchlebte selbst einen Erziehungsprozess – bei aller höflichen Demut der Landeskinder gegenüber ihrer Königin. Sie war nicht die alleinige Herrin und Gebieterin über das Sozialprogramm, sondern ein wichtiges Glied in einer Entscheidungskette, die vom König bis zu den Bürgern und Bauern reichte. Das war nicht mehr der Paternalismus der russischen Kaiserinwitwe Maria Fjodorowna, den auch die Schwester Maria in Weimar pflegte. Trotz der ungelösten Verfassungsfrage, trotz Restauration, Metternich und Russland, in Württemberg stützte bereits die Bürgergesellschaft das Sozialprogramm der Königin.

Die kulturellen Traditionen Ost- und Westeuropas begegneten sich auch bei den Bildungs- und Erziehungsprojekten. Adel verpflichtete nicht nur gegenüber den sozial Schwachen. Das Kulturverständnis verlangte keine mindere Sorgfalt für den weiblichen Nachwuchs aus begütertem und aristokratischem Hause. Das Pariser Institut St. Cyr oder das Petersburger Smolny-Institut setzten die Maßstäbe. Katharina erhielt in Württemberg die Chance, mit einer ähnlichen Institution, verbunden mit neuen sozialpädagogischen Grundsätzen des Umbruchs zur Bürgergesellschaft hervorzutreten.

Ihr schwebte ein Pensionat für die Bildung und Erziehung von Mädchen der höheren Stände vor. Sie gewann den Pfarrer des Waisenhauses und Vorsteher der kommunalen Schulen Stuttgarts, Karl August Zoller, für ihre Idee. Zoller entwarf die Pläne für den Unterricht und die Ausstattung der Einrichtung. Er verhandelte mit Privatschulen, um deren Schülerinnen zu übernehmen. Seine Überzeugungsarbeit langte wohl nicht aus. Im Sommer 1817 kündigte ein Erlass des Innenministeriums den Ersatz aller bisherigen Privatschulen durch eine zentrale Anstalt der Königin an. In der Stuttgarter Königstraße wurde eine vorläufige Unterkunft angemietet. Die Gesamtkosten für die Einrichtung übernahm – neben einem staatlichen Zuschuss – die Privatschatulle Katharinas.

Katharina hoffte sehr, dass die Anstalt von der Öffentlichkeit gut angenommen würde. Sie widersprach dem Vorschlag, die Neugründung „Königin-Katharina-Stift" zu nennen – erst nach ihrem Tode erfolgte diese Namensgebung. Bis zum Tag der Einweihung am 17. August 1818 meldeten sich zweihundert Schülerinnen an, sechzehn davon für das mit der Stiftung eingerichtete Internat. Da die anderen Privatschulen zugunsten der Neuschöpfung geschlossen wurden, erscheint die Zahl nicht besonders denkwürdig. Bei der Eröffnung hielt die Königin eine Ansprache: „Das Leben hat seine ernste Seite; für den Ernst des Lebens muss der Mensch erzogen werden. Die moralische Kraft ist des Weibes einzige Stärke, und veredelte Charakterbildung ist die beste Ausstattung für das Leben in zwei Welten." [207] Katharina wollte der Anstalt eine

„ernste und besorgteste Pflegerin bis zum letzten Atemzug" sein. Zoller zeigte sich in seiner Rede überzeugt, die Öffentlichkeit werde die Schule positiv annehmen, weil die Königin die Schirmherrschaft übernahm. Katharina antwortete bescheiden: „Ich setze kein Gewicht auf meinen Namen, ich bin noch zu kurz in diesem Lande, und man fasst hier langsam Vertrauen; wenn es nur die Zukunft bringt! Meine Erwartung ist nicht größer, als der gewöhnliche Gang der Dinge. Dieser ist: Zuerst Widerspruch, dann Widerspruch in der Form der Zweifel, dies sieht so scharfsinnig aus –, endlich Gerechtigkeit."[208] Ein königliches Wort, zurückhaltend, mit einem gesunden Schuss an Selbstironie und passend für viele Anlässe! Lehrer und Schülerinnen mahnte sie: „Ich hoffe, dass die Vorsteher dieser neuen Anstalt, von der Wichtigkeit ihres Berufs durchdrungen, stets mit Eifer seiner Vollführung nachstreben werden. Ich hoffe auch, dass die Schülerinnen mit immerwährender Anstrengung die ihnen dargebotenen Bildungsmittel zu benutzen sich beeifern. Das Gegenteil wäre als Undank zu betrachten; eine Untugend, welche aus diesem Kreise verbannt sein muss. Aber hauptsächlich ist meine Hoffnung auf die Eltern der Schüler gerichtet; bloß wenn sie im Sinne der Anstalt auf ihre Kinder wirken kann sie vollkommen gedeihen. Meinerseits verspreche ich, immer den größten Anteil an diesem Institut zu nehmen."[209]

Sie gebrauchte keine leeren Worte. Katharina besuchte die Schule zwischen dem 18. August und dem 19. Dezember 1818 insgesamt zweiundzwanzig Mal. Sie half und kontrollierte streng. Als Maria Fjodorowna im Oktober 1818 nach Württemberg kam, führte die Tochter eine wohl geordnete Anstalt vor. Die Mutter schien recht angetan. Die Öffnung der Schule für alle Mädchen der gebildeten Stände hielt sie allerdings für zu demokratisch. Selbst bei der einheimischen Bevölkerung Württembergs erregte es Aufsehen, dass die Elevinnen nicht nur in der Hauswirtschaft und in guten Manieren unterwiesen, sondern zur körperlichen Ertüchtigung ermuntert wurden. Die Mädchen nahmen den Turnunterricht allerdings begeistert und dankbar an.

Katharina durfte sich abermals auf die Autorität des Königs stützen, denn ein Ministerialerlass bekräftigte: „Seine Königl. Majestät haben, überzeugt von dem hohen Werte, welche tüchtige Unterrichts- und Erziehungsanstalten für die Volksaufklärung und Bildung der Staatsbürger haben, die Verbesserung dieser Anstalten nach allen ihren Teilen, seit dem Antritte Allerhöchst Ihrer Regierung zu einer Ihrer wichtigsten Angelegenheit gemacht. Es ist Höchstdenselben nicht entgangen, dass besonders für den Unterricht und die Erziehung der Töchter aus den gebildeten Ständen bisher nicht hinreichend gesorgt worden sei ... Da aber hierdurch das gefühlte Bedürfnis nur mangelhaft befriedigt worden ist, so haben sich Seine Königl. Majestät bewogen gefunden, Ihre Majestät die Königin zur Begründung einer neuen, allen Bedürfnissen gewachsenen Anstalt zu veranlassen ... Diese Anstalt wird der unmittelbaren Anordnung, des Schutzes und der Leitung Ihrer Majestät der Königin genießen, und in der hiesigen Residenzstadt, wo derselben bereits ein geräumiges Gebäude angewiesen ist, bestehen."[210]

Die Gründung der neuen Schule markierte eine gewisse Zäsur. Bis zum Herbst 1818 brachte Katharina im Wesentlichen die durch sie beeinflussbaren wichtigen Vorhaben für die Sozialfürsorge, Bildung der jungen Generation und Hebung der Wirtschaftskraft auf den Weg. Sie unterstützte die aktive Selbsthilfe und sparte, wo es nützlich erschien, nicht mit ihrem Privatvermögen. Zum damaligen Selbstverständnis der Aristokratinnen gehörte auch das Engagement zur Förderung von Kunst und Kultur. Die Begegnungen mit Goethe hatten allerdings verraten, dass Katharina eher der praktischen Politik zuneigte und sich persönlich nicht besonders intensiv mit den schönen Künsten auseinandersetzte.

Der politische Wunsch:
Stuttgart als Zentrum deutscher nationaler Kunst

Katharina zeichnete gerne, unterhielt enge und freundliche Kontakte zu Künstlern und las auch. In Stuttgart besuchte sie regelmäßig das Hoftheater. Aber ein solches Maß eigenkünstlerischer Tätigkeit wie ihre Schwester Maria in Weimar legte sie nicht an den Tag. Diese für ihren Stand und ihre Erziehung gewiss ungewöhnliche Seite änderte nichts daran, dass die Ausstattung des Landes mit Bibliotheken, Galerien oder prächtigen Bauten zum Selbstverständnis einer Fürstin gehörten. Katharina beurteilte die Dinge eben von ihrer praktischen Seite. Sie besaß zwar oftmals eine abschließende Meinung zu Fragen des Lebens, vertiefte sich jedoch nicht besonders tief in ästhetische Theorien.

Im 18. Jahrhundert hatte nahezu jeder Fürst danach gestrebt, seinem Hofe durch die Wissenschaft und schönen Künste Glanz und Würde zu verleihen. Katharina kannte es aus Petersburg nicht anders. Ein eigenes Hoftheater, schöne Schlösser und Paläste, bedeutende Gelehrte, Dichter und Musiker hoben das Ansehen, verliehen Prestige und gestalteten das höfische Leben angenehm. Württemberg war ein relativ kleiner Staat, dessen Herrscher mit allen politischen und wirtschaftlichen Mitteln danach strebte, das Land aus dem Tale zu holen und ihm jenes Maß an

Pracht zu verleihen, das er seiner künftigen Rolle in Deutschland schuldig zu sein glaubte. Katharina stützte diesen Ehrgeiz und fand einen praktischen Ansatzpunkt in den Arbeiten des freundschaftlich verbundenen Freiherrn vom Stein. Der zog sich nach dem Wiener Kongress von der aktiven Politik zurück. Seine Quellensammlungen zur mittelalterlichen deutschen Geschichte, die vom Württemberger Königspaar gefördert wurden, stützten die bislang wenig erfolgreiche Reichsidee. Deutsche historische Quellen aus dem Mittelalter ließen das Sammeln deutscher mittelalterlicher Kunst sinnvoll erscheinen. Stuttgart als Metropole deutscher Malerei und Plastik? Das schien Wilhelm und Katharina auch politisch verlockend.

Im Herbst 1813, als an eine Ehe mit Wilhelm noch nicht ernsthaft gedacht wurde, wünschte Katharina den bedeutenden Kunstsammler Sulpice Boisserée und dessen Bruder Melchior kennen zu lernen. Beide hatten in der Zeit der Säkularisierung des Kirchenbesitzes eine Sammlung berühmter altdeutscher und niederländischer Meister zusammengetragen und viele wertvolle Werke vor dem Verderben bewahrt. Katharina besichtigte die in Heidelberg ausgestellte Sammlung und äußerte sich anerkennend über die Arbeit der Brüder. Damals gehörte es für die Schwester des siegreichen Helden Alexander I. zur Selbstverständlichkeit, eine derartige Bildungsmöglichkeit zu nutzen, Kunstsinn zu demonstrieren und es der großen Katharina nachzutun: Die hatte auch einst durch ihre Agenten in ganz Westeuropa wertvolle Bilder und Skulpturen für die prächtigen Schlösser in und um Petersburg aufkaufen lassen. Katharina blieb mit Sulpice in Verbindung und wollte ihm großzügig bei seinem Werk helfen. Sie bat ihn im Jahre 1814, die Zeichnungen und Aufrisse, die er vom Kölner Dom angefertigt hatte, um den endgültigen Ausbau dieses Denkmals deutscher Nationalkultur zu befördern, dem Herzog von Oldenburg und dem Kronprinzen von Württemberg vorzustellen. Vielleicht könnten die ja auch nützliche materielle Hilfe erweisen.

Die Brüder Boisserée waren keine idealistischen Träumer, sondern praktisch denkende Kunstliebhaber und Galeristen. Sie wollten ihre Schätze für einen hohen Preis – darunter einer gesicherten Leibrente – verkaufen und boten sie mehreren Interessenten an. Besonders intensiv waren die Verhandlungen mit Preußen. Katharina vergaß das tüchtige Bruderpaar und deren Werte nicht etwa im Taumel ihres jungen Eheglücks. Im Frühjahr 1817 schrieb Sulpice an Goethe nach Weimar: „Die Absichten von Württemberg werden ernsthafter, die Schwierigkeiten von Preußen immer ärgerlicher und die Bemühungen der Frankfurter Freunde lebhafter. Von Stuttgart ließ uns Herr von Wangenheim (der württembergische Kultusminister) sagen, die Königin wünsche, falls wir von Preußen loskommen könnten, die Sammlung aus ihrer eigenen Kasse zu erwerben und dem Lande zu schenken."[211]

Katharina wollte die Kunstsammlungen für die Repräsentation Württembergs aus privaten Mitteln erwerben! Der Plan nahm in dem Augenblick Gestalt an, in dem Katharina ihre Kräfte darauf konzentrierte, die politischen Ziele des Gemahls durch die wirtschaftliche wie soziale Belebung Württembergs zu unterstützen. Im Juni 1818 erhielt Sulpice ein Schreiben von Katharina. Der Inhalt ist nicht bekannt, aber es könnte bereits um die Überführung der Sammlung nach Stuttgart gegangen sein, denn im Juli 1818 teilte Rapp mit, dass ein passender Ort für die Ausstellung zur Verfügung stünde: Ein lang gestreckter ehemaliger Offizierspavillon in der Königsstraße beim Schlossplatz in Stuttgart. Tatsächlich wurden in diesem Gebäude etwa 250 Gemälde aus der Sammlung Biosserées der Öffentlichkeit gezeigt. Im Oktober 1818 besuchten Katharina, Wilhelm und Maria Fjodorowna die übrige Kollektion der Boisserées in Heidelberg. Sie hielten sich dort mehrere Stunden auf. Maria Fjodorowna reiste nach Russland zurück und der Abschied fiel Mutter und Tochter schwer. Sie konnten nicht voraussehen, dass es ihre letzte Begegnung werden sollte. Vielleicht haben sie in Heidelberg sogar über den Ankauf der Bilder gesprochen, denn die Königin musste die erforderlichen Mittel auch erst von den kaiserlichen Banken in Petersburg abfordern. In den Augen Maria Fjodorownas wird das Vorhaben Katharinas wahrhaft revolutionär erschienen sein: Eine derartig bedeutende Kunstsammlung zum Vergnügen der Öffentlichkeit! In Petersburg blieben die Schlösser mit ihren prächtigen Kunstsammlungen noch Jahrzehnte vor den Augen des allgemeinen Publikums verschlossen. Aber Maria Fjodorowna könnte auch milde gelächelt haben – Württemberg, das war die Heimat, und für deren Wohlstand war dem Kaiserhaus kein Preis zu hoch. Leider vereitelte der frühe Tod Katharinas das Geschäft. König Wilhelm und Katharina wollten Stuttgart durch den Ankauf in den Rang einer Kunststadt erheben. Mit dem Ableben der Königin schied deren Privatschatulle als Finanzierungsquelle aus. Das Testament erwähnte den Kunsthandel mit keinem Wort. Wer sollte die Bilder bezahlen? Sowohl die regionalen Künstler als auch der Landtag und die Presse votierten massiv gegen den Kauf – aus falschem Egoismus, Konkurrenzneid und wegen der fehlenden Finanzen. Wilhelm hatte die notwendigen finanziellen Mittel ebenfalls nicht zur Verfügung. So unterblieb der Ankauf und König Ludwig I. von Bayern wurde der lachende Dritte. Er holte die Sammlung 1827 nach München und erweiterte mit ihr die Alte Pinakothek.

Kunst und Kultur verstand die Königin nicht nur im Sinne schöner Galerien mit prächtigen Schätzen für die Reputation des Hofs. Sie war sich des praktischen Nutzens der Kunst für die Belebung der Wirtschaft, der allgemeinen Lebenskultur, für den Patriotismus und die Heimatliebe bewusst. So versuchte sie den Dichter Johann Peter Hebel, der im „Rheinischen Hausfreund" und im „Schatzkästlein" national-patriotische Stimmungen anklingen ließ, für sich zu gewinnen. Varnhagen von Ense hat Katharinas Vorgehensweise und die Reaktion Hebels beispielhaft treffend beschrieben: „Die Königin Katharina von Württemberg war auf das in der Nachbarschaft (Baden – Anm. d. Autors) blühende Talent Hebels und die erfolgreiche Wirkung desselben aufmerksam geworden und dachte mit gutem Sinne zum Besten ihres Landes davon Vorteil zu ziehen; die Bürger und Landleute waren mancher Belehrung bedürftig, allgemeine Begriffe sollten in volksmäßigem Vortrag ihnen nahe gerückt, zu richtigem Verständnis und Gebrauch ihnen eröffnet werden; sie waren durch die Verfassung zur Ausübung politischer Rechte berufen, über welche sie aufgeklärt, berichtigt werden mussten, und nichts dünkte zweckmäßiger, als dies mit landwirtschaftlichen, gewerblichen und andern gemeinnützigen Angaben zu verflechten. Hierzu schien Hebel der Mann, und die Königin hatte ihn bald nach ihrer Ankunft in Baden auf die verbindlichste Art zu sich beschieden. In der Bezauberung, durch welche die Gegenwart der erhabenen Frau und ihre klare, treffende Rede ihn hielt, vermochte er weder abzuschlagen noch zu erörtern, er gab alle Versprechungen, die man wünschen konnte und kehrte wonneberauscht nach Karlsruhe zurück. Hier aber besann er sich nach und nach, dass die Sache so leicht nicht sei und dass gerade ihm nicht nur allgemeine Hilfe, sondern auch einzelne Leitung nötig werde, wegen deren er sich nun zu mir wandte, wie denn die Königin selbst ihn schon auf mich namentlich verwiesen hatte. Mir bekannte er bald, halb ängstlich und halb launig, dass er weder recht gefasst, was die Königin eigentlich wolle, noch zu dem, was er als ihren Zweck einstweilen vermute, sonderlich fähig sei; dagegen wollte er, wenn es verlangt würde, ganz in seiner bekannten Art einen Aufsatz liefern, der seine Unfähigkeit, in politischen Dingen mitzusprechen, ausführlich beweisen sollte, wobei er viele Dinge in gewissem Sinne denn doch eindringlich berühren würde."[212]

Varnhagen wollte Hebel erklären, dass Katharina keine „Gartenlauben"-Rethorik, sondern politische Agitation für die Hebung der Wirtschaft verlangte. Die Königin konnte Hebel nicht überreden und so unterblieb dieser ebenso ideologische wie suggestive Versuch, Kunst als Waffe für die Politik und Wirtschaft Württembergs zu nutzen. Der sensible Hebel sollte nicht überzeugt werden, sondern den Wünschen der Monarchin dienen. Nicht anders hatte Karamsin gehandelt und so war es Katharina gewohnt. Sie lernte in Württemberg viel im Umgang mit den Menschen, ab und an lugte jedoch wieder die russische Großfürstin durch – befehlsgewohnt und unerbittlich. Den Dichter Hebel verschreckte sie jedenfalls gründlich.

Die Schreiben Katharinas an Persönlichkeiten des öffentlichen Lebens in Württemberg zeichneten sich in jedem Falle durch die unbedingte Klarheit und Unmissverständlichkeit einer befehlsgewohnten Frau aus. Daran durfte es angesichts der im Lande nach 1816 herrschenden sozialen und wirtschaftlichen Zwangslage keine Kritik geben. Unter den obwaltenden Umständen der politisch und wirtschaftlich gleichermaßen ungeklärten Zukunft Württembergs kann es nur Erstaunen erregen, wie viel Unternehmungen die Königin in derart kurzer Zeit in Angriff nahm und erfolgreich vorantrieb. Ihrem Tun haftete jedoch kein übersinnlicher Edelmut oder gar ein weltfremder Hang zum abstrakten Guten an. Katharina war und blieb in ihren beiden Württemberger Jahren eine streng kalkulierende, nüchtern rechnende und nicht ungeschickt taktierende weitblickende Geschäftsfrau. Geld, Mut und Risikobereitschaft waren eindeutig zielorientiert: Württemberg musste ein starkes Land werden, damit Wilhelm eine führende Position im Deutschen Bund einnehmen und sie selbst die russischen Interessen in Deutschland wirkungsvoll vertreten konnte. Sentimentalitäten leistete sich die Großfürstin nicht. An ihren treuen Freund aus den Tagen des Kampfes gegen Speranski, Nikolai Karamsin, schrieb sie, verärgert über die zähen Verfassungsdebatten in Württemberg, er sollte doch lieber selber Texte schreiben und nicht so viel in deutschen Verfassungen lesen. Seit sie die Ständeversammlungen kennen gelernt hätte, wäre ihr das geflügelte Wort bewusst geworden, gute Gesetze, die man erfüllt, sind die beste Verfassung. Varnhagen von Enses Spekulation, Katharina würde in Württemberg für die Erweiterung ständischer Rechte durch eine Verfassung eintreten und damit wohltuend auf die Verfassungsfrage im gesamten süddeutschen Raum einwirken, griff eindeutig zu hoch.

Katharina blieb Pragmatikerin. Sie hielt nichts von parlamentarischen Debatten oder Konstitutionen. Die Verwaltungsreformen Wilhelms I. lagen ihr wesentlich näher und machten vielleicht sogar die Konstitution überflüssig. Die sozialen und wirtschaftlichen Neugründungen, die

Katharinas Ruhm in der Geschichte Württembergs begründeten, passten sich ganz eindeutig in das königliche Programm für die Landesverwaltung ein, profitierten von den Strukturveränderungen und dürfen als Lebensleistung aller verantwortlichen Menschen betrachtet werden, die daran aktiv mitwirkten.

Als die Mutter Maria Fjodorowna im Herbst 1818 Stuttgart besuchte, führte die Tochter Einrichtungen des Wohltätigkeitsvereins vor und betonte dabei recht barsch, dass die Kinder der Armen nicht an ein Leben in Luxus gewöhnt werden sollen: „Im Feinnähen und Perlensticken und anderen solchen künstlichen Arbeiten unterrichten wir diese Töchter der Armen nicht; sie sollen in den Schranken des Notwendigen bleiben, und wir wollen die Lust zu niedriger und harter Arbeit, wie ihr Stand sie fordert, ihnen nicht benehmen."[213] Die Mutter widersprach nicht. Aus den Worten der Tochter klangen die Überzeugungen der Kaiserinwitwe. Katharina traf genau jenen Punkt, der Maria Fjodorowna und einen großen Teil der kaiserlichen Familie im Herbst 1818 nach Stuttgart führte.

Die kaiserliche Familie bereitete sich seit dem Sommer 1818 auf den nach Aachen einberufenen Kongress der Heiligen Allianz vor. Alexander I. durfte noch einmal als der Retter und Held Europas in Erscheinung treten. In Aachen posierte der Kaiser des größten europäischen Reichs, der edle und tatkräftige Beschützer der deutschen und europäischen Kleinstaaten. Er hofierte im Vorfeld den preußischen König und ermunterte ihn, sich den österreichischen Führungsansprüchen im Bund zu widersetzen. Gemeinsam reisten die beiden Monarchen durch die deutschen Kleinstaaten nach Aachen. Es war eine Demonstration. Auf dem Kongress bot Metternich alle diplomatische Kunst auf, den russischen Kaiser in seiner Heldenrolle zu würdigen – umso nachgiebiger würde dieser bei den konkreten politischen Problemen sein. Metternichs Sekretär Gentz beobachtete den Kaiser: „Nur der Zar von Russland ist in der Lage, etwas Großes zu erreichen ... Für ihn gibt es keine parlamentarischen Hindernisse ... Was er heute beschließt, wird morgen ausgeführt ... Er ist darauf bedacht, seinen Ruf als gütiger Monarch nicht zu verlieren ... Ein natürliches religiöses Empfinden füllt sein Herz und beherrscht seine Gefühle."[214] Das Urteil galt dem Kaiser, traf jedoch auch auf die Wünsche Katharinas zu. Ihre spezifische Art der Sozialpolitik diente mit dem Wohl Württembergs auch dem Ruf des Russischen Reichs in Deutschland. Katharina koppelte sich in Württemberg als Person mehr und mehr vom russischen Hof und ihrem Bruder ab – jedoch nicht von den europäischen Interessen des Russischen Reichs.

Die Reformpolitik Wilhelms wirkte lediglich als Regulativ und zwang Katharina Zugeständnisse in ihren Verhaltensweisen ab, die sie unter russischen Verhältnissen niemals eingegangen wäre.

Wilhelm I. mochte die europäische Beschützerrolle Alexanders wohl gefallen, stützte sie doch bis zu einem gewissen Grade die politischen Ambitionen der kleineren und mittleren Staaten Deutschlands. Aber in Aachen trat eine ernste Panne ein, die zu Konflikten mit dem Petersburger Hof führte. Wilhelms Resident in Aachen hieß Georg Ludwig Lindner. Dieser Dr. Lindner stammte aus Mitau in Kurland und war russischer Staatsbürger. Er genoss den Ruf eines glänzenden Publizisten und einer zweifelhaften Persönlichkeit. Lindner bekam von der Universität in Jena den Professorentitel – obwohl er an dieser Universität nie eine Vorlesung gehalten hat. Er ergriff im Großherzogtum Sachsen-Weimar-Eisenach die Partei der kämpferischen liberalen Publizisten, deren erbitterter Streit mit dem russischen Spion August von Kotzebue in den Jahren 1817/18 zu einer Verfassungskrise führte. Lindner wurde aus Thüringen ausgewiesen. Die Obrigkeit beschuldigte ihn der Spionage für Frankreich.

Varnhagen von Ense führte in jenen Monaten im Großherzogtum Baden die Kampagne für eine nationalliberale Verfassung. König Wilhelm und Königin Katharina hielten große Stücke auf Varnhagen und boten ihm 1817 einen hohen Posten in Württemberg an. Varnhagen ging davon aus, dass die Werbung dem Ehrgeiz König Wilhelms I. entsprach, eine bedeutendere Rolle im Deutschen Bund spielen zu können, als sie dem kleinen Württemberg eigentlich zukam. Er hielt eine Initiatorenrolle Katharinas dabei für möglich und dachte sogar, dass sie noch immer als Beraterin ihres kaiserlichen Bruders politischen Einfluss besaß. Varnhagen vermutete, Wilhelm wollte mit seiner Hilfe die quälende Verfassungsfrage klären. Der umworbene Varnhagen wich aus und trat mit Wilhelm lediglich in einen freimütigen, durch Cotta vermittelten, Briefwechsel.

Varnhagen besaß Verbindungen zu Lindner. Er hoffte, mit der Empfehlung Lindners an den Württemberger Hof dem Druck aus Stuttgart zu entgehen. Wilhelm I. stellte Lindner tatsächlich ein und schickte ihn nach Aachen. Es ist nicht auszuschließen, dass der König Lindner zu einer geheimen Mission verpflichtete und beauftragte, durch Bestechung des Metternichschen Sekretärs Gentz die bayerischen Forderungen auf die badische Pfalz zu sabotieren. Die russischen Diplomaten klärten den Fall sehr schnell auf und veranlassten, dass Lindner sofort aus Aachen ausgewiesen wurde. Die unfreiwillige Demission sollte Lindner allerdings nicht sonderlich schaden. In den nachfolgenden Monaten spielte er eine herausragende Rolle in der Württemberger Verfassungsdiskussion. Er verfasste 1820 das „Manuskript aus Süddeutschland", jenes damals heiß umstrittene Dokument, in dem nicht nur eine Vollendung der neuen Reichsidee, sondern auch eine bedeutende Aufwertung der „Mittelstaaten" gefordert wurde. Es existieren Vermutungen, dass Katharina bei diesem Manuskript beratend mitgewirkt hat. Aber die Schrift erschien erst nach ihrem Tode.

Der Kaiser Russlands kam stolz aus Aachen zurück. Er besuchte seine Schwestern Anna in Brüssel, Katharina in Stuttgart und Maria in Weimar. Angesichts der in Württemberg und in Thüringen anhaltenden Verfassungskrise und des Skandals um Lindner wäre es naiv anzunehmen, Alexander I., Maria Fjodorowna und weitere Familienmitglieder hätten lediglich einen vertrauensvollen privaten Teebesuch absolviert. Weimar „erfreute" sich bereits geharnischter russischer Kabinettsorder gegen die „jakobinischen" Umtriebe der liberalen Presse und Publizistik. In Weimar und in Stuttgart besuchte die kaiserliche Familie demonstrativ die wohltätigen Schöpfungen Marias und Katharinas. So stellten sie sich wahre Herrscherpolitik für das Volk vor. Den Missgriff Wilhelms mit dem als freisinnig verrufenen Lindner konnte man dagegen nicht wortlos übergehen und Wilhelms eigenmächtige Wünsche nach einer Aufwertung Württembergs korrespondierten keinesfalls mit der russischen Deutschlandpolitik. Nicht umsonst hatte Alexander I. in Aachen das geradezu freundschaftliche Verhältnis zu Metternich gesucht. Die Hauptmächte der Heiligen Allianz hießen nicht Württemberg oder Baden, sondern Russland, Preußen und Österreich.

Der Abschied verlief für die Öffentlichkeit herzlich, war aber durchaus nicht freundschaftlich. Katharina zumindest konnte mit ihrer Arbeit ganz zufrieden sein. Sie hatte gemeinsam mit ihrem Mann und der Regierung, aber dennoch ganz im Interesse Russlands bewiesen, dass in Württemberg der Monarch und der Staat noch immer ein hohes Maß ihres Monopols an der politischen Aktion bewahrt hatten. Die Verfassungsfrage trat auf der Stelle, aber die Verwaltungsreform des Königs lief – flankiert von den sozialpolitischen Bemühungen Katharinas. Alles erfolgte unter der Autorität des Monarchen.

Die radikalliberale Presse und Publizistik besaß längst nicht die Schärfe wie z. B. in Thüringen. Den Bewohnern ganz Württembergs waren die sozialpolitischen Leistungen ihrer Königin und der Regierung, die sichtbar aus der schweren Wirtschaftskrise der Jahre 1816/17 heraushalfen, nützlicher und lieber als all das intellektuelle Gezänk um ein neues oder gutes altes Verfassungsrecht. Wie die Entscheidung zur Verfassung auch letztlich ausfallen würde, die einfachen Menschen arrangierten sich mit dem neuen Staatsgebilde – auch Dank der Leistungen Katharinas. Die Verfassungsdebatte lief in Württemberg ohnehin noch nicht auf eine moderne bürgerliche Repräsentativkörperschaft hinaus. Sie verharrte vorerst mit vielen Relikten im hergebrachten Ständewesen. Darum musste die kaiserliche Familie Russlands den König von Württemberg auch nicht mit jener Brachialgewalt zur Ordnung rufen, wie sie das im Falle des Großherzogs von Sachsen-Weimar-Eisenach tat. Wilhelm I. regierte kein „jakobinisches" Nest. Katharina leistete eine gute Arbeit.

Maria Fjodorowna, deren Heiratspolitik eine dynastische Grundlage für die Heilige Allianz gelegt hatte, konnte mit ihrer Tochter Katharina zufrieden sein. Während sie sich bei ihrem Aufenthalt in Weimar von Goethe Listen mit den Namen der aufmüpfigen Gelehrten und Publizisten geben ließ, die man auch im fernen Petersburg im Auge behalten wollte, konnte sie in Stuttgart im Vollgefühl eines Erfolgs sagen: „Ich komme nach einer langen Reihe von Jahren in mein Vaterland zurück und freue mich, meine Tochter in dem neuen Wirkungskreise so glücklich, geliebt, mit dem Vertrauen so vieler belohnt, und auch hier von Ihnen so treulich unterstützt zu sehen. Es macht mich glücklich, überall, wohin ich komme, wahrzunehmen, dass die Königin ihren Beruf zu erfüllen sucht."[215] Die würdigen Worte dokumentierten nur einen Teil der Wahrheit. Wenige Tage sollten genügen, den anderen, den komplizierten Teil, in den württembergisch-russischen Beziehungen für die Öffentlichkeit sichtbar werden zu lassen.

Kapitel VIII

Katharinas dramatischer Tod

Plötzlich und unerwartet?

Eine junge Frau, eine russische Großfürstin, versuchte 14 Jahre lang auffällig im Rampenlicht der europäischen Politik zu stehen. Russische
Reichsinteressen und individueller Ehrgeiz verschmolzen in einer Persönlichkeit, die von ihren genetischen Anlagen eher zu Sprunghaftigkeit, Unberechenbarkeit oder auch zu krankhaften Ängsten neigte. Seit
dem Dezember 1812 war Katharina Pawlowna, selbst wenn sie sich und
ihr Umfeld permanent vom Gegenteil überzeugte, psychisch und physisch ernsthaft krank. Nur Menschen mit einem starken Willen bringen
die Kraft zu energischen Reaktionen auf.

Zwischen 1805 und 1815 wollte Katharina Kaiserin werden – ebenbürtig der Großmutter, dem Vater und ihrem Bruder, dessen Mythos als
Befreier Europas sie nach Kräften förderte. Doch alle eigenen Heiratspläne zerstoben wie Asche im Wind. Die Ehe mit Wilhelm I. von Württemberg brachte für Katharina eine völlig neue Situation. Der Kampf
gegen Napoleon, dem ihr Streben bislang gegolten hatte, war zu Ende.
Europa benötigte eine neue Gestalt und kehrte in der Politik doch zur
alten Ordnung zurück. Obwohl Russland nach dem großen Krieg in der
Heiligen Allianz nicht jene Rolle spielen konnte, die Katharina erhofft
hatte, bereiteten Persönlichkeiten wie sie der Restauration den Boden.
In Württemberg musste sich Katharina in das wirtschaftpolitische Gefüge des Landes ein- und dem Willen des Königs unterordnen. Sie erhielt
erstmals konkrete Aufgabengebiete zugewiesen, die über den Rahmen
der eigenen Hofhaltung hinausgingen. Wilhelm glich nicht dem armen
und gutmütigen Georg von Holstein-Oldenburg. Katharina arbeitete verbissen und führte alle ihr übertragenen Aufgaben mit Initiative, Streit-
lust und dem Blick für die konkreten Herrschaftsmechanismen im
Lande aus. Vielleicht konnte Wilhelm I. ja doch eines Tages an die Spitze
eines neuen Deutschen Reichs treten. Die Hoffnung schwand jedoch
mit jedem Tag. Trotz aller eigenen Anstrengungen war nicht erkennbar,
dass die politischen Interessen Preußens, Österreichs und der anderen
Klein-, wie Mittelstaaten ein neues Reich mit einem König aus Württemberg an der Spitze zuließen. Russland wollte und konnte da gar

nichts mehr unternehmen. Je schmaler die Hoffnung, dass der Traum Wirklichkeit würde – umso energischer und intensiver die Arbeitswut bei der enttäuschten Katharina. Je größer die Last der Verantwortung – umso ärger die Rückwirkungen auf die Gesundheit. Der überragende Erfolg ihrer Bemühungen im Württemberg des Jahres 1818 war aus dieser Perspektive gesehen kein Zufall. Aber der Erfolg forderte seinen Preis.

Hinter den von gleichen politischen Interessen getragenen Mühen verschwanden die Menschen Wilhelm und Katharina, ihr Familienleben, ihr Glück oder Unglück, ihre Kinder, die alltäglichen Sorgen und Nöte. Das Königshaus umgab sein Privatleben mit einem Schutzschild. Niemand sollte sehen, wie es darinnen ausschaute. In einem kleinen Land wie Württemberg blieb jedoch nichts verborgen, schon gar nicht, wenn es um „Sensationen" aus dem Königshaus ging. Das akribisch geführte „Hofdiarium" verzeichnete die Ereignisse jedes Tages, den Katharina in Württemberg verbrachte. Wir wissen heute, wann sie im Neuen Schloss von Stuttgart, im Schloss Rosenstein, in Scharnhausen, Weil oder Ludwigsburg gewesen ist. Wir kennen ihren Tagesablauf von den morgendlichen Amtsgeschäften bis zum abendlichen Theaterbesuch. Wir wissen, welche Stunden sie gemeinsam mit dem König verbrachte. All das kannten damals nur die unmittelbar Beteiligten. Das Hofdiarium sagt jedoch nichts über den Inhalt der jeweiligen Gespräche oder über einzelne Tätigkeiten aus. Selbst die ausführlicheren Notizen zu Erziehungsproblemen der Kinder blieben eine Privatangelegenheit der Königin.

Wenn über Dissonanzen in der äußerlich glücklich wirkenden Ehe gewispert wurde, dann ging es in erster Linie um die Seitensprünge des Königs, von denen stets mehrere in Rede blieben – nicht nur mit seiner Geliebten Blanche de la Flèche, einer ehemaligen Hofdame seiner Schwester Katharina. Zu diesem Thema wusste der lästernde Volksmund, dass sich die edle Königin aus Russland die Eskapaden eine Weile ansah, dann jedoch ihrem Herzen Luft machte: Sie wollte keinen Fehltritt Seiner Majestät weiter dulden. Das war ein menschlich verständlicher Wunsch, der allerdings nicht so recht zu Katharinas Vergangenheit passen wollte. Da die damals regierende Männerwelt mit Seitensprüngen gekrönter Häupter ohnehin eher charmant umging, hielt Katharina alsbald den schwarzen Peter selber in der Hand. Man registrierte ihren politischen Ehrgeiz, ihre Sucht, selbst im Mittelpunkt stehen zu wollen, Streit zu suchen. Sie sollte sich doch bitte nicht so zickig anstellen! König und Königin waren gleichermaßen ehrgeizig, intelligent und machtbewusst. Katharina unterstützte ihren Mann in allen seinen politischen Plänen. Ihr Sozialwerk korrespondierte mit seinen Verwaltungs-reformen. Im Zweifelsfalle suchte sie nach Kompromissen. Lagen die Differenzen zwischen den beiden also lediglich im subjektiven oder cha-rakterlich bedingten Fehlverhalten eines permanent untreuen Gemahls? Gab es überhaupt ernsthafte Auseinandersetzungen, welche die Ehe wirklich belasteten oder konstruierte die Öffentlichkeit nach Katharinas Tod ein von angeblichen Sensationen geprägtes Bild?

In jeder Ehe gibt es Probleme. Liebschaften ihres Gemahls konnten Katharina weder ein Geheimnis bleiben noch sie sonderlich erschüttern. Diesen Zustand kannte sie vom russischen Kaiserhof, bei ihren Brüdern und vom Wiener Kongress. Sie selbst war auch nicht gerade prüde, wenn man ihr frühes Verhältnis zum Fürsten Bagration bedenkt, oder die stür-mischen Beziehungen zu Wilhelm 1814 in England, als er noch mit der bayerischen Prinzessin Charlotte verheiratet war. Seitensprünge Wilhelms werden sie nach ihrer Eheschließung zwar gestört und ge-kränkt haben. Ein Nachlassen in den gemeinsamen Anstrengungen für Württemberg war daraus nicht erwachsen. Selbst die Anzeichen einer persönlichen Entfremdung liefen nicht zwangsläufig auf einen Bruch oder eine Katastrophe hin. Ein Indiz für Probleme in der Ehe dokumen-tierte zweifellos Katharinas sehr frühes Testament vom Juni 1817. Wil-helm wusste sehr wohl, dass seine Politik im Deutschen Bund von der Zustimmung Russlands abhing. Katharina besaß finanzielle Mittel und Reserven, über die er nicht verfügte. Wenn das Testament die Bezahlung seiner Schulden ankündigte, dann widersprach das nicht nur dem Ehe-vertrag. Es gab zwei Möglichkeiten: Entweder sie liebte ihn so sehr, dass sie aus einem leidenschaftlichen inneren Gefühl vom Vertrag abwich oder die Schulden drohten zu einem öffentlichen Skandal auszuarten, dem sie aus dem Weg gehen wollte. In jedem Falle musste die russische Regierung die Übernahme der Schulden bestätigen und wusste um die Verbindlichkeiten. Das machte Wilhelm im Konfliktfall auch politisch erpressbar. Aber weder aus dem Verhältnis zu Wilhelm I. noch aus der Last ihrer Aufgaben noch aus ihrem bekannten allgemeinen Gesund-heitszustand konnte der Außenstehende auf einen plötzlichen Tod Katharinas schließen. Wenn Katharina selbst in den vorausgegangenen Jahren bisweilen sagte, sie würde nicht alt werden, dann nannte sie nie einen konkreten Grund für diese Annahme. Aber wer vermag schon in einen Menschen ganz hineinzusehen? Schocksituationen vermögen mitunter das gesamte physische und psychische Gleichgewicht zu zer-stören.

Das Jahr 1819 ließ sich freundlich und fröhlich an. Das Herrscherpaar feierte am Neujahrstag mit seinem Volk den Jahrestag der Erhebung Württembergs zum Königreich. Der 1. Januar verlief in heiterer und gelöster Stimmung, ohne sichtbare Anzeichen einer akuten Erkrankung der Königin. Den Auftakt bildeten Gottesdienste in der griechisch-orthodoxen Kapelle und in der Schlosskirche. Mittagstafel und geselliger Empfang schlossen sich an. Katharina freute sich auf den Besuch ihrer Schwägerin, der russischen Kaiserin Elisabeth. Die beiden Frauen besaßen zwar in früheren Jahren kein gutes Verhältnis zueinander. Jetzt aber, da Elisabeth ihren kranken Bruder, den Großherzog Karl von Baden, in Karlsruhe gepflegt hatte, bevor der am 8. Dezember 1818 verstorben war, verkörperte sie ein nahes Stück Russland. Katharina war zuerst nach Karlsruhe gereist und Elisabeth wollte vor der Rückkehr nach Russland noch einmal in Stuttgart vorbeisehen. Am 2. Januar fuhren Wilhelm und Katharina gemeinsam zu dem Gestüt Weil. Beide waren allseits bekannte Pferdenarren und die Besuche in Weil und in dem Gestüt Scharnhausen zählten zu ihren liebsten und häufigsten Freizeitbeschäftigungen. Am 3. Januar besuchten Katharina und Wilhelm im Hoftheater ein Schauspiel. Man gab Schillers „Verschwörung des Fiesco zu Genua". Alles schien im neuen Jahr gut zu geraten.

Sechs Tage später, am 9. Januar 1819 starb Katharina Pawlowna. Um den die Öffentlichkeit gänzlich überraschenden Tod ranken sich bis in unsere Tage Legenden und Rätsel. Die reiche Frau, deren Geldsegen dem Lande Württemberg und seinem König so sehr nutzte, avancierte zu einem Mythos. Zu einer mythisch verehrten Monarchin gehört auch deren mythisch verklärtes Ende. Das qualvolle Sterben einer jungen Frau von 30 Jahren ist ungewöhnlich und ruft zwangsläufig Spekulationen hervor, die sich im Volke als Wildwuchs verästeln. Die historische Wissenschaft und Anhänger Katharinas haben den casus nach allen verfügbaren Quellen untersucht und sich hinsichtlich der medizinisch-psychologischen Todesursachen und des Todesanlasses in Varianten auf einen relativ gemeinsamen Nenner verständigt: „Katharina überraschte in Scharnhausen ihren Gatten beim Tête-à-tête mit einer anderen Frau, vermutlich der La Flêche (am 4. Januar 1819 – Anm. d. Autors). Der dadurch erlittene Schock löste analog zu ihrer Reaktion auf den Tod ihres ersten Mannes, Georg von Holstein-Oldenburg, eine heftige psychosomatische Krise aus, die schließlich zu einem Gehirnschlag führte. Dieser bewirkte unmittelbar den Tod. Medizinisch wäre Katharina wohl als eine schwere Hysterikerin zu bezeichnen, die sich Haltung und Arbeitsleistung durch Willensanspannung abrang. Wenn die Indizien nicht trügen, dann musste Königin Katharina sterben, weil sie, die ihre öffentliche Rolle so vorzüglich spielte, im privaten Bereich den geliebten Mann mit keiner anderen Frau teilen wollte."[216] Die psychisch kranke Frau als Opfer eines königlichen Beziehungsdramas? Die Hypothese provoziert zu einigen nachdenklichen Fragen und zu erneuter genauer Analyse der ihr zugrunde liegenden exakten Quellen.

Das Verhalten König Wilhelms I. nach Katharinas Tod, die Reaktionen aus der Öffentlichkeit und aus Russland boten reichlichen Anlass zu weiteren Spekulationen. Dabei erlaubten die Protokolle der drei behandelnden Ärzte Hardegg, Jäger und Ludwig über den Krankheitsverlauf und über die Obduktion mehr sichere Urteile zu den Todesursachen als allgemein wahrgenommen wurde.

Die Geschichten und Spekulationen über Katharinas frühen Tod setzten in der Regel mit dem 4. Januar 1819 und mit ihrer vermuteten verhängnisvollen spontanen Fahrt nach Scharnhausen ein. Der medizinische Report begann allerdings bereits mit dem 3. Januar 1819 und enthielt interessante Angaben über die vorausgegangenen Wochen. Katharina hatte sich nach ärztlicher Auffassung über einen längeren Zeitraum wohl befunden. Einen leichten Schleimabgang hatte man erfolgreich mit Sturzbädern unterbunden. Ende Dezember 1818 blieb die ansonsten offenbar pünktliche Monatsregel aus. Die Ärzte schlossen mit ziemlicher Sicherheit auf eine erneute Schwangerschaft! Katharina stand seit Jahren zuerst durch ihren Leibarzt Dr. Bach und nach dessen Entlassung durch die Hofärzte unter ständiger medizinischer Kontrolle. Die erneute Schwangerschaft, die nach der Geburt zweier Töchter durchaus als normal betrachtet werden konnte, rief keine weiteren ärztlichen Untersuchungen oder Beurteilungen hervor. Man überging sie mit Stillschweigen. Katharina litt des Öfteren unter Hämorrhoiden, die man auch jetzt wieder mit einem Pulver aus Schwefelblume und Magnesia zum Abklingen brachte.

Am Sonntag, dem 3. Januar 1819 – einen Tag vor dem angeblichen Eklat –, unternahmen Katharina und Wilhelm einen gemeinsamen Spaziergang in den „Anlagen". Wir wissen aus den „Aufzeichnungen eines russischen Psalmisten", die viele Jahre später als Fragment in der Grabkapelle Katharinas auf dem Rotenberg gefunden wurden, dass der 3. Januar ein regnerischer Tag war. Amtliche Wetterdaten konnten für jenen Tag und für Stuttgart bislang leider nicht ermittelt werden.

Katharina holte sich bei dem Spaziergang nasse und kalte Füße, sodass die Ärzte bereits am Abend dieses 3. Januar vorbeugende Maßnahmen gegen eine drohende Erkältung einleiteten. Der Psalmist berichtete, dass Katharina wie gewöhnlich ihre beiden kleinen Töchter besuchte, sich aber gegen 9 Uhr in ihre Privatzimmer zurückzog. Die Mitteilung widerspricht allerdings der Aussage, dass Katharina an jenem Abend im Hoftheater gemeinsam mit Wilhelm Schillers Fiesco angesehen hat. Aber vielleicht ließen sich beide Termine miteinander vereinbaren. In einer Ansicht stimmten der ärztliche Bericht und die Aufzeichnungen des Psalmisten nahezu wörtlich überein: Katharina bemerkte an diesem 3. Januar vor dem Schlafengehen neben dem rechten Mundwinkel ein kleines Bläschen und stach es mit einer Nadel auf. Das Bulletin betonte ausdrücklich: Ohne Wissen der Ärzte! Der Psalmist erklärte, sie mochte keine Unreinlichkeiten in ihrem Gesicht leiden und hob hervor, die Königin empfand keine Schmerzen.[217]

Vergleicht man die heutigen Erkenntnisse über den Tod Katharinas mit den Aufzeichnungen des Psalmisten und diese wiederum mit den ärztlichen Gutachten, traten am 4. Januar 1819 einige Widersprüche auf. Die behandelnden Ärzte sind eindeutig bekannt, während der Psalmist als natürliche Person nicht identifiziert worden ist. Man weiß von ihm offensichtlich nicht, in welchem Auftrag und zu welchem Ziel er seine Notizen niederschrieb. Der ärztliche Bericht besagte kurz und lakonisch: „Montag d. 4. fuhren Ihre Majestät bei scheinbar gutem Befinden in eine hoch gelegene u. dem kalten Winde ausgesetzte Gegend. Abends äußerten Höchstdieselbe zufällig gegen die Ärzte einige Empfindlichkeit der rechten Gesicht-Seite, wo sich bereits eine härtliche, den Mundwinkel und einen Teil der Lippen einnehmende Geschwulst, jedoch ohne Röte, zeigte." Der Psalmist ließ die Geschwulst bereits am Morgen erkennen und wies darauf hin, dass keine ärztliche Versorgung erfolgte. Dann bemühte er sich um eine begründende Erklärung für den weiteren Tagesablauf: „Vor dem Frühstück hatte S. Majestät der König eine Spazierfahrt nach Scharnhausen und Kloster Weil, 7 Werst von Stuttgart entfernt, beschlossen. Als S. Majestät die Geschwulst bei der Königin bemerkte, riet er ihr, im Schlosse zu bleiben; da sie aber durch keine Bitten dazu zu bewegen war, fuhr er mit ihr zusammen, wobei sie die Zeit in heiterer und ruhiger Stimmung zubrachte. Das Wetter war aber an diesem Tage trübe und regnerisch, und Ihre Majestät bekam so nasse Füße, dass es unmöglich war, ihr die Stiefel auszuziehen und man sie mit dem Messer wegschneiden musste. Sie verspürte aber keine Veränderung in ihrer Gesundheit …"

Wenn das Königspaar zusammen nach Scharnhausen gefahren ist, konnte Katharina ihren Mann nicht in flagranti mit einer Geliebten überraschen. Vielleicht wollte sie dem sogar vorbeugen? Außerdem: Bei einer gemeinsamen Kutschfahrt im Regen war nicht einzusehen, warum lediglich Katharina nasse Füße bekommen haben sollte, Wilhelm aber trockenen Fußes blieb!

Zudem gibt es für die dramatische Flagranti-Variante jenes Tages keine exakten Belege: Katharina soll erfahren haben, dass sich ihr Gemahl in Scharnhausen mit einer Geliebten traf; sie soll sich voller Verzweiflung in einen offenen Wagen geworfen haben und die 7 Meilen nach Scharnhausen zurückgelegt haben: sie soll zwei Stunden durch das Gestüt gelaufen sein: sie soll danach erneut im offenen Wagen nach Stuttgart gefahren sein – voller Tränen, Wut und Hass einer betrogenen und in ihrer Ehre gekränkten Frau!

Auch diese Variante enthält in sich fragwürdige Vermutungen: Wer wusste davon, dass Wilhelm in Scharnhausen angeblich ein heimliches Treffen hatte? Wer hat Katharina davon in Kenntnis gesetzt? Aus welchem Grunde? Sieben Meilen, etwa 15 Kilometer – im Winter benötigt man dafür mit der Kutsche selbst im höchsten Eiltempo mindestens eine dreiviertel Stunde. Anschließend die Suche: Sollte die sonst so kühl und überlegt agierende Katharina nicht irgendwann einmal gedacht haben, was mache ich hier eigentlich? Lenkte die Königin ihre Kutsche selber? Fuhr sie mitten im Winter alleine durch Feld und Flur? Das alles besitzt den Hauch einer Verschwörungstheorie, die, auf eine politische Ebene projiziert, bis zu der rein hypothetischen Frage getrieben werden könnte: Besaß, angesichts der Reichs-Ambitionen Wilhelms und Katharinas, irgendjemand ein Interesse daran, das württembergische Königspaar bewusst und durch eine Intrige ins Unglück zu stürzen? Steckten etwa, wie einst in England, der Schelm Metternich und dessen Geliebte von Lieven hinter der Sache? Diese Spekulation erscheint jedoch absurd.

Ein anderes Argument gegen die Verschwörungstheorie geht dahin: Katharina ist mit ihrem Gemahl 96 Mal in Scharnhausen gewesen. Allein im Dezember 1818, unmittelbar vor ihrem Tode, statteten König und Königin dem Gestüt sieben Besuche ab. Der letzte erfolgte am 30. Dezember. Der König soll sich einen Ort für ein heimliches Treffen mit seiner Geliebten ausgesucht haben, an dem Katharina ohne Voranmeldung jederzeit auftauchen konnte? Das erscheint kaum wahrscheinlich. Es bedurfte überhaupt keines dramatischen Aktschlusses, um die eheliche Untreue Wilhelms in Erfahrung zu bringen. Katharina kannte ihren Mann seit Jahren sehr gut. Sie hatte seine Seitensprünge bisher zur Kenntnis genommen und keine übersteigerte und heftige Gegenreaktion gezeigt. Warum sollte sie es jetzt tun? Dass ihre Ehe zwischen Pflichterfüllung, äußerem Schein, Disziplin, Abneigung und Sympathie hin und her schwankte, war im Grunde weder für sie selbst noch für den Hof ein Geheimnis. Daran ging sie nicht zugrunde, noch dazu in einer Situation, in der sie allem Anschein nach wieder in guter Hoffnung war und darauf rechnen konnte, dass als nächstes Kind der ersehnte Thronfolger das Licht der Welt erblicken würde!

Die Dinge nahmen einen anderen Verlauf. Es war tragisch, aber ein schrecklich natürliches Ereignis, dass sich Katharina bereits am 3. Januar 1819 etwas leichtfertig erkältete und offensichtlich eine Infektion zuzog, die zur Gesichtsrose ausartete. Die gemeinsame Ausfahrt mit Wilhelm I. am 4. Januar nach Scharnhausen war bereits kein Leichtsinn mehr, sondern verantwortungslos – nicht nur von der Königin selbst, sondern auch von den Leibärzten und besonders vom König, der nicht die Kraft aufbrachte, seine Ehefrau zur Einsicht zu bewegen. Vorausgesetzt, die Variante der gemeinsamen Ausfahrt stimmt, wie sie der ärztliche Krankenbericht reflektiert. Aber dieser Bericht ist eines der wenigen glaubhaften Zeugnisse. Er wird von der Eintragung in den Hofdiarien gestützt, die für den 4. Januar 1819 eine gemeinsame Fahrt nach Scharnhausen dokumentierten. Glaubt man der Eintragung und den ärztlichen Berichten allerdings nicht, muss man eine bewusste Fälschung annehmen und gleichzeitig bedenken: Für den Beweis der dramatischen Variante fehlen die überzeugenden Dokumente.

Der medizinische Bericht hielt – übereinstimmend mit den Notizen des unbekannten Psalmisten – für den 5. Januar zunehmende Schmerzen, Fieber und eine sich ausdehnende Geschwulst fest, denen man mit verschiedenen Heilkräutern zu begegnen suchte. Eine Linderung trat nicht ein. Am darauf folgenden Tag, Katharina hatte die Nacht schlaflos verbracht, verbreitete sich die Geschwulst auf der inneren Seite der rechten Wange und an der Oberlippe. Um 10 Uhr setzte man fünf Blutegel an das Zahnfleisch und erreichte eine Verminderung des Drucks in der Schwellung sowie einen weicheren und regelmäßigen Pulsschlag. Die Königin konnte leichte flüssige Nahrung zu sich nehmen. Gegen Abend nahm die Schwellung wieder zu und ergriff die ganze Mund- sowie die rechte Kinnpartie. Der Puls blieb weiterhin stabil, der durch verschiedene Mittel angestrebte Schweißausbruch trat nicht ein.

Am 7. Januar erreichten die Schwellungen auf der rechten Gesichtshälfte das untere Augenlied, das Fieber nahm zu und der Herzschlag schien unregelmäßiger. Die Ärzte gaben Katharina kräftige Abführmittel mit durchaus starker Wirkung. Danach fühlte sie sich besser: „Ihre Majestät speisten mit Appetit, konnten ohne fremde Hilfe das Bette verlassen u. fühlten sich so wohl, dass sie gegen den Rat der Ärzte den größten Teil des Tages in ihrem Wohnzimmer auf dem Ruhebett zubrachten. Der Puls war immer fieberhaft, doch nicht frequenter als des Morgens u. deutlich weicher. Die Geschwulst hatte sich mehr unter der Nasen-Scheidewand zusammengezogen und war dort härter geworden." Der Psalmist berichtete dagegen, dass Katharina wegen des heftigen Fiebers das Bett hüten musste und dort auch die notwendig erscheinende Medizin erhielt.

Der letzte Tag, die letzte Nacht: Alle in den Vortagen aufgetretenen Erscheinungen, wie die Geschwulst, das Fieber, der unregelmäßige Puls und die Schlaflosigkeit, nahmen schärfere Formen an. Die Ärzte legten Kompressen auf, bestrichen den Körper mit Salben aus Naturheilmitteln, verabreichten Tinkturen. Sie taten, was sie vermochten und erreichten doch keine Linderung oder gar Besserung. Katharina hielt sich tapfer, stand auf, ging durch ihre Zimmer, nahm sogar etwas Nahrung zu sich. Plötzlich brach auch in mehreren Intervallen der erhoffte Schweiß aus. Das Fieber sank jedoch nur für kurze Zeit. Die rosa gefärbte Geschwulst nahm mehr und mehr eine rote Färbung an: „Gegen die Nacht verbreitete sich die Geschwulst neuerdings mit verstärkter Röte über die Augenlieder der rechten Seite, das Fieber nahm zu, das Bewusstsein blieb wie bisher vollkommen ungetrübt, und weder das Gefühl der Kranken noch irgendeine andere Erscheinung deuteten auf eine tiefere Teilnahme des Nerven-Systems an dem Krankheits-Prozesse." Bereits an dieser Stelle muss nachdrücklich darauf hingewiesen werden, dass Katharina während der Krankheitstage zu keinem Zeitpunkt Anzeichen innerer seelischer Erregung erkennen ließ!

Die Nacht verging bei wechselnden Schmerzen, Fieber und Krämpfen in Schlaflosigkeit. Der Kopf blieb klar, sodass Katharina am Morgen des 9. Januar, etwa gegen 7 Uhr noch mit den Ärzten sprechen konnte. Unvermittelt trat die Katastrophe ein: „Um 7½ Uhr bei fortdauerndem Schweiße stellte sich plötzlich ein kurzes Irrewerden ein, welches sogleich in völlige Bewusstlosigkeit überging: der Puls wurde zählbar geschwind, klein, und bald ganz unfühlbar, das Gesicht bläulich rot, die Respiration sehr beschleunigt und röchelnd. Auf eine Dosis von Moschus und Kampfer, wovon kaum etwas niedergeschluckt werden konnte, erfolgten einige Anstrengungen zum Erbrechen. Aufgelegte Senfpflaster waren ohne Wirkung, die Glieder wurden convulsivisch steif, die Augen schielend, und um 8½ Uhr erfolgte der Tod."

Der Psalmist ergänzte den ärztlichen Bericht und verwirrte die Informationen über den Todeskampf hinsichtlich der Zeitangaben: „Am 9. Januar, am Samstag, als Ihre Majestät gar keine Linderung verspürte, aber bei vollem Bewusstsein war, wurde sie von Sr. Majestät dem Könige besucht, wobei sie bis 8 Uhr mit ihm sprach und in seiner Gegenwart Tee trank. Nach dem Weggang Sr. Majestät fühlte sie plötzlich eine krampfhafte Erscheinung und einen Schlag auf die rechte Seite des Kopfes. Aus dieser Veranlassung wurde das letzte Mittel angewendet, das im Auflegen von Senf auf den ganzen Körper bestand, und da sie noch bei Bewusstsein war, verlangte sie nach ihrem Beichtvater. Aber o Minuten, unglückliche Minute! Er findet sie schon nicht mehr am Leben. Eine Viertelstunde – und überall hörte man Weinen, Stöhnen und Schluchzen ..."

Am folgenden Tag fand die Obduktion statt. An diesem 10. Januar 1819 verfassten die gleichen drei behandelnden Ärzte das Sektionsprotokoll über die Öffnung des Leichnams Katharinas.[218] „Auf ausdrücklichen Allerhöchsten Befehl sollte die Leiche der Höchstseligen, gestern früh um 8½ Uhr verstorbenen Königin Majestät keiner vollständigen Section unterworfen, sondern ganz allein der Kopf untersucht und geöffnet werden." Es ist möglich, dass diese Einschränkung aus Gründen der damaligen Moralvorstellungen erfolgte, erscheint aber aus heutiger Sicht nicht vollständig erklärbar, weil die Ärzte während der Behandlung den ganzen Körper Katharinas berührt hatten. Die Begrenzung auf den Kopf ließ auch keine weiteren Untersuchungen über eine vermutete erneute Schwangerschaft der Königin zu. Der König berief sich bei seiner Weisung darauf, dass der Kopf der Sitz der Todesursache wäre (was er als medizinischer Laie gar nicht beurteilen konnte) und dass Katharina zu Lebzeiten darum gebeten hätte, nach ihrem Tode keine Öffnung des Körpers vorzunehmen, sondern diesen einzubalsamieren. Das Testament enthielt allerdings keine entsprechende Passage.

An der Sektion nahm im Schlafzimmer der Königin, das im Erdgeschoss des neuen Residenzschlosses auf der Ecke des linken Flügels gegen den inneren Schlosshof hin lag, eine relativ große Personengruppe teil: Der Staatsminister Oberstkammerherr Graf v. Zeppelin, der Staatssekretär und Hofkammerpräsident v. Vellnagel und der Justiziar Hofrat Gerber. Der Leibarzt Medizinalrat Dr. v. Jaeger, der Leibarzt Medizinalrat Dr. Ludwig und der Hofarzt Dr. Becker. Letzterer war an die Stelle des noch nicht aus Ludwigsburg angekommenen Leibarztes v. Hardegg in die Kommission berufen worden. Ferner der Hofchirurg v. Delhaven, sowie mehrere Kammerfrauen. Hardegg kam erst gegen Ende der Sektion an, bestätigte jedoch die Ergebnisse und unterschrieb das Protokoll gemeinsam mit Ludwig und Jaeger. Das Gesicht des in Leinentücher gehüllten Leichnams war mit Ausnahme des Mundes, der in Folge der starken Geschwulst eine schwärzliche Farbe angenommen hatte, frei erkennbar.

Die Ärzte mussten sich beeilen. Ausgerechnet an diesem 10. Januar 1819 führte ein plötzlicher Wetterumschwung zu rasch ansteigenden Temperaturen. Die medizinischen Untersuchungen sollten so schnell wie möglich abgeschlossen werden. Dr. Ludwig nahm die Öffnung des Kopfes vor. Sorgfältig sezierten und analysierten die Experten zwischen 15 und 18 Uhr den Schädel. Im Endergebnis stellten sie fest, „dass die erste Vermutung, der Tod wäre durch eine plötzlich eingetretene Apoplexie – einen Gehirnschlag – erfolgt, bestätigt werden konnte. Zu den Ursachen und Voraussetzungen für den Gehirnschlag äußerten sich die Ärzte auch nach der Sektion zurückhaltend und eher fragend: „In welcher näheren Beziehung derselbe (der Gehirnschlag – Anm. d. Autors) mit dem seit wenigen Tagen vorhandenen Fieber und der Gesichts-Geschwulst gestanden habe, ist nicht wohl auszumitteln; aber ein sehr bedeutender Moment zu seiner Entstehung lag ohne Zweifel in der individuellen Anlage Ihrer Majestät, bei welcher nicht nur die häufigen Hämorrhoidal-Flüsse jedes Mal von starken Blut-Congeotionen gegen den Kopf begleitet waren, sondern auch – wenngleich in den letzten Jahren seltener – aus unbedeutenden Veranlassungen plötzliche convulsivische, mit Bewusstlosigkeit verbundene Anfälle erschienen, die eine eigentümliche krankhafte Empfindlichkeit des Sensoriums sehr bestimmt zu erkennen gaben."

Die Ärzte stellten aus medizinischer Sicht einen direkten Zusammenhang zwischen den Ereignissen vom 3. und 4. Januar sowie dem Auftreten der Gesichtsrose zumindest in Frage. Für die Mediziner lag eine causale Verbindung zwischen dem instabilen Allgemeinzustand Katharinas, den seit 1812 aperiodisch auftretenden Krampfzuständen und dem plötzlichen Tod wesentlich näher. Eine die Katastrophe auslösende Wirkung der Ereignisse vom 4. Januar konnten sie natürlich nicht völlig ausschließen, wobei nicht einmal bekannt ist, ob die Mediziner wussten, was an diesem 4. Januar zwischen Ludwigsburg, Scharnhausen und Stuttgart wirklich vorgefallen ist oder vorgefallen sein soll.

Aus dem Sektionsbericht und dem Krankheitsverlauf durfte nicht geschlossen werden, die eheliche Untreue Wilhelms hätte den Tod Katharinas ursächlich herbeigeführt. Dafür gab es keine Anhaltspunkte. Die verfügbaren und glaubhaften Dokumente erlauben vielmehr einen anderen Schluss: Katharinas Lebensuhr war nach allen genetischen und natürlichen Voraussetzungen abgelaufen. Dass dabei individuelles Fehlverhalten der Katharina durch das Leben begleitenden Personen eine wichtige psychologische Rolle spielte, steht außer Frage. Die Liste von Personen mit gravierender Wirkung auf Katharina beginnt mit dem despotischen und gemeuchelten Vater Paul I., geht weiter mit der Mutter, dem Bruder Alexander I., den Kaisern Franz I. und Napoleon Bonaparte, dem ersten Gemahl Georg von Holstein und endet schließlich bei Wilhelm I. von Württemberg. Alle diese Menschen haben Katharinas Anlagen und Bestrebungen wesentlich beeinflusst.

Motivsuche

Beim plötzlichen Tod eines jungen Menschen ist die Öffentlichkeit geneigt, sofort eine Schuldfrage aufzuwerfen. Man kann und will es sich nur schwer vorstellen, dass eine Frau von nur 31 Jahren, eine glänzende und reiche Königin obendrein, dem Leiden einer langen inneren Krankheit erliegen kann. Dementsprechend reagiert die Öffentlichkeit mit Vorwürfen, Vermutungen oder Verleumdungen. Im konkreten Fall galt Wilhelm I. vielen als der Schuldige am Tode seiner jungen Frau. Er konnte tun, was er wollte, alle wirklichen oder vermuteten Tatsachen wurden gegen ihn verwandt. Dabei gab sich Wilhelm I. ehrliche Mühe, seine verstorbene Gemahlin zu ehren, ihr Andenken zu wahren und auch seine Selbstvorwürfe zu beruhigen. Er musste viele Stimmungen und Reaktionen nach dem plötzlichen Tod Katharinas berücksichtigen: in der eigenen Familie, in der Öffentlichkeit Württembergs, im russischen Kaiserhaus oder bei den Monarchen und Politikern Europas, die in den zurückliegenden Jahren auf die eine oder andere Weise den Lebenspfad Katharinas gekreuzt hatten, sei es in Oldenburg, Österreich oder England.

Noch während sich die Ärzte mit dem Leichnam befassten, begannen die Vorbereitungen zu den Beisetzungsfeierlichkeiten, die selbstverständlich nach dem griechisch-orthodoxen Ritus erfolgten. Der erste Trauergottesdienst fand bereits am 10. Januar statt. Am Vormittag des 11. Januar 1819 brachte man den mit schwarzem Samt und goldener Borte ausgeschlagenen Sarg in das Schlafgemach Katharinas, legte ihren Leichnam in Anwesenheit der Staats- und Hofdamen hinein und bedeckte ihn mit kaiserlichem Purpur. Bei einer kurzen Andacht kniete der König vor dem Sarg und weinte bitterliche Tränen. Anschließend trug man den Sarg in einem feierlichen Zeremoniell in den zweiten Stock des Neuen Schlosses: „... in den Trauersaal, der mit schwarzem Tuch ausgeschlagen und an passenden Stellen mit silberner Gaze besetzt war. In der Mitte desselben war ein ziemlich erhöhter Katafalk aufgestellt, auf welchem der mit Purpur bedeckte Sarg gestellt wurde. Vor demselben lag auf einem Pulte die Krone; das ganze Zimmer aber war prächtig beleuchtet. Beim Hinwegtragen der Leiche Ihrer Majestät aus dem Schlafzimmer fand die Zeremonie in folgender Ordnung statt: Voraus gingen Hoflakaien, Kammerlakaien, Kammerdiener, Kammer- und Hoffouriere, je zwei in einer Reihe mit brennenden Lichtern; vorausgetragen wurde der Purpur von dem Generaladjutanten von Spitzemberg, die Krone aber von dem Kanzler von Wintzingerode. Vor dem Sarg ging der Beichtvater mit dem heiligen Evangelium und zu beiden Seiten desselben gingen die Psalmisten mit Leuchtern unter Anstimmung des Sanctus. Hinter dem Sarge gingen die Minister, die Staats- und Hofdamen und Kammerfouriere, und dann die übrige Versammlung angesehener Personen." Abermals fand ein kurzer Trauergottesdienst statt. „Um 11½ Uhr wurde es den Einwohnern Stuttgarts jedes Standes gestattet, bis 12½ Uhr an dem Sarge vorüberzugehen; ebenso wieder von 2 bis 4 Uhr. Um 6 Uhr aber wurde wieder ein Trauergottesdienst gehalten und mit dem Lesen des heiligen Evangeliums die ganze Nacht hindurch fortgefahren."

Öffentliche Aufbahrung und Trauergottesdienste hielten bis zum Abend des 12. Januar an. Um 22 Uhr trugen Hofdiener den Sarg, begleitet von den Würdenträgern Württembergs, in die griechisch-orthodoxe Kirche. „Vor dem Sarge ging der Beichtvater Ihrer Majestät mit dem Evangelium, zu beiden Seiten desselben aber gingen die Psalmisten mit Leuchtern und unter dem Gesang des Sanctus. Dann wurde die Krone von dem Kanzler von Wintzingerode, der Purpur von dem Generaladjutanten von Spitzemberg, der Orden der Großmärtyrerin Katharina von dem General v. Beroldingen getragen … Auf dem Wege vom Schloss zur Kirche war eine beträchtliche Menge Soldaten aufgestellt und eine ungeheure Volksmenge, welche laut das Dahinscheiden Ihrer Majestät beweinte." In der Kirche hatten die Priester bereits alles vorbereitet: „Der Sarg Ihrer Majestät wurde auf einen in der Mitte der Kirche zugerichteten Katafalk gestellt. Zu beiden Seiten des Sarges standen je drei Leuchter; vor dem Sarg stand ein Pult mit dem Bild der Gottes-Mutter von Smolensk; zwischen dem Sarg und dem Pult lag auf einem Tischchen der Orden der Großmärtyrerin Katharina. Hinter dem Sarge lag auf einem Pulte die Krone; der Sarg selbst aber war mit dem Purpur zugedeckt. Die Kirche war ganz mit schwarzem Tuch ausgeschlagen." Während des ganzen 13. Januars fanden Trauergottesdienste statt, Würdenträger des Landes hielten die Totenwache.

Am folgenden Tag fand der vorläufig letzte Akt, die eigentliche Beiset-

zung, statt: „Am ... Donnerstag, wurde morgens 9 Uhr ein Trauergottesdienst gehalten; nach demselben begann die Liturgie und nach Beendigung derselben sogleich auch das Totenamt vor einer ansehnlichen Versammlung aller hochstehenden Persönlichkeiten. Eine Viertelstunde
nachher erschien Seine Majestät der König in unserer Kirche, in dessen
Gegenwart ein Trauergesang angestimmt wurde. Die Leiche Ihrer Majestät wurde nun von dem Katafalk abgenommen und von Hofdienern an
die Einfahrt getragen, vor welcher ein Parade-Leichenwagen mit einem
Baldachin stand, bespannt mit acht schwarzen, mit Flor verhüllten Pferden. Nachdem der Sarg auf den Leichenwagen gestellt war, wurden die
Pferde von den Ober-Bereitern am Zügel geführt und durch die Haupt-
straße, die Königsstraße, an die lutherische Stiftskirche geleitet. Vor
dem Sarg ging der Beichtvater Ihrer Majestät mit dem Bilde der Gottes-
Mutter von Smolensk, zu beiden Seiten desselben gingen die Psalmisten
mit den Leuchtern.“[219] An dieser Stelle brach der detaillierte Bericht des
russischen Psalmisten ab. Die evangelisch-lutherische Kirche gehörte
nicht mehr zu seinem Kompetenzbereich. Katharinas sterbliche Überreste wurden in der Fürstengruft der Stiftskirche beigesetzt – vorläufig.
Die offiziellen Trauerfeierlichkeiten waren zu Ende, nicht jedoch die
Trauer um die so überraschend verstorbene Königin. Katharina hatte
ihre sozialen Projekte zu Lebzeiten nicht allein kraft monarchischer
Autorität durchgesetzt. Sie hatte keine gebildeten Ratgeber um sich gesammelt, um deren stumme Zustimmung zu erwarten. Das sozialpolitische Engagement der Königin, dessen Konzept in festem Bezug zur
Gesamtpolitik von König und Regierung stand, hatte stets Konflikte und
Widerspruch in sich getragen. Nach Katharinas Tod sang selbst der für
das altwürttemberger Recht streitende und in Opposition zur Regierung
stehende Dichter des schwäbischen Kreises, Ludwig Uhland, mit Versen
voller Fragen an eine undifferenzierte Mystik naiven Volksglaubens:

> „Nimm hin, Verklärte, die zu früh entschwunden!
> Nicht Gold noch Kleinod ist dazu verwendet,
> Auch nicht aus Blumen ist der Kranz gebunden,
> In rauer Zeit hast du die Bahn vollendet:
> Aus Feldfrüchten hab' ich ihn gewunden,
> Wie du in Hungertagen sie gespendet;
> Ja, gleich der Ceres Kranze flocht ich diesen.
> Volksmutter, Nährerin, sei mir gepriesen.“

Landauf, landab, fanden Trauer- und Gedenkveranstaltungen statt,
selbstverständlich zuerst an jenen Einrichtungen, welche die Königin

gestiftet, finanziert, organisiert oder selbst geleitet hatte. Gustav Schwab, der am Katharinenstift lehrte, drückte in gefühlvollen Worten einen allgemeinen Seelenzustand aus:

> Und als das Werk stund in der schönsten Blüthe,
> als die vom Sturm ermüdete Natur
> zu diesem Tun das Füllhorn ihrer Güte
> belohnend ausgoß auf die weite Flur,
> und ihr von Dank entzündetes Gemüte
> Des Herrn mitschaffende Gewalt erfuhr;
> Und nun die guten Jahre sollten kommen:
> Ward solche Königin von uns genommen.

Schwab trug die Verse am 24. Januar 1819 bei der Trauerfeier im Stuttgarter Museum vor. Gustav Schwab verfasste auch einen „Lebensabriss" über die Königin, den er am 5. März 1819 auf einer Landestrauerfeier verlas. Das Motto: „Katharinas Leben ist nicht spurlos verschwunden; es dauert fort in seinen Saaten." Das waren nur zwei aus einer langen Kette von huldigenden Veranstaltungen, zu denen auch am 16. Januar 1819 die feierliche Namensgebung im Königlichen Katharinenstift Stuttgart gehörte.

Aus der traurigen Lage, da das Volk fürchten musste, der von Katharina ausgehende materielle Segen könnte schnell wieder versiegen, erwuchsen mehrere Folgen. Zunächst: Der König trauerte, aber er musste handeln. Er vor allen anderen. Wilhelm I. wusste am besten, was die sozialen Stiftungen für die wachsende Gesundung der Wirtschafts- und Sozialpolitik des Landes bedeuteten. Er nahm die von Katharina geschaffenen Einrichtungen symbolisch unter seinen persönlichen Schutz. De facto standen sie bereits durch die Gründung der Armenkommission im Jahre 1818 unter staatlicher Kontrolle und bildeten einen Bestandteil der gesamten Sozialpolitik des Staates. Am 11. Januar 1819 legte der König die Leitung der Wohltätigkeitsorganisation in die Hände jener Persönlichkeiten, die sich um den Aufbau besonders verdient gemacht hatten. Er schrieb an den Geheimrat August von Hartmann: „Da es eine heilige Pflicht für mich ist, das Andenken meiner höchstseligen Gemahlin Majestät und Liebden wie in allen Stücken so auch insbesondere durch Erhaltung und sorgfältige Pflege derjenigen Institute, welche Höchstdieselbe zum Besten meines Volkes gegründet und in ihre mütterliche Aufsicht genommen hat, zu ehren: so finde ich mich bewogen, Ihnen für die Zukunft das Präsidium der Zentralleitung des Armen- und Landwirtschaftlichen Vereins sowie die oberste Aufsicht über sämtliche mit diesen Instituten in Verbindung stehenden Anstalten andurch mit dem Anfügen zu übertragen, dass Sie mir wöchentlich zweimal über die in den Sitzungen der Vereine verhandelten Gegenstände Vortrag halten werden. Indem ich Sie hiermit von dieser meiner Entschließung in Kenntnis setze, hege ich die Überzeugung, dass Sie die oberste Leitung dieser Institute in dem Geiste ihrer erhabenen Stifterin und nach den Ihnen bekannten Intentionen einen Beweis meines Vertrauens und derjenigen wohlwollenden Gesinnungen finden werden, mit denen ich verbleibe, mein lieber Geheimer Rat v. Hartmann, Ihr gnädiger König Wilhelm." [220]

Wenn es jemals ein „Geheimnis" gab, warum die von Katharina geschaffenen und beeinflussten sozialen Schöpfungen die Zeiten so erfolgreich überdauert haben, dann lag es eben darin: Von Beginn an wurden diese von den besten Köpfen des Landes aus Politik, Wirtschaft und Wissenschaft kritisch begleitet und getragen. In Weimar blieb das Sozialwerk Maria Pawlownas vor allem die Einzelleistung der Großfürstin und des Hofs. In Württemberg trat dank der aktiven Arbeit von Menschen wie Hartmann, Rapp oder Cotta mit dem Ableben der Initiatorin kein negativer Bruch ein. Nicht minder positiv wirkte die Tatsache, dass die Wohltätigkeitsorganisation mit ihren Gliederungen und Strukturen fest in die staatliche Verwaltung und Wirtschaftspolitik integriert wurde.

Persönlichkeiten wie Hartmann befreiten den König durch ihre Loyalität von einem Teil jenes Druckes, der auf ihm lastete. Wilhelm I. musste plötzlich in der Öffentlichkeit Württembergs, Deutschlands und Europas beweisen, dass er seine Gemahlin geliebt und sie eine gute Ehe geführt hatten, dass er ihr Andenken ehrte und an den Grundsätzen ihrer gemeinsamen Politik festhielt. Diese Pflicht erwuchs nicht nur aus sachlichen politischen Gegebenheiten.

Mit dem Ableben Katharinas begann die Gerüchteküche zu brodeln. Der plötzliche Tod einer so jungen Frau schien Anlass genug. Selbst der politisch mit allen Wassern gewaschene Fürst Klemens Wenzeslaus von Metternich geriet in Zweifel. An die zu seiner Geliebten avancierte Dorothea von Lieven schrieb er, dass er sich den Tod Katharinas nicht recht erklären könne, vielleicht sei sie einem Schlaganfall oder einer „brandigen Angina" zum Opfer gefallen. Metternich war vorsichtig und mahnte Frau von Lieven, die ihm 1814 in London so fabelhafte Dienste bei der Auseinandersetzung mit Alexander I. und mit Katharina geleistet hatte: „Ich erinnere mich nicht, ob wir über diese in mehrfacher Hinsicht außerordentliche Persönlichkeit gesprochen haben. Ich habe sie sehr gut gekannt und oftmals gänzlich anders beurteilt als die Öffentlichkeit und sogar ihre Freunde, die sich für eingeweiht hielten."[221] In Metternichs feiner diplomatischer Sprache hieß das, Gräfin Lieven sollte sich zum Tode Katharinas keinesfalls äußern, sondern erst Kontakt zu ihm aufnehmen, um eine gemeinsame Sprachregelung zu vereinbaren. Metternich und Frau von Lieven verloren in dieser Angelegenheit kein weiteres öffentliches Wort.

Selbst der Freiherr vom Stein, der Katharina seit Jahren aus vielen persönlichen Begegnungen kannte und in ihr nach wie vor eine tatkräftige Stütze für seine Reichsideen erblickte, mochte ihren Tod nicht wahrhaben wollen. Er sorgte sich, dass vielleicht nur ein Scheintod eingetreten wäre, schließlich litt sie seit Jahren unter wiederkehrenden Starreanfällen. Wenn selbst so bekannte und in politischen Fragen kühle Pragmatiker wie Metternich oder Stein Zweifel hegten, war es nicht verwunderlich, dass der gemeine Mann umso größere Widersprüche im Tod der ach so gütigen Königin erkennen wollte. Wie tief diese Zweifel in das Volk Württembergs eindrangen und dort Fuß fassten, geht daraus hervor, dass der „Schwäbische Merkur" noch im Jahre 1888 einen Brief abdruckte, den die Schriftstellerin Therese Huber am 10. Januar 1819 an eine Freundin in Augsburg geschrieben hatte:

„Liebe Freundin! … Sie werden bei dem unbegreiflich schnellen Tod der Königin gewiss gedacht haben, wir müssten sehr viel mehr davon wissen als Sie und werden es kaum glauben, dass ich, nachdem ich ein halbes Dutzend Kammerherrn, Hofdamen u. drgl. Gesprochen, sehr unbestimmt bin, welches die wahren Berichte sind. Am Neujahrstag soll sie noch glänzend schön gewesen sein … Trott, wohl der Gescheiteste hier am Hofe, fand sie bei der Cour stiller und etwas weniger rasch, schrieb es aber, da sie so blühend aussah, ihrem schweren Putze zu. Am Samstag war sie noch in der Oper … und ging früher hinaus, weil sie befohlen hatte, sie zu rufen, wenn ihre Tochter Marie erwachte. Ihre beiden Kinder waren katarrhalisch krank. Den Sonntag – oder diesen Samstag – fuhr sie auf der offenen Droschke nach Scharnhausen und stieg im tiefen Morast dem Gestüt nach, sodass man ihr die Stiefel von den Füßen schneiden musste vor Nässe. Da holte sie sich ein Kartarrhfieber. Am Donnerstag zeigte sich Geschwulst im Gesicht, aber alles blieb so ungefährlich, dass Jäger und Ludwig (die Leibärzte) an keine Konsulte dachten. Freitag, wo sich die Rose erklärt hatte, schickte man zu Hardegg nach Ludwigsburg und ließ ihm sagen, Samstag früh herein zu kommen – so ruhig war man. Frl. Baur, welche am meisten um sie war in gesunden Tagen, schrieb einer Dame Freitag früh: „Die Königin bleibt heute noch zu Bett, um ihre Genesung recht zu pflegen." Freitagabend war dieses Fräulein bis 12 Uhr bei Tautphöus Whist spielen. Der König, selbst an rheumatischen Schmerzen leidend, hat diese Nacht neben der Königin auf dem Bett zugebracht. Von nun an widersprechen sich alle Nachrichten. Die sicherste glaube ich von der Gräfin Zeppelin zu haben, die eine halbe Viertelstunde nach dem Tode in das Zimmer kam. Der Zustand soll gar nicht gefährlicher geworden sein, sodass der König um 7 Uhr ins Bad ging, dann sich im vorderen Zimmer aufhielt, wie Hardegg Punkt 8 Uhr ankam. Dieser soll sie nur einen Moment gesehen haben, sie ihm gesagt: bon jour, Hardegg – und tot war sie. Danach wurde noch Moschus und Phosphor aus der Hofapotheke geholt, aber bis daher hatte der Apotheker nur Holdertee u. drgl. gegeben. Der König war im Vorzimmer, es stürzt jemand aus dem Schlafzimmer und ruft: die Königin stirbt! – aber er fand sie tot. Der darauf folgende Auftritt lässt sich denken. Ein solches Grabgeleit erhalten wenig Fürsten. Allgemeiner Schmerz ... Ihre Therese."[222]

Keine einzige Angabe Therese Hubers beruhte auf persönlichen Beobachtungen. Die Datenangaben widersprechen den Darstellungen sowohl des Psalmisten, als auch dem offiziellen Krankenbericht. Besonders auffällig ist ein Detail: Hardegg musste zur Obduktion aus Ludwigsburg geholt werden und war zum Augenblick des Todes nicht im Schlafzimmer Katharinas. Therese Hubers Brief gab nur Ansichten wieder, die als Gerüchte im Raum schwangen und nicht durch Zeugen oder Dokumente belegt waren. Der Brief bestätigt lediglich die These, dass alle Berichte über den angeblichen dramatischen Ausflug Katharinas am 4. Januar nach Scharnhausen auf nicht belegten Erzählungen aus zweiter oder gar dritter Hand beruhten. Therese Huber war keine Verwandte oder gar die Gemahlin des Sekretärs Huber, der an Prinz Paul nach Paris schrieb, dass mit dem Ableben Katharinas ein großes Hindernis für Pauls eigene Herrschaftsansprüche in Württemberg beseitigt wäre. Aber der Inhalt des Briefs schien objektiv betrachtet Herrn Hubers Wünschen in gewisser Weise zu entsprechen.

Die begabte Schriftstellerin und Redakteurin Therese Huber, die lange Zeit das Vertrauen des Freiherrn von Cotta besaß, glich in mancher Hinsicht Katharina. Freunde und Bekannte hielten sie für selbstgerecht, unausgeglichen und herrschsüchtig. Therese Huber besaß recht großzügige Moralvorstellungen. Sie hätte gern mit ihrem ersten und dem zweiten Gemahl eine Ehe-Zu-Dritt geführt. Ihr Verhältnis zur württembergischen Verfassung entsprach exakt dem Standpunkt Katharinas. Therese Hubers Credo lautete überdies: „Die Seele von Württembergs Leben jeder Art ist Nepotismus."[223] Dementsprechend wählte sie ihren

Bekanntenkreis und scheute sich nicht vor Intrigen. Der Brief an die Augsburger Freundin reflektierte mehr die negativen Seiten im charakterlichen Wesen Therese Hubers als die tatsächlichen Vorkommnisse um den tragischen Tod Katharinas.

Wilhelm I. muss sich zeitweise wie der berühmte Don Quichote de la Mancha vorgekommen sein. Umgeben von Mutmaßungen über sein Fehlverhalten und die angebliche Schuld am Tode Katharinas glaubte ihm niemand seine echte Trauer. Was er auch tat, man verwandte es gegen ihn. Dabei hatte er allein in der Verfassungsfrage genug schwere Lasten zu tragen. Was aber sollte nun aus seinen Plänen nach einer starken Position Württembergs im Deutschen Bund werden, wie würde man sich in Russland gegenüber seinen großen Hoffnungen verhalten? Diese Fragen wurden durch das Ableben Katharinas nicht urplötzlich aufgeworfen, sondern sie erhielten neue Nahrung. Viele seiner Wünsche hatten nur durch die Existenz Katharinas gelebt. Wilhelm I. packte in dieser für ihn komplizierten Situation den Stier bei den Hörnern. Er legte nicht nur die Organisation der Wohlfahrtsverbände in feste Hände. 1819 kam der König einen bedeutenden Schritt bei der Lösung des Verfassungsproblems voran.

Die nächste Frage betraf Katharinas Hinterlassenschaften und testamentarischen Verfügungen. Bis zum 22. April 1819 genehmigte der König die Verteilung des beweglichen Besitzes Katharinas und hielt sich dabei streng an die Regelungen ihres Testaments. Er ging insofern darüber hinaus, als er seinen beiden Töchtern die eine Million Rubel gab, die ihm Katharina geschenkt hatte. Ob das ein Zeichen schlechten Gewissens, einer besonderen Zuneigung oder reines politisches Kalkül war, mag dahingestellt bleiben. Am Ende stand als Ergebnis, dass der König in keinem Punkt gegen den Willen seiner Gemahlin verstieß. Die Nachlassregelung getreu dem frühen Vermächtnis der verstorbenen Königin war insbesondere mit dem Blick auf Russland wichtig. Die kaiserliche Familie erschrak natürlich über den Tod Katharinas. Maria Fjodorowna verlor zu ihren Lebzeiten die vierte Tochter. Wie sollte das eine Mutter, selbst wenn sie in ihren Handlungen politischen Zwängen unterlag, nicht erschüttern? Wie hatten Mutter und Tochter doch gemeinsam um die Kaiserkrone und gegen Napoleon gekämpft! Was hatten sie nicht alles getan, um Alexander I. zu aktivem militärpolitischen Handeln zu veranlassen! Das alles wog schwer. Über Alexanders besonderes Verhältnis zur mutwilligen Schwester wusste die Familie Bescheid. Katharina war auch in Württemberg eine für Russland wichtige europäische Persönlichkeit geblieben, obwohl sie auf einen Nebenschauplatz geriet.

Es war in politischer, finanzieller und in menschlicher Hinsicht selbstverständlich, dass das russische Kaiserhaus eine lückenlose Aufklärung über den Tod Katharinas erwartete. Sie hatte vier Kinder geboren, die dynastische Verbindung bestand über Generationen weiter.

Wilhelm I. unternahm mehrere Schritte, damit die bisherigen politischen und dynastischen Verbindungen tatsächlich erhalten blieben. Davon hing in nicht unerheblichem Maße seine eigene politische Zukunft ab. Er erfüllte getreulich und makellos den testamentarischen Willen seiner Gemahlin. Die beiden Söhne wurden zur weiteren Erziehung in oldenburgisch-russische Obhut gegeben. Graf Beroldingen, Württembergs späterer Außenminister, reiste nach Petersburg und erstattete Bericht: über den Krankheitsverlauf, die Obduktion, die Totenfeiern, das rührende Echo im Volke. Württemberg würde auch, entsprechend den Regeln des Kaiserhauses für die in das Ausland verheirateten Großfürstinnen eine würdige Grabkapelle errichten, damit Katharinas Gebeine nicht auf Dauer in einer evangelisch-lutherischen Kirche ruhen müssten. Wilhelm I. hätte bereits einen Plan. Die verstorbene Königin hatte sich einst wohl gewünscht, auf dem Rotenberg, auf dem noch die Reste der Stammburg Wirttemberg standen, zur ewigen Ruhe gebettet zu werden. In ihrem Testament hatte sie dazu zwar keine Wünsche geäußert. Aber der Wirttemberg könnte doch ein symbolträchtiger Ort – auch für die Kaiserinwitwe Maria Fjodorowna – sein. Beroldingen überreichte die der Hofdame Aledinsky in Katharinas Testament vermachten Geschenke und bat sie beiläufig um die Rückgabe der Briefe, die sie von Katharina erhalten hatte. Das war ein zu jener Zeit durchaus üblicher Wunsch. Er wurde auch innerhalb von vier Jahren erfüllt.

Katharinas Briefwechsel mit Alexander I. konnte Wilhelm I. nicht an sich nehmen. Deren Sekretär Buschmann hatte die entsprechenden Schriftstücke nach dem Tode seiner Herrin an Maria Pawlowna in Weimar geschickt. Dort ist ein Verbleib oder eine Weiterverwendung nicht nachweisbar. Der Vorgang ist indes kein Indiz für einen etwaigen negativen Stimmungswandel zwischen den Höfen in Petersburg und Stuttgart. Die Rückgabe oder gar Vernichtung der Korrespondenzen verstorbener Mitglieder des russischen Kaiserhauses war ein allgemein üblicher Vorgang. Noch im Jahre 1857 verfügte Maria Pawlowna in ihrem Testament, dass Briefe verstorbener Persönlichkeiten verbrannt und Korrespondenzen lebender Personen zurückgegeben werden müssten. Außerdem dürften die verbleibenden Briefe niemals von irgendeiner dritten Person eingesehen werden. Kaiser Nikolaus I. ließ sogar die Tagebücher seiner Mutter verbrennen. Die Motive für derlei Umgang mit Familiendokumenten waren nicht immer plausibel. Ein Blick in den schriftlichen Nachlass Maria Pawlownas beweist, dass dort weder Staatsgeheimnisse noch Zeugnisse moralischer Abnormitäten lagern.

Es muss natürlich nicht völlig ausgeschlossen werden, dass Wilhelm I. genau wissen wollte, was die Königin dem Bruder oder Frau Aledinsky mitgeteilt hatte. Die Ursachen für eine Abkühlung der Beziehungen zwischen Stuttgart und Petersburg lagen jedoch nicht in dieser Detailfrage. Die waren in der politischen Sphäre zu suchen, charakterisierten die Grenzen dynastischer Ehen und hatten bereits im Jahre 1815 begonnen, bevor Wilhelm und Katharina überhaupt heirateten. Der Eklat auf dem Aachener Kongress, wenige Wochen vor Katharinas Ableben hatte es gezeigt: Russlands Kaiser Alexander I. sah Europa durch die Heilige Allianz „im Zeichen des Kreuzes" geeint und politisch endgültig geordnet. In vielen deutschen Staaten, auch in Württemberg, rumorten die nationalliberalen Publizisten, fanden anhaltende Auseinandersetzungen über die Verfassungen statt, machten freiheitliche Studenten Front gegen das politische System Metternichs. Jeder Versuch, auch nur in einem kleinen Teil Europas und Deutschlands die bestehende Ordnung ändern zu wollen, erschien dem russischen Kaiser als ein Angriff auf die einmal geheiligte Ordnung. Russland unterstützte jede Maßnahme antirevolutionärer Interventionspolitik, aber nicht ein Bestreben des Königs von Württemberg, die politischen Verhältnisse im Deutschen Bund zu verändern und sich vielleicht sogar selbst als Führer der Mittelstaaten an die Spitze eines neuen Reichs zu stellen. Das 1820 in Württemberg erscheinende „Manuskript aus Süddeutschland" mit seinen radikalen Strukturforderungen musste dem russischen Kaiserhaus wie eine Provokation vorkommen. Das Gerücht, so abwegig es auch war, Katharina hätte das Pamphlet unterstützt, konnte nur eine negative Wirkung in Petersburg hervorrufen.

Dennoch gab es nach dem Tode Katharinas zwischen Stuttgart und Petersburg keinen gravierenden politischen Bruch. Als Wilhelm I. im September 1819 nach Warschau fuhr, sich dort mit Alexander I. traf und von diesem einen politischen Rückhalt für die neue Württemberger Verfassung erhielt, sprach das eher für anhaltende familiäre Solidarität als für ein Erkalten der Beziehungen. Maria Fjodorowna lebte noch und durch die beiden Töchter Wilhelms und Katharinas gehörte Württemberg weiterhin zum festen dynastischen Verbund der Romanows in Europa. Entsprechende finanzielle Zuwendungen bestärkten das Bündnis. Allerdings dürfte dem russischen Kaiser die verbale Zustimmung zur Württemberger Verfassung auch nicht besonders schwer gefallen sein: Am 20. September 1819 verabschiedete die Bundesversammlung in Frankfurt am Main einstimmig die Karlsbader Beschlüsse, die sich gegen nationale und liberale Bewegungen richteten.

Unter diesen Voraussetzungen musste Wilhelm I. seiner eigenen Kraft als Reformer Württembergs vertrauen und mit den politischen und sozialen Kräften im Innern des Landes handeln. Da konnte ihn auch der Freiherr vom Stein nicht trösten, der am 3. April 1819 zum Tode Katharinas schrieb: „In den ersten Zeit des Verlustes wagte ich es nicht, an E. M. K. zu schreiben, denn im Moment des größten Schmerzes mag kein anderes Mittel wirksam zu sein, als sich ihm hinzugeben und seine Milderung von der Zeit zu erwarten und von der Beschränktheit aller menschlichen Empfindungen. Alsdann erst wird es wohltätig und beruhigend, das Auge nach dem Grabhügel zu richten, der unser Erdenglück einschließt und zugleich seine Schrecken durch einen höheren Blick zu brechen, der über den Grabhügel hinwegsieht und in den Tröstungen der Religion und der Gewissheit der Unsterblichkeit Ruhe sucht und findet. Mögen Ihre K. M. diese Tröstungen in ihrer ganzen Stärke kennen und erfahren, denn sie sind die einzigen, die uns über die Leiden jeder Art erheben und uns gegen die kalte bittere Menschenfeindlichkeit und Menschenverachtung schützen … Am Rande ihres Grabes fühlt man recht innig, wie nur in den Zusagen des Christentums Beruhigung über das Vergangene, zuversichtliche Aussicht nach einer beglückenderen Zukunft zu finden und Trost über den Verlust des Unersetzlichen zu erwarten … Ihr Bild wird stets gegenwärtig sein, wie sie in der größten Krise des Jahres 1812 ruhig und ergeben und unermüdet für das Wohl ihres bedrängten Vaterlandes tätig war, durch Beispiel, Rat, durch Einfluss auf die zahlreiche Menge, die sie zu erheben und zu begeistern wusste, sie traf ein hartes Schicksal und verbitterte ihre Freunde über die glücklichen und ruhmvollen Ereignisse der Zeit, die Vorsehung führte sie in das Ausland, sie war Zeuge und Teilnehmerin an den Vorgängen. Sie ergriff mit einer seltenen Lebendigkeit und Klarheit die Sachen und die Charaktere der Menschen, die sie in den Ländern traf, die sie besuchte, ihre Kenntnisse und Erfahrungen, um, mit Weisheit und Wohlwollen in ihrem neuen Wirkungskreis zu übertragen, den ihr eine schützende und leitende Vorsehung als Gattin eines edlen und hoch geachteten Fürsten anließ. Diesem schönen Verhältnis war sie schleunig entrückt, doch ihr Beispiel, so sie gegeben, ihre Sehnsucht, so sie zurückgelassen, wird ferner wirken, und ihr liebender, edler, verklärter Geist wacht über die Schicksale der ihrigen, bis sie wieder vereint sein wird, und wird Trost in die tief verwundeten Seelen ihrer Geliebten gießen."[224] Stein schrieb einen gefühlvollen Nachruf, der sich wohltuend von so manchem hymnischen Überschwang jener Tage abhob, der landauf, landab in zahllosen Trauerfeiern erklang und nur die nahezu überirdische Edelmütigkeit der Verschiedenen im Sinne hatte.

Nur wenige kritische Stimmen meldeten sich und gingen in dem allgemeinen Chor unter, weil sie allzu sehr den neidvollen Eigennutz zurückgesetzter Fremdlinge artikulierten. Der König ließ sich davon wenig beeindrucken und erfüllte jene Ziele, die er sich gesetzt hatte – im Staat und zur Wahrung des Erbes seiner Gemahlin. Dazu gehörte der Bau einer würdigen Grabkapelle auf dem Wirttemberg, obwohl bereits der Gedanke, die Stammburg der Württemberger für die Ehrung der russischen Großfürstin zu schleifen, nicht nur eitlen Beifall im Volke fand. Aber die Kritiker kannten die Konzeption des Königs nicht. Sie wussten nicht, dass auf dem Rotenberg keine russisch-orthodoxe Grabkapelle als ehrenvolle Gruft für ein Mitglied des russischen Kaiserhauses entstehen sollte. Sie ahnten nicht, dass ihr König mit der Kapelle zugleich die von Katharina mitgetragene Idee einer führenden politischen Rolle Württembergs im künftigen Deutschen Reich zu Grabe tragen wollte. Hier sollte kein Mahnmal für eine Großfürstin aus Russland entstehen, sondern eine Erinnerungsstätte des Königs von Württemberg an seine Gemahlin und ein Symbol für das Lebenswerk König Wilhelms I. selbst.

Katharina hatte keine entsprechenden testamentarischen Verfügungen getroffen und offensichtlich drängte das russische Kaiserhaus Wilhelm I. nicht zur Einhaltung allgemeiner russischer Bestattungsregeln. In seiner ersten Verzweiflung über den Tod Katharinas und klar vor Augen, dass damit das russische Interesse an einer Führungsrolle Württembergs im Reich weiter rückläufig sein würde, überspitzte Wilhelm seine Idee. Nur ein deutscher Künstler sollte den Bau entwerfen und kein russisches Vorbild kam in Frage. Es sollte eine Kapelle entstehen, die den Traditionen der Heiligen Mutter Kirche im Mittelalter mit ihrer gotischen Transzendenz entsprechen würde – so wie der Freiherr vom Stein begann, mit der Sammlung mittelalterlicher Geschichtsquellen die alte Reichsidee am Leben zu erhalten. Wilhelm I. warb für den Bau um einen in Rom lebenden deutschen Architekten. Freiherr Philipp Moritz von Schmitz-Grollenberg, Württembergs Gesandter am Vatikan, wandte sich an mehrere deutsche Architekten, aber Wilhelm lehnte deren Vorschläge letztlich alle ab und übertrug die Aufgabe seinem eigenen Hofbaumeister Giovanni Salucci. Die deutschen Architekten in Rom vertraten die Ansicht, Katharina sollte ein „christliches Denkmal

330

im christlichen Stile" erhalten und wehrten sich gegen ein Grabmal „antik-heidnisch-griechisch-römischer Bauart."[225]

Je intensiver Wilhelm über das Grabmahl nachdachte, seine Möglichkeiten im Deutschen Bund betrachtete oder Russlands Positionen beurteilte, umso bescheidener wurden seine Ansprüche, gingen jedoch nicht hinter das Selbstverständnis für Würde und Größe eines Königspaars zurück. Am Ende entstand ein bescheidener klassischer Rundbau, der dem Vorbild antiker Tempel nachempfunden war – aber keine russisch-orthodoxe Kapelle. Am 29. Mai 1820 legte König Wilhelm I. den Grundstein. An der feierlichen Zeremonie nahmen sein ältester Stiefsohn, Prinz Friedrich Paul Alexander von Holstein-Oldenburg, sowie der russische Gesandte in Stuttgart teil. Das russische Kaiserhaus akzeptierte den Wunsch Wilhelms ohne weitere Debatte. Vier Jahre später, am 5. Juni 1824 läuteten in Stuttgart alle Kirchenglocken. In einem feierlichen Festakt überführte der König die sterblichen Überreste Katharinas aus der Fürstengruft in der Stiftskirche in die neue Grabkapelle auf dem Rotenberg.

Im Januar 1819 hatte der russische Psalmist seinen Bericht beim Einzug in die Stiftskirche abgebrochen. Im Juni 1824 zelebrierten orthodoxe Priester in der von König Wilhelm I. errichteten Gedenkstätte einen Gottesdienst. Katharinas griechisch-orthodoxe Kapelle fand in dem Grabmal ihren endgültigen Platz. Erst jetzt war Katharina Pawlowna, Großfürstin von Russland, Prinzessin von Holstein-Oldenburg und Königin von Württemberg wirklich heimgekehrt. Der König ließ über dem Eingang zur Kapelle den Satz anbringen: „Die Liebe höret nimmer auf". Er wollte damit vielleicht bereits seinen eigenen Anspruch auf einen Ruheplatz in der Kapelle ankündigen. Tatsächlich hat auch Wilhelm I. nach seinem Tode im Jahre 1864 seine letzte Ruhestätte auf dem Rotenberg gefunden und dadurch ein letztes Mal dokumentiert: Hier liegen der König und die Königin von Württemberg, hoch über Cannstatt, auf den Grundmauern der alten Burg auf dem Wirtemberg. Dieses ist keine griechisch-orthodoxe Kapelle als Symbol russischer imperialer Macht. Hier ruht Württemberg, ein Land, das die Toleranz besitzt, einen lutherischen König mit einer orthodoxen Königin zu vereinen, zumal beide gemeinsam – in guten wie in bösen Tagen – dem Land und seinem Volk genützt haben.

Wilhelm I. überlebte seine zweite Gemahlin um 45 Jahre. Noch in ihrem Todesjahr erließ er die so lange und so hart umkämpfte Verfassung, die in Württemberg die konstitutionelle Monarchie einführte, ohne das Gottesgnadentum des Fürsten außer Kraft zu setzen. Während er die Totenstätte für Katharina plante, heiratete Wilhelm 1820 kurz nach dem Ablauf des Trauerjahres seine um nahezu 20 Jahre jüngere Cousine Pauline von Württemberg. Auch diese dritte Ehe war keine echte Liebesheirat, sondern diente dem Ziel, doch noch einen Thronfolger zu bekommen. Wilhelm liebte eher die Hofschauspielerin Amalie Stubenrauch denn seine ihm angetraute Pauline. Wilhelm hat 83 Jahre lang gelebt, aber eine wirklich glückliche Ehe hat er nie geführt. Mit Charlotte von Bayern hatte ihn Napoleon verheiratet. Zu Katharina hatten ihn der Rausch des Augenblicks und der gemeinsame Ehrgeiz, in Europa eine wichtige Rolle zu spielen, geführt. Pauline gab ihm immerhin, was Katharina nicht konnte: 1823 wurde der Sohn Karl Friedrich Alexander geboren. Der ersehnte Thronfolger sicherte den Machterhalt des Hauses Württemberg und bestieg 1864 als Karl I. den Thron.

Wilhelm I. hat viel für Württemberg geleistet, aber sein großer Lebenswunsch blieb unerfüllt: Wilhelms Land und Hausmacht waren einfach zu klein, als dass er im Europa der Pentarchie die Chance besaß, ein bestimmendes Wort mitzureden. Daran konnte auch die eigensinnige und machtbewusste Katharina, die den russischen Rückhalt für größere Reichsziele bieten sollte, nichts ändern.

Was aber wurde aus den Kindern Katharinas aus der ersten und der zweiten Ehe? Während die beiden Söhne nach ihrem Tode entsprechend der testamentarischen Verfügung in die Obhut des Großvaters nach Oldenburg gegeben wurden, blieben die Töchter in Württemberg. Katharina hatte sich zwar sehr um das Wohlbefinden und die Sicherung der erbrechtlichen Ansprüche ihrer Kinder gekümmert, aber deren Entwicklung zu Persönlichkeiten begann erst nach dem Tode der Mutter.

Dem ersten Sohn, Prinz Friedrich Paul Alexander von Holstein-Oldenburg, war leider kein langes Leben beschieden. Er starb bereits im November 1829, ohne verheiratet gewesen zu sein. Der zweite Sohn, Prinz Konstantin Friedrich Peter von Holstein-Oldenburg, interessierte sich mit zunehmendem Alter für die Rechtswissenschaften und die Logik. 1829 galt er als ein Anwärter auf den Thron des Griechischen Königreichs. 1830 berief ihn Kaiser Nikolaus I. in russische Dienste nach Petersburg. Er übte herausragende Funktionen aus: General, Mitglied des Staatsrats, Vorsitzender des Departements für Zivil- und geistliche Angelegenheiten, Oberster Leiter der VI. Abteilung der Kaiserlichen Privatkanzlei, Ehrenvorsitzender des St. Petersburger Vormundschaftsrates, Direktor der Kaiserin-Maria-Lehranstalt für junge Mädchen, Kurator der Kaiserlichen juristischen Lehranstalt, der St. Petersburger Höheren Handelsschule, des Kaiserlichen Alexander-Lyzeums, Ehrenmitglied in wissenschaftlichen und karitativen Gesellschaften und Vorsitzender der Gesellschaft für internationales Recht. Der Prinz folgte dem Lebenswerk von Großmutter und Mutter und wurde von den russischen Kaisern Nikolaus I. und Alexander II. bewusst in dieser Richtung eingesetzt. Er starb am 2. Mai 1881 an einer Lungenentzündung.

Katharinas erste Tochter Marie heiratete im Jahre 1840 den Grafen Alfred von Neipperg, der im Jahre 1865 starb. Prinzessin Marie starb im Jahre 1887 und ist in der Kapelle auf dem Rotenberg neben ihrer Mutter und dem Vater beigesetzt worden. Die zweite Tochter, Sophie, ehelichte 1839 den späteren König Wilhelm III. der Niederlande. Ihre Schwiegermutter wurde die russische Großfürstin Anna Pawlowna – ihre Tante.

Am Ende bleibt der zusammenfassende Blick auf das Leben und die letzten Tage Katharinas. Katharinas Leben ist kurz, voller Aufregung und Leid gewesen. Im Mittelpunkt des Interesses der Nachwelt stand, soweit es Deutschland betraf, das soziale Werk in Württemberg und das Geheimnis um den frühen Tod. Katharinas sozialpolitische Leistungen leben bis in unsere Tage fort, sind oft beschrieben und gewürdigt worden, ohne dass sie bereits genügend in eine tiefgründige Wirtschafts-, Verwaltungs- und Sozialgeschichte Württembergs eingeflossen wären. Das frühe Ableben Katharinas wird allgemein mit der Untreue ihres Mannes in Verbindung gebracht und daraus der Mythos einer moralisch hoch stehenden Frau geflochten, die der Gram über den Liebesverrat gebrochen hat.

Die signifikanten Quellen sagen jedoch etwas anderes aus. Danach hat sich Katharina am 3. Januar 1819 bei einem Spaziergang mit ihrem Mann leicht erkältet und dennoch am folgenden Tag eine gemeinsame Kutschfahrt mit ihm nach Scharnhausen unternommen, was die Erkältung verschlimmerte. Ein psychologischer oder medizinischer Zusammenhang zwischen der Erkältung, der Gesichtsrose und dem Gehirnschlag ist nicht bewiesen worden. Es ist auch von der Logik her reichlich unwahrscheinlich, dass die Großfürstin aus russischem Kaiserhaus dem König von Württemberg eine „Eifersuchtsszene" gemacht hätte. Es existieren aus dem gesamten Leben Katharinas keine Belege, dass ihr gewiss mitunter betont emotionales Verhalten sie jemals zu extrem unbedachten Handlungen hingerissen hat. Dafür war die aristokratische Disziplin für sie ein viel zu starkes moralisches Regulativ. Der frühe und beklagenswerte Tod dieser Frau resultierte vielmehr aus dem gesamten Leben, aus den charakterlichen Eigenschaften und den natürlichen Voraussetzungen Katharinas.

Am Anfang standen die übermächtige Katharina II. und der Dualismus zwischen dem Egoismus der Selbstherrscherin und dem unkontrollierten Trotz des Thronfolgers. Die Familie hat die Ärgernisse hautnah erlebt und mitgetragen. Als Paul I. regierte, war er so von Hass und kleingeistiger Despotie erfüllt, dass er sich bisweilen in einen bizarren Verfolgungswahn steigerte. In den haltlosen Anschuldigungen spielten auch angebliche Verfehlungen der Gemahlin und der Kinder eine Rolle. Katharina wuchs mit den Konflikten auf, klammerte sich an ihre selbstbewusste Mutter und hofierte den Bruder Alexander, der die großzügige Erziehung durch Katharina II. zum eigenen selbstsüchtigen Vorteil nutzte. Zeitzeugen wussten nie, wann er die Wahrheit sagte und wann er unaufrichtig war. Die Großfürstin Katharina lernte die Überlebensregeln im Dickicht höfischer Intrigen schnell.

Russlands Weg in den Krieg gegen Napoleon begleitete Katharina bereits mit einer eigensüchtigen Zielvorstellung. Gestützt auf die unantastbare Machtposition der Kaiserinmutter, umgarnte sie den Bruder Alexander I., um dessen wankelmütigen Sinn für den Kampf gegen den Usurpator zu stärken. Ihr eigener Beitrag zum europäischen Ringen gegen Napoleon bestand in der Rolle eines dynastischen Faustpfands: Sie wollte in den Besitz der österreichischen Kaiserinnenkrone gelangen, wahrte aber auch die schuldige Familiendisziplin, als der Kampf gegen Napoleon und die Kontinentalsperre eine Ehe mit dem Prinzen Georg von Holstein-Oldenburg forderte.

Der Vaterländische Krieg von 1812 führte zu einem dramatischen Einschnitt in Katharinas Leben. Alle Kraft gegen Napoleon! Das war ihre Losung in jenem Jahr. Für dieses Ziel schmiedete sie Intrigen, unterstützte sie den Moskauer Adel gegen den eigenen Bruder – nur um diesen zur Anspannung aller Kräfte gegen den Feind zu zwingen. Sie mischte sich in die Militärpolitik des Kaisers und organisierte den Widerstand im eigenen Gouvernement Twer. Am Ende erlitt Katharina einen schweren physischen und psychischen Zusammenbruch: Prinz Georg von Holstein starb im Dezember 1812.

Russland trug den Krieg über die Grenzen nach Europa und schickte sich an, seinen Kaiser zum Retter Europas zu erheben, verbunden mit der Stärkung des russischen politischen Einflusses auf dem Kontinent. Katharina übernahm in den politischen Plänen und Handlungen ihres Bruders die Rolle einer politischen Helfershelferin. Sie war wieder frei und konnte neue Heiratspläne schmieden. Katharinas vorausgegangene Lebensschule lag in Russland. Die Schule der europäischen Politik und Diplomatie hatte sie nicht absolviert. Da Katharina schnell auffasste, energisch zugriff und viele Probleme durch ihren aristokratischen Stolz überspielte, rief sie in menschlicher und politischer Hinsicht Kritiker auf den Plan, ließ sich aber von dem eigenen Weg nicht ablenken. Russlands Dominanz in Europa stand für sie immer auf dem Spiel! Da durfte selbst die anhaltende psychosomatische Erkrankung kein Hindernis bilden und wurde nach außen hin überspielt: Katharina kokettierte nach 1812 sogar manchmal leichtsinnig mit einer eigenen Zukunft auf dem russischen Kaiserthron!

Trotz aller Mühen, einem Metternich waren weder Alexander noch vor allem Katharina gewachsen. Sie verfingen sich in den Fallstricken seiner durch und durch pragmatischen Politik. Alexanders Mystizismus, von Katharina eifrig gefördert, ließ Russlands Kaiser für einige Jahre als rettenden Engel und Galionsfigur europäischer Einigung erscheinen. Bruder und Schwester verstanden aber nicht, in welch elementarer Weise die Diplomaten und Politiker Österreichs, Frankreichs, Englands oder Preußens Russland an den Rand der europäischen Politik drängten. Katharina kämpfte in den Jahren 1813 bis 1815 nahezu verbissen um Russlands Führungsrolle in Europa und um das eigene Glück einer Kaiser- oder zumindest Königskrone. Der Kampf endete für sie persönlich negativ, weil ihre politischen Ansichten einseitig waren, sie nicht genügend politische Flexibilität besaß und weil die russische Regierung ihre kontinentalen Wünsche nicht durchsetzen konnte.

Katharinas letzte Ehehoffnung war nach den Fehlversuchen in Österreich der Kronprinz Wilhelm von Württemberg, weil er die mehr als vage Chance verhieß, dereinst vielleicht an die Spitze eines neuen Deutschen Reichs treten zu können. Sie scheute sich nicht, den verheirateten Kronprinzen mit den Mitteln weiblicher List in ihr Spiel einzubeziehen, lockte und hielt ihn hin, bis der letzte österreichische Traum in den Niederlanden ausgeträumt war.

Die beiden letzten Lebensjahre Katharinas in Württemberg bildeten den Epilog zu ihren persönlichen und politischen Sehnsüchten. Es blieben die einzigen Jahre, in denen die Königin nutzbringende Leistungen für das Allgemeinwohl eines Volkes vollbrachte, die gleichwohl einem zielgerichteten politischen Kalkül folgten. Noch einmal mobilisierte die physisch und psychisch belastete Frau alle Lebenskräfte und gestaltete eine Rolle, die sie Jahre zuvor in Twer nur in einzelnen Ansätzen gespielt hatte. Die wirtschaftliche und soziale Not Württembergs, der Wille zu einer führenden politischen Rolle im Deutschen Bund und die russischen Reichsinteressen in den deutschen Klein- und Mittelstaaten bestimmten Katharina, in Württemberg ein für ihre Zeit vorbildliches komplexes sozialpolitisches Modell zu fördern. Ihre Initiatorenschaft bleibt unbestritten. Das historisch Herausragende bestand – im Unterschied zum Weimarer Modell der Maria Pawlowna – nicht in der paternalistischen Einzelleistung einer tugendhaften Aristokratin, sondern in der Vernetzung von Königshaus, Staatsapparat, Unternehmertum und Sozialwerk zu einem wirtschaftspolitischen Komplex mit positiven Wirkungen für das ganze Volk.

Wilhelm I. und Katharina bezogen die fähigsten Köpfe des Landes in ihre Arbeit ein, jene Persönlichkeiten, die zugleich im zähen Kampf um eine moderne Verfassung die Positionen des Königs und der Regierung teilten. Da die russische Regierung die konstitutionellen Bestrebungen in den deutschen Staaten mit Misstrauen betrachteten und diese als schädlich für die Ordnung der Heiligen Allianz ansahen, bekamen Katharinas soziale Schöpfungen zugleich den Charakter politischer Institutionen gegen die liberalen und freisinnigen Bestrebungen im Lande – sie stützten das von Wilhelm I. in den Verfassungskämpfen verteidigte monarchische Prinzip. Das Sozialwerk Katharinas diente nicht nur der wirtschaftspolitischen Stärkung des Landes. Es war selbst ein unmittelbar politisches Element der Staatsentwicklung.

Katharina blieb sich bis zu ihrem frühen Ende selber treu: Wo immer sie wirkte, vertrat sie die Interessen des Russischen Reichs, passte sich den jeweiligen Situationen bis zu einem bestimmten Grade an und versuchte, jedem Ereignis den eigenen Stempel aufzudrücken. Sie war gebildet, nicht immer klug oder geschickt, oft streitsüchtig und aufbrausend. Sie setzte sich dank ihrer hohen Geburt und ihres zupackenden Willens durch. Dennoch scheiterte ihr Lebenstraum. Selbst wenn sie länger gelebt hätte – König Wilhelm I. von Württemberg besaß niemals eine reale Chance auf die deutsche Kaiserkrone. Katharina hatte in ihrem Eigensinn ein letztes Mal, wie der Volksmund sagt, auf das falsche Pferd gesetzt.

Wenn man nach Ursachen für ihren frühzeitigen Tod sucht, liegt der Schlüssel nicht in der ehelichen Untreue Wilhelms. Katharina Pawlowna war seit Jahren ein kranker Mensch, der aus politischen und egoistischen Interessen Raubbau an der eigenen Gesundheit trieb. Spätestens seit Dezember 1812, als Russlands Politik sich nach Zentraleuropa verlagerte, hastete sie rastlos von einem Ort zum anderen. Wenn man bedenkt, dass es nach dem Schock über den Tod Georgs von Holstein-Oldenburg, der so schlimm war, dass die Ärzte um ihr Leben fürchteten und der sie noch nach Monaten immer wieder in eine zeitweilige körperliche Starre verfallen ließ, niemals Zeugnisse von einer anderen akuten Krankheit gab, die sie zu Ruhepausen veranlasst hätte, so ist nur der Schluss möglich: Sie hat ihre Leiden mit eiserner Selbstdisziplin unterdrückt. Dadurch wurde die baldige Katastrophe vorprogrammiert. Es war abzusehen: Irgendwann würde sich die Natur rächen und die seelische wie körperliche Überspannung nicht mehr ertragen. Dieser Zeitpunkt trat im Januar 1819 ein, kurz bevor Katharina das 31. Lebensjahr vollendete.

Friedrich August Bach, der Katharina von 1813 bis 1816 auf all ihren Reisen durch Europa begleitete und sie nahezu täglich sah, hat in seinem – leider nur in bearbeiteter Fassung bekannten – Tagebuch vermerkt, dass Katharina beim Anblick der Leiche Georgs von Holstein-Oldenburg von der Starrsucht befallen wurde. Bach fing die junge Frau auf, sonst wäre sie gestürzt. „Dieser Zustand kehrte längere Zeit hindurch täglich zu einer bestimmten Stunde wieder und dauerte bis zu 20, ja manchmal 50 Minuten. Diese Krankheit hat erst nach vielen Jahren die Großfürstin verlassen, nachdem von vielen Ärzten alles erdenkliche versucht wurde, sie davon zu befreien."[226] Bach datierte das von ihm festgestellte Ende der Krankheit auf den Sommer 1815, als Katharina die Bäder in Wiesbaden und Schlangenbad besuchte. Dieses Datum muss aus drei Gründen skeptisch beurteilt werden. Bachs Tagebuch hat sich weit mehr mit dem gesellschaftlichen Umfeld Katharinas als mit ihrem Gesundheitszustand auseinandergesetzt, Notizen über den Zustand der Patientin bildeten die marginale Ausnahme. Im Sommer 1815 entschied sich Katharina zur Ehe mit Wilhelm und befand sich in einer psychologischen Hochstimmung. Mit der Verheiratung Katharinas im Jahre 1816 schied Bach aus ihren Diensten, er kannte ihre nachfolgende gesundheitliche Entwicklung also nicht und konnte überhaupt kein Urteil über den weiteren Verlauf der Krankheit abgeben.

Es gab einen Gesichtspunkt, der Bachs Vermutung von einer gesundheitlichen Besserung der Großfürstin stützte. Katharina empfand gegenüber Napoleon einen ähnlichen pathologischen Hass, wie ihn ihr Vater gegenüber Katharina II. demonstriert hat. Als sie in London 1814 die Nachricht von der ersten Abdankung Napoleons erhielt, legte sie zwar demonstrativ und öffentlichkeitswirksam die schwarze Trauerkleidung ab. Aber Katharina fühlte sich noch nicht befreit. Ständig plagte sie die Furcht, Napoleon könnte von der Insel Elba zurückkehren und die Macht erneut an sich reißen, Russland bedrohen und ihre eigenen Heiratspläne ein weiteres Mal zunichte machen. Es war eine Zwangsvorstellung. Als Napoleon im März 1815 tatsächlich wieder auf das Festland zurückkam und die Herrschaft der 100 Tage antrat, meinte Katharina: „Je suis sûr le petit homme reviendra un jour". Sie war immer überzeugt gewesen, dass der kleine Mann eines Tages zurückkehren würde. Ein Ende der Angst kam erst nach der Schlacht von Waterloo im Sommer 1815, als Napoleon endgültig aus Europa vertrieben und nach St. Helena gebracht wurde. Damals konnte Katharina wirklich aufatmen und sich auf das neue Leben in Württemberg vorbereiten. Doch es war nur eine Frage der Zeit und des Drucks durch neue Belastungen, wann die alten psychischen Probleme wieder aufbrechen würden ...

Mit der Großfürstin Katharina Pawlowna, Prinzessin von Holstein-Oldenburg, Königin von Württemberg starb im Januar 1819 eine Frau, die in den dramatischen Jahren zwischen 1805 und 1818 versuchte, russische, europäische und deutsche Geschichte zu schreiben. Sie kannte die politischen Köpfe ihrer Zeit, strebte in den Grenzen ihrer gesellschaftlichen Möglichkeiten nach einer eigenständigen Rolle und konnte doch nicht unmittelbar in die politischen Entscheidungen eingreifen. Sie blieb bei allem Willen eine Frau und Frauen hatten damals im politischen Geschäft nur die zweite Rolle zu spielen, im Hintergrund zu wirken und dort ihre Fäden zu spinnen. Es sei denn, sie eroberten sich die Macht wie Katharina die Große in Russland. Aber dazu war deren Enkelin nicht fähig. So bleibt, in ihr eine Zeitzeugin großer politischer Umwälzungen zu würdigen, die das Bild, das wir über das politische Europa im frühen 19. Jahrhundert besitzen, um eine sehr farbige Facette bereichert. Durch den Blick auf das Leben und Wirken Katharinas werden Ereignisse und Zusammenhänge deutlich, die sonst nur schwer zu vermitteln sind. Wer weiß schon, dass da eine eigenwillige junge Frau lebte, deren Ambitionen sich auf sehr ehrgeizige Weise mit den Kaiserthronen in Petersburg, Wien, Paris und Berlin verbanden!

Heute ruht Katharina auf dem Rotenberg, an der Seite eines Königs von Württemberg, fern von der russischen Heimat. Während sie in Russland nahezu vergessen scheint, wird sie von den Württembergern bis heute verehrt – wegen ihrer sozialpolitischen Leistungen. All ihre hochfahrende Selbstsucht, ihr politischer Ambitionismus, ihre moralische Fragwürdigkeit und das Scheitern ihrer Lebensträume gehören der Vergangenheit an. Aber zu historischen Persönlichkeiten taugten noch niemals Menschen, deren Leben in Langeweile erstarrte. Nur die Konflikte und deren streitbare Bewältigung lassen Menschen zu interessanten Persönlichkeiten reifen.

Anhang

Genealogische Angaben über die
engere Familie Katharina Pawlownas

Katharina Pawlowna, geb. 21.5.1788 in Zarskoje Selo, gest. 9.1.1819 in Stuttgart; begraben in der Grabkapelle auf dem Rotenberg bei Stuttgart.

Die Eltern

Paul I. Petrowitsch (1754–1801), Kaiser von Russland seit 1796, Sohn Katharinas der Großen, verheiratet in 2. Ehe seit 1776 mit Prinzessin Sophie Dorothea (Maria Fjodorowna) von Württemberg-Mömpelgard (1759–1828).

Die Geschwister

Alexander I. Pawlowitsch (1777–1825), Kaiser von Russland seit 1801. Verheiratet seit 1793 mit Prinzessin Louise Maria Augusta (Elisabeth Alexejewna) von Baden-Baden (1779–1826).

Konstantin Pawlowitsch (1779–1831). 1796–1820 verheiratet mit Prinzessin Juliane Henriette Friederike (Anna Fjodorowna) von Sachsen-Coburg (1781–1860). Scheidung nach Trennung 1801. Seit 1820 in 2. (morganatischer) Ehe verheiratet mit der polnischen Gräfin Johanna (Jeanne) Grudzinska, die den russischen Titel und Namen der Durchlauchtigsten Fürstin Shaneta Antonowna Lowitsch erhielt (1795–1831).

Alexandra Pawlowna (1783–1801). Seit 1793 suchte Katharina II. Alexandra mit dem schwedischen König Gustaf IV. Adolf zu verheiraten. Paul I. setzte die Gespräche fort, die jedoch scheiterten. 1799 Verheiratung mit dem Erzherzog Joseph Palatinus von Österreich-Ungarn (1776–1847).

Jelena Pawlowna (1784–1803). Heirat 1799 mit Friedrich Ludwig Erbherzog von Mecklenburg-Schwerin (1778–1819).

Maria Pawlowna (1786–1859). Seit 1804 verheiratet mit dem Erbherzog Carl Friedrich von Sachsen-Weimar-Eisenach (1783–1853).

Olga Pawlowna (1792–1795).

Anna Pawlowna (1795–1865). Seit 1816 mit dem Kronprinzen und späteren König Wilhelm II. der Niederlande (1792–1849) verheiratet. Seit 1840 Königin der Niederlande.

340

Nikolai Pawlowitsch (1796–1855), Kaiser von Russland seit 1825. Seit 1817 mit Friederike Louise Charlotte Wilhelmine (Alexandra Fjodorowna) Prinzessin von Preußen (1798–1860) verheiratet.

Michail Pawlowitsch (1798–1849). Verheiratet seit 1824 mit Friederike Charlotte Maria (Jelena Pawlowna) von Württemberg (1806–1873).

Die Schwiegereltern

Aus 1. Ehe:
Peter Friedrich Ludwig Administrator und Herzog von Holstein-Oldenburg (1755–1829). Verheiratet mit Prinzessin Friederike von Württemberg (1765–1785), Schwester von Maria Fjodorowna.

Aus 2. Ehe:
Friedrich I. König von Württemberg (1754–1816). Verheiratet in 1. Ehe seit 1780 mit Karoline Friederike Luise Prinzessin von Braunschweig-Wolfenbüttel (gest. 1788).

Die Ehegatten

1809–1812: **Peter Friedrich Georg Prinz von Holstein-Oldenburg** (1784–1812).

1816–1819: **Wilhelm I. König von Württemberg** (1781–1864). Wilhelm I. war in 1. Ehe seit 1808 mit Prinzessin Charlotte von Bayern verheiratet. Er ehelichte nach Katharinas Tod Pauline von Württemberg (1820).

Die Kinder

Aus 1. Ehe:
Friedrich Paul Alexander von Holstein-Oldenburg (1810–1829).

Konstantin Friedrich Peter von Holstein-Oldenburg (Peter Georgjewitsch), (1812–1881). Verheiratet mit Prinzessin Therese von Nassau (1815–1871).

Aus 2. Ehe:
Marie von Württemberg (1816–1887). Seit 1840 mit Alfred Graf von Neipperg verheiratet.

Sophie von Württemberg (1818–1877). Seit 1839 verheiratet mit Wilhelm III. König der Niederlande ab 1849 (1817–1890).

Zeittafel

Wichtige Daten und Ereignisse im Leben Katharina Pawlownas

1788   Am 10. Mai (nach dem in Russland geltenden Julianischen Kalender) wird Großfürstin Katharina Pawlowna als sechstes Kind des Großfürsten Paul Petrowitsch und dessen zweiter Gemahlin Maria Fjodorowna (Sophie Dorothea von Württemberg-Mömpelgard) in Zarskoje Selo bei St. Petersburg geboren.

1796   Am 6. November stirbt Katharina die Große in Zarskoje Selo und Katharinas Vater besteigt als Kaiser Paul I. den Thron.

1801   In der Nacht zum 12. März wird Paul I. ermordet. Katharina beginnt den ihr charakterlich ähnlichen Vater zu romantisieren.

1805   Russische militärische Niederlage im Dezember bei Austerlitz. Katharina sammelt im Streit um die Verantwortung Alexanders I. für das Desaster politische Erfahrungen.

1807   Katharina kritisiert die Politik des Kaisers nach dem Vertrag von Tilsit und erstrebt im Kampf gegen Napoleon eigensinnig die Kaiserinnenkrone Österreichs.

1808   Auf dem Erfurter Fürstentag im September/Oktober dient Katharina als Objekt zur Demütigung Napoleons durch Alexander I.

1809   Als Beitrag zum innerrussischen Widerstand gegen die von Napoleon verhängte Kontinentalsperre heiratet Katharina am 18. April den Prinzen Peter Friedrich Georg von Holstein-Oldenburg. Beide ziehen als Gouverneursehepaar nach Twer.

1810   Der erste Sohn, Friedrich Paul Alexander, wird geboren.

1812   Der zweite Sohn, Konstantin Friedrich Peter, wird geboren. Das Jahr 1812 sieht Katharina als entschiedene Gegnerin Napoleons. Sie bekämpft die schwankende Politik Alexanders I., nimmt führend an der Intrige zum Sturz des Reformpolitikers Michail Speranski teil und verbündet sich mit dem konservativen Moskauer Adel, um Moskau zu retten. Katharina weiß um die Organisierung des Brandes von Moskau, vereinzelt werden Gerüchte kolportiert, Katharina zur Kaiserin Katharina III. zu erheben. Am 15. Dezember stirbt Prinz Georg von Holstein-Oldenburg an Typhus. Katharina erleidet einen psychosomatischen Schock, von dem sie sich niemals wieder ganz erholt.

1813   Katharina reist als politische Agentin durch Zentral- und Westeuropa. Sie erfüllt diplomatisch-politische Aufgaben des Kaisers, um Österreich als Bundesgenossen gegen Napoleon zu gewinnen. Sie nimmt ihre Pläne, in das Haus Habsburg einzuheiraten, wieder auf.

1814   Katharina unterstützt in Westeuropa nachhaltig, aber mit geringem Erfolg, die Rolle Alexanders I. als Befreier Europas. Die Visite in London vom Frühjahr gerät zum Skandal, weil weder Alexander I. noch Katharina die Politik Metternichs durchschauen und weil Katharina auf politische Intrigen hereinfällt.

1815   Katharina nimmt ab September am Wiener Kongress teil. Sie muss ihren Plan, einen österreichischen Erzherzog zu heiraten, aufgeben und entscheidet sich für eine Ehe mit dem Württemberger Kronprinzen Friedrich

Wilhelm Karl, weil dieser als möglicher Anwärter auf eine künftige Reichskrone in Deutschland im Gespräch ist.

1816   Am 12./24. Januar heiraten Katharina und Friedrich Wilhelm Karl in Petersburg. Am 30. Oktober stirbt König Friedrich I. von Württemberg. Wilhelm I. und Katharina besteigen den Königsthron in Württemberg. Am selben Tage bringt Katharina die Tochter Marie zur Welt. Die beiden Söhne aus der ersten Ehe leben bei der Mutter in Stuttgart.

1817   Katharina initiiert in Übereinstimmung mit der Politik des Königs und der Regierung in der Verfassungsfrage, bei der Bekämpfung der landesweiten Not, zur Reformierung der Staatsverwaltung und zur Aufwertung Württembergs im Deutschen Bund ein umfassendes Sozialwerk, das im Januar mit der Gründung der Zentralleitung des Wohltätigkeitsvereins seinen ersten Ausdruck findet. Damit vertritt sie auch Interessen des Russischen Reichs.

1818   Katharina schreibt im ersten Halbjahr ein Testament, das zugunsten Wilhelms vom Ehevertrag abweicht. Sie bringt die Tochter Sophie zur Welt. In diesem Jahre werden die Württembergische Sparkasse, das Katharinenstift, sowie die Landwirtschaftliche Unterrichts-, Versuchs- und Musteranstalt Hohenheim und das Cannstatter Volksfest ins Leben gerufen.

1819   Am 9. Januar stirbt Katharina plötzlich und unerwartet. Ihr Tod ist lange Zeit von rätselhaften Umständen begleitet reflektiert worden.

1824   Katharina findet in einer eigens errichteten Grabkapelle auf dem Rotenberg die ewige Ruhe. In der Kapelle werden später auch Wilhelm I. und die Tochter Marie beigesetzt.

Anmerkungen

Die hier angegebenen Titel sind in Kurzform wiedergegeben, die vollständigen Literaturangaben siehe: Literaturverzeichnis S. 348–354

1   Zitiert nach: SAUER, Der schwäbische Zar, S. 80 f.
2   Zitiert nach: Ebenda, S. 95.
3   Russisches Altertum, Bd. 8, 1879, S. 871.
4   Ebenda, Bd. 16, 1876, S. 460.
5   Zitiert nach: MERKLE, Katharina Pawlowna, S. 4.
6   Zitiert nach: SAUER, Der schwäbische Zar, S. 98.
7   Zitiert nach: MERKLE, Katharina Pawlowna, S. 6.
8   Zitiert nach: DIETERICH, Württemberg und Rußland, S. 74.
9   TEMPERLEY (Hrsg.), Das Tagebuch der Fürstin Lieven, S. 285 f.
10 Ebenda, S. 289.
11 Zitiert nach: MERKLE, Katharina Pawlowna, S. 8.
12 Michailovič, Perepiska imperatora Aleksandra I , S. 3.
13 Ebenda, S. 3 f.
14 Ebenda, S. 6.
15 Ebenda, S. 6 f.

16 Zitiert nach: TAACK, Zar Alexander I., S. 201.
17 Zitiert nach: MERKLE, Katharina Pawlowna, S. 11 f.
18 Zitiert nach: Ebenda, S. 10.
19 Zitiert nach: TAACK, Zar Alexander I., S. 218.
20 Michailovič, Perepiska imperatora Aleksandra I, S. 18.
21 Zitiert nach: SCHIEMANN, Kaiser Alexander und die Großfürstin Ekaterina Pavlovna, S. 544.
22 Zitiert nach: TAACK, Alexander I., S. 330 f.
23 Zitiert nach: MERKLE, Katharina Pawlowna, S. 13.
24 Zitiert nach: Ebenda, S. 13 f.
25 Zitiert nach: Ebenda, S. 14.
26 Zitiert nach: Ebenda, S. 14 ff.
27 Zitiert nach: Ebenda, S. 18.
28 Zitiert nach: Ebenda, S. 16 f.
29 Zitiert nach: Ebenda, S. 17.
30 Zitiert nach: PALMER, Alexander I., S. 147.
31 Zitiert nach: TAACK, Alexander I., S. 245.
32 Zitiert nach: REHM, Königin Katharina von Württemberg, S. 10 f.
33 Zitiert nach: KOOLMAN (Hg.), Das Haus Oldenburg in Russland, S. 21.
34 Zitiert nach: Ebenda, S. 22.
35 Zitiert nach: Ebenda, S. 22 f.
36 Zitiert nach: Ebenda, S. 27.
37 Russisches Altertum, 1877, Bd. 3, S. 587.
38 Zitiert nach: TAACK, Alexander I., S. 255.
39 Russisches Archiv, Jg. 1880, Memoiren von Eiler.
40 Zitiert nach: KOOLMAN, Das Haus Oldenburg in Russland, S. 26.
41 St. Petersburger Senats-Zeitung, Nr. 18, vom 1. Mai 1809.
42 Ebenda.
43 Niedersächsisches Staatsarchiv in Oldenburg, Bestand 7, 1809 April 17. Hier wird ausschließlich der in Oldenburg aufbewahrte Vertragstext zitiert.
44 Zitiert nach: KOOLMAN, Das Haus Oldenburg in Russland, S. 28.
45 Michailovič, Perepiska imperatora Aleksandra I, S. 59.
46 Zitiert nach: MERKLE, Katharina Pawlowna, S. 22–24.
47 Zitiert nach: Ebenda, S. 24–28.
48 Zitiert nach: Ebenda.
49 Zitiert nach: KOOLMAN, Das Haus Oldenburg in Russland, S. 32.
50 Zitiert nach: Ebenda, S. 33.
51 Zitiert nach: Ebenda.
52 Zitiert nach: PALMER, Alexander I., S. 171.
53 Zitiert nach: SCHIEMANN, Kaiser Alexander und die Großfürstin Ekaterina, S. 548.
54 Zitiert nach: Ebenda, S. 548.
55 Zitiert nach: MERKLE, Katharina Pawlowna, S. 32 f.
56 Russisches Archiv, Jg. 1869.
57 Ebenda
58 Ebenda.
59 Zitiert nach: PALMER, Alexander I., S. 179.
60 Zitiert nach: Ebenda, S. 183 f.
61 Zitiert nach: TAACK, Zar Alexander I. S. 293.
62 Zitiert nach: MERKLE, Katharina Pawlowna, S. 34.
63 Zitiert nach: Ebenda.
64 Zitiert nach: PALMER, Alexander I., S. 187.
65 Zitiert nach: TAACK, Alexander I., S. 298.
66 Zitiert nach: Ebenda, S. 304.

67 Zitiert nach: MERKLE, Die Großfürstin Katharina Pawlowna, S. 234.
68 Zitiert nach: PALMER, Alexander I., S. 202.
69 Zitiert nach: Ebenda, S. 218.
70 Zitiert nach: TAACK, Alexander I., S. 315.
71 Zitiert nach: MERKLE, Die Großfürstin Katharina Pawlowna, S. 236.
72 Zitiert nach: PALMER, Alexander I., S. 219.
73 Zitiert nach: Ebenda, S. 216.
74 Zitiert nach: MERKLE, Die Großfürstin Katharina Pawlowna, S. 238.
75 Zitiert nach: Ebenda, S. 238.
76 Zitiert nach: Ebenda, S. 239.
77 Zitiert nach: PALMER, Alexander I., S. 217.
78 Michailovič, Perepiska imperatora Aleksandra I, S. 83.
79 Zitiert nach: KOOLMAN, Das Haus Oldenburg in Russland, S. 40.
80 Zitiert nach: MERKLE Katharina Pawlowna, S. 45.
81 Zitiert nach: TARLE, Der Brand von Moskau, S. 63 f.
82 Zitiert nach: Ebenda, S. 60.
83 Michailovič, Perepiska imperatora Aleksandra I, S. 86 ff.
84 Zitiert nach: ELIAS, Bemerkungen zur Biographie Königin Katharinas von Württemberg, S. 608.
85 Zitiert nach: Ebenda, S. 608.
86 Zitiert nach: KOOLMAN, Das Haus Oldenburg in Russland, S. 41.
87 Zitiert nach: MERKLE, Die Großfürstin Katharina Pawlowna, S. 236 f. Die in dem Schreiben Katharinas aufgezählten Einzelpunkte sind hier zu einem Fließtext zusammengefasst worden.
88 Zitiert nach: Ebenda, S. 237.
89 STEIN, FREIHERR VOM, Briefe und amtliche Schriften, Bd. 5, S. 188.
90 Zitiert nach: MERKLE, Katharina Pawlowna, S. 42–44.
91 Zitiert nach: Ebenda, S. 44.
92 Zitiert nach: Ebenda, S. 46 f.
93 Zitiert nach: MERKLE, Die Großfürstin Katharina Pawlowna, S. 40.
94 CLAUSEWITZ, Der russische Feldzug von 1812, S. 142.
95 Zitiert nach: TARLE, Der Brand von Moskau, S. 34.
96 Zitiert nach: Ebenda, S. 37.
97 Zitiert nach: Ebenda, S. 48.
98 CAULAINCOURT, Mit Napoleon in Russland, S. 115.
99 Zitiert nach: MERKLE, Katharina Pawlowna, S. 46.
100 Zitiert nach: PALMER, Alexander I., S. 229.
101 Zitiert nach: KOOLMAN, Das Haus Oldenburg in Russland, S. 41.
102 Michailovič, Perepiska imperatora Aleksandra I, S. 113.
103 Ebenda, S. 113 f.
104 Zitiert nach: KOOLMAN, Das Haus Oldenburg in Russland, S. 44.
105 Zitiert nach: Ebenda, S. 152.
106 Zitiert nach: MERKLE, Katharina Pawlowna, S. 38.
107 Zitiert nach: PALMER, Alexander I., S. 237.
108 Zitiert nach: SAUER, Reformer auf dem Königsthron, S. 110.
109 Zitiert nach: MERKLE, Katharina Pawlowna, S. 50.
110 Zitiert nach: REHM, Königin Katharina von Württemberg, S. 14.
111 Zitiert nach: MERKLE, Katharina Pawlowna, S. 50 f.
112 Zitiert nach: Ebenda, S. 51 f.
113 Zitiert nach: ELENEV', Putešestvie, S. 18 f.
114 Zitiert nach: Ebenda, S. 33 f.
115 Zitiert nach: Ebenda, S. 34 f.
116 Zitiert nach: Ebenda, S. 39 f.

117 Zitiert nach: MERKLE, Katharina Pawlowna, S. 52.
118 Zitiert nach: ELENEV', Puteschestvie, S. 47.
119 Zitiert nach: SCHUMANN, Königin Katharina, S. 33.
120 Zitiert nach: CORTI, Metternich und die Frauen, S. 163.
121 Zitiert nach: MERKLE, Katharina Pawlowna, S. 52 f.
122 Zitiert nach: ELENEV', Puteschestvie, S. 52 f.
123 Zitiert nach: Ebenda, S. 53.
124 Zitiert nach: EGLOFFSTEIN, Maria Ludovica von Österreich und Maria Paulowna, S. 14.
125 Zitiert nach: CORTI, Metternich und die Frauen, S. 171.
126 Zitiert nach: MERKLE, Katharina Pawlowna, S. 53 ff.
127 Zitiert nach: Ebenda, S. 56.
128 MÜLLER, JOHANN GEORG, Unterredungen mit der Großfürstin Katharina und mit Alexander I., S. 474.
129 Ebenda, S. 478.
130 Ebenda.
131 Ebenda, S. 479.
132 Ebenda, S. 480 ff.
133 Ebenda, S. 483 ff.
134 Zitiert nach: GRAUER, Wilhelm I. König von Württemberg, S. 208.
135 Zitiert nach: Catharina Pawlowna. Königin von Württemberg 1816–1819, S. 36.
136 Zitiert nach: SCHIEMANN, Kaiser Alexander und die Großfürstin Ekaterina Pavlovna, S. 552.
137 Zitiert nach: KOOLMAN, Das Haus Oldenburg in Russland, S. 66.
138 Zitiert nach: MERKLE, Katharina Pawlowna, S. 57.
139 Zitiert nach: Ebenda, S. 58 f.
140 Zitiert nach: HYDE, Fürstin Lieven, S. 96 f.
141 Zitiert nach: Ebenda, S. 97.
142 Zitiert nach: Ebenda, S. 98.
143 Zitiert nach: Ebenda, S. 99.
144 Zitiert nach: Königin-Katharina-Stift Stuttgart. Festschrift zum 150jährigen Bestehen der Schule, Stuttgart 1968, Einzelzitate
145 Zitiert nach: GRAUER, Wilhelm I., S. 112.
146 Zitiert nach: Ebenda, S. 112 f.
147 Zitiert nach: CORTI, Metternich und die Frauen, S. 197.
148 Zitiert nach: MERKLE, Katharina Pawlowna, S. 62.
149 Zitiert nach: SAUER, Reformer auf dem Königsthron, S. 117.
150 Zitiert nach: LA GARDE, Gemälde des Wiener Kongresses 1814–1815, S. 208.
151 STEIN, Briefe und amtliche Schriften, Bd. 5, S. 188.
152 Zitiert nach: GRAUER, Wilhelm I., S. 467 f.
153 Zitiert nach: ELIAS, Bemerkungen zur Biographie Königin Katharinas von Württemberg, S. 601 f.
154 Zitiert nach: Ebenda, S. 602.
155 Zitiert nach: Catharina Pawlowna. Königin von Württemberg 1816–1819, S. 37.
156 Zitiert nach: Ebenda.
157 Zitiert nach: Ebenda.
158 Michailovič, Perepiska imperatora Aleksandra, S. 214.
159 Zitiert nach: ELIAS, Bemerkungen zur Biographie Königin Katharinas von Württemberg, S. 598 f.
160 Zitiert nach: Ebenda, S. 599.
161 Zitiert nach: Ebenda, S. 599 f.
162 Zitiert nach: Catharina Pawlowna. Königin von Württemberg 1816–1819, S. 38.
163 Zitiert nach: Ebenda, S. 37 f.

164 Zitiert nach: ELIAS, Bemerkungen zur Biographie Königin Katharinas von Württemberg, S. 597.

165 Zitiert nach: REHM, Königin Katharina von Württemberg, S. 18 f.

166 Zitiert nach: MERKLE, Briefwechsel der Großfürstin Katharina Pawlowna, S. 139 f.

167 Zitiert nach: Ebenda, S. 141.

168 Zitiert nach: Catharina Pawlowna. Königin von Württemberg 1816–1819, S. 38 f.

169 Zitiert nach: MAUCLER, Im Dienst des Fürstenhauses und des Landes Württemberg, S. 156.

170 Text des Ehevertrags: Hauptstaatsarchiv Stuttgart, G. 270, Bü 2.

171 Zitiert nach: MERKLE, Briefwechsel der Großfürstin Katharina Pawlowna, S. 143 f.

172 Zitiert nach: Ebenda, S. 145.

173 Zitiert nach: ELIAS, Bemerkungen zur Biographie Königin Katharinas von Württemberg, S. 602 f.

174 Zitiert nach: MERKLE, Briefwechsel der Großfürstin Katharina Pawlowna, S. 145.

175 Zitiert nach: GRAUER, Wilhelm I., S. 125.

176 VARNHAGEN VON ENSE, Denkwürdigkeiten des eigenen Lebens, Bd. II., S. 189.

177 Zitiert nach: MERKLE, Briefwechsel der Großfürstin Katharina Pawlowna, S.146 f.

178 Zitiert nach: GRAUER, Wilhelm I., S. 147.

179 Zitiert nach: REHM, Königin Katharina von Württemberg, S. 24 f.

180 Zitiert nach: Ebenda, S. 25.

181 Zitiert nach: MERKLE, Katharina Pawlowna, S. 69.

182 Zitiert nach: DIETERICH, Württemberg und Russland, S. 104 f.

183 Zitiert nach: REHM, Königin Katharina von Württemberg, S. 27.

184 Schwäbischer Merkur vom 13. Januar 1817, S. 21.

185 Zitiert nach: DIETERICH, Württemberg und Russland, S. 103.

186 Zitiert nach: REHM, Königin Katharina von Württemberg, S. 27 f.

187 Zitiert nach: MERKLE, Katharina Pawlowna, S. 69 f.

188 Die folgenden Auszüge aus dem Testament entstammen dem Exemplar aus dem Hauptstaatsarchiv Stuttgart, Bestand 270 Bü 6.

189 Zitiert nach: GRAUER, Wilhelm I., S. 153.

190 Zitiert nach: SCHUMANN, Königin Katharina von Württemberg, S. 58 f.

191 Zitiert nach: Ebenda, S. 56.

192 Zitiert nach: REHM, Königin Katharina von Württemberg, S. 37.

193 Zitiert nach: Ebenda.

194 Zitiert nach: Ebenda, S. 38.

195 Zitiert nach: GRAUER, Wilhelm I., S. 152.

196 Zitiert nach: Ebenda, S. 117.

197 Zitiert nach: REHM, Königin Katharina von Württemberg, S. 41.

198 Zitiert nach: SCHUMANN, Königin Katharina von Württemberg, S. 60.

199 Zitiert nach: 1818–1968 Hundertfünfzig Jahre Württembergische Landessparkasse, Stuttgart 1968, S. 16.

200 Zitiert nach: REHM, Königin Katharina von Württemberg, S. 41 f.

201 Zitiert nach: MERKLE, Katharina Pawlowna, S. 71 f.

202 Zitiert nach: SCHUMANN, Königin Katharina von Württemberg, S. 73.

203 Zitiert nach: Ebenda, S. 25.

204 Zitiert nach: STROHEKER/WILLMANN, Cannstatter Volksfest, S. 22.

205 Zitiert nach: MERKLE, Katharina Pawlowna, S. 73.

206 Zitiert nach: SCHUMANN, Königin Katharina von Württemberg, S. 70 und 72.

207 Zitiert nach: REHM, Königin Katharina von Württemberg, S. 32.

208 Zitiert nach: Ebenda.

209 Zitiert nach: MERKLE, Katharina Pawlowna, S. 75.

210 Zitiert nach: GRAUER, Wilhelm I., S. 119.

211 Zitiert nach: SCHUMANN, Königin Katharina von Württemberg, S. 74.

212 VARNHAGEN VON ENSE, Denkwürdigkeiten des eigenen Lebens, Bd. II, S. 210 f.
213 Zitiert nach: MERKLE, Katharina Pawlowna, S. 76.
214 Zitiert nach: PALMER, Alexander I., S. 321.
215 Zitiert nach: MERKLE, Katharina Pawlowna, S. 77.
216 ELIAS, Bemerkungen zur Biographie Königin Katharinas von Württemberg, S. 615.
217 Den Wortlaut der Aufzeichnungen eines russischen Psalmisten siehe: MERKLE, Katharina Pawlowna, S. 87 ff.; die Texte des ärztlichen Krankenberichts und Obduktionsbefundes in: Hauptstaatsarchiv Stuttgart E 14 Bü 36.
218 Hauptstaatsarchiv Stuttgart E 14, Bü 36.
219 Zitiert nach: MERKLE, Katharina Pawlowna, S. 91 ff.
220 Zitiert nach: Ebenda, S. 81.
221 CLEMENS FÜRST VON METTERNICH, Briefe an die Gräfin Dorothea Lieven, S. 148.
222 Zitiert nach: MERKLE, Katharina Pawlowna, S. 79 f.
223 Zitiert nach: KOENIG-WARTHAUSEN, Therese Huber, S. 225.
224 STEIN, Briefe und amtliche Schriften, Bd. 5, S. 553 f.
225 Zitiert nach: SAUER, Reformer auf dem Königsthron, S. 170.
226 Zitiert nach: SCHIECKEL, Aus dem Leben des Geheimen Staatsrates Dr. med. Friedrich August von Bach (1778–1858), S. 10.

Quellen- und Literaturverzeichnis

Archivmaterialien aus dem Hauptstaatsarchiv Stuttgart Bestände B 270, Bü 2 und 6; Bestand E 14 Bü 36) und aus dem Niedersächsischen Staatsarchiv Oldenburg (Bestand 7)

Annenkova, Emma A./Golikov, Juri P., Russische Oldenburger und ihr soziales Wirken, Oldenburg 2001.
Archiv der Universität Hohenheim (Hrsg.), Katharina Pavlovna. Königin von Württemberg. Einflüsse, Leben, Leistungen, Stuttgart 1993.
Bailleu, Paul (Hrsg.), Briefwechsel König Friedrich Wilhelms III. und der Königin Luise mit Kaiser Alexander I., Leipzig 1900.
Barsukov, A., Rossijskoe blagorodnoe sobranie v Moskve, o. O., o. J.
Bibliographie der Württembergischen Geschichte, bearb.v. Wilhelm Heyd u. a., Bde. 1–11, Stuttgart 1895–1974. (Zu Katharina Pawlowna: 1/139 f.; 3/49 f.; 5/66; 7/54; 9/80).
Bock, Gunhild, Das Haus Württemberg in Russland, (Phil.-Diss., Ms.), Marburg 1952.
Bogdanowitsch, Geschichte des Vaterländischen Krieges vom Jahre 1812, o. O., o. J.
Bogerjanov, I.: Velikaja knjaginja Ekaterina. Tver', 1888.
Bogojavlenskij, S.: Imperator Aleksandr I i velikaja knjaginja Ekaterina, o. O. o. J.
Borst, Otto (Hrsg.), Frauen bei Hof, in: Stuttgarter Symposion, Schriftenreihe, Band 6, herausgegeben vom Haus der Geschichte Baden-Württembergs in Verbindung mit der Landeshauptstadt Stuttgart, Stuttgart o. J.
Boscherjanoff, Iwan, Die Großfürstin Katharina Pawlowna, vierte Tochter des Kaisers Pauls I., Herzogin von Oldenburg, Königin von Württemberg. 1788–1818. Biographischer Lebensabriß, Petersburg 1888.
Bourgoing, Jean de, Vom Wiener Kongress, Wien München 1964.
Catharina Pawlowna. Königin von Württemberg 1816–1819. Einflüsse – Leben – Leistung. Eine Ausstellung der Universität Hohenheim, Hohenheim 1993.
Caulaincourt, Mit Napoleon in Russland. Denkwürdigkeiten des Generals Caulaincourt, Bielefeld/Leipzig 1938.

Caulaincourt, Armand de, Unter vier Augen mit Napoleon, Stuttgart 1956.

Clausewitz, Karl von, Der russische Feldzug von 1812, Wiesbaden 1812.

Conte Corti, Egon Cäsar, Metternich und die Frauen, Knaur-Taschenbuch 2334, München o. J.

Conz, Carl Philipp, Gedächtnisrede auf den Tod der Königin Katharina von Württemberg, gehalten den 7. März 1819 von C. Ph. Conz, Professor der Beredsamkeit, Tübingen 1819.

Cronin, Vincent, Napoleon. Stratege und Staatsmann, München 1983.

Danilowa, Al'bina, Pjat' princess. Dočeri imperatora Pavla I. Biografičeskie chroniki, Moskau 2001.

Decker-Hauff, Hansmartin, Katharina, in: Festschrift des Königin-Katharina-Stifts Stuttgart zum 150jährigen Bestehen, Stuttgart 1968.

Decker-Hauff, Hansmartin, Katharina von Russland, Königin von Württemberg und ihr Hospital, Stuttgart 1980.

Decker-Hauff, Hansmartin, Frauen im Hause Württemberg, Leinfelden-Echterdingen 1998.

Denkmal der Todesfeier, welche der verewigten Königin von Württemberg Katharina Pawlowna von den Hochschülern in Tübingen den 13. Januar 1819 gehalten wurde, Tübingen 1819.

Dieterich, Susanne, Württemberg und Russland. Geschichte einer Beziehung, Leinfelden-Echterdingen 1995.

Egloffstein, Hermann Freiherr von, Carl Augusts Reise nach Paris und London 1814, in: Deutsche Rundschau, Jahrgang 1907–1908, Heft 8 und 9, S. 262–284 und S. 354–366.

Egloffstein, Hermann Freiherr von, Maria Ludovica von Österreich und Maria Paulowna, Leipzig 1909.

Egloffstein, Hermann Freiherr von, Carl August auf dem Wiener Kongreß, Jena 1915.

Egloffstein, Hermann Freiherr von, Carl August im niederländischen Feldzug 1814, Weimar 1927.

Ejdcl'man, N. Ja., Gran' vekov. Političeskaja bor'ba v Rossii. Konec XVIII – načalo XIX veka, Moskau 1982.

Elenev', N. A., Putešestvie vel. Kn. Ekateriny Pavlovny v' Bogemiju v' 1813 godu, Prag 1936.

Elias, Otto-Heinrich, Friedrich Georg Ludwig Lindner. Arzt, Geheimagent, Publizist. 1772–1845, in: Lebensbilder aus Schwaben und Franken hrsg. v. Robert Uhland, Bd. 15, Stuttgart 1983, S. 155–202.

Elias, Otto-Heinrich, Bemerkungen zur Biographie Königin Katharinas von Württemberg, in: Aus südwestdeutscher Geschichte. Festschrift für Hans-Martin Maurer. Dem Archivar und Historiker zum 65. Geburtstag, hrsg. v. Wolfgang Schmierer, Günter Cordes, Rudolf Kieß und Gerhard Taddey, Stuttgart 1994, S. 595–615.

Fleischhauer, Ingeborg, Die Deutschen im Zarenreich. Zwei Jahrhunderte deutsch-russischer Kulturgemeinschaft, Stuttgart 1986.

Fleischhauer, W., Die Boisserée und Stuttgart, in: Zeitschrift für württembergische Landesgeschichte, Jg. 1986.

Franz, G., Geschichte der Universität Hohenheim 1818–1968, Stuttgart 1968.

Fritz, Eberhard, König Wilhelm und Königin Katharina von Württemberg. Studien zur höfischen Repräsentation im Spiegel der Hofdiarien, in: Zeitschrift für Württembergische Landesgeschichte, Jg. 1995, S. 157–177.

Garde, Graf August de La, Gemälde des Wiener Kongresses 1814–1815. Erinnerungen, Feste, Sittenschilderungen, Anekdoten, Wien Leipzig 1912.

Gerner, Joachim, Vorgeschichte und Entstehung der württembergischen Verfassung im Spiegel der Quellen (1815–1819), in: Veröffentlichungen der Kommission für geschichtliche Landeskunde in Baden-Württemberg, Reihe B, Forschungen, 114. Band, Stuttgart 1989.

Goez, L., Katharina. Königin von Württemberg. Ein Lebensbild, o. O. o. J.

Grauer, Karl-Johannes, Wilhelm I. König von Württemberg. Ein Bild seines Lebens und seiner Zeit, Stuttgart 1960.

Grote, Hermann, Stammtafeln. Europäische Herrscher- und Fürstenhäuser, Leipzig o. J.

Grube, Walter, Der Stuttgarter Landtag 1457–1957. Von den Landständen zum demokratischen Parlament, Stuttgart 1957.

Günzel, Klaus, Der Wiener Kongress. Geschichte und Geschichten eines Welttheaters, München/Berlin 1995.

Handbuch der baden-württembergischen Geschichte, Bd. 3. Herausgegeben von Hansmartin Schwarzmaier (Veröffentlichung der Kommission für Geschichtliche Landeskunde in Baden-Württemberg), Stuttgart 1992.

Hartlieb von Wallthor, Alfred, Der Freiherr vom Stein und Russland, Köln 1992.

Helldorf, Freiherr v., Friedrich Karl Paul Ludwig Eugen, Herzog von Württemberg – Aus dem Leben des kaiserl. Russ. Generals der Infanterie Prinz Eugen von Württemberg, aus den eigenhändigen Aufzeichnungen sowie aus dem schriftlichen Nachlaß seiner Adjutanten, Berlin 1861/62.

Hyde, H. Montgomery, Fürstin Lieven. Die diplomatische Sibylle Europas, Berlin 1940.

Ihme, G., Es begann mit einem Plan, in: Blätter der Wohlfahrtspflege, I, 1963.

Ihme, G., Die Zentralleitung für Wohltätigkeit in Württemberg am Anfang ihrer Geschichte, in: Blätter für Wohlfahrtspflege, II, 1964.

Ihme, Heinrich, Südwestdeutsche Persönlichkeiten. Ein Wegweiser zu Biographien und bibliographischen Sammelwerken, 3 Teile, Stuttgart 1988 und 1997.

Imperatorskij Pavlovsk. Dvorec, St. Petersburg 2000.

Iskjul, Sergei N., Trotz bitterer Kälte empfing große Menge prinzlichen Trauerzug. Zeremoniell der Beisetzung Georgs von Oldenburg in Petersburg, in: Nordwest-Heimat vom 19. Januar 1991.

Iskjul, Sergei Nikolajewitsch, Prinz Peter Georgjewitsch von Oldenburg gilt als einer der großen russischen Philantropen, in: Nordwest-Heimat vom 18. Januar 1992.

Jena, Detlef (Mitarb. Rainer Lindner), Die russischen Zaren in Lebensbildern, Graz Wien Köln 1996.

Jena, Detlef, Maria Pawlowna. Großherzogin an Weimars Musenhof, Graz/Wien/Köln Regensburg 1999.

Jena, Detlef, Die Zarinnen Russlands. 1547–1918, Regensburg Graz/Wien/Köln 1999.

Jena, Detlef, Potemkin. Favorit und Feldmarschall Katharinas der Großen, München 2001.

Jena, Detlef, Ach Luise … Die Freiherrn von Ziegesar, Rußland und der parlamentarische Konstitutionalismus in Sachsen-Weimar-Eisenach in der ersten Hälfte des 19. Jahrhunderts, Jena 2001.

Katharina. Königin von Württemberg, Stuttgart 1842.

Katharina Pawlowna, Königin von Württemberg. Darstellungen aus der Geschichte ihres Geistes und Lebens, Cannstadt 1821.

Katharinenhospital Stuttgart. 150 Jahre, in: Veröffentlichungen des Archivs der Stadt Stuttgart, Bd. 29, Stuttgart o. J.

Königin-Katharina-Stift Stuttgart. Festschrift zum 150jährigen Bestehen der Schule, Stuttgart 1968.

Koenig-Warthausen, Gabriele v., Therese Huber. Schriftstellerin, Redakteurin von Cottas Morgenblatt, 1764–1829, in: Lebensbilder aus Schwaben und Franken. Hrsg. V. Max Müller und Robert Uhland, 10. Band, Stuttgart 1966, S. 215–232.

Koolman, Egbert (Hrsg.), Das Haus Oldenburg in Rußland, in: Oldenburger Forschungen. Neue Folge, Bd. 11, Oldenburg 2000.

Krieg und Frieden. Eine deutsche Zarin im Schloss Pawlowsk, München 2001.

Krins, Hubert, Könige und Königinnen von Württemberg, Lindenberg 2001.

Leben und Arbeiten des Prinzen Peter Georg von Oldenburg, o. O. 1884.

Leibbrand, G., Die Auswanderung aus Schwaben nach Russland 1816–1823, in: Schriften des deutschen Auslandsinstituts, H. 21, Stuttgart 1928.

Les relations diplomatiques de la Russii et de la France d'après les rapports d'Alexandre et de Napoléon, 6 Bde., o. O. 1905/08.

Lettres de l'impératrice Marie Féodorowna à l'empereur Alexandre Ier, in : Zeitschrift für Osteuropäische Geschichte, Bd. I, Berlin 1911, H. 4, S. 481–510. (Die Briefe wurden erstmals 1911 vom russischen Großfürsten Nikolaj Michajloviè in der Zeitschrift „Russkij archiv" veröffentlicht).

Lindemann, Martha, Die Heiraten der Romanows und der deutschen Fürstenhäuser, Berlin/Bonn 1935.

Linke, Horst Günther (Hrsg.), Quellen zu den deutsch-russischen Beziehungen 1801–1917, Darmstadt 2001.

Lorenz, Sönke/Mertens, Dieter/Press, Volker (Hrsg.), Das Haus Württemberg. Ein biographisches Lexikon, Stuttgart 1997.

Lotman, Jurij M., Russlands Adel. Eine Kulturgeschichte von Peter I. bis Nikolaus I., Köln Weimar Wien 1997.

Manfred, A. S., Napoleon Bonaparte, Berlin 1978.

Maucler, Im Dienst des Fürstenhauses und des Landes Württemberg. Die Lebenserinnerungen der Freiherrn Friedrich und Eugen von Maucler (1735–1816), bearb. v. Paul Sauer, in: Lebendige Vergangenheit. Zeugnisse und Erinnerungen, Schriftenreihe des Württembergischen Geschichts- und Altertumsvereins Stuttgart, hrsg. v. Hans-Martin Maurer, Bd. 9, Stuttgart 1985.

McGrew, Roderick E., Paul I. of Russia. 1754–1801, Oxford 1992.

Merkle, Jacob, Katharina Pawlowna. Königin von Württemberg. Beiträge zu einer Lebensbeschreibung der Fürstin besonders nach neueren russischen Quellen, Stuttgart 1889.

Merkle, Jacob, Jugendjahre der Kaiserin Maria Feodorowna von Russland geborener Prinzessin von Württemberg. 1759–1776, Stuttgart 1892.

Merkle, Jacob, Segensreiche Wirksamkeit durch vier Generationen. Vier Lebensbilder in Vorträgen, Stuttgart 1893.

Merkle, Jacob, Briefwechsel der Großfürstin Katharina Pawlowna, Königin von Württemberg, mit Johann Georg Müller in Schaffhausen, in: Württembergische Vierteljahreshefte für Landesgeschichte, Neue Folge, V. Jahrgang, Stuttgart 1896, S. 127–148.

Merkle, Jacob, Die Großfürstin Katharina Pawlowna, Herzogin von Oldenburg, nachmalige Königin von Württemberg, in den Kriegsjahren 1812–1815, in: Literarische Beilage des Staats-Anzeigers für Württemberg, Nr. 15 und 16 vom 8. November, Stuttgart 1898, S. 232–242.

Merkle, Jacob, Das Königliche Katharinenstift zu Stuttgart, Stuttgart 1899.

Merkle, Jacob, Maria Feodorowna, Kaiserin von Russland, Prinzessin von Württemberg, Mutter der Königin Katharina, Großmutter der Königin Olga von Württemberg, in ihrem segensreichen Wirken als Gutsherrin von Pawlowsk 1776–1828, Sonderdruck, Stuttgart o. J.

Metternich, Clemens Fürst v., Briefe an die Gräfin Dorothea Lieven, Gernsbach 1973.

Michailovič', Nikolai, Perepiska imperatora Aleksandra I s sestroj velikoj knjaginej Ekaterinoj Pavlovnoj, St.-Petersburg, 1910.

Michailowitsch, Nikolai, Die Kaiserin Elisabeth Alexejewna, 3 Bde., St. Petersburg 1908/09.

Michailowsky-Danilewsky, Geschichte des Krieges von 1812, Bd. 1, o. O. o. J.

Müller, Johann Georg, Unterredungen mit der Großfürstin Katharina und mit Alexander I. Aus dem Tagebuche Georg Müllers, in: Protestantische Monatsblätter für innere Zeitgeschichte. Studien der Gegenwart für die evangelischen Länder deutscher Zunge, hrsg. v. Heinrich Gelzer, Band 13, Gotha 1859, S. 474–485.

Müller, Klaus (Hrsg.), Quellen zur Geschichte des Wiener Kongresses. Vorgeschichte und Geschichte des Versuchs einer europäischen Friedensordnung, Darmstadt 1986.

Nikolaj pervyj i ego vremja, 2 Bände, Moskau 2000.

Nicolson, Nigel, Napoleon in Russland, Zürich/Köln 1987.

Noskoff, A. A., Ein Leben in Angst. Das Schicksal des Zaren Paul I., Berlin 1938.

Obolensky, V. P., Katharina Pawlowna. Königin von Württemberg, o. O., 1889.

Olfers, Hedwig v., Ein Lebenslauf, Erster Band 1799–1815, Berlin 1908.

Olga, Traum der Jugend goldner Stern. Aus den Aufzeichnungen der Königin Olga von Württemberg, Pfullingen 1955.

Ow, Meinrad Freiherr von, Herzog Eugen von Württemberg. Kaiserlich Russischer General der Infanterie 1788–1857, Berg am Starnberger See/Potsdam 2000.

Palmer, Alain, Alexander I. Der rätselhafte Zar, Frankfurt am Main/Berlin 1994.

Paulmann, Johannes, Pomp und Politik. Monarchenbegegnungen in Europa zwischen Ancien Régime und Erstem Weltkrieg, Paderborn München Wien Zürich 2000.

Pertz, G. H., Das Leben des Ministers Freiherrn vom Stein, 6 Bände, Berlin 1850–1855.

Pis'ma Velikoj knjagini Ekateriny Pavlovny, Tver' 1888.

Polnoe sobranie zakonov Rossijskoj imperii. Sobranie pervoe 1649–1825, Bde. 1–46, St. Petersburg 1828–1830.

Pross-Weerth, Heddy, Moskau. Von der Siedlung im Wald zur Kapitale einer Weltmacht, Frankfurt am Main 1980.

Razumovsky, Maria, Die Rasumovskys. Eine Familie am Zarenhof, Köln/Weimar/Wien 1998.

Raumer, Kurt von, Die Autobiographie des Freiherrn vom Stein, Münster 1954.

Rede bei der Beisetzung des Leichnams Ihrer Majestät der Königin von Württemberg, Katharina Pawlowna, den 14. Januar 1819. In der Stiftskirche zu Stuttgart gehalten von A. H. d'Autel, Kgl. Württ. Oberhofprediger, Stuttgart 1819.

Rehm, Max, Königin Katharina von Württemberg. Ihr Leben und Wirken nach Selbstzeugnissen und im Spiegel der Zeitgenossen 1788–1819, Stuttgart 1968.

Reinbeck, Georg v., Katharina, Königin von Württemberg. Ein Musterbild für gekrönte Frauen, in: Elegante Zeitung, 1819, Nr. 110–120.

Roth, Karl Ludwig, Erinnerungen an die Königin Katharina, in: Kleine Schriften, Bd. 2, Stuttgart 1874.

Rovinskii, D. A., Slovar' russkich gravirovannych portretov. O. O., o. J.

Russisches Altertum, Jahrgänge 1877 und 1879.

Russisches Archiv, Jahrgänge 1869 und 1880.

Russkie narodnye kartinki, Bd. 4, St. Petersburg o. J.

Russkie imperatory, nemeckie princessy. Dinastičeskie svjazi, čelovečeskie syd'by, Moskau 2002.

Sauer, Paul, Der schwäbische Zar. Friedrich – Württembergs erster König,, Stuttgart 1984.

Sauer, Paul, Reformer auf dem Königsthron. Wilhelm I. von Württemberg, Stuttgart 1997.

Schäffle, Albert, Cotta, Berlin 1895.

Scherring, C. A., Die Teuerungs- und Hungerjahre 1816–1817, Stuttgart 1916.

Schieckel, Harald, Aus dem Leben der Erzherzogin Hermine …, in: Genealogie, 39. Jg., 1990, S. 161 ff.

Schieckel, Harald, Aus dem Umkreis der Königin Katharina von Württemberg. Erinnerungen der Katharina Römer, geb. von Buschmann an Petersburg und Stuttgart, in: Zeitschrift für Württembergische Landesgeschichte, Bd. 51, Stuttgart 1992, S. 255–293.

Schieckel, Harald, Aus dem Leben des Geheimen Staatsrates Dr. med. Friedrich August von Bach (1778–1858), in: Mitteilungsblatt der Oldenburgischen Landschaft, Nr. 87, II. Quartal 1995, S. 8–13.

Schiemann, Theodor (Hrsg.), Zur Geschichte der Regierung Paul I. und Nikolaus I. Neue Materialien, Berlin 1906.

Schiemann, Theodor, Kaiser Alexander und die Großfürstin Ekaterina Pavlovna, in: Zeitschrift für Osteuropäische Geschichte, Bd. 1, Berlin 1911, H. 4, S. 540–556.

Schmierer, Wolfgang, Wohltätigkeit und Sozialpolitik in Württemberg im frühen 19. Jahrhundert. Gründung und Anfänge des Württembergischen Wohltätigkeitsvereins, in: Maurer, Hans-Martin (Hrsg.), Württemberg um 1840. Beiträge zum 150jährigen Bestehen des Württembergischen Geschichts- und Altertumsvereins, Stuttgart 1994, S. 71–83.

Schubert, Gottlieb Heinrich, Gedanken am Grabe Sr. Kaiserlichen Hoheit des durchlauchtigsten Prinzen und Herrn Peter Friedrich Georg, Herzogs von Holstein-Oldenburg. Am 10. Januar 1813, St. Petersburg 1813.

Schukraft, Harald, Die Grablegen des Hauses Württemberg, Stuttgart 1989.

Schumann, Hans, Hohenheim – Bilder und Gestalten, Stuttgart 1981.

Schumann, Hans, Königin Katharina von Württemberg, Stuttgart 1993.

Schwab, Gustav, Lebensabriß Ihrer Majestät, der am 9. Januar 1819 verewigten Königin Katharina von Württemberg. Zur Trauerfeier den 5. und 7. März 1819, in: Morgenblatt für gebildete Stände, 1819, Nr. 58 und 59.

Schwäbischer Merkur, Jahrgang 1888, Nr. 130 (Briefwechsel zwischen Katharina Pawlowna und Johann Georg Müller)

Sementowski-Kurilo, Nikolai, Alexander I. Rausch und Einkehr einer Seele, Zürich 1939.

Seume, Johann Gottfried, Mein Sommer 1805, Berlin 1968.

Staehlin, K., Geschichte Russlands, Bad Homburg 1974.

Stein, Freiherr vom, Briefe und amtliche Schriften. Bearbeitet von Erich Botzenhart. Neu herausgegeben von Walter Hubatsch, Bände 1–10, Stuttgart 1954–1974.

Stökl, Günther, Russische Geschichte. Von den Anfängen bis zur Gegenwart, Stuttgart 1990.

Stoll, Adolf, Der Maler Joh. Friedrich August Tischbein und seine Familie. Ein Lebensbild nach den Aufzeichnungen seiner Tochter Caroline, Stuttgart 1923.

Stroheker, Hans Otto/Willmann, Günther, Cannstatter Volksfest. Das schwäbische Landesfest im Wandel der Zeiten, Stuttgart und Aalen 1978.

Stumpp, K., Die Auswanderung aus Deutschland nach Russland in den Jahren 1763 bis 1862, Tübingen 1974.

Stupperich, Robert, Zur Heiratspolitik des russischen Herrscherhauses im 18. Jahrhundert. Die Frage des Glaubenswechsels deutscher Prinzessinnen, in: Kyrios. Vierteljahresschrift für Kirchen- und Geistesgeschichte Osteuropas, 5. Jg., 1940/41, Heft ¾, S. 214–239.

Taack, Merete van, ... und weiter tanzt der Kongreß, Stuttgart/Berlin/Köln/Mainz 1969.

Taack, Merete van, Zar Alexander I., Napoleons genialer Antipode. Eine Biographie 1983.

Tantzen, Richard, Das Schicksal des Hauses Oldenburg in Russland, in: Oldenburger Jahrbuch, Bd. 58, Oldenburg 1959.

Tarlé, Eugen, Der Brand von Moskau, Berlin 1951.

Tarlé, E. W., Talleyrand, Leipzig 1972.

Tarlé, Eugen, 1812. Russland und das Schicksal Europas, Berlin o. J.

Temperley, Harold (Hrsg.), Das Tagebuch der Fürstin Lieven. Mit politischen Skizzen und einigen Briefen, Berlin 1926.

Todesfeier, geweiht der erhabensten Fürstin Katharina Pawlowna, Königin von Württemberg, im Katharinenstift, den 16. Januar 1819. Von K. A. Zoller, Rektor am Katharinenstift, Stuttgart 1819.

Totenfeier. Dem Andenken der erhabensten Frau, Katharina, Königin von Württemberg, geweiht von dem Museum zu Stuttgart den 24. Januar 1819.

Uhland, Roland (Hrsg.), 900 Jahre Haus Württemberg, Stuttgart 1984.

Varnhagen von Ense, Karl August, Denkwürdigkeiten des eignen Lebens, 2 Bde., Berlin 1971.

Vries, Irène de, Baronesse de Gunzburg, Catherine Pavlovna. Grande-Duchesse Russe. 1788–1819, Amsterdam 1941.

Weis, Eberhard, Der Durchbruch des Bürgertums. 1776–1847, in: Propyläen Geschichte Europas, Bd. 4, Frankfurt am Main 1992.

Weizsäcker, Heinrich, Maria Feodorowna, die russische Kaiserin aus dem Hause Württemberg, in: Württembergische Vierteljahreshefte für Landesgeschichte, Stuttgart 1936, H. 3 und 4, S. 286–300.

Weller, K. und A., Württembergische Geschichte im südwestdeutschen Raum, Stuttgart und Aalen 1971.

Wolff, Karl, Denkschrift zu der fünfzigjährigen Jubelfeier des Katharinenstiftes in Stuttgart, Stuttgart 1868.

Wrangel, F., Graf, Die souveränen Fürstenhäuser Europas. Portraitsammlung nebst genealogischen Notizen, 2 Bände, Stockholm 1898.

Württembergische Landessparkasse (Hrsg.), 1818–1968 Hundertfünfzig Jahre Württembergische Landessparkasse, Stuttgart 1968.

Zernack, Klaus, Polen und Russland. Zwei Wege in der europäischen Geschichte, Berlin 1994.

Zoller, v., Das Katharinenstift. Blätter aus den Denkwürdigkeiten eines deutschen Erziehers, Rektor von Zoller, Stuttgart 1868.

Personenregister

Gabriel (Gawril, Petrow) (1730–1801),
Metropolit in St. Petersburg 24
Gagarin, Iwan Alexejewitsch (1771–1832),
Fürst, Oberhofmeister Katharinas in
Twer 151
Gentz, Friedrich v. (1764–1832), österr.
Staatsmann, Sekretär Metternichs 226 f.,
304 f.
Georg III. (1738–1820), Kurfürst von
Hannover und seit 1760 König von
England 24, 176
Georg IV. (1762–1830), seit 1811 Regent und
seit 1820 König von England 210, 215
Georg (Peter Friedrich Georg) Prinz von
Holstein-Oldenburg (1784–1812),
1. Gemahl Katharina Pawlownas 9, 67,
72–84, 87–101, 104, 110, 113, 115, 120–
125, 127 f., 132–135, 141, 143, 145, 149–
153, 155 f., 158 f., 171, 203, 211, 214,
244 f., 253, 276 f., 286, 308, 311, 319,
334, 337
Georgii, Eberhard Friedrich v. (1757–1830),
Oberjustizrevisionsrat in Württemberg
288
Goethe, Johann Wolfgang v. (1749–1832),
Dichter und Staatsmann 45, 96, 170,
231–233, 299 f., 307
Golizyn, Alexander Nikolajewitsch (1773–
1844), Fürst, Minister für Kirchenan-
gelegenheiten und Volksbildung 153
Golowkin, Juri Alexandrowitsch
(1762–1846), Graf, Diplomat 63, 68,
239 f., 280
Grimm, Friedrich Melchior (1723–1807),
Baron, Aufklärer 29
Grüner, Johann Sebastian, Kriminalrat 233
Grunewald, Justus Christoph, Senator in
Göttingen 203
Gurjew, Dmitri Alexandrowitsch (?–1825),
Finanz- und Apanage-Minister 136 f.,
141
Gustav IV. Adolf (1778–1837), König von
Schweden 1792–1809 115

Hager, Franz Freiherr v., österr. Polizei-
minister 165
Hardegg, v., Leibarzt König Wilhelms I.
312, 317, 324 f.
Hartmann, Georg August von (1764–1849),
Kammerpräsident, Finanzpolitiker in
Württemberg 268, 271, 280, 294, 322 f.
Hebel, Johann Peter (1760–1826), dtsch.
Dichter 302 f.
Heffelin, Hofbischof beim König von
Bayern 244
Heinrich Prinz von Preußen (1781–1846),
Herrenmeister des Johanniterordens 51,
55, 62 f.
Henriette Prinzessin von Württemberg

(1767–1817), verheiratet mit Fürst Karl
Joseph von Hohenlohe-Bartenstein-Jagst-
berg 274
Herder, Johann Gottfried v. (1744–1803),
Philosoph, Theologe, Dichter 195
Herdford, Marquess of, Favoritin König
Georgs IV. 211
Hessler, Komponist 98
Hettuns, B. R. (?–1848), Wirklicher Staats-
rat, Kanzleichef in Twer 93–95
Huber, Therese (1764–1829), Schrift-
stellerin 324 f.
Hudelist, Joseph v., österr. Staatsrat 170,
174

Iselin, Isaak, Sparkassengründer in Basel
286
Iwan III. (VI.) (1740–1764), nomineller Kaiser von Russland 1740/41 20, 26

Jaeger, Karl Christoph Friedrich v.,
(1773–1828), Leibarzt König Wilhelms I.
312, 317, 324
Jegorow, Alexei Jegorowitsch (1776–1851),
russ. Maler, Zeichenlehrer Katharina
Pawlownas 30
Jelena Pawlowna (1784–1803), Schwester
Katharina Pawlownas 11, 15, 24, 33, 35,
38, 42, 56, 62, 83, 87, 245, 281
Jérôme (1784–1850), Bruder Napoleons I.,
König von Westfalen 58, 202
Johann (1782–1859), österr. Erzherzog 64 f.,
68, 168, 174 f., 206, 227, 231, 279
Joseph (1776–1847), österr. Erzherzog,
Palatinus von Ungarn 35, 205
Joséphine (1763–1814), Gem. Napoleons I.
70
Jung-Stilling, Johann Heinrich (J. H. Jung),
(1740–1817), Schriftsteller, Kameralwis-
senschaftler, Arzt 194

Karamsin, Nikolai Michailowitsch
(1766–1826), Schriftsteller und Historiker 54, 96, 105 f., 110, 112, 115–117,
135, 142 f., 145, 147, 198, 200, 303 f.
Karl (1771–1859), österr. Erzherzog 160,
171, 173 f., 176, 193, 201, 204–206,
214–216, 218 f., 221, 224–226
Karl (1786–1818), seit 1811 Großherzog
von Baden 311
Karl I. (1713–1780), seit 1735 Herzog von
Braunschweig-Wolfenbüttel-Bevern 21
Karl Alexander (1818–1901), Großherzog
von Sachsen-Weimar-Eisenach 222, 250
Karl Friedrich (1728–1811), Markgraf seit
1738, Kurfürst seit 1803 und Großherzog
seit 1806 von Baden 36
Katharina II. (1729–1796) (Prinzessin
Sophie Friederike Auguste von Anhalt-

356

Bildnachweis

akg-images, Berlin: 177, 178, 179, 180, 181, 182, 183, 187 unten, 188
Bildarchiv Preußischer Kulturbesitz, Berlin: 185
Landesmedienzentrum Baden-Württemberg: 189 (Dieter Jaeger), 191 (Dieter Jaeger), 192
Privatbesitz: 190
Staatsarchiv Oldenburg: 184
Stiftung Schloss Eutin: 186
Aus: Jurij M. Lotman, Russlands Adel. Eine Kulturgeschichte, Köln 1997: 187 oben

Wir danken Huno Herzog von Oldenburg sowie dem Kunstverlag Josef Fink, Lindenberg,
für die Bereitstellung von Bildmaterial.